Rudolf Bohren
Geistvoll

Rudolf Bohren

Geistvoll

Eine Auslese

Herausgegeben von Rudolf Landau

Calwer Verlag Stuttgart

Gedruckt mit freundlicher Unterstützung der Evangelischen Landeskirche in Baden, der Evangelischen Kirche im Rheinland und der Reformierten Kirchen Bern – Jura – Solothurn.

*Allen denen,
für die Rudolf Bohren
gepredigt, gelehrt und gebetet hat*

Bibliografische Information der Deutschen Bibliothek
Die Deutsche Bibliothek verzeichnet diese Publikation in der Deutschen Nationalbibliografie; detaillierte bibliografische Daten sind im Internet über *http://dnb.ddb.de* abrufbar.

ISBN 978-3-7668-4254-1

© 2013 by Calwer Verlag GmbH Bücher und Medien, Stuttgart
Alle Rechte vorbehalten. Wiedergabe, auch auszugsweise, nur mit Genehmigung des Verlags.
Satz und Herstellung: Karin Class, Calwer Verlag
Umschlaggestaltung: Karin Class, Calwer Verlag unter Verwendung des Aquarells *Bodin* (20 x 30 cm Berglandschaft bei Grindelwald) von Rudolf Bohren
Druck und Verarbeitung: Beltz Druckpartner GmbH & Co. KG, Hemsbach

Internet: www.calwer.com
E-Mail: info@calwer.com

Inhalt

Geleit- und Dankwort 7

I
»Komm, Schöpfer Geist, werde sichtbar, wirke sichtbar, komm«

wetterwechsel 10
Das Wort und die Kraft 11
Predigt über Psalm 1 30
Predigt über Jesaja 61,1–3 35
musischer imperativ 39
Das pneumatologische Denken 40
Predigt über Apostelgeschichte 1,1–14 61
GEBET 66
Novalis: Verheißung und Versuchung der Romantik 67
karfreitag 78
Gebet und Gedicht 79
aus der tiefe rufe ich, HERR, zu dir 83

II
Gabengemeinschaft

GEBET 86
Unsere Gemeinden – Gemeinde Jesu Christi? 87
erinnerung an georg picht 104
Lehre und Praxis der Kirchen in der industriellen Gesellschaft 105
Jetzt treiben auch noch 120
Predigt über Matthäus 5,6 121
communio sanctorum 126
Leibhafte Gemeinde 127
Predigt über Lukas 1,46–47 132

III
Seelsorge aus der Zukunft Gottes

Predigt über 2. Korinther 1,3–4	138
schbaat	142
Seelsorge – Trost der Seele oder Ruf zum Reich	143
Predigt über Jesaja 66,20.22–24	165
du von erzengeln umgebener	169
Vollmacht	170
löwenzahn	175
Gemeinde und Seelsorge	176
ich werde nie ohne brüder sein	189
Die Unterscheidungsgabe	190
ahnenbild	205
Das Schweigen	206

IV
Vollendete Zukunft

GEBET	214
Das Wort Gottes und die Kirche	215
Predigt über Offenbarung 21,1–5a	228
GEBET	234
Gegen den Tod predigen	235
Predigt über Philipper 4,4	244
Karfreitagsfrage	247
»Von dem Blitze eines Gebets …«	248
Predigt über Kolosser 1,24–27	253
Die ungepredigte Hölle	258
»Das ewige Leben«	263
Erwarten und Beschleunigen (zu 2. Petrus 3,11)	272
GEBET	280
Quellennachweis	283

Geleit- und Dankwort

»Wenn Du sein wirst
alles in allem,
wird jeder Stein erfüllt sein
                von deinem Licht
und jeder baumstrunk vibrieren
                von deinem Leben.
Dann werde auch ich
voll Dank sein.«

Mit 2. Timotheus 4,18 rückt Rudolf Bohren (in: Beten, S. 23) seine Lebens- und Lehrgewissheit in den Horizont raum- und zeitumgreifenden endzeitlichen Dankes.
    Da hinein sind seine Predigten, Gebete, Gedichte und theologischen Vorträge und Aufsätze gehalten! Wer diesen Horizont aus den Augen verliert, verliert die Zukunft der Kirche Jesu Christi aus Augen und Sinn.

»Die Geschichte zählt ... Menschen, die sind Register der Vergangenheit ...
Sie zählt wieder andere, die sind Inhaltsverzeichnisse der Zukunft ...«

Die hier ausgewählten und versammelten Texte sind, mit Ludwig Börne gesprochen, »Inhaltsverzeichnisse der Zukunft« – auch wenn sie aus weit zurückliegender Vergangenheit, da sie zum Teil zum ersten Male gesprochen und gedruckt wurden, kommen. Rudolf Bohren aber nahm all das, was er als Theologe zu lehren, als ordinierter Pfarrer zu predigen, als Seelsorger zu trösten hatte, als Lyriker in Gedichte kleidete und als Beter vor Gott brachte – unbeirrt wahr in der immer unaufhebbaren, sich in der Kraft des Heiligen Geistes zusammen mit dem gehorsamen Hören der Kirche auf das Evangelium sich vollziehenden Bewegung zu einer alle Kreatur einbegreifenden, endgültigen Durchsetzung des Heiles des dreieinigen Gottes. Wer zu lesen versteht auf Gottes in der Gegenwart des Geistes Jesu Christi angebrochene Zukunft hin, wird ein durch diese Texte wachsam und harrend gemachter Christenmensch.
    So haben diese Texte in dem hier vorliegenden Band ihre Zukunft noch vor sich, gehören hinein in den im Lob der angefochtenen Gemeinde sich ereignenden Prozess theonomer Reziprozität, da der Heilige Geist alle guten Worte aus Menschenmund hinein nimmt in das heilvolle Zukunft ansagende Gotteswort.

Dass der Band zustande kam, ist der Gabengemeinschaft – Bohren würde hier einen Erweis der Charismenlehre des Neuen Testamentes wahrnehmen und sich darüber freuen – derer zu verdanken, die beim Entstehen, Verfertigen und Erscheinen des Buches mithalfen:
    So danke ich Frau Ursula Bohren, die mir als dem Herausgeber völlige Freiheit ließ bei Auswahl der Texte und die sich, unentwegt Mut machend, nach dem

Fortgang dieses Projektes erkundigte und die das Original des Umschlagbildes zur Verfügung stellte, das ein in Grindelwald entstandenes Aquarell Rudolf Bohrens wiedergibt und so die Wahrheit des oft zitierten ersten Satzes seiner Predigtlehre – deren Zukunft übrigens auch noch wieder bevorsteht! – dokumentiert: *»Vier Dinge tue ich leidenschaftlich gern: das Aquarellmalen, das Skilaufen, das Bäumefällen und das Predigen.«*

Ich danke den Damen und Herren des Calwer Verlages: Frau Rita Mast, die alle Texte neu erfasste, Frau Ann Natalie Schmid, die die erste ausgiebige Korrektur las, Frau Karin Class, die mit Geduld und Freundlichkeit für Satz, Umschlagestaltung und Gesamtherstellung sorgte, Herrn Verlagsleiter Joachim Hinderer, der mit wohlwollender Kalkulation überhaupt die Herausgabe des Buches ermöglichte, und dem Freund und in vielen gemeinsamen Herausgaben in »unserem« Verlag bewährte Zusammenarbeit beweisenden Verlagsleiter Dr. Berthold Brohm. Er hat die Herausgabe dieses Bandes wirklich zu seiner – und damit den Herausgeber nur beglückenden – »eigenen Sache« gemacht! Diese schöne Gabengemeinschaft bedeutet hier:

»Reich werden heißt:
deinen Reichtum weitergeben,
Reichmacher werden.« (Beten, S. 136)

Ich danke Herrn Philipp Günther aus Sexau, der, wie schon so oft, mit Lust und Genauigkeit letzte Korrektur las.

So mag das Buch nun seinen Weg gehen, mögen die alten Texte neu sprechen, ansprechen und vergessene, verleugnete, verratene Dimensionen des Reiches Gottes heute wieder aufreißen, damit die Gemeinde des auferstandenen Gekreuzigten frei und fromm Zeugnis ablege von der Wahrheit der ihr geschenkten, auf weltumfassende Wirklichkeit hin verheißenen Herrlichkeit der Kinder Gottes. Es geschehe mit einem Gebet Rudolf Bohrens, dem 2. Timotheus 2,9 vorangestellt ist:

»Heiliger Gott, du siehst, wie die Ausleger
in Hörsälen und auf Kanzeln dein Wort an sich binden.

Du siehst, wie viele Christen
dein Wort in ihrem Herzen einschließen.
Du siehst all die Gemeinde und Kreise,
die dein Wort einkapseln in ihr Milieu.

Ach, heiliger Gott, befreie dein Wort,
dass es aus den Gefängnissen
der Hörsäle, Kanzeln, Herzen und Gemeinden
ausbreche
und durch die Welt laufe.«

Baden-Baden, »zwischen den Kirchenjahren« 2012   *Rudolf Landau*

I

»Komm, Schöpfer Geist, werde sichtbar,
wirke sichtbar, komm«

»so wär alles bereit zur ankunft«

verzögerung

wingertpfähle weiss
woben die winzer
zwischen reben
ins grün
rollen teppiche aus
vom berg zur ebene hin
so wär alles bereit
zur ankunft
…

Aus: berge, S. 28

wetterwechsel

ich glaube an gott
den vater den allmächtigen
den schöpfer des himmels und der erde
und schaue auf zum eiger
frisch verschneit
und immer anders immer neu
wie sein schöpfer

und an jesus christus
seinen eingeborenen sohn
der empfangen ist vom heiligen geist
und schaue auf zum eiger
noch steht die nordwand im schatten
die ostflanke aber explodiert im morgenlicht
und einst wird der ganze berg licht sein

ich glaube an den heiligen geist
eine heilige allgemeine christliche kirche
die gemeinschaft der heiligen
und schaue auf zum eiger
der ist nicht mehr da
nebelfetzen nur in den tannen
beim einnachten erst licht in der wand

Aus: berge, S. 70

Das Wort und die Kraft[1]

I. Vorspiel

Brauchen wir einmal unsere Phantasie. Stellen wir uns vor: hier neben mir sitzt ein Mann in weißer Perücke, lässt listig seine Augen in die Runde schweifen, mustert jeden einzelnen anwesenden Pfarrer, lächelt, erhebt sich. Der Unbekannte tritt ans Rednerpult, zieht ein vergilbtes Manuskript aus dem Rockschoß und fängt an zu lesen. Der Mann in der Perücke ist kein Theologe, er ist Bibliothekar. Sein Name ist Lessing, Gotthold Ephraim Lessing steht jetzt vor uns, und was er liest, hat er im Jahre 1777 an den Herrn Direktor Schumann zu Hannover geschrieben: »Wenn ich zu Christi Zeiten gelebt hätte, so würden mich die in seiner Person erfüllten Weissagungen allerdings auf ihn sehr aufmerksam gemacht haben. Hätte ich nun gar gesehen ihn Wunder tun, hätte ich keine Ursache zu zweifeln gehabt, dass es wahre Wunder gewesen, so würde ich zu einem von so lange her ausgezeichneten, wundertätigen Mann allerdings so viel Vertrauen gewonnen haben, dass ich willig meinen Verstand dem seinigen unterworfen hätte, dass ich ihm in allen Dingen geglaubt hätte, in welchen ebenso ungezweifelte Erfahrungen ihm nicht entgegen gewesen wären.

Oder wenn ich noch jetzt erlebte, dass Christum oder die christliche Religion betreffende Weissagungen, von deren Priorität ich längst gewiss gewesen, auf die unstreitigste Art in Erfüllung gingen, wenn noch jetzt von gläubigen Christen Wunder getan würden, die ich für echte Wunder erkennen müsste, was könnte mich abhalten, mich diesem *Beweise des Geistes und der Kraft,* wie ihn der Apostel nennet, zu fügen?

In dem letzten Falle war noch Origenes, der sehr Recht hatte zu sagen, dass die christliche Religion an diesem Beweise des Geistes und der Kraft einen eigenen göttlichen Beweis habe, als alle griechische Dialektik gewähren könne. Denn noch war zu seiner Zeit ›die Kraft, wunderbare Dinge zu tun, von denen nicht gewichen‹, die nach Christi Vorschrift lebten; und wenn er ungezweifelte Beispiele hiervon hatte, so musste er notwendig, wenn er nicht seine eigenen Sinne verleugnen wollte, jenen Beweis des Geistes und der Kraft anerkennen.

Aber ich, der ich auch nicht einmal mehr in dem Falle des Origenes bin, der ich in dem 18. Jahrhundert lebe, in welchem es keine Wunder mehr gibt, – wenn ich anstehe, noch jetzt auf den Beweis des Geistes und der Kraft etwas zu glauben, was ich auf andre meiner Zeit angemessenere Beweise glauben kann, woran liegt es?

Daran liegt es, dass dieser Beweis des Geistes und der Kraft jetzt weder Geist noch Kraft mehr hat, sondern zu menschlichen Zeugnissen von Geist und Kraft herabgesunken ist.

---

[1] Nach einem Referat im aargauischen Pfarrverein vom 19. Mai in Brugg und in der theologischen Arbeitsgemeinschaft in Emmenbrücke vom 29. September 1952.

Daran liegt es, dass Nachrichten von erfüllten Weissagungen nicht erfüllte Weissagungen, dass Nachrichten von Wundern nicht Wunder sind. *Diese*, die vor meinen Augen erfüllten Weissagungen, die vor meinen Augen geschehenen Wunder wirken *unmittelbar*. *Jene* aber, die Nachrichten von erfüllten Weissagungen und Wundern, sollen durch ein *Medium* wirken, das ihnen alle Kraft benimmt.«[2]

Der Mann mit der Perücke faltet sein Manuskript zusammen und setzt sich, wieder lächelnd, wieder uns mit listigen Augen anblickend. Und es bleibt an uns, ihm zu antworten: »Sehr geehrter Herr Bibliothekar, wir danken Ihnen, dass Sie sich die Mühe nahmen, uns hier zu besuchen. Und ich darf Ihnen gewiss im Namen aller Anwesenden sagen, wie sehr wir uns durch Ihren Besuch geehrt fühlen. Ihre Worte haben gewiss alle sehr beeindruckt. Allerdings, Herr Bibliothekar, muss ich Sie darauf aufmerksam machen, dass wir Pfarrer eben nicht auf das Sichtbare, sondern auf das Unsichtbare schauen. Und drum, Herr Lessing, sollten Sie sich einmal eine Predigt anhören über den Text aus Joh 20,29: ›Selig sind, die nicht sehen und doch glauben‹.«

Lessing antwortet: »Gewiss, lieber Herr Pfarrer Bohren, ich zweifle ja nicht, dass Sie und alle Ihre hier versammelten Kollegen sehr schön und rührend über die Seligen, die nicht sehen und doch glauben, zu predigen wüssten! Aber was soll dann ich Unseliger? Ich bin kein Gotteskind. Ich bin ein Zweifler. Ich muss schauen. Bin ich darum ewig verloren?«

Auf diese Fragen hin bin ich etwas verlegen: »Sie werden dramatisch, Verehrtester, das ist Ihr Metier. Und ihre Pathetik kommt daher, dass Sie sich in eine Linie mit den zeichenfordernden Juden stellen und nicht hören und glauben wollen, was wir predigen: Christus den Gekreuzigten.« Nach einer kleinen Pause sagt Lessing leise:

»Sie zitieren Paulus. Sie sind als Theologe genötigt, ihn zu zitieren. Bene, bene. Aber vergessen Sie nicht, dass der Zitierte ein chronischer Wundertäter war, ›so dass sogar Schweißtücher oder Lendentücher, ihm vom Leibe weg, zu den Kranken gebracht wurden und die Krankheiten von ihnen wichen und die bösen Geister ausfuhren‹. Und ich frage Sie nun nicht nach der Wunderkraft Ihrer Nastücher und Ihrer Leibwäsche. Ich frage Sie nur: haben Sie als chronische Wundertäter das Recht, das Paulus hatte, sich den zeichenfordernden Juden und unseresgleichen gegenüber auf die Predigt des Kreuzes zurückzuziehen? Jesus kenne ich und von Paulus weiß ich; wer aber seid Ihr?«

Was soll ich ihm antworten? Bevor ich zum Reden komme, fährt Lessing fort: »Sie haben sich schon manches Mal die Köpfe zerbrochen, warum heute Tausende an der Kirche vorbeigehen und Ihre Predigten nicht hören. Liegt der Grund etwa darin, dass Sie meine Fragen aus dem Jahre 1777 nicht ernst genommen und bis heute nicht beantwortet haben? Sie predigen, aber wo ist die Kraft in Ihren Worten? Sie erzählen Nachrichten von Wundern. Ganz rührend! Aber wo begegnet man in Ihren Predigten dem Wunder selbst? Wo ist der Geist und wo

---

[2] G. E. Lessing, über den Beweis des Geistes und der Kraft, Werke hg. von J. Petersen und W. v. Olshausen, Bd. 23, o.J., 46.

ist die Kraft? Weil die modernen Menschen dies in Ihren Predigten nicht fanden, drum suchen sie das Wunder in der Natur und die Kraft im Motor.

Und nun weiß ich, dass viele von Ihnen sich auch sorgen darüber, dass immer wieder führende Köpfe zum Katholizismus konvertieren. Etwa im heutigen Deutschland Werner Bergengruen, Reinhold Schneider, Ruth Schaumann, Gertrud von le Fort, Elisabeth Langgässer, Alfred Döblin, Franz Werfel und Edzard Schaper. Auch Hermann Hesse hat 1936 geschrieben, dass er sich dem römischen Katholizismus zuwenden würde, falls er je in eine Kirche zurückkehrte.

Wissen Sie, verehrteste Herren, warum die Wege so vieler meiner Kollegen nach Rom führen? Rom hat zwar nicht den Beweis des Geistes und der Kraft, es hat aber ein herrliches Surrogat erfunden – die Messe. Hier ist das Geheimnis. Hier ist vom Weihrauch umnebelt und vom Glöcklein beklingelt die Kraft und das Wunder. Das ist der Leim, dem meine modernen Kollegen gehorchen, auf dem sie nun auch klebengeblieben sind. Wären diese wackeren Männer auf den römischen Leim gegangen, wenn Sie und alle Ihre Kollegen in der evangelischen Kirche im Erweis des Geistes und der Kraft gepredigt und auch Wunder getan hätten?

Nein, haben Sie keine Angst, ich konvertiere nicht. Da wäre ich ja in der gleichen Verdammnis wie vorher. Weihrauch mag ich nicht riechen. Aber wo ist das Wunder? Sehen Sie, hochwürdige Herren, ich war zu Lebzeiten leider etwas boshaft mit Euresgleichen, habe die Orthodoxie als ›unreines Wasser‹ bezeichnet und die Neologie mit dem Würdetitel ›Mistjauche‹ versehen. Da ich heute nicht mehr so boshaft bin, äußere ich mich nicht über Eure dialektischen, positiven, liberalen oder andersartigen Theologien. Auch verschweige ich taktvoll, was ich von Euren mythologischen und entmythologisierten Predigten halte. Aber ich frage: wo ist das lebendige Wasser? Wo strömt es? Als Fachleute des Mitleids werden Sie es einem Verstorbenen nicht verargen, dass er mit Historie und historischen Glaubenstatsachen nichts anfangen kann. Für ihn gilt nur die Kraft, die Tote auferweckt ... So stehe ich heute noch jenseits des garstigen breiten Grabens, über den ich nicht kommen kann, so oft und ernst ich auch den Sprung versucht habe. Kann mir jemand hinüberhelfen, der tue es, ich bitte ihn, ich beschwöre ihn. Er verdient einen Gotteslohn an mir.«

Hier setzt sich Herr Lessing. Aus seinem Gesicht ist aller Spott gewichen. Er blickt schwermütig im Kreis herum.

Da erinnere ich mich, dass Karl Barth über den alten Blumhardt schrieb, der habe die Frage nach der praktischen Bedeutung der neutestamentlichen Wunder, die Frage nach der Einheit von Seele und Leib, die Frage nach der realen Macht der Versöhnung, die Frage nach der Art und Gegenwart des Heiligen Geistes, die Frage nach der Realität der christlichen Hoffnung neu gestellt. Die akademische Theologie habe diese Fragen überhört. Dann schreibt Barth: »Der Augenblick musste kommen und ist gekommen, der die Einsicht brachte, dass hier Entscheidendes zu lernen war: gerade für die akademische Theologie.«[3]

Hier stellt Lessing die Zwischenfrage: »Ja, was haben Sie, meine akademisch, theologisch gebildeten Herren, über diese Frage nun gelernt?« Etwas schüchtern

---

[3] Die protestantische Theologie im 19. Jahrhundert, 1947, 597.

nehme ich wieder das Wort: »Eben darum sind wir hier, um uns die Frage, die Sie und Blumhardt uns je von einem ganz verschiedenen Standpunkt aus stellten, neu und von innen her zu stellen und wenn möglich auch zu beantworten.«

Bei diesen Worten erhebt sich der alte Herr, verneigt sich leicht und sagt: »Ich bedaure außerordentlich, Sie nicht anhören zu können. Unsereins muss weiter. Entschuldigen Sie. Ich lasse Sie stehen.« Damit eilt er leichten Fußes zur Tür. Dort dreht er sich noch einmal um: »Meine Herren, vielleicht höre ich später mehr von Ihnen, es sollte mich freuen.« Damit ist Lessing verschwunden. Seine Frage bleibt. Auch wenn der alte Fuchs sie nur übungshalber, *gymnastikos* gestellt hat. Die Frage bleibt. Der Gotteslohn an Lessing ist noch nicht verdient.

So soll hier die Frage neu aufgenommen und in einigen Stichworten umrissen werden zunächst in einer systematischen Besinnung über das, was Predigt ist; dann in einer skizzenhaften Untersuchung von Wort und Kraft im Neuen Testament. Wenn ich zum Schluss versuche, mich an eine Antwort heranzutasten, so bin ich mir bewusst, dass das vorwitzig ist. Eine Antwort geben kann ich nicht. Aber ich liebe die Frage. Und ich denke jetzt an ein Wort, das Rilke einem jungen Menschen schreibt: »Forschen Sie jetzt nicht nach Antworten, die Ihnen nicht gegeben werden können, weil Sie sie nicht leben könnten. Und es handelt sich darum, alles zu leben. *Leben* Sie jetzt die Fragen. Vielleicht leben Sie dann allmählich, ohne es zu merken, eines fernen Tages in die Antwort hinein.«[4] So wollen wir denn versuchen, miteinander zunächst die Frage zu leben. Dabei wollen wir auch vor Einseitigkeit nicht scheuen.

II. Die Predigt des Gottesdienstes

Überlegen wir, wer wir sind. Wir tragen alle den Titel VDM, verbi divini minister. Unser Beruf ist zu predigen. Das ist unsere Hauptaufgabe. Wir nehmen dazu Texte aus der Bibel, die wir meditieren und die wir dann auf der Kanzel, so gut wir reden können, auslegen. Was tun wir da? Die Reformatoren haben darauf eine eindeutige Antwort gegeben. So schreibt Luther: »Nu mag ich unnd eyn iglicher, der Christus wort redet, frey sich rhumen, das seyn mund Christus mund sey. Ich bynn yhe gewisz, das meyn wort nitt meyn, sondern Christus wort sey, szo mus meyn mund auch des seyn, des wort er redet.«[5] Und in einer Predigt über Joh 20,19–31: »Das ist eyn groß trefflich Ding, dass eines jeglichen rechtschaffenen Pfarrherrns und Predigers mund Christi mund ist, und seyn Wort und Vergebung Christi Wort und Vergebung ist.«[6] Bullinger schreibt im ersten Kapitel der Confessio helvetica posterior: Praedicatio verbi Dei est verbum Dei. Desgleichen formuliert Karl Barth im § 22 seiner Kirchlichen Dogmatik: »Gottes Wort ist Gott selbst in der Verkündigung der Kirche Jesu Christi. Indem Gott der

---

4 R. M. Rilke, Briefe an einen jungen Dichter, 1929, 23.
5 Eine treue Vermahnung, 1522, WA 8,683; zit. nach K. Barth, KD I,1, 98.
6 Predigt über Joh 20,19–31, 1533, EA 3,376.

Kirche den Auftrag gibt, von ihm zu reden, und indem die Kirche diesen Auftrag ausführt, verkündigt er selbst seine Offenbarung in seinen Zeugnissen.«[7]

Wer diese These anfechten will, schließt sich aus der Jüngerschaft dessen aus, der gesagt hat: »Wer euch hört, der hört mich« (Lk 10,16).

Lassen wir das einmal gelten: in der Predigt ergeht Gottes Wort selbst, in der Predigt begegnet der gekreuzigte und auferstandene Herr dem Menschen. Es kann nicht meine Sache sein, nun eine ganze Christologie zu entfalten, um von hier aus eine Homiletik zu entwerfen, nur einige Randbemerkungen seien gemacht.

Gottes Wort ist *weltschöpfendes Wort*. »Gott sprach: Es werde Licht! Und es ward Licht« (1. Mose 1,3). »Denn wie der Regen und der Schnee vom Himmel herabkommt und nicht dahin zurückkehrt, sondern die Erde tränkt, dass sie fruchtbar wird und sprosst und dem Säemann Samen und dem Essenden Brot gibt, so auch mein Wort, das aus meinem Munde kommt: es kehrt nicht leer zu mir zurück, sondern wirkt, was ich beschlossen, und führt durch, wozu ich es gesendet« (Jes 55,10f). »Alle Dinge sind durch dasselbe geworden, und ohne das Wort ist auch nicht eines geworden, das geworden ist« (Joh 1,3). Dies Wort bleibt auch, wenn Himmel und Erde vergehen, und schafft den neuen Himmel und die neue Erde.

Dies Wort also ergeht, wenn der Pfarrer auf der Kanzel steht und seine Predigt hält. Das weltschöpfende Wort, das nicht leer zurückkehrt und aus nichts etwas schafft. Es gibt nichts Wirksameres, Aktiveres, Schöpferisches als das Wort. Die größte Tat des Menschen ist darum, dieses Wort zu verkündigen.

In einer der Sünde verfallenen und also dem Untergang geweihten Welt schafft dieses Wort als Vergebungswort, als Evangelium neues Leben. Es hat zeugende Kraft. Drum kann Paulus den Korinthern das stolze Wort schreiben: »Wenn ihr zehntausend Zuchtmeister in Christus habt, so doch nicht viele Väter, denn in Jesus Christus habe ich euch durch das Evangelium gezeugt« (1. Kor 4,15). Hören wir gut. Es ist nicht der Heilige Geist, es ist nicht Christus, es ist Paulus, der Mensch, der zeugt. Es ist der Mensch, der in Christus lebt und im Geist. So nennt er Onesimus sein Kind, das er in Fesseln gezeugt hat (Phlm 10). Und die Galater nennt er seine Kinder, um die er abermals Geburtsschmerzen leidet, bis Christus in ihnen Gestalt gewinnt (4,19). Notieren wir auch hier: Paulus leidet. Paulus ist hier nicht der Zeugende, sondern der Gebärende, aber Paulus ist das Mittel, durch das Christus, die neue Schöpfung in den Galatern Gestalt annimmt.

Die Predigt des Paulus war also ein zeugender oder ein gebärender Akt, ein Vorgang der Kraft. Die durch sein Wort Gezeugten und Geborenen waren sichtbar, feststellbar. Man konnte sie sehen, sie lebten in der sichtbaren Gemeinde.

Und wenn Otto Riecker Zahlen angibt über die Tausende, die durch Moodys Predigt bekehrt wurden,[8] so darf man das nicht einfach als Amerikanismus abtun. Das zum mindesten ist biblisch, dass es sichtbare Frucht der Predigt gibt.

---

7 KD I,2, 831.
8 O. Riecker, Das evangelistische Wort, 1935, 347f. Es ist bedauerlich, dass die 2. Auflage dieser so wichtigen Monographie 1953 gekürzt erschien.

Geben wir uns nicht mit einzelnen Halmen zufrieden. Es muss ein Feld sein, das hundertfältig Frucht bringt. Eine Gemeinde, in der Christus Gestalt hat. Gestalt aber ist immer sichtbar.

Gottes Wort ist nun nicht nur im geistigen Sinn Leben schaffend. Es weckt Tote auf, es heilt Kranke. »Damit ihr aber wisst, dass der Sohn des Menschen Macht hat auf Erden, Sünden zu vergeben – sagt er zu dem Gelähmten: Ich sage dir: steh auf, hebe dein Bett auf und geh in dein Haus! Und er stand auf, hob alsbald sein Bett auf und ging vor aller Augen hinaus, so dass sie alle erstaunten, Gott priesen und sagten: Solches haben wir noch nie gesehen« (Mk 2,10–12). Die Macht des Wortes Christi wird demonstriert daran, dass der Gelähmte sein Bett hinausträgt. So wirkt das Gotteswort. Es löst Fesseln der Krankheit, treibt Dämonen aus, zum Zeichen dafür, dass der Satan vom Himmel gefallen und sein Reich zerstört ist. Die Frage nach der praktischen Bedeutung der Wunder darf nicht an Blumhardt zurückgewiesen werden. Es geht auch nicht an, die Gemeinschaften und Sekten, die Glaubensheilung postulieren, einfach darum zu ignorieren und abzutun, weil sie nun einmal nicht den akademischen Jargon reden und nicht zu unserer Landeskirche zählen.

Ein Drittes ist zu sagen. Das göttliche Wort bewirkt Reaktion. Das fleischgewordene Wort wird gekreuzigt. Wenn Paulus predigt, stellt sich regelmäßig die Verfolgung ein. Gottes Wort wird widersprochen. Es ist eine Torheit und ein Ärgernis.

Ich fasse zusammen: Gottes Wort schafft neues Leben, indem es Sünde vergibt. Des zum Zeichen heilt es Kranke und weckt Tote auf. Gottes Wort ist Kraft und schafft damit Gegenwart. Und ich fahre fort: wir predigen also Gottes Wort. Und ich frage: ist es wirklich dieses Wort, das wir predigen? Wo sind die Wirkungen seiner Kraft, wo sind die Lahmen, die gehen? Die Blinden, die sehen? Die Stummen, die reden? Die Toten, die auferstehen?

Ach, es ist die große Mode, von der Gnade zu predigen, aber wo ist die Gnade selbst? Wo ist die wirkliche Vergebung? Wo sind die, die von der Vergebung gehört haben und nun in der Vergebung leben? Wo ist die Vergebung real? Wo ist die neue Schöpfung?

Und wo ist der Widerspruch? Ich kann mich nicht eben über mangelnden Widerspruch beklagen, aber ich habe nun in meiner Gemeinde wohl gegen dreihundert Predigten gehalten, und was ist das für ein Zeichen, dass weitaus der größte Teil ohne für mich hörbaren Widerspruch hingenommen wurde? Ist es ein Zeichen dafür, dass meine Holderbanker so fromme Leute sind, oder ist das ein Symptom, dass Gottes Wort verharmlost wurde? Dem Herrn Jesus und den Aposteln passierte es, dass sie nach der Predigt einer Steinigung entrinnen mussten. Und wir legen wohl alle Wert auf eine Wiederwahl, finden es abnorm, wenn ein Pfarrer nicht im Amt bestätigt wird.

»An ihren Früchten sollt ihr sie erkennen.« Ein Baum, der Jahr für Jahr im besten Fall ein gutes Dutzend guter Äpfel hat, ist ein unnützer Baum, ein fauler Baum, und der muss abgehauen werden. Gewiss übt unsere Predigt Einfluss aus. Gewiss gibt es Getröstete, Bekehrte und Empörte. Da und dort gibt es sogar Geheilte! Aber was ist mit dem Dutzend? Über und über behangen von Früchten müsste man sein. Und nun höre ich wieder den Einwand, man müsse eben glauben, im Vertrauen auf die kommende Frucht predigen, säen, auf das Unsichtbare schauen. Man redet da sehr fromm oder sehr theologisch, aber was ist das für ein Bauer, der sein Leben lang sät und nie mäht?

Gewiss, es kann das geben, ein Leben langes Säen im Vertrauen; aber das muss doch beachtet sein: das Wort ward Fleisch. Jesus Christus ist heute derselbe wie damals. Der Geist manifestiert sich als Kraft. Gottes Wort kann nicht heute schwächer sein und blasser als am Anfang, da der Schöpfer sagte: »Es werde Licht!« Gottes Wort ist heute nicht ohnmächtiger als in der Mitte, als Jesus zum Töchterlein sprach: »Thalita kumi!« Töchterlein, stehe auf! Gottes Wort tut heute noch das, was es am Anfang und in der Mitte tat, oder es ist nicht Gottes Wort.

Es gibt nicht zweierlei Worte. Entweder lügen Jesus, Paulus, Luther, Bullinger und Barth, oder wir müssen unsere Hefte revidieren. Es ist ein Possenspiel, wenn man die Kraft Gottes so verinnerlicht und unsichtbar macht, dass sie überhaupt nicht mehr da ist. Da steigt ein Pfarrer auf die Kanzel, er spürt nichts von der Kraft des Wortes, die Zuhörer spüren auch nichts, aber sie ist da, die Kraft; nach dem theologischen System des Pfarrers muss sie da sein. Man hat dann wohl eine systematische, aber abstrakte Kraft Gottes, man hat einen fleischlosen Christus. Und das ist nach dem ersten Johannes-Brief der Antichrist.

Es wird nirgends ausgesagt, dass die Kraft abnehmen und die Zeichen schwinden müssten. Wenn P. Althaus meint, Verkündigung und Lehre bedürfe die Kirche jederzeit, Heilung und Exorzismus bedürfe sie nicht immer,[9] so sei dazu die bescheidene Frage erlaubt, ob denn Geisteskrankheit und Körperkrankheit in gewissen Zeiten aufhören in der Welt, ob denn nur die Dummheit und Unkenntnis permanieren. Wenn wir an den Christus praesens glauben, dürfen wir nicht mit der alten Theologie die Geistesgaben als Charismen der apostolischen Kirche ansehen, die notgedrungen verblühen mussten, wie die Frühlingsblumen verblühen, wenn der Sommer kam.

Man könnte nun darauf hinweisen, dass wir nicht mehr in der Apostelzeit leben und dass die Wunder der Bibel als Erscheinungen der Religionsgeschichte der Vergangenheit angehören. – Dass die Wunder Jesu und die Wunder der Apostel in ihrer religionsgeschichtlichen Umwelt zu sehen sind, kann niemand leugnen. Aber dann muss ich noch einmal fragen: wo bleibt die Kraft? Sind die Wunder religionsgeschichtlich bedingt und also heute vorbei, dann müsste sich die Vollmacht wandeln und etwa ins Politische oder Wirtschaftliche eingreifen. Wo aber bleibt die verwandelte Vollmacht? Wo ist das wendende Wort? – Die Religionsgeschichte in allen Ehren; aber hier muss weiter gefragt werden: was geschieht mit den Unheilbaren? Was geschieht von der Predigt her mit den seelisch und geistig Kranken, die unsere Gesellschaft unter dem Anstrich von Humanität in Anstalten steckt, um sie also in antiseptischer Gefangenschaft sich vom Leibe zu halten?[10]

---

9 P. Althaus, Die christliche Wahrheit II, 1948, 288.
10 Das Problem Krankheit und Heilung ist in den letzten Jahren nicht unerörtert geblieben. Ich nenne hierzu: B. Martin, Die Heilung der Kranken als Dienst der Kirche, 1954. – D. Hoch, Heil und Heilung, 1955. – H. Doebert, Das Charisma der Krankenheilung, 1960. – R. Bohren,

Weiter: ist Jesus Christus im Lauf der Religionsgeschichte derselbe, dann kann man nicht dies als Glauben erklären, dass man ihn für den grundsätzlich Passiven hält. Man kann nicht das als rechten Glauben deklarieren, dass er der grundsätzlich Untätige sei, denn das hieße aus seinem Kreuz einen steinernen Götzen machen und seine Auferstehung und Erhöhung leugnen.

Nun kann man darauf hinweisen, dass im Neuen Testament die Zeichenforderung abgelehnt werde von Jesus, dass Paulus allem enthusiastischen Pneumatikertum widerstehe und auf seine Schwachheit verweise. Man kann hier die theologische Richtigkeit aussprechen, dass wahrer Glaube gerade nicht Mirakelglaube sei. – Ich meine aber, wir haben kein Recht, hier theologisch Richtiges zu sagen, solange wir damit nur unsere Sterilität rechtfertigen. – Jesus hat den Kranken keine Vorträge über den rechten Glauben gehalten, sondern hat sie geheilt. Ich meine, wir hätten so lange kein Recht, wider die Zeichenforderung zu reden, als uns das Zeichen fehlt.

III. Wort und Kraft im Neuen Testament

Die Frage Lessings bleibt. Auch wenn sie unbequem ist. Sie wird erst recht deutlich vom Satze aus, dass in der Predigt Gottes Wort ergeht. Wir versuchen die Frage nochmals zu beleuchten, indem wir das Neue Testament aufschlagen. Markus notiert, dass Jesus predigte wie einer, der Exusia hat, und nicht wie die Schriftgelehrten (1,22). Man mag mit dem Engländer Daube diese Exusia deuten auf die Vollmacht, Grundsätze von Lehren und Entscheidungen in bindender Kraft aufzustellen. Man wird aber nicht übersehen, dass die Exusia dadurch aktualisiert wird, dass Jesus einen unreinen Geist austreibt. Der Exorzismus bildet dann sozusagen den Schlagschatten seiner neuen Lehre voll Gewalt (1,27).

Das Predigtamt ist für Jesus das Primäre, »dazu bin ich ausgegangen« (Mk 1,38). Wenn Gogarten hier interpretiert, Jesu Aufgabe sei nicht das Wunder, sondern die Verkündigung,[11] dann ist daran nicht zu rütteln, dass Jesus zum Verkündigen ausgesandt war, es ist aber zu fragen, ob hier nicht eine falsche Gegenüberstellung konstruiert werde, ob denn die Verkündigung überhaupt verstanden werden könne, wenn sie vom Zeichen getrennt werde. Das Neue Testament

---

Krankheit und Heilung, in: Das Rätsel des Menschen, hg. von der Evangelischen Akademie Mannheim, 1961, 25ff.

Es dürfte wohl deutlich sein, dass meine Ausführungen über »Wort und Kraft« nicht einfach auf die sogenannte Wunderheilung hinauslaufen. R. Gagg hat in seiner ausgezeichneten Arbeit über die prophetischen Laienbewegungen im reformierten Südfrankreich Ludwigs XIV. gezeigt, wie dort Zeichen und Wunder in bestürzender Fülle geschahen, aber keine Heilungswunder; die waren damals und dort offenbar nicht nötig (R. Gagg, Kirche im Feuer, 1961). Man kann von hier aus einerseits fragen, welche Wunder heute nötig wären; andrerseits kann man sagen, dass der Glaube und die Hoffnung neuen Wundern entgegengehen. Wo die Hoffnung lebt, ist sie immer unterwegs zu neuen Wundern; ob diese nun mirakulösen Charakter oder ein profanes Gewand haben, ist nicht Sorge der Hoffnung.

11 Fr. Gogarten, Die Verkündigung Jesu Christi, 1948, 97.

sieht m. E. grundsätzlich beides zusammen. »Und er ging und predigte in ganz Galiläa in ihren Synagogen und trieb die Dämonen aus« (1,39). Auch hier wieder ist die Dämonenaustreibung aufs engste verknüpft mit der Predigt. Matthäus hat diesen Bericht erweitert: »Und er zog umher in ganz Galiläa, lehrte in ihren Synagogen, predigte das Evangelium vom Reich und heilte jede Krankheit und jedes Gebrechen im Volke« (4,23). Später wiederholt er diesen Bericht in 9,35: »Und Jesus zog umher durch alle Städte und Dörfer, lehrte in ihren Synagogen und heilte jede Krankheit und jedes Gebrechen.«

Die Jünger aber bekommen schon bei der Berufung den Befehl zur gleichen Funktion, die ihr Herr ausübt. »Und er bestimmte zwölf, damit sie um ihn wären und damit er sie aussenden könnte zur Predigt des Evangeliums und mit der Macht, die Dämonen auszutreiben« (Mk 3,14f). In der Aussendungsrede wird das noch deutlicher: »Wenn ihr aber hingeht, so prediget: ›Das Reich der Himmel ist genaht‹. Heilet Kranke, wecket Tote auf, machet Aussätzige rein, treibet Dämonen aus! Umsonst habt ihr es empfangen, umsonst gebet es« (Mt 10,7f). Das Empfangene und die Gabe sind eins. Sie haben das Wort empfangen vom Reich, sie geben es weiter, indem sie predigen und indem sie als Beweis der Richtigkeit ihrer Predigt die Wunder tun.

Lukas betont, dass mit der Exusia noch Kraft, Dynamis gegeben werde. »Er rief aber die Zwölf zusammen und gab ihnen Macht und Gewalt über alle Dämonen und zur Heilung von Krankheiten. Und er sandte sie aus, das Reich Gottes zu predigen und zu heilen« (9,1, cf. 6).[12] Wenn die Jünger voll Freude über die erfahrene Vollmacht zurückkehren, so hebt Jesus hervor, dass diese Vollmacht sie vor allen Angriffen des Feindes schützt. »Siehe, ich habe euch die Macht gegeben, auf Schlangen und Skorpione zu treten, und Macht über alle Gewalt des Feindes, und er wird euch keinen Schaden zufügen« (10,19). Paulus erlebt auf Malta die Kraft dieses Wortes, indem ein Natternbiss ihn nicht vergiftet (Apg 28,3–6).

Im Markus-Schluss endlich wird die Predigt als Werk des Apostels, das Zeichen aber als Bestätigung des Herrn dargestellt: »Sie zogen aus und predigten überall, indem der Herr mitwirkte und das Wort durch die begleitenden Zeichen bestätigte« (16,20). Den gleichen Sachverhalt finden wir auch in Apg 14,3: »Sie hielten sich nun geraume Zeit dort (in Ikonium) auf und predigten freimütig im Vertrauen auf den Herrn, der für das Wort seiner Gnade Zeugnis ablegte, indem er Zeichen und Wunder durch ihre Hände geschehen ließ.« Während in den ersten Stellen die Krafttat, die Dynamis, eine Aktualisierung der Exusia ist, die der Jünger hat, so wird hier das Wunder von der Wortverkündigung getrennt. Der Herr ist es, der mit den Jüngern wirkt und das Wunder schafft. So wird auch im Gebet der Gemeinde um dieses Doppelte gebeten, um das Wort vom Herrn und um Heilung, Zeichen und Wunder: »Und jetzt, Herr, sieh auf ihre Drohung und verleihe deinen Knechten, dein Wort mit aller Freimütigkeit zu verkündigen, indem du die Hand ausstreckst zur Heilung und Zeichen und Wunder geschehen durch den Namen deines heiligen Knechtes Jesus« (4,29). Die Gabe des Wortes

---

12 Mk 6,12f hat es geheißen: »Da zogen sie aus und predigten, man solle Buße tun, und trieben viele Dämonen aus, salbten viele Kranke mit Öl und heilten sie.«

und das Bewegen des göttlichen Armes sind zweierlei. Doch ist das wohl nicht so zu verstehen, dass das Wort kraftlos wäre, denn nach Lukas ist den Jüngern beides verheißen worden: Kraftverleihung und Einsetzung in den Zeugendienst. »Ihr seid Zeugen dafür, und siehe, ich sende die Verheißung meines Vaters auf euch« (Lk 24,48f). Dies wird wiederholt in Apg 1,8: »Aber ihr werdet Kraft empfangen, wenn der Heilige Geist über euch kommt, und werdet meine Zeugen sein.«

Wie bei Jesus liegt auch bei den Jüngern die Kraft einerseits im Wort, das die Menschen überwindet. So heißt es Apg 4,33: »Mit großer Kraft legten die Apostel das Zeugnis von der Auferstehung des Herrn Jesus ab und große Gnade war auf ihnen allen.« Diese Kraft wird andererseits im Wunder manifest. »Durch die Hände der Apostel geschahen viele Zeichen und Wunder unter dem Volke« (4,12).

Sehr aufschlussreich ist die Verteidigung, die Petrus nach der Heilung des Lahmgeborenen gibt. »Ihr israelitischen Männer, was wundert ihr euch über diesen oder was blickt ihr auf uns, als hätten wir durch eigene Kraft oder Frömmigkeit bewirkt, dass er umhergeht?« (3,12). Die Kraft, die in den Aposteln wirksam ist, ist also Kraft des Herrn. Von diesem Herrn, von seinem Sterben und Auferstehen ist dann in den Versen 13–15 die Rede. Und nun wird gesagt, wie diese Kraft wirksam werde: »Und weil wir an seinen Namen glauben, hat sein Name den Mann, den ihr da seht, kräftig gemacht, und der durch ihn gewirkte Glaube hat ihm vor euer aller Augen die volle Gesundheit gegeben« (3,16). Der Name heilt den Lahmen. Er tut das, indem die Jünger an diesen Namen glauben. Es ist also der geglaubte Christusname, der heilt. Ob es allein der Glaube der Jünger ist oder ob der Glaube des Gelähmten auch mitwirkt, wird nicht ganz deutlich: aber das wird deutlich, dass der Glaube an den Namen ihm die volle Gesundheit gegeben hat. Wir notieren uns das also am Rand: die Kraft, die im Wort ergeht und das Wort begleitet, kommt aus dem Glauben. Der Glaube macht das Wort kräftig, wie andererseits das Wort den Glauben bewirkt. Wenn also die Apostel Wunder tun, oder genauer, wenn Jesus Wunder wirkt auf das Wort der Apostel hin, so geschieht dies darum, weil die Apostel das Wort glauben.

Das Nebeneinander von Wort und Wunder finden wir auch bei Stephanus. »Stephanus aber voll Gnade und Wahrheit und Kraft tat große Wunder und Zeichen unter dem Volk« (6,8). Wenn er dann mit denen aus Cilicien und Asia diskutiert, so heißt es, dass sie ihm nicht zu widerstehen vermochten, der Weisheit und dem Geiste, womit er redete (6,10).

Es ist interessant, dass das Verb ›ischýein‹ verwendet wird. Ihr Vermögen ist durch die Kraft seines Zeugnisses überwunden. Sie sind selbst überwunden. Um sich nicht bekehren zu müssen, greifen sie zu Lüge und Verleumdung.[13]

Auch Paulus führt die Kraft auf Christus zurück, und sie wirkt auf ihn in zweierlei Weise: in Wortverkündigung und Wundertaten. So schreibt er im Römerbrief: »Ich werde nicht wagen, von etwas zu reden, was nicht Christus durch mich gewirkt hat, um die Heiden zum Gehorsam zu bringen durch Wort und Tat in Kraft von Zeichen und Wundern, in Kraft des Heiligen Geistes, so dass ich

---

13 W. Grundmann, Der Begriff der Kraft, BWANT 60, 1932, 96f.

von Jerusalem und ringsumher bis nach Illyrien das Evangelium von Christus vollständig verkündigt habe« (15,18f). Und aus dem zweiten Korintherbrief wird deutlich, dass er in Korinth nicht nur gepredigt hat, wie das aus der Apostelgeschichte vermutet werden könnte: »Die Zeichen des Apostels sind unter euch gewirkt worden in aller Ausdauer durch Zeichen und Wunder und machtvolle Taten« (12,12). Auf die kraftvolle Verkündigung spielt er auch im Thessalonicherbrief an: »Unsere Verkündigung des Evangeliums geschah bei euch nicht nur in Rede, sondern auch in Kraft und im Heiligen Geist und in großer Zuversicht« (1. 1,5). Auf die Kraft der Verkündigung ist wohl auch 1. Kor 2,1-4 zu deuten: »Und ich bin, als ich zu euch kam, ihr Brüder, nicht so gekommen, dass ich kraft eines Vorzugs in Rede oder Weisheit das Zeugnis Gottes verkündigt hätte; denn ich beschloss nichts unter euch zu wissen als Jesus Christus, und zwar als Gekreuzigten. Und ich trat in Schwachheit und in Furcht und in viel Zaghaftigkeit bei euch auf, und meine Predigt bestand nicht in überredenden Weisheitsworten, sondern in Erweisung von Geist und Kraft, damit euer Glaube nicht auf Menschenweisheit, sondern auf Gotteskraft beruhe.«

Dass die Verbindung von Wort und Kraft nicht auf die Apostel beschränkt bleibt, sondern auf die Gemeinde übergreift, wird mehrfach deutlich. Bei den Galatern kann er feststellen, dass auf Grund der Predigt vom Glauben der Geist dargereicht und Wunderkräfte bewirkt wurden. Die Galater haben im Geist wohl nicht nur gepredigt, sondern auch geheilt (3,5).

Im ersten Korintherbrief werden ja auch die verschiedenen Charismen auf einen Geist zurückgeführt, »und es gibt Verschiedenheiten in der Zuteilung von Kraftwirkung (Energema), doch nur einen und denselben Gott, der alles in allem wirkt«. Und dann werden aufgezählt: Weisheitsrede, Erkenntnisrede, Glaube, Heilungen, wirkungskräftige Machttaten (Dynameis), Prophetie, Unterscheidung der Geister, Zungenrede, Auslegung der Zungenrede (12,8-11). Deutlich sind hier Verkündigung und Wunder einander zugeordnet.

Aus der nachapostolischen Zeit ist endlich noch eine Stelle aus dem Hebräerbrief zu erwähnen: »Wie werden dann wir entrinnen, wenn wir ein so großes Heil missachten, das, nachdem es mit der Verkündigung durch den Herrn den Anfang genommen hatte, von den Hörern bis auf uns sicher überliefert worden ist, wobei Gott zugleich Zeugnis gab durch Zeichen und Wunder und vielerlei machtvolle Taten und Zuteilungen des Heiligen Geistes nach seinem Willen« (2,3f). Auch hier wird neben die Verkündigung das bezeugende Handeln Gottes gestellt, das von Christus bis auf die Zeit des Hebräerbriefes dauerte.

Bezeichnend sind in diesem Zusammenhang noch zwei Stellen. Wenn Paulus nach Korinth zurückkehrt, ist der Maßstab, mit dem er die Korinther misst, nicht das System, nicht die Dogmatik, sondern die Kraft. »Ich werde jedoch bald zu euch kommen, wenn der Herr will, und werde nicht auf die Worte der Aufgeblähten achten, sondern auf ihre Kraft, denn nicht auf Worten beruht das Reich Gottes, sondern auf Kraft« (1. Kor 3,19). Hier ist deutlich eine Gegenüberstellung von Wort und Kraft. Es gibt also ein Wort, ein Verkündigen, das ganz korrekt tönt, aber nur eine klingende Schelle, ein tönendes Erz ist. Paulus vermutet offenbar, dass es in Korinth eine Verkündigung gebe, die ähnlich wie bei den Schriftgelehrten ohne Kraft sei.

Gegen diese Front der Judaisten kämpft er auch im 2. Korintherbrief. Deutlich wird die Spitze gegen die Selbstgerechtigkeit und wohl auch gegen die Pedanterie gerichtet: »Unsere Tüchtigkeit stammt von Gott, der uns auch tüchtig gemacht hat zu Dienern des neuen Bundes, nicht des Buchstabens, sondern des Geistes, denn der Buchstabe tötet, der Geist macht lebendig« (3,5f). Hier ist von Tüchtigkeit die Rede. Hier wird der Dienst am Buchstaben, der tötet, gegenübergestellt dem Dienst am Geist, der lebendig macht. Paulus kämpft an der gleichen Front, an der Jesus kämpfte, an der Front gegen pharisäische Schriftgelehrsamkeit.

Halten wir inne. Auf der einen Seite gibt es eine ganze Menge neutestamentlicher Stellen, in denen die Kraft im Wort eingeschlossen oder die Kraft dem Wort zugeordnet ist. »Kerygma und ›Gaben‹, Kerygma und ›Zeichen und Wunder‹ gehören zusammen.«[14] Auf der andern Seite kann das Wort im Gegensatz zur Kraft oder zum Geist stehen.

IV. Unser Predigtauftrag und die Kraft

Von den am Neuen Testament gewonnenen Einsichten her muss geprüft werden, ob unsere Predigt Gottes Wort sei, wirklich sei, oder schlichter, ob die Auslegungen und Moralreden, die so korrekt auf unsern Kanzeln gehalten werden, auch Predigten seien. Der Herr ist der gleiche, seine Kraft ist die gleiche. Wir predigen den Gekreuzigten. Wir wollen auch den Glauben predigen. Warum bezeugt sich Gott nicht, warum wirkt er nicht? Warum gleicht heute unsere Predigt wohl viel mehr der Predigt der Schriftgelehrten, als der Predigt der Apostel? Warum ist dann unsere Predigt offensichtlich zum Dienst des Buchstabens geworden und nicht Dienst des Geistes? Warum reden wir im schlimmsten Fall wie die Aufgeblähten? Diese Fragen sind Gerichtsfragen. Sie richten unsere Predigt.

Ich greife zum mir nächstliegenden Beispiel, das bin ich selber. Ich bin der Meinung, ich könne einigermaßen predigen, ich bereite mich sorgfältig vor, achte darauf, keine Häresien zu erzählen, es ist mir ein Anliegen, Christus, und nur ihn, zu verkündigen. Ich treibe Exegese, meditiere, bete, schreibe jede Predigt sorgfältig nieder. Und nun kann es geschehen, der seltene Fall kann eintreffen, dass ich den Eindruck habe, die Predigt ist gut, sogar sehr gut. Das Wort hat mich selber gepackt. Ich predige, spüre, dass die Leute mitgehen und auch gepackt sind. Was ist das für ein spannender Augenblick, der Augenblick, da das Wort ergeht! Wie musste Petrus gespannt sein, als er zu der Toten sprach: »Tabitha, steh auf!« Was ist das für ein spannender Bruchteil eines Augenblicks, bis sie die Augen öffnet und lebt! So ist es doch am Sonntag. Da hat man einigen toten Seelen gepredigt, man steigt von der Kanzel, der Augenblick vergeht, Tabitha öffnet das Auge nicht, Tabitha bleibt tot. Es hat gedonnert auf der Kanzel, aber der Blitz schlug nicht ein. Es hat geknallt, aber die Einschläge sind nicht feststellbar. Vielleicht war die Munition blind. Es hat geraucht, aber die Flammen sind erstickt. Niemand brennt.

---

14 H. Schlier, Kerygma und Sophia, EvTheol 10, 1950/51, 500; jetzt auch in: Die Zeit der Kirche, 1956, 224.

Und dann ist der Weg von der Kanzel der Weg des Petrus über das Meer, die Wellen kommen, der Zweifel kommt, und Petrus sinkt. – Nun rede ich da von seltenen Augenblicken. Ist nicht dies noch viel häufiger, dass man im Grunde gar nichts erwartet? Nehmen wir einmal den Bettag.[15] Da hat man Gelegenheit, es allem Volk zu sagen; aber Hand aufs Herz, was habt ihr z.B. von der letzten Bettagspredigt erwartet? Was erwarten wir von der Pfingstpredigt? Erwarten wir konkrete Frucht? Oder ist das, was wir tun am Sonntag, einfach ein Schlag ins Wasser, ein Säen in der Wüste? Wie mancher Pfarrer gleicht doch dem Gramper, der jahraus, jahrein auf der gleichen Strecke mit dem Pickel gegen die Steine schlägt. Jahraus, jahrein wird gepredigt, aber kein Zug fährt über jene Strecke. Der Gramper aber hackt immerfort zu, er ist dazu angestellt. Die Leute sagen, der Pfarrer predigt, weil er dafür bezahlt ist.

Nein, so kommt auch Lessing nicht über den Graben. So bleibt die Welt gottlos. Und die Schuld trägt nicht die Welt, sondern wir. O was ist doch das für eine Anklage gegen uns, wenn J.-P. Sartre von Gott schreibt: »Er ist tot, er sprach zu uns und nun schweigt er, wir berühren nur noch seinen Leichnam. ... Dieses Schweigen des Transzendenten verbunden mit der Fortdauer des religiösen Bedürfnisses beim modernen Menschen, das ist die große Angelegenheit heute wie gestern. Es ist das Problem, das Nietzsche, Heidegger, Jaspers peinigt.«[16] Hören wir gut: es peinigt die besten modernen Köpfe, dass sie Gott nicht hören können. Wo Sartre mit der Kirche in Berührung kommt, mit Christi Leib, berührt er nur seinen Leichnam. Und wir sind Gottes Mund. Hier irrt Sartre, Gott lebt. Wir sind Glieder an seinem Leib, und der ist auferstanden. Aber der moderne Mensch kann aus unserer Predigt Gott nicht hören. Er kommt zum Schluss, dass er tot ist. »Er sprach zu uns, und nun schweigt er.« Das ist Gericht. Gottes Wort, das uns anvertraut ist, ist voll Kraft, und wir haben es verfälscht. Drum müssen wir uns selbst richten.

O liebe Freunde, ich weiß, dass jetzt besonders Eifrige Beispiele präparieren, die sie in der Aussprache zum Besten geben können, um zu zeigen, wie ihre Predigt wirkte. Erbauliche Geschichten könnte ich auch berichten. Wenn schon Bileams Esel reden konnte, so ist es doch nicht verwunderlich, wenn auch bei einem Pfarrer einmal etwas Rechtes herauskommt. Aber es bleibt dabei, dass der Esel nachher wieder wiehert wie vorher, es bleibt dabei, wenn da und dort einmal etwas geschieht, so ist das eine Wirkung, die bald wieder aufhört. Und immer noch bleibt die Frage: wo ist die Kraft?

Von drei Seiten her ist sie uns gestellt. 1. Von Lessing und Sartre und den »toten Seelen« her. 2. Vom systematischen Durchdenken dessen, was Predigt ist. 3. Von der exegetischen Besinnung darüber, wie der Herr, die Apostel und die ersten Christen in Erweisung des Geistes und der Kraft verkündigt haben. Immer wieder wird deutlich, dass wir wohl die Buchstaben, das System haben, dass aber die Kraft fehlt. Und drum gilt es nun diese Frage nach der Kraft zu lieben, und nun auch zu untersuchen, was die Kraft ist.

---

15 Der eidgenössische Dank-, Buß- und Bettag weist jeweils die größten Besucherzahlen auf.
16 Situations I, 153.

Aus dem bisher Erarbeiteten wird klar: es ist nicht unsere Kraft.[17] Sie ist auch nicht magisch-sakramentaler Art und so an die Predigt oder an das Schriftwort gebunden, sondern es ist die Kraft des Herrn, die sich mit dem Wort, mit unserem Wort verbindet. Die Frage nach der Kraft der Predigt stellen, heißt also nach dem Heiligen Geist fragen.

Eduard Schweizer[18] hat uns gezeigt, dass Markus und Matthäus in erster Linie den Geist verstanden haben als Kraft zum Exorzismus. Ich glaube, dass wir zu diesem ursprünglichen Geistverständnis der ersten Zeugen zurückkehren müssen, um den Heiligen Geist richtig zu verstehen. Der Heilige Geist ist ja viel mehr als die Kraft zum Exorzismus. Aber wenn wir sehen, dass das eine seiner ersten Funktionen war, entgehen wir der Gefahr, den Geist mit Rom hierarchisch-sakramental zu kanalisieren, oder ihn mit dem Idealismus und Neuprotestantismus ins rein Spirituelle verdampfen zu lassen.

Und nun ist am Pfingstfest die Kraftbegabung vollzogen worden.[19] Schon Harnack hat das Thema der Apostelgeschichte formuliert als »Die Kraft des Geistes Jesu in den Aposteln geschichtlich dargestellt«. Hören wir dazu, was der alte Blumhardt in seiner Auslegung der Joelschen Pfingstweissagung sagt: »Wir müssen bedenken, dass der Heilige Geist als ein Persönliches aus Gott muss erkennbar, fühlbar, ja sichtbar sein. Er soll als Geist und Feuer da sein, mindestens mit dem in der apostolischen Zeit sichtbaren Feuerglanz. Er soll da sein als ein Geist mit außerordentlichen Kräften, welche die Bestimmung haben, die Kräfte der Finsternis vom Menschen auszureuten, dem jammervoll verunstalteten Menschengeschlecht zu etwas Besserem heraufzuhelfen, allem Übel zu steuern und dem Wort eine Bahn in aller, auch der ruchlosesten Menschen Herzen zu brechen. Denn der Geist soll die Welt strafen (Joh 16,8). So war der Geist einst da; und so haben wir Ihn nicht mehr.«[20] Dabei ist zu beachten, dass Pfingsten auch ein subjektives Erlebnis der Jünger war und darum seinen psychologischen Aspekt hat. »Sie sind voll süßen Weines«, sagen die Unverständigen. Karl Barth macht in der Auslegung des dritten Artikels zunächst folgende Feststellung: »Es ist der Mensch, der jetzt in den Blickpunkt des Bekenntnisses rückt.«[21]

So wird denn vom Empfangen der Kraft und Angetanwerden mit Kraft, vom Getauftwerden mit Heiligem Geist, vom Erfülltwerden mit Heiligem Geist, vom Wandeln im Geist geredet. Darum braucht es offenbar vom Menschen her gewisse Voraussetzungen zum Geistempfang. Blumhardt meinte: »Der Geist will reinere Gefäße haben, als wir vorerst sind.«[22] Christus kam, als die Zeit erfüllet war. Das Kommen des Geistes ist gebunden an sein Sterben, Auferstehen und an seine

---

17 W. Michaelis, ThWNT III, 907, bemerkt, dass ›krátos‹ nirgends als Besitz des Menschen vorkommt.
18 ThWNT VI, 394ff.
19 H. von Baer, Der Heilige Geist in den Lukasschriften. BWANT 39, 1926, 77–108, 182–198; W. Grundmann, Der Begriff der Kraft, 1932, 94f; ders., ThWNT III, 400ff.
20 Ausgewählte Schriften I, 1947, 12f.
21 Credo, 1935, 112.
22 Ebd. 49.

Himmelfahrt. Weil aber der Geist Gottes Selbstmitteilung an den Menschen ist, darum darf der Mensch als Träger, als Gefäß, als Tempel des Geistes nicht unterschätzt werden. Es ist nicht so, als ob der Mensch mächtig wäre über den Geist, als ob er durch irgendwelche Machination der Technik ihn herbeizwingen könnte; aber es ist so, dass der Mensch den Geist betrüben, dämpfen, vertreiben kann. Das ist des Geistes Knechtsgestalt, seine Erniedrigung. Das ist die Freiheit des Geistes, dass er sich an den Menschen bindet, dass er eins werden will mit den Menschen, so dass im Nikodemusgespräch der Geist und im Galaterbrief Paulus es ist, der zur Wiedergeburt verhilft.

Und nun ist es wiederum Blumhardt, der betont, dass der Heilige Geist nicht nur eine vorübergehende Gotteskraft sei, die einmal von oben wirke und dann wieder aufhöre, dass der Geist im Menschen wohne als das Persönliche aus Gott, fühlbar und vernehmbar.[23] »Wer den Heiligen Geist in sich hat, hat Ihn bleibend, und steht über allen Zweifeln erhaben, wie wir auch kein Beispiel im Neuen Testamente finden, dass jemand, der den Heiligen Geist gehabt hätte, je wieder, so für die Langeweile, wie man es bei vielen in unserer Zeit findet, in Zweifel über seinen Gnadenstand gekommen wäre.«[24] So hat Blumhardt den Heiligen Geist verstanden als etwas Konstantes. Und das war sein großer Schmerz, dass er ihn nicht mehr sah: »Der von Gott ausgegossene Geist ist so nicht mehr da, als Er dagewesen ist, und sollte doch da sein, weil ohne Ihn Millionen nicht mehr zu retten sind aus ihrem Elend und ihrer Verkommenheit, und doch gerettet werden sollten.«[25] So steht Blumhardt als ein Bittender und Wartender mitten im neunzehnten Jahrhundert.

Das gehört nun offenbar zu der menschlichen Seite des Geistempfanges, dass wir als Wartende in der Zeit stehen. Heiliger Geist will erbetet sein. Er will erfragt werden. Und zur Bitte um den Heiligen Geist gehört die Bitte um das vollmächtige Wort, denn das Wort ist das Schwert des Geistes. Darum mahnt Paulus die Epheser, sie möchten für ihn bitten, dass ihm das Wort geschenkt werde. Zu dieser Bitte um das Wort gehört unser ganzes Studium, die Exegese und die Dogmatik. Wie um das Wort, so darf auch um die Kraft gebetet werden. So bittet die Urgemeinde um Zeichen, und jedes Wunder ist erfüllte Bitte. Die Bitte um die Kraft gehört zur Bitte ums Reich, da das Reich in Kraft besteht. Und weil der Geist Angeld des Reiches ist, darum ist die Bitte um die Kraft ein Teil der Bitte um den Geist.

Und nun meine ich, dass, wie Exegese und Dogmatik als menschliche Tat eingeschlossen sind in die Bitte um das Wort, es so ein menschliches Tun geben muss, das eingeschlossen ist in die Bitte um die Kraft.

Blumhardt hat über diesen Sachverhalt eindeutig geredet. Er meinte, es liege an uns, wenn die Wunder heute ausblieben. »Vielmehr hängt es, wie ich finde, nach der Schrift, nur von der Haltung des Volkes zu seinem Bundesgott ab, ob man von nun etwas sehen und erfahren dürfte, das man, weil von Ihm allein

---

23 Ebd. 30.
24 Ebd. 44.
25 Ebd. 56.

kommend, Wunder nennen muss.«[26] Es würde nun nach Blumhardt darum gehen, die Haltung des Gottesvolkes zu untersuchen, die es Gott unmöglich oder möglich macht, gegenwärtig zu sein und zu wirken. Wir können das heute nicht tun. Wir wollen uns aber auf einen schmalen Sektor beschränken, indem wir untersuchen, was vor dem Predigen in Geist und Kraft geschieht. Bevor Jesus predigte als einer, der Exusia hat, hält er sich vierzig Tage in der Wüste auf. Diese vierzig Tage waren für ihn, wie Kittel ausführt, »eine Zeit des Umgangs mit Gott«.[27] Der Geist hatte ihn in die Wüste geführt. Dort fastete er, und sicherlich hat er dort in diesen vierzig Tagen gebetet. Die Wüste war für Jesus der Ort des Gebets.

Die Zwinglibibel übersetzt etwas unscharf ›*érämos tópos*‹ als »einsamer Ort«. Wir haben aber hier die Wüste zu verstehen. Dahin zieht er sich nach den Heilungen zurück. So berichtet Markus: »Und am Morgen, als es noch sehr dunkel war, stand er auf, ging hinaus und begab sich an einen einsamen Ort und betete dort« (1,35). Auch Lukas berichtet nach der Heilung eines Aussätzigen, wie er sich in einsame Gegenden, also in die Wüste zurückzog und dort im Gebet verweilte (5,16). Jesus hat offenbar vor und nach seinen Wundertaten in der Wüste gebetet. Bei seinem ersten vierzigtägigen Wüstenaufenthalt wurde er versucht. Und indem er in der Wüste den Teufel überwand, konnte er nachher in den Dörfern die Dämonen austreiben. So steht vor Jesu Wirksamkeit diese Wüstenzeit, und während seines Wirkens hat er sich nun offenbar da wiederum Kraft geholt.

Barrett bringt das in Zusammenhang mit dem Volk, das vierzig Jahre in der Wüste zubringt, dort versucht und gestärkt und gespiesen wird und dort von seinem Gott das Wort, das Gesetz, bekommen hat.[28] Die Wüstenzeit hatte einen besondern Heilscharakter. Kittel[29] bestreitet den Zusammenhang mit der Wüstenzeit des Volkes Israel und erinnert an das vierzigtägige Fasten des Mose: das war zuerst ein Fasten, um auf Gottes Wort zu hören, »und er blieb daselbst bei dem Herrn vierzig Tage und vierzig Nächte, ohne Brot zu essen und Wasser zu trinken, und er schrieb auf die Tafel die Worte des Bundes, die zehn Worte« (2. Mose 34,28). Zum zweiten Mal ist es die Fürbitte für das Volk: »Und ich fiel vor dem Herrn nieder, vierzig Tage und vierzig Nächte lang wie das erste Mal, ohne Brot zu essen und Wasser zu trinken, um all eurer Sünde willen, die ihr begangen, da ihr tatet, was dem Herrn missfiel, so dass er ihn reizte; denn ich fürchtete mich vor dem Zorn und Grimm, den der Herr wider euch hegte, so dass er euch vertilgen wollte« (5. Mose 9,18f).

Dabei wäre noch zu bedenken, dass Gott seine Knechte schon im Alten Testament durch Wüstenzeiten führte. Mose wird versucht, flieht als Räuber in die Wüste und wird dort berufen. Joseph kommt nach Ägypten und ins Gefängnis. David flieht vor Saul in die Wüste. Auch Paulus macht Wüstenzeit durch. Nach seiner Bekehrung fängt er sofort an zu predigen (Apg 9,22). Von Kraft ist da

---

26 Ebd. 80.
27 ThWNT II, 655.
28 The Holy Spirit and the gospel tradition, 1954, 46ff.
29 ThWNT II, 655.

nicht die Rede. Erst nachdem er zwei Jahre in Arabien weilte, also offenbar in der Wüste, war er der Paulus, der in Erweis des Geistes und der Kraft predigte. Ich glaube, auch das ist nicht Zufall, dass die Jünger während vierzig Tagen vor Pfingsten den Herrn bei sich hatten, der mit ihnen redete.

Es gibt also in der Bibel eine Vorbereitungszeit für das Wirken im Geist und in der Kraft: die Zeit in der Wüste! Man lese daraufhin etwa Gottfried Arnolds »Leben der Altväter und anderer Gottseligen Personen« (1700) und wird dann dort fast schematisch das finden, dass einer als Eremit in die Wüste zieht, dort Anfechtungen erduldet, kämpft im Gebet, und von da an ist Sieg im Leben des Einsiedlers, Menschen kommen zu ihm, suchen seine Seelsorge, Wunder werden gewirkt, der Zulauf wird so groß, dass der Einsiedler an einen noch einsameren Ort ziehen muss. Aber auch da wird er aufgesucht, eben weil eine Kraft von ihm ausgeht. Oder dann geschieht es, dass der Einsiedler von der Wüste in die Stadtnähe gesandt wird, um dort zu wirken. Man denke auch an Martin Luthers Klosterzeit. Auch da Fasten, Beten, Ringen, Anfechtung über Anfechtung und schließlich der Sieg durch das Wort. Und von da an die Vollmacht. Man denke an den alten Blumhardt, der zwei Jahre lang um die Gottliebin Dittus kämpfte, fastete und betete, schlaflose Nächte durchwachte, bis er sich durchrang zum Hören des Wortes »Jesus ist Sieger«. Von da an kam die Erweckung. Es kam die vollmächtige Predigt, es kamen die Wunder. Man betrachte das Leben des Pfarrers von Ars, der fastete, sich geißelte und in den Nächten mit dem Teufel rang. Dieser halbidiotische, unterdurchschnittlich begabte Pfarrer hat durch seine Predigt ein Dorf umgewandelt und ist schließlich der größte Beichtvater Frankreichs geworden. Man höre bei I. Smolitsch, »Leben und Lehre der Starzen«, wie der Vater Serafim drei Jahre lang mit erhobenen Händen auf einem Stein kniet und um Gnade fleht, weitere drei Jahre in Schweigen versinkt, fünfzehneinhalb Jahre in strenger Klausur lebt, jeden Tag ein Evangelium, die Apostelgeschichte und alle Briefe des Neuen Testaments liest, dann während acht Jahren in einem Segen sondergleichen als Starez wirkte. Und man vergleiche damit unsere Ausbildung: acht Semester Studium, ein Lehrvikariat, und schon steht der Pfarrer Sonntag für Sonntag auf der Kanzel.

Geführt werden in die Wüste, das heißt Stille und Versuchung. Schon bei der Schöpfung war es ja so. Der erste Tag des Menschen war ein Sabbath, ein Feiertag, der Tag des Hörens auf Gottes Wort, der Tag der Anbetung, des Lobes und des Dankens. Und nach dem ersten Sabbath oder vielleicht schon während dieses Sabbaths kommt die Schlange, es kommt die Versuchung und verführt die Eva. Bei der neuen Schöpfung ist es nicht anders. Zuerst der Feiertag, die Sabbathstille, die vierzig Tage Wüste, die vierzig Tage Umgang mit dem Vater und dann in diesen vierzig Tagen die Versuchung, die sieghaft überwunden wird. So war die Zeit vor Pfingsten, so war Arabien für Paulus, das Kloster für Luther, die Kampfzeit für Blumhardt.

Die Wüste ist also der Ort, wo Gott zu seinem Volk redet, der Ort, wo man betet. Die Wüste ist zweitens der Ort der Dämonen, der Ort des Teufels, der Ort, wo man stirbt und umkommt. An diesem Ort müssen wir stehen, da wo wir ganz arm und hungrig sind, mit der Frage, die wir lieben, mit der Frage nach dem Geist. Wenn wir da stehen, haben wir den Geist noch nicht, aber die sichere Verheißung, dass die Bitte um den Geist erhört werde. Und vielleicht ist das die Not, dass wir nicht in die Wüste wollen und als Ungestorbene auf der Kanzel stehen.

Hören wir darum zum Schluss noch Vilmar, der um diese Frage gewusst hat und im Jahre 1849 einen Aufsatz schrieb »Gewalt über die Geister«: »Also das gepredigte Wort! Das hat Gewalt über die Geister. Wohl! es hat sie. Aber wann und wie hat es diese Gewalt durch deinen, eben durch deinen Mund? Nur dann, wenn es rein gepredigt wird, und nur dadurch, dass du dich selbst mit deinem ganzen Wesen, mit Geist und Seele und Leib, an das Wort hingibst, dich selbst Eins machst mit diesem Worte. Es muss dasselbe sich alle deine Gedanken, deinen gesamten Willen und sogar alle deine Regungen und Gefühle ohne einen einzigen Rückhalt untertan gemacht, in seine volle Gewalt gebracht haben, dann gibt es sich auch hinwiederum in deine Gewalt, ganz und ungeteilt und ohne Rückhalt, und gestattet deiner armen sterblichen Zunge, Werke der Ewigkeit zu verrichten. So lange du noch etwas Eigenes zu dem Worte hinzutust, deine Kunst oder deine Weisheit oder deine Ansichten und Absichten, so lange kannst du zwar das Wort vielleicht nicht ohne Furcht predigen, aber so lange hast du nur erst Einfluss auf die Geister, noch keine Gewalt über sie.

Darum horche wohl auf dich selbst, auf dein innerstes Treiben, auf das geheime Regen und Weben in deiner Seele. Es kommt leicht vor, dass zwei Stimmen in dir sprechen und folglich aus dir sprechen: laut allerdings die Stimme des göttlichen Wortes, aber leise daneben auch deine eigene Stimme; bald die Stimme deiner Gleichgültigkeit, Zerstreutheit und Trägheit, bald die Stimme deiner Eitelkeit und des Wohlgefallens an deinen eigenen, wohlgelungenen Worten oder des Missfallens an dem, was dir nicht recht wohl geraten und nicht schön genug gesagt scheint, bald die Stimme deines Selbstvertrauens, bald die Stimme deiner fleischlichen Zaghaftigkeit, bald die Stimme deiner lebhaften Einbildungskraft, bald die Stimme der Sorgen und Nöte, die du in deinen vier Pfählen hast. So lange du diese zweite Stimme, wenn auch nur leise, noch hörst, hast du noch nicht volle Gewalt über die Geister, denn der Menschengeist unterwirft sich dem bloßen Menschengeiste niemals unbedingt, braucht es nicht, soll es auch nicht. Also wehren sich die Geister, denen du predigst, gegen dein Ich, welches aus dir spricht, und damit wehren sie sich denn auch meist gegen das Wort Gottes, welches neben deinem Ich hergeht. Und wenn in solcher Art die auch noch so leise Stimme deines Ich mitspricht, so hören sie doch alle deine Zuhörer auf der Stelle heraus; sie hören sie, sie fühlen sie heraus, auch wenn sie sie nicht erkennen und namhaft zu machen wüssten; sie hören sie bestimmter aus dir sprechen, als du selbst sie in dir vernimmst.«[30]

Vilmar meint, dass »eine ganz besonders strenge und unablässige Selbstzucht, eine fortwährende, nachdrückliche Selbstbezwingung, eine ganz eigentliche leibliche und geistige Kasteiung« zur rechten Verkündigung des Wortes gehöre. »Es ist voller Ernst und nichts daran abzutun: wer nicht in dieser Weise das Wort verkündigt, der predigt in unsern Tagen nicht den Glauben, sondern den Abfall, nicht die Gewalt über die Geister, sondern den Aufruhr der Geister, nicht

---

30 Neudruck 1928, 15f.

Christum, sondern den Antichrist, nicht Gott, sondern den Teufel. Wer jetzt dem Worte nicht ganz gehorsam ist und sich nur in einem Punkte gegen dasselbe undemütig und ungebeugt verhält, wer noch in einem einzigen Stücke zweifelt und menschlich schwankt, der predigt sich und die, welche ihm anvertraut sind, in das ewige Verderben hinein. Insbesondere gilt dies den eigenst berufenen Dienern am Wort, den Pfarrern: so viel Schritte auf die Kanzel ohne jene gänzliche Hingebung an das Wort und ohne die dazugehörige Selbstzucht, gerade soviel Schritte in die Verdammnis.«[31]

Ich glaube, wir wissen nun, warum wir die Wüste nötig haben und wo sie ist. Der Ort, wo das Wort ist, das uns verbrennt, wo wir beten und fasten müssen, wo wir versucht werden. Der Ort, wo das Heil auf uns zukommt.

Und nur der kann dem armen Lessing über den garstigen Graben helfen, der selber in den Graben hineingeht. Wer wagt es? Er verdient einen Gotteslohn dabei.

Aus: folgen, S. 7–31

---

[31] Ebd. 19.

Psalm 1

Wohl dem Manne, der nicht wandelt im Rat der Gottlosen,
noch tritt auf den Weg der Sünder,
noch sitzt im Kreise der Spötter,
sondern seine Lust hat am Gesetz des Herrn
und über sein Gesetz sinnt Tag und Nacht.
Der ist wie ein Baum, gepflanzt an Wasserbächen,
der seine Frucht bringt zu seiner Zeit
und dessen Blätter nicht verwelken,
und alles, was er tut, gerät ihm wohl.
Nicht so die Gottlosen;
sondern sie sind wie die Spreu, die der Wind verweht.
Darum werden die Gottlosen nicht bestehen im Gericht,
noch die Sünder in der Gemeinde der Gerechten.
Denn der Herr kennt den Weg der Gerechten;
aber der Gottlosen Weg führt ins Verderben.

Unser Psalm beginnt mit einer Entdeckung, mit einem Ausruf der Freude und Überraschung: »Wohl dem Mann!« M. Buber übersetzt: »O Glück des Mannes!« Er ist nicht wie Spreu im Wind, sondern wie ein Baum an Wasserbächen, kein sauertöpfischer Pharisäer; er grünt. Sein Leben verdorrt nicht in Hetze oder Langeweile. Er trägt Frucht für die Ewigkeit. »O Glück des Mannes!«

Nicht wahr, das wäre schön, wenn man auch bei deinem Leben ein solches Glück entdecken könnte, wenn auch du ein solcher Baum wärest, gespeist und getränkt von himmlischen Wasserbächen, wenn es auch von dir heißen könnte: »Alles, was er tut, gerät ihm wohl.«

Und das ist meine Hoffnung und meine Freude, dass das mit den ersten und letzten von uns geschehen kann, dass er dem Manne dieses ersten Psalmes gleicht. Glaub es mir, das kann werden! Dazu bist du jetzt hier, damit dein Leben sich verwandle in das Bild jenes Menschen, dessen Glück hier gepriesen wird!

Dieses Glück hat eine Voraussetzung, ein Geheimnis. Unser Mann ist dauernd beschäftigt mit dem Lesen seiner Heiligen Schrift, dem Gesetz. Und dieses Gesetz ist für ihn nicht toter Buchstabe, sondern Gottes lebendiges Wort, Gottes lebendige Gegenwart. Der Mann des ersten Psalmes ist der Mann in Gottes Gegenwart.

Das Wort Gottes umgibt ihn von allen Seiten, so wie uns hier in Grindelwald die Berge von allen Seiten umgeben. Tag und Nacht ist er drin im Wort Gottes, in Gottes Gegenwart – so wie wir hier Tag und Nacht umgeben sind von den Bergen. – Und wir? Sind wir nicht auch Leute der Gegenwart? – Gewiss; denn deshalb ist Gott in Jesus zur Welt gekommen! Jetzt heißt er Immanuel: Gott mit uns. Deshalb hat der Vater den Sohn von den Toten auferweckt, damit der Sohn alle Tage bei uns sei bis an der Welt Ende. Deshalb hat der Vater und der Sohn den Heiligen Geist in die Welt gesandt, um bei uns zu sein. Der Dreieinige will bei uns sein!

So wahr wie die Berge dich umgeben, auch wenn du schläfst und nichts von ihnen siehst, so wahr ist dein Leben von den mächtigen Gipfeln der Gegenwart des Vaters, des Sohnes und des Heiligen Geistes umgeben, auch wenn du bis jetzt ein Schlafender gewesen bist und das nicht gemerkt hast. Er ist da. Gott ist gegenwärtig. Es ist keiner hier, für den er nicht gegenwärtig wäre. Du bist in Gottes Gegenwart drin und wirst nie aus ihr herauskommen. Vielleicht hast du das noch gar nie entdeckt. Aber es ist wahr für dich, wie es wahr ist für David, der's entdeckt hat: »Du hältst mich hinten und vorn umschlossen, hast deine Hand auf mich gelegt.« Auch du bist hinten und vorn umschlossen von deinem Schöpfer und Richter. – Aber nun stellt sich die Frage, welche Konsequenzen du aus dieser Gegenwart ziehst.

Unser Psalm redet von zweierlei Weisen, Gott zu begegnen. So wie es auch in unserem Tal zweierlei Weisen gibt, den Bergen zu begegnen.

Ein Gast aus Norddeutschland, der unsere Gegend schon kennt, hat mir gesagt, in den ersten Tagen seines Hierseins habe er die Berge gesehen, sie aber nicht in sich aufnehmen können.

So gehen viele Gäste durch unser Tal; sie sehen, ohne aufzunehmen. Vielleicht fahren sie auf First oder aufs Jungfraujoch, sie sehen die Berge, knipsen und schreiben Ansichtskarten; aber die Berge können sie nicht in sich aufnehmen. So gibt es auch Christen, sie besuchen wohl den Gottesdienst, sie kennen den Namen Gottes.

Sie wissen von Gottes Wort. Aber sie bleiben kalt und gleichgültig. Sie begnügen sich mit einer Ansichtskarte von der Ewigkeit; aber die Ewigkeit selber – Gottes lebendiges Wort –, die Ewigkeit selber können sie nicht in sich aufnehmen. Wir dürfen eine solche Einstellung nicht leicht nehmen. Es ist schrecklich, wenn man Gott schon kennt und ihn nicht aufnimmt in seinem Wort und Geist.

Unser Psalm spricht hier von Gottlosen, deren Weg ins Verderben führt. Das ist schockierend hart, aber logisch. Wer die Ewigkeit nicht aufnimmt, geht ins Verderben.

Aber nun gibt es andere Gäste, die lassen sich durch kein Wetter hindern, ihre Gänge zu machen, sie gehen auf markierten und unmarkierten Wegen und entdecken so immer neue Schönheiten unseres Tales. – Sie sind uns Gleichnis für den Mann, der hier glücklich gepriesen wird: Gottes Wort ist für ihn unendlich. Tag und Nacht kann er darin herumwandern. Immer wieder entdeckt er Neues, neue Schönheit, neue Pracht.

So wie die Berge in ihrer Schönheit und Pracht für euch da sind, so ist Gottes Wort für euch da. Und nun wollen wir genau hinsehen auf den glücklichen Mann des ersten Psalmes und wollen bedenken: was er kann, können wir auch!

Wir wollen heute nicht darüber reden, was der Glückliche des ersten Psalms *nicht* tut. Wir wollen uns dem zuwenden, *was* er tut; denn das sollen und dürfen auch wir tun. Und dieses Tun hat wiederum eine Voraussetzung:

Er hat »seine Lust am Gesetz des Herrn«. – Eva bekam Lust am Apfel. So kamen die Sünde und der Tod. Der neue Mensch bekommt Lust am Wort Gottes. So kommen die Vergebung und das Leben. »O Glück des Mannes«, der »Lust hat an *Seiner* Weisung«! – Wie aber, wenn du nun gar keine Lust hast an Gottes Wort? Wie, wenn die Bibel dich nicht interessiert und die Predigt dich nach der Uhr sehen lässt? Dann leidest du geistlich an Appetitlosigkeit, und dann gilt das französische Sprichwort: »L'appetit vient en mangeant.« Der Appetit kommt beim Essen.

Wenn du also ein appetitloser Christ geworden bist, dann musst du dich zum Essen zwingen, zum Hören der Predigt zwingen, zum Lesen der Bibel zwingen. Ich muss es auch. Und ich habe erfahren, dass aus regelmäßigem Hören und Lesen Freude wächst. Pascal hat die tiefe Einsicht ausgesprochen, dass der Glaube mit der Gewöhnung zusammenhängt. So braucht es Zeit, bis du richtig in die Schrift hinein kommst. Vielleicht nicht nur Wochen. Aber es lohnt sich! Jener Gast aus Norddeutschland sagte mir, dass nach und nach die Ruhe über ihn gekommen sei, so dass er die Berge genießen konnte. Und darum kann der Weg zum Glück jetzt für einen Menschen damit anfangen, dass er sich morgen eine Bibel kauft und mit der Übung beginnt.

Nun wird uns gezeigt, wie wir die Bibel lesen und wie wir die Predigt hören sollen: der Mann des ersten Psalmes sinnt über das Gesetz Gottes Tag und Nacht. In der lateinischen Bibelübersetzung steht hier für »nachsinnen« das Wort: »meditari«. Glücklich der Mann, der meditiert!

Wäre nicht dies der Weg zum Glück, wenn wir in der Hetze und in der heimlichen Angst unserer Zeit Sammlung und Stille finden könnten? Be-Sinnung. Meditation. Das spüren wir wohl alle, das hätten wir nötig, ein neues Sinnen, eine neue Gesinnung.

Aber wie kommt es dazu? Was ist Meditation? Hier wird's uns gesagt: das Sinnen über Gottes Gesetz. Im Urtext steht hier für Sinnen das Wort »jähgäh«, und das bezeichnet das »leise murmelnde Sich-selbst-Vorlesen der Heiligen Schrift«. Das tut der Mann, der glücklich gepriesen wird. Und das können wir auch tun. Es ist so enttäuschend einfach: sich selber die Bibel vorlesen. Immer wieder nur das: leise murmelnd sich die Schrift vorlesen.

Achten wir auf den Ursinn des Wortes! Das Wort »jähgäh« wird ursprünglich gebraucht von der Taube, die gurrt, wenn sie verlangend auf etwas aus ist. Hiskia, der um Hilfe schreit, vergleicht dies mit dem Gurren der Taube.

Von der Taube ist zu lernen, wie die Bibel gelesen und meditiert werden muss. Wenn ich als kleiner Bub Klavier spielte, geschah es, dass die Taube des Nachbarn sich aufs Fensterbrett setzte und gurrend hin und her trippelte. So ist es oft wie Glas zwischen uns und dem Wort. Wir lesen, wir hören das Wort, aber es bleibt uns fremd, da müssen wir eben wie die Taube hin und her trippeln, bis das Fenster aufgeht und wir hineinkommen ins Geheimnis. Wir müssen das Wort, das wir lesen, mit auf unsern Weg nehmen und dürfen nicht aufhören, es uns selber vorzusagen, uns selber vorzupredigen, bis es uns aufgeht. Und so geht's beim Bibellesen nicht darum, dass ich ein möglichst großes Pensum lese; es geht darum, dass ich um ein Wort, um einen Satz herumtripple und gurre, bis ich ihn in mich aufnehmen kann. Glücklich der Mann, bei dem die Predigt nach dem Amen des Pfarrers nicht fertig ist, der nun beginnt zu predigen: nämlich sich selber!

»Jähgäh« wird nun auch gebraucht vom Löwen, der behaglich knurrend und genießerisch über seiner Beute sitzt. So kann es geschehen, dass das Bibelwort oder Predigtwort dir zufällt wie die Beute dem Löwen, dann lass es nicht aus den Pranken. Wenn du nur ein Wörtlein aus dem unendlichen Schatz der Schrift begreifst, dann setze dich dazu, wende es hin und her, nage daran und knurre darüber. Du bist ein glücklicher Löwe! Du wirst mit diesem Wort dich stark machen, zum Sieg über dich selber und über alle Bosheit. Über dem Gesetz nachsinnen Tag und Nacht heißt also zweierlei; es wird deutlich an den Bildern von der Taube und vom Löwen: einmal das begehrliche Gurren: wir haben Gottes Wort nicht, verstehen es nicht. Darum gilt es, so lange beim Lesen eines Bibelverses zu verweilen, bis er uns packt, bis wir ihn aufnehmen können. So heißt es im Psalm 119 zweimal: »Ich harre auf dein Wort.«

Zum andern das satte Knurren: wir begreifen Gottes Wort. Darum sagt Psalm 119: »Ich freue mich über deine Satzung wie einer, der große Beute davonträgt.« »Ich berge deinen Spruch in meinem Herzen.«

Noch einmal: Gott und sein Wort sind uns gegenwärtig, wie uns die Berge gegenwärtig sind, darum gilt es ständig nach den Höhen zu blicken, nach den Höhen zu wandern. Wenn Gott uns sein Wort gibt in der Schrift, erfordert das von uns Training wie das Bergsteigen, tägliche und nächtliche Übung. Es gilt, das Wort Gottes ständig zu wiederholen, davor zu gurren wie die Taube und darüber zu knurren wie der Löwe.

Und nun spricht der erste Psalm den selig und glücklich, der Tag und Nacht sich selber Gottes Wort vorsagt. Der gerechte Israelit liest nachdenklich Tag und Nacht im Gesetz. Auch der 119. Psalm spricht von einer dauernden Beschäftigung mit Gottes Wort, und zwar wird sie begründet mit der Unendlichkeit und Allgegenwart des Gebotes: »Dein Gebot ist unendlich ... den ganzen Tag ist es mein Sinnen ... allezeit ist es mir gegenwärtig.« – Jesus spricht in der Bildrede vom Weinstock vom Bleiben in ihm und verheißt dem Bleibenden viel Frucht: »Wer in mir bleibt und ich in ihm, der trägt viel Frucht.«

So können wir vom Neuen Testament her sagen: der Mann des ersten Psalmes ist der Mann, der in Jesus bleibt. Dann geht es beim Nachsinnen über Bibel und Predigt um dieses doppelte Bleiben. Er in uns. Wir in ihm. Der auferstandene Christus will zu uns kommen, in uns Wohnung machen, in uns bleiben. Um diese Verheißung geht's im Sich-selber-Vorsagen, im Repetieren des Wortes Gottes!

Darum darf der Zusammenhang mit seinem Wort nicht abreißen, denn allein aus diesem Zusammenhang mit dem lebendigen Wort wird die Frucht wachsen, die bleibt. O das Glück des Mannes, der im Himmelreich einmal nicht arm und nackt dasteht! O das Glück des Mannes, aus dessen Leben mit dem Worte Gottes Frucht herauswächst für die Ewigkeit!

Man könnte noch die Frage stellen, wie das möglich sei, »Tag und Nacht« über dem Gesetz nachzusinnen. Es muss möglich sein. Unser Geist arbeitet ja Tag und Nacht. Irgendetwas reden wir doch ständig mit uns selber, bei jedem Arbeitsgang, bei jedem Spaziergang. Glücklich der Mann, der anfängt, Gottes Wort zu sich selber zu reden! Ob du Steine klopfst, Kartoffeln schälst, Buchhaltung führst oder Psalmen singst, überall bist du umgeben von Gottes Gegenwart. Er spricht mit dir, und du darfst zu ihm reden.

Aber nun fällt uns gerade dies immer wieder schwer. Immer wieder lassen wir uns von Gottes Gebot ablenken und werden dadurch unglücklich ... aber wir dürfen immer wieder umkehren, immer wieder uns an Gottes Wort erinnern, und wir dürfen vorwärtsgehen! Gott bleibt ja nicht um uns wie ein Berg, der immer die gleiche Distanz wahrt. Er kommt. Sein Reich kommt. Und damit die Zeit, wo alle Ablenkung aufhört. Die Zeit des Schauens.

Sollte es da nicht möglich sein, jetzt schon wie der Mann des ersten Psalmes zu leben? Mich dünkt, es sollte möglich sein. »Denn der Herr kennt den Weg der Gerechten; aber der Gottlosen Weg führt ins Verderben.«

Gebet

Herr, schenk, dass wir nicht dein Wort verachten
und mit dem Gottlosen vergehen.
Du bist ja mächtig um uns,
Und wir sind völlig in dir eingeschlossen.
O Herr, lass uns deine Gegen-Wart erkennen,
Damit wir Freude zu deinem Wort bekommen
Und nicht mehr davon lassen.
Wir bitten dich für diese Predigt.
Gib, dass wir sie nicht vergessen,
Dass wir dein Wort daraus wiederholen.
So bitten wir dich für unsern Alltag,
Dass unser Leben immer mehr durchdrungen
werde von deinem Wort,
Damit wir Frucht tragen für dein Reich.
Wir bitten dich für unser Dorf, für die Bauern,
Dass sie im Aufblick zu dir ihre Arbeit tun.
Für die Hotelangestellten und Geschäftsleute, die
keinen Sonntag haben.
Schenk ihnen die Verbindung mit dir.
Wir bitten dich für alle Trauernden,
Lass sie deines Trostes gewiss werden.
Für die Kranken und Einsamen bitten wir,
Dass du bei ihnen seiest.
Wir bitten dich für unser Volk,
Weck ihm den Hunger nach deinem Wort,
Damit es nicht verderbe.
Wir bitten dich für die Regierenden in Ost
und West,
Dass sie anfangen, dich zu fürchten.
Denn die Welt, in der wir leben,
Ist deine Welt, die du liebst.
Amen.

Aus: Seligpreisungen, S. 9–17

Ich glaube an den Heiligen Geist

Der Geist Gottes, des Herrn, ruht auf mir,
dieweil mich der Herr gesalbt hat,
er hat mich gesandt, den Elenden frohe Botschaft
zu bringen, zu heilen, die gebrochenen Herzens sind,
den Gefangenen Befreiung zu verkünden
und den Gebundenen Lösung der Bande,
auszurufen ein Gnadenjahr des Herrn
und einen Tag der Rache unsres Gottes,
da alle Trauernden getröstet werden,
da ihnen ein Kopfschmuck gegeben wird statt der Asche,
Freudenöl anstatt der Trauerhülle,
Lobgesang statt verzagenden Geistes,
da man sie nennt »Terebinthen der Gerechtigkeit«,
»Pflanzung des Herrn« ihm zur Verherrlichung.
         Jesaja 61,1–3

Diesen Text habe ich vorgelesen, damit jeder einzelne und jede einzelne ihn nachspreche, damit jeder von sich selbst sagen lernt und sagen kann, was der Prophet von sich sagt: »Der Geist Gottes, des Herrn, ruht auf mir.« Wenn wir jetzt recht hören, gehen wir als Leute aus diesem Gottesdienst, die mit dem Propheten auch sagen können: »Er hat mich gesandt, den Elenden frohe Botschaft zu bringen.« Wir haben hier einen Text gehört, damit er unser eigener Text werde, den wir nicht nur buchstabieren, sondern leben; – so wie beim Film, wo es zuerst ein Textbuch gibt, bevor der Film in Szene gesetzt, gespielt werden kann. So haben wir hier ein Stück aus dem Textbuch unseres Lebens, nicht mehr und nicht weniger. Jeder, der hier ist, ist schon längst als Darsteller in diesem Film engagiert. Jeder von uns soll ein dritter Jesaia sein, jeder von uns ein prophetischer Mensch, der von sich in Wahrheit sagen kann: »Der Geist Gottes, des Herrn, ruht auf mir.«

Ach, wenn das doch wäre! Wenn wir das alle in Wahrheit sagen könnten wie der Prophet, nicht wahr, dann wäre es mit dem Glauben gewonnen! Wenn wir das ohne Übertreibung und ohne Schwärmerei sagen könnten, so wie etwa ein vorsichtiger Wuppertaler sagt: »Ich habe den Regenschirm bei mir.« Oder wie ein Automobilist sagt: »Ich habe den Wagen da.« So müssten wir das sagen können, als etwas, was wirklich und wahr ist, etwas, was stimmt, bei jedem einzelnen stimmt: »Der Geist Gottes, des Herrn, ruht auf mir.«

Aber wer kann das sagen? Ruht heute nicht vielmehr ein Geist des Zweifels und der Schwermut, der Unreinheit und der Rebellion auf der Christenheit und auch auf uns? Ist nicht dies das Kennzeichen der Gemeinde von heute, dass ihr der Geist und die Sendung fehlen? Sind wir nicht alle irgendwie blockiert in unserem Christenleben, wie Israel – vor dem Fünftagekrieg – blockiert war im Golf von Akaba? Wie aber brechen wir aus dieser unserer Blockade aus, wie kommen wir aus dieser Blockade von Unglauben und Kleinmut hinaus ins freie und weite Meer? – Nehmen wir uns unsern Propheten zum Vorbild! Die Ausleger weisen darauf hin, dass er ein Mann ist, der Worte *nach*spricht. Im zweiten Teil des Jesajabuches (42, 1) heißt es: »Ich habe meinen Geist auf ihn gelegt.« Jetzt hat einer die Kühnheit zu sagen »Der bin *ich*! Der Geist Gottes des Herrn ruht auf *mir*!« So wird einer ein Prophet, dass er im rechten Moment Prophetenworte nachspricht. So wird dieser Namenlose in dürftiger Zeit zu einem »Jesaja«. Man könnte noch weitere Worte anführen, die er dem zweiten Teil des Jesajabuches entnommen hat. Nicht das Nachsprechen schlechthin ist vorbildlich – auch der Papagei spricht nach –, vorbildlich ist offensichtlich, was und wie er nach-spricht. Er wagt es, ein früheres Prophetenwort für sich zu beanspruchen, er glaubt das Früher-Gesagte für das Heute und Hier, und in diesem Glauben wird er ein prophetischer Mensch. Darum versammeln auch wir uns zum Gottesdienst, damit wir *nach*sagen, was ein anderer uns *vor*sagt, damit wir das prophetische Wort als unser Wort brauchen lernen und prophetische Menschen werden. Darum kommen wir zur Predigt zusammen.

Predigen heißt ja lateinisch: praedicare, heißt *vor*sagen, *vor*sprechen, so wie man ein Kind das Sprechen lehrt, ein Wort vorspricht, damit es dieses Wort lerne. Oder so wie ein Sprachlehrer in einer Klasse eine schwierige Vokabel vorspricht, damit die Klasse diese Vokabel wiederhole, so heißt predigen: ein fremdes, schwieriges Wort *vor*sagen, *prae*dicare, damit man es sich aneigne, damit man es *nach*spreche. Eine Predigt hören, heißt dann: etwas nachsprechen, was man von sich aus nie sagen könnte, was einem sonst völlig fremd, man möchte sagen »spanisch« vorkäme. So gibt es auch für uns einen Ausbruch aus jener Blockade, indem wir ins Wort hineingenommen werden, in das Wort, das die Freiheit schafft. Nur so werden wir zu Darstellern unseres Textes, indem wir diesen Text nachbuchstabieren und – wenn auch stotternd – uns immer wieder neu vorsagen: »Jawohl, das stimmt jetzt auch bei dir: der Geist des Herrn ruht auf mir.«

Eigentlich müssten wir jetzt noch einmal Zettel verteilen[1], und ich müsste es jedem einzelnen (und mir selber auch) vorbuchstabieren, dieses Große, Neue, Unerhörte. Und jeder einzelne müsste es sich aufschreiben, damit er es nicht mehr vergisst. Denn es gilt für jeden einzelnen – auch ohne Zettel gilt's: »Der Geist Gottes, des Herrn, ruht auf mir.« Und für jeden einzelnen gilt: »Er hat mich gesandt, den Elenden frohe Botschaft zu bringen.« Eine unerhörte Sache! Aber – reden wir uns das nicht nur ein? Wäre das nicht Autosuggestion? Es gibt ja soviel falsches Erwählungsbewusstsein und falsches Sendungsbewusstsein. Ich denke an François Mauriac, der von einer Frau sagt, von einer Pharisäerin: »Sie hatte Gott erwählt, aber Gott hatte sie nicht erwählt.« Wie sollen wir denn erkennen, ob das nun Wahrheit, Wirklichkeit ist oder Selbsttäuschung, wenn wir versuchen, den dritten Jesaja für uns selber nachzusagen?

Wir sollen das an Jesus erkennen! Lukas berichtet, wie Jesus in Nazareth diesen gleichen Text verlesen hat. Dann hat er das Buch zugeklappt und erklärt:

---

[1] Vor dem Gottesdienst wurden Meldescheine für eine Predigthörerbefragung verteilt.

»Heute ist dieses Schriftwort erfüllt vor euren Augen.« Und der Täufer sieht nach Johannes den Geist wie eine Taube auf Jesus herabkommen und auf ihm bleiben. Die Evangelien behaupten, bei Jesus ist es nicht Autosuggestion. Bei ihm stimmt's. Und Jesus ist der Mensch für uns. Jesus ist da auf dieser Erde – für uns. Was bei ihm stimmt, soll auch bei uns stimmen. Darum geht er ans Kreuz, und darum kommt er von den Toten wieder, um etwas von sich, seinen Geist, den Seinen zu geben, also den Geist, der schon auf dem Propheten war, der wird durch Jesus uns gegeben. Ohne Geist können wir nicht Christen sein. »Wer Christi Geist nicht hat, der ist nicht sein«, schreibt Paulus. Und den Ephesern wird schriftlich gegeben und bestätigt: »Ihr habt das Wort gehört, ihr seid gläubig geworden, ihr seid versiegelt mit dem Heiligen Geist.« Auch uns wird das gesagt: »Ihr habt's doch auch gehört, ihr seid gläubig geworden, – ihr seid doch auch nicht ungläubig, sondern irgendwie doch auch gläubig, – auch ihr seid versiegelt worden durch den Geist.« – Der Geist macht uns zu Menschen Gottes. Der Geist versiegelt uns für Gott und sichert uns Gott zu.

Ich darf hier einmal an die Frage 53 des Heidelberger Katechismus erinnern: »Was glaubst du vom Heiligen Geist? Ernstlich, dass er gleich ewiger Gott mit dem Vater und dem Sohn ist ...« Mit gutem Willen lässt sich dieser Satz leicht nachsprechen, auch wenn man ihn nicht ganz versteht. Man kann sich ja dabei vorstellen, was man will. Aber nun fährt der Katechismus fort: »Zum andern, dass er auch mir gegeben ist ...« – Das gehört zum Glauben an den Heiligen Geist. Ich kann nicht an den Heiligen Geist glauben wie an etwas Fernes, sondern ich kann an den Heiligen Geist nur glauben als an etwas Nahes, als an etwas, das auch mir gegeben ist. Ich glaube an den Heiligen Geist als an den auch mir gegebenen Geist.

Ich mache aus Gott einen Götzen, wenn ich nur sage: Ich glaube an den Heiligen Geist, jawohl, aber ich habe ihn nicht. Darum lasst uns jetzt aufhören mit solchen Götzenfabrikationen! Lasst uns aufhören mit dem verfluchten Zweifeln am Geist! Lasst uns nicht in der Blockade steckenbleiben! Unser Gott ist nicht so vorsichtig geblieben wie die Amerikaner. Er hat gleichsam seine Handelsflotte ausgeschickt, um die Blockade zu brechen, und er selbst hat für uns die Durchbruchsschlacht geschlagen. Drum genügt jetzt das Wort, drum genügt's jetzt, nachzusagen, und drum gilt's: Was beim Propheten gilt, das gilt für jeden einzelnen. Alles andere ist trügerischer Schein, ist Feindpropaganda, die sagt mir ins Ohr: »Du gehörst nicht zu Christus! Du hast den Geist nicht!« – Das ist eine Propagandalüge des Gegengeistes. Wahr aber ist für jeden einzelnen: »Der Geist Gottes, des Herrn, ruht auf mir.« Jetzt ruht dieser Geist auf uns. Nicht, damit wir gähnen, sondern damit wir unruhig werden. Er ruht auf uns, um uns zu senden, wie er einst den dritten Jesaja sandte. Weil dieser Geist auf uns ruht, geraten wir in Bewegung.

Achten wir auf den Propheten, so kommt wieder etwas, was unserem Verstand Mühe macht, was uns schwer eingehen will. Wenn der Geist uns heute sendet wie damals den Propheten, dann schickt er uns zu verkündigen, auszurufen, zu verbinden, zu trösten, zu geben. Claus Westermann, ein Ausleger, bemerkt zu unserem Text, oder lieber: zum Propheten: »Sein Auftrag besteht ausschließlich in einem Reden ...« Soll das alles sein, wozu der Geist uns treibt: dass wir reden? Ja. Weil Gott das Heil geschaffen hat und schafft, brauchen wir's jetzt nur anzusagen. Diese Beschränkung aufs Reden macht wehrlos, aber nicht ohnmächtig.

Wenn jetzt einige hinausgehen und den Menschen draußen etwas vom Heil ansagen, wird sich doch etwas ändern, dann werden auf alle Fälle wir irgendetwas Tröstliches werden für die anderen. Wenn wir anfangen, von Gottes Gegenwart her zu denken, wird doch wohl um uns herum auch irgendetwas neu werden. Es passiert dann wohl auch etwas von dem, was dem dritten Jesaia passiert ist, von dem Westermann sagt: »Sein Auftrag besteht ausdrücklich in einem Reden.« – Westermann fügt hinzu: »In solchem Verkündigen aber und durch dieses soll er einen Wandel bei denen herbeiführen, zu denen er gesandt ist. – »Heil verkündigen« ist also fast so viel wie »Heil aufbieten, bewirken.« Das ist das große Abenteuer prophetischen Glaubens, zu dem wir heute aufgeboten werden: anzusagen, was kommt. Ein Abenteuer ist solcher Glaube, weil er alles Wirken und alle Veränderung von Gott erwartet. Und zu diesem Abenteuer werden wir heute aufgeboten. Luther sprach von einem allgemeinen Priestertum der Gläubigen – wir müssten heute auch von einem allgemeinen Prophetentum der Gläubigen sprechen. Wir haben der Welt Heil anzusagen, Heil, das sie von Gott erwarten darf und kann.

Die Welt, in die hinaus wir jetzt nach diesem Gottesdienst wieder gehen, erwartet ja heute etwas ganz anderes als Heil: Diese Welt ist die Welt, in der man in Berlin einen Studenten tötet, diese Welt ist die Welt, in der die Studenten unruhig geworden sind. Die junge Intelligenz zeigt ein Unbehagen an der Gesellschaft. Hat sie damit Unrecht? – Diese Welt ist die Welt, in der in Vietnam das Töten nicht aufhören will, und was aus dem Nahen Osten auf uns noch zukommt, das wissen wir nicht. Diese Welt ist die Welt, die Hugo Loetscher kürzlich in einem Roman beschrieben hat: Noah – Roman einer Konjunktur. Darin lässt er einen Rechtsanwalt sagen: »In unserer Gesellschaft hat jeder das unveräußerliche Recht, an den totalen Untergang zu glauben.« – Und später meditiert ein Naturwissenschaftler: »Der totale Untergang gehört zu den unverlierbaren Vorstellungen der Menschheit.« – Das ist unsere Welt, in die wir hineingehen, eine Welt, die heimlich und unheimlich den totalen Untergang erwartet. Dieser Welt haben wir etwas anderes zu sagen: dass die Zukunft dieser Erde Gott gehört, die Zukunft im Westen, die Zukunft im Orient und auch die Zukunft in deinen vier Wänden.

Der Text ist gegeben, vorgesagt – wir sind nun dran, ihn nachzusagen. Das wollen wir jetzt tun. Ich möchte den Text noch einmal vorlesen und möchte bitten, dass jeder einzelne versucht, ihn bei sich selbst als *seinen* Text nachzusprechen und also diesen Text als eine Bitte und einen Dank zu sagen. Dieser Text soll in Gang kommen bei jedem von uns, – wir sollen seine Darsteller sein:

Der Geist Gottes, des Herrn, ruht auf mir, dieweil mich der Herr gesalbt hat, er hat mich gesandt, den Elenden frohe Botschaft zu bringen, zu heilen, die gebrochenen Herzens sind, den Gefangenen Befreiung zu verkünden und den Gebundenen Lösung der Bande, auszurufen ein Gnadenjahr des Herrn und einen Tag der Rache unsres Gottes, da alle Trauernden getröstet werden, da ihnen ein Kopfschmuck gegeben wird statt der Asche, Freudenöl anstatt der Trauerhülle, Lobgesang statt verzagenden Geistes, da man sie nennt »Therebinthen der Gerechtigkeit«, »Pflanzung des Herrn«, ihm zur Verherrlichung.

Aus: Prophet, S. 98–104

musischer imperativ

tiefe spuren hinterliessen
zahlreiche fuhren
im weg

rot von altem sandstein
liegt die neue erde
am wingert

das neue lied
musst du selber singen

hinterlasse tiefe spuren
in den seelen

bringe dem morgen das rot
singe das neue lied

Aus: berge, S. 53

Das pneumatologische Denken

In den johanneischen Abschiedsreden kündigt Jesus »einen andern Tröster« an (14,16f) und unterscheidet den Geist von seiner eigenen Person. Er selbst tritt als Vorläufer auf und verhält sich zum Kommen des Geistes wie Johannes der Täufer zu seinem eigenen Kommen. Er macht jenem anderen Platz, während jener andere wiederum sein Platzhalter auf Erden wird, der sein Wort in der Erinnerung wachhält, das Zukünftige anzeigt, ihn bezeugt und verherrlicht. Christus kommt und geht als Wegbereiter des Geistes, und der Geist kommt als Offenbarer des Christus. Einer kommt für den anderen, einer kommt nach dem anderen. Durch die Zeit voneinander getrennt, kommen sie füreinander: Der Heilige Geist ist Jesu Abschiedsgeschenk an die Jünger und der Garant für seine Wiederkunft. Jesus geht und schickt an seiner Stelle den Geist. Pneumatologisches Denken muss sich vom *christologischen* unterscheiden in ähnlicher Weise, wie Jesus den Parakleten von sich unterscheidet, sonst wird es dem Geist nicht gerecht. Weil die Unterscheidung Jesu in Joh 14,16f keine absolute ist, darum hat die dogmatische Tradition, die den Geist im Denkmodell der Christologie denkt, zwar ihr gutes Recht, reicht aber nicht aus, weil sie die Differenz von Erfahrung offensichtlich nicht beachtet, die Jesu Unterscheidung eröffnet. Dieses Denken muss dem Pneuma entsprechen und darf das Pneuma nicht zum Objekt machen; denn damit würde es die Möglichkeit verlieren, das Pneuma in Tat und Wahrheit zu denken – wie ja auch das christologische Denken dem Auferstandenen entsprechen muss. Im pneumatologischen Denken – und das ist das große Problem auch dieser Denkweise – muss das Pneuma Subjekt bleiben, muss das Subjekt des Denkenden mit dem Subjekt des Heiligen Geistes überein- und zusammenstimmen. Allein in dem Überein- und Zusammenstimmen der beiden Subjekte liegt die Kraft pneumatologischen Denkens. – Wir können das Unverwaiste, die Überein- und Zusammenstimmung der Subjekte »Glauben« nennen und sagen: pneumatologisches Denken muss untrennbar mit dem Glauben an den Heiligen Geist verknüpft, es muss geistliches Denken sein, während das christologische Denken unmittelbar mit dem Glauben an Jesus Christus verknüpft, also dem Christus Jesus gemäßes Denken sein muss. Indem weder pneumatologisches noch christologisches Denken von ihrem Gegenstand zu trennen sind und indem Christus selbst zwischen sich und dem anderen Tröster unterscheidet, werden die Wege pneumatologischen und christologischen Denkens je verschieden und je verwandt oder parallel erscheinen.

Gerade indem pneumatologisches Denken nicht vom Pneuma abstrahieren darf, sondern nur in der Partnerschaft des Geistes und in der Unterordnung unter den wahren Geist denken kann, unterscheidet es sich vom christologischen Denken, eben weil es von jenem »andern Tröster« auf den Weg geschickt wird und zu jenem »andern Tröster« hin denkt und im Medium jenes »andern« denkfähig wird. Pneumatologisches Denken verhält sich zum christologischen nicht alternativ, sondern komplementär; es ergänzt das christologische Denken, fügt dem Stückwerk christologischen Denkens seinen Aspekt hinzu. Es denkt das Lob der Christologie, insofern diese mit Christus zusammenhängt, und bildet deren Krisis, insofern sie ein menschliches Denken ist, wohl wissend, dass es selbst des Lobes und der Kritik bedarf. Im Lob und in der Kritik christologischen Denkens will es diesem nicht Konkurrenz machen, will es auf keinen Fall die Christologie in den Schatten stellen, sondern will sie vielmehr ins rechte Licht rücken. Pneumatologisches Denken ist auf das christologische bezogen, setzt das christologische Denken voraus: es ist ein Denken im Nehmen. Gott hat gesprochen im Schöpfungswort. Er hat gelitten im Sohn, und jetzt ist die Zeit seines Schenkens unbegrenzt (vgl. Oepke Noordmans, Das Evangelium des Geistes, 1960, 39). Geistliches Denken hat sein Wesen im Empfangen.

Pneumatologisches Denken muss sich unterscheiden erst recht von dem gängigen *wissenschaftlichen* Denken, nicht zuletzt um der Wissenschaft selbst willen; es ist ein Denken nicht jenseits der Wissenschaft, sondern in kritischer Durchdringung aller Wissenschaft. Der Säkularisationsprozess im abendländischen Denken ist mittlerweile so weit fortgeschritten, dass unser Überleben in Frage steht; und damit wird alle Wissenschaftsgläubigkeit zutiefst suspekt, und Selbstkritik wird zur vordringlichsten Aufgabe der Wissenschaft. Wird eingesehen, dass die Verwissenschaftlichung der Welt heute im Begriffe steht, zur Vernichtung von Gottes guter Schöpfung zu führen, muss Wissenschaftskritik zu einer primären Aufgabe pneumatologischen Denkens werden, solange die Wissenschaft noch zu unkritisch denkt gegenüber sich selber. – Pneumatologisches Denken muss stellvertretend für die Wissenschaft eintreten zunächst in der Theologie selbst! Es wäre aber auch einmal zu untersuchen, inwieweit die Herrschaft der Physik und damit der Naturwissenschaft und Technik, die unsere Kultur prägt, nicht eine Art Abfallprodukt eines verengten christologischen Denkens darstellt, das Gott und die Seele dachte und sonst nichts, das über dem Erlöser den Schöpfer und Vollender vergaß. Die Ausplünderung und Zerstörung der guten Schöpfung betraf das Bekenntnis gläubiger Christen in der Regel nicht. Man las das Neue Testament und allenfalls die Psalmen, während das Alte Testament im besten Fall als Beispielsammlung erbaulich zurechtgebogener Geschichten gebraucht wurde. Mit dieser Art des Bibellesens entledigte man sich gewissermaßen der Verantwortung für die Erde. Indem der Glaube auf sein Jenseits sich fixierte, geriet der Schöpfungsauftrag »Machet euch die Erde untertan« außer Kontrolle. Vermutlich wurde die Säkularisierung nur möglich, weil das Denken des Glaubens die Schöpfung sich selbst überließ und sie nicht im Horizont der Gegenwart und Zukunft Christi wahrzunehmen vermochte. Die Säkularisierung wäre demnach eine uneheliche Tochter einer schmalbrüstigen Christologie und eine Quittung für eine mangelnde Wahrnehmung des lebendigen Gottes.

Neuerdings macht *M. Douglas Meeks* auf den »Konflikt zwischen der Ökonomie des Heiligen Geistes und dem ökonomischen Ethos unserer Gesellschaft« aufmerksam. »Es ist der Widerspruch zwischen dem Mangel und dem, was das Neue Testament das *pleroma* oder die Fülle von Gottes Segnungen und Gaben im Heiligen Geist nennt. Eine allgemein anerkannte Definition der Ökonomie besagt, dass Ökonomie ›die Kunst sei, knappe Güter angesichts konkurrierender

Ansprüche zu verteilen«. Die grundlegendste Voraussetzung der Ökonomie im Westen ist die Annahme, dass die Dinge knapp seien, die man für ein menschliches Leben braucht. Ich meine aber, dass ein trinitarisches Verständnis und Erleben des Heiligen Geistes uns dazu führen kann, das ganze Unternehmen der Ökonomie auf dieser Grundlage in Frage zu stellen« (EvTh 40, 1980, 51). Ich schließe mich dieser Meinung an.

Anders als vom christologischen ist pneumatologisches Denken vom wissenschaftlichen zu unterscheiden. Wir sahen schon: es muss heute wissenschaftskritisch sein. Es wird aber nicht wissenschaftsfeindlich sein. So wie Israel z.B. die Weisheit und Poesie Ägyptens aufnimmt und umbildet, so werden wir damit ernst machen, dass der Heilige Geist auf verborgene Weise heute in Kunst und Wissenschaft Gutes und Schönes wirkt, das wir zu ehren haben, gerade im Prozess einer kritischen Sichtung. Allerdings legt die neueste Wissenschaftskritik die Vermutung nahe, die Theologie habe sich seit der Aufklärung zur Wissenschaft allzu naiv und kindergläubig verhalten. In der Entwicklung der Wissenschaftsgeschichte hat das säkularisierte Denken seinerseits die Theologie beeinflusst, vielleicht am meisten durch die Einführung säkularer Methoden in die Theologie. Ich nenne die Aufnahme der historisch kritischen Methodik in der Exegese, die Aufnahme der Humanwissenschaften in der Praktischen Theologie, wobei man sich weder im einen noch im anderen Fall kritische Rechenschaft gab darüber, was solche Importe theologisch bedeuteten. Damit nimmt die Theologie teil an der Grundlagenkrise der Wissenschaft, was sich darin ausdrückt, dass sie kaum mehr in der Lage ist, Gott wahrzunehmen, dass ihre Sprachlosigkeit proportional mit ihrer Wortgewandtheit wächst.

Die traditionelle Pneumatologie blieb vom Generationenschicksal der Theologie nicht unbetroffen. Sie verharrte bisher weithin im Denkmodell der Christologie, beachtete nicht, dass der »andere Tröster« das Denken auf seinen Weg schickt; damit blieb die Pneumatologie für die Praxis mehr oder weniger irrelevant.

Sie musste irrelevant bleiben, wurde man ihr selbst ja nicht gerecht! Eine Pneumatologie im Denkmodell der Christologie vermochte wenig Innovation zu bringen, da sie das christologische Denken nur schlecht ergänzte und es in einem gewissen Defizit beließ. – Hier wird langsam deutlich, dass pneumatologisches Denken in Ausrichtung auf das Pneuma auch eine unterschiedliche Modalität der theologischen Arbeit meint. Pneumatologisches Denken geht aus von dem Christus heute Querfeldein in den Morgen. Es kann nur in der Verbindung mit seinem Ausgang fortschreiten. Ihm ist das Denken »über« verwehrt, es denkt »in«, in der Gegenwart des Geistes, in dem Freiraum, den der Geist gewährt. Wollte es »über« den Geist nachdenken, liefe es Gefahr, sich über den Geist zu erheben und ihn zu verlieren. Nicht vor dem Forum der Wissenschaft primär hat es sich zu verantworten, sondern vor dem Forum, dem alle Wissenschaft sich zu verantworten hat, vor dem lebendigen Geist in Person.

Die Frage drängt sich auf, was denn heute zu einem pneumatologischen Denken nötige. – Die Aktualität dieses Denkens ist von zwei Seiten her zu begründen:

Zuerst von der *Verheißung des Geistes* her: Jesus hat den »andern Tröster« verheißen. Seine Verheißung nötigt uns, die uns versprochene Gabe zu bedenken.

Der Geist ist uns versprochen und schon da. Wir verachten die höchste Gabe Gottes, wenn wir an sie kaum einen Gedanken verschwenden. Wir denken an der entscheidenden Wirklichkeit der Welt vorbei, wenn wir von ihm abstrahieren. Wir sind zu pneumatologischem Denken genötigt, weil der Geist die Gabe Gottes an uns ist, und weil Gott als Gabe in unserem Geist geistet. Ich spreche über das pneumatologische Denken, weil ich glaube, dass Gott uns heute seinen Geist neu schenken will. Das ist die erste Nötigung, heute pneumatologisch zu denken.

Die zweite ist darin begründet, dass *der Heilige Geist als Gabe den Beschenkten und seine Lage berücksichtigt.* Wo der Heidelberger Katechismus fragt: »Was glaubst du vom Heiligen Geist?«, antwortet er mit einer Doppelaussage: »Erstlich, dass er gleich ewiger Gott mit dem Vater und dem Sohn ist.« Diese trinitarische Aussage wird sofort anthropologisch ergänzt: »Zum andern, dass er auch mir gegeben ist« (Frage 53). Man kann vom Heidelberger Katechismus her sagen, dass der einzelne in der gegenwärtigen Krisenzeit in besonderer Weise der Vergewisserung bedarf: »dass er auch mir gegeben ist«. Die Einzelheit des einzelnen ist heute gefährdet durch die Urbanisierung der Welt nicht nur, sondern vor allem durch den globalen Zukunftsschock.

Wir werden diesem Aspekt des einzelnen unsere Aufmerksamkeit zuwenden müssen. Wir werden fragen müssen, was pneumatologisches Denken für die Psychologie bedeutet. So wichtig und richtig eine solche Begründung der Notwendigkeit pneumatologischen Denkens gerade heute auch ist, so bleibt sie insofern unbefriedigend, als sie einem protestantischen Subjektivismus Vorschub leistet, der angesichts der ökologischen Krise antiquiert erscheint. – Bei schönem Wetter sehe ich von meinem Studierzimmer aus den Turm eines Atomkraftwerkes, der als Mahnmal in den Himmel zeigt. Der Geist des Gottes, der will, dass allen Menschen geholfen werde, macht aller geistlichen Selbstgenügsamkeit ein Ende. Ich kann mich nicht damit zufrieden geben, für mich selbst den Geist als Gabe zu empfangen, wenn ich sehe, dass die Menschheit, besessen vom unheiligen Geist, sich selbst kaputt zu machen im Begriffe steht. Pneumatologisches Denken kann nicht beim einzelnen Menschen stehenbleiben, es muss zur Menschheit fortschreiten. Es kann sich nicht mit einer individuellen Zuteilung begnügen, es muss auf der Zuteilung des Geistes an alle Glieder der Gemeinde insistieren, weil es im Horizont der ganzen Schöpfung denkt.

In anthropologischer Hinsicht nötigt ein Dreifaches zu pneumatologischem Denken: Ich kann erstens als Individuum in den gegenwärtigen Zeitläuften geistlos nicht bestehen. Ein geistloser Christ ist ein Unchrist. – Wir können zweitens als Gemeinde ohne Geist und also ohne pneumatologisches Denken nur dahinkränkeln und sterben. Die Gemeinde leidet an ihren Unchristen. – Wir können drittens als Menschheit heute die Zukunft nicht bestehen, wenn wir nicht lernen, pneumatologisch zu denken, wenn nicht ein neuer Geist die Menschheit verändert.

Die Stunde des pneumatologischem Denkens ist gekommen, es ist Zeit, das pneumatologischem Denken zu lernen, weil Gott uns beschenken will und beschenkt. Wir gehen an unserer Geistesdummheit zugrunde, wenn wir nicht wahrnehmen, wer er ist, was er gibt und was er will.

Als von Japan die Einladung kam, über das pneumatologische Denken zu sprechen, fiel mir das Buch des Physikers A. *M. Klaus Müller* in die Hände: »Wende der Wahrnehmung. Erwägungen zur Grundlagenkrise in Physik, Medizin, Pädagogik und Theologie«, 1978. In diesem Buch geht Müller wie in einem, früheren Werk – davon aus, »dass die Überlebenskrise, in welche die Menschheit in diesen Jahrzehnten unwiderruflich eintritt, eine Wahrnehmungskrise ist. Jede Kultur verdankt sich historisch einer bestimmten Präparierung der Wahrnehmung. Wir werden die heute weltweit aufbrechende humanökologische Herausforderung nur bestehen können, wenn wir in neue Dimensionen der Wahrnehmung eintreten, die der »oikos« Zeit für uns bereithält« (9).

Der Physiker macht eine prophetische Aussage: wir treten in eine Überlebenskrise ein. Die Frage, ob wir überleben, stellt sich von Jahr zu Jahr dringlicher, auch wenn wir Theologen geneigt sind, diese Frage als Panikmache beiseitezuschieben. Müller gibt dieser Krise, von der wir alle irgendwie eine Ahnung haben, auch wenn wir keine Atomphysiker sind, eine Deutung. Er deutet sie als Krise der Wahrnehmung, und diese Krise der Wahrnehmung betrifft das Haus aller Wissenschaften, auch das der Theologie. Müller postuliert darum das Eintreten in neue Dimensionen der Wahrnehmung. Und wenn ich als Theologe das Postulat des Physikers aufnehme, möchte ich sagen, dass der Eintritt in diese neuen Dimensionen der Wahrnehmung im letzten Grund eins ist mit dem Eintritt in pneumatologisches Denken. Ich glaube, wir werden die humanökologische Herausforderung nur bestehen, wenn uns der Beistand beisteht, wenn uns die Gegenwart des Geistes Wahrnehmung ermöglicht. Wir sind vis-à-vis der Umweltkrise verkauft und verloren, wenn wir nicht Gott als den Schöpfer und Vollender neu wahrzunehmen vermögen.

Pneumatologisches Denken heißt dann: Ich nehme die Welt wahr in der Gegenwart des Heiligen Geistes. Und das heißt, das Präparat meiner Wahrnehmung darf nicht von der Geistesgegenwart abstrahieren. Im Gegenteil: sie bestimmt, sie präpariert meine Wahrnehmung. Ich nehme die Welt wahr »im« Heiligen Geist. Der Geist bildet den Raum meiner Wahrnehmung.

Die Differenz zwischen Jesus Christus und dem »andern Tröster« ist nicht nur zeitlich, sondern auch räumlich: geht er nach seiner Auferstehung durch verschlossene Türen, so erfüllt er im Kommen des Geistes den Ort und an diesem Ort die Anwesenden. Vom irdischen Jesus konnte man so nicht reden: er kehrt ein oder geht vorüber. Der Heilige Geist weht und erfüllt, er umgibt und durchdringt und qualifiziert damit meine Wahrnehmung, hoffentlich. Das Kommen Jesu signalisiert die Okkupation der Zeit. Wir zählen vor und nach Christi Geburt. Das Kommen des Geistes signalisiert die Okkupation des Raumes, eines Ortes in Jerusalem zunächst und aller Orte dann, wenn Gott alles in allem sein wird.

Damit ist die Zukunft angedeutet, zu der pneumatologisches Denken unterwegs ist, in der pneumatologisches Denken auch unsere Gegenwart zu entdecken versucht. In diesem Horizont ist denn auch die primäre Aufgabe des pneumatologischen Denkens umschrieben, die Zeit zu verstehen und den zu erkennen, der schon im Raume ist und in neuer Gestalt kommen wird.

Das pneumatologische Denken führt die Christologie ins Fleisch der Gegenwart. Damit ist eine Differenzierung zwischen pneumatologischem und christologischem Denken im Kern schon angedeutet, dessen unterschiedliche Struktur aber noch nicht erhellt.

Ich sage Zeit und sage Raum und bringe beides in Zusammenhang mit dem Unterschied zwischen christologischem und pneumatologischem Denken. Hinsichtlich der Zeit kann man sich den Unterschied klarmachen, wenn man ein Buch wie Oscar Cullmanns »Christus und die Zeit« (1946) sich vornimmt und sich daneben ein zweites Buch vorstellt: »Der Heilige Geist und die Zeit.« Es ist nicht wahrscheinlich, dass ein Exeget ein solches Buch hätte schreiben können. – Nehmen wir aber einmal an, Cullmann hätte ein solches Buch geschrieben, so braucht es wenig Phantasie sich vorzustellen, dass ein solches Buch einen ganz anderen Charakter haben würde als »Christus und die Zeit«. Cullmann spricht von der »fortlaufenden Heilslinie«, stellt die »lineare Zeitauffassung der biblischen Offenbarungsgeschichte« der »zyklischen des Hellenismus« gegenüber. – Das Werk hat in der Ökumene starke Beachtung gefunden und im deutschen Sprachraum viel Widerspruch erfahren.

In seinem späteren Werk »Heil als Geschichte« (1965) sieht sich Cullmann genötigt, von einer »*Wellenlinie*« zu sprechen (IX). Es gehört »geradezu zum *Wesen* der biblischen Heilsgeschichte, dass sie vom historischen Standpunkt aus merkwürdige Lücken aufweist und sich ganz und gar sprunghaft abwickelt« (135). Man wird – auch bei kritischen Vorbehalten – schwerlich bestreiten können, dass Cullmann Richtiges und Wichtiges gesehen hat. Im Grunde versucht er zu zeigen, dass wir mit Recht seit Christi Geburt die Jahre zählen.

Wenn man christologisch mit einem gewissen Recht von einer linearen Zeit sprechen kann, dann wird durch das Pneuma die Zeitlinie aufgerollt: Ich existiere nicht bloß nach Christi Geburt, sondern mit seiner Geburt im neuen Sein, im Zusammenhang mit seiner Passion, mit seiner Erniedrigung und Erhöhung. Ich existiere nicht bloß auf die Zukunft des Gekommenen hin, diese Zukunft bricht im Geist schon ein in meine Lebenszeit. Im Geist lebe ich nicht bloß »zwischen den Zeiten«, denn der Geist integriert Vergangenheit und Zukunft in meine Gegenwart. Im Geiste wandeln heißt Gegenwart haben, die die Vergangenheit Christi wie seine Zukunft apportiert. Der Geist füllt die Zeit; ich erlebe die Dehnung der Zeit nicht als Waise; denn der Geist hebt die Spannung der Zeit auf. Er ist der Poet der Zeit.

Ich begnüge mich hier mit Andeutungen, die weitergehender Erörterung bedürften. In meinen ersten Denkbemühungen zur gegebenen Thematik dachte ich, es wäre verlockend, noch einmal van Rulers Unterscheidung christologischer und pneumatologischer Denkweise systematisch aufzunehmen und zu erweitern (vgl. R. Bohren, Predigtlehre, 1980 und Dass Gott schön werde, 1975). – Allein dieser Weg war mir verwehrt: Ich kann nicht einerseits die Entsprechung der Pneumatologie mit dem Pneuma postulieren und andererseits mich damit begnügen, »über« die Pneumatologie zu reflektieren. Nicht dass ein distinktives Denken grundsätzlich verwehrt wäre. Es hat da, wo es um die Unterscheidung der Geister geht, durchaus seinen Platz; aber das kann im Augenblick nicht meine Aufgabe sein. Es konnte sich nicht darum handeln – in Unterscheidung etwa zum christologischen Denken – *über* das pneumatologische Denken zu reflektieren. Vielmehr wollte ich versuchen, wenigstens ansatzweise pneumatologisch zu denken.

Es wird kein Zufall sein, dass die Pneumatologie das Stiefkind der Dogmatiker geblieben ist: Indem der Geist in Ewigkeit bei uns ist als der Freie, sprengt er alles systematisierende Denken. Die Sprache der Predigt und der Poesie entspricht dem Geist eher als die systematische Darlegung. Das pneumatologische Denken hat offensichtlich eine Affinität zur »irregulären Dogmatik«. Christoph Blumhardt und Oepke Noordmans sind beide nicht Dogmatiker von Beruf, keine Universitätstheologen. Offensichtlich tut sich die akademische Theologie, verstrickt in die Krise der Wissenschaft, schwer mit dem pneumatologischen Denken.

Dies zeigt m.E. Gerhard Ebeling, der in seiner »Dogmatik des christlichen Glaubens« (1979) den Versuch gemacht hat, die Gotteslehre vom Gebet her zu entwickeln, zweifellos ein Ansatz zu pneumatologischem Denken, wie überhaupt das Bemühen, »nicht bloß über den Glauben zu reden, sondern ihn selbst zu Worte kommen zu lassen« (I, 7), zu einem pneumatologischen Denken führen müsste (Band III lag zur Zeit der Durchsicht meines Vortrags noch nicht vor). »Nicht die gekünstelte Haltung einer vom Lebensvollzug abstrahierenden Denkleistung, die Gott beweisen will, entspricht dem Dasein Gottes, sondern dies, dass einer, der sich ihm verdankt, vor ihm auf die Knie fällt« (193). – Ich bin mir nicht sicher, ob der Dogmatiker die Konsequenz eines solchen Satzes für sein Tun am Schreibtisch genugsam bedacht hat.

Schon ein erster Leseeindruck lässt vermuten, dass die Konzeption der Gotteslehre vom Gebet her das Ganze beeinflusst. Die Sammlung und Zucht der Gedankenführung zeigt, dass das Knien seine Rückwirkung auf die sitzende Tätigkeit hat: »Ich fühle mich gesund, wenn ich ihn lese«, sagt ein sensibler Student; ein hohes Lob!

Um sich ein abschließendes Urteil bilden zu können, müsste man das Werk im ganzen überblicken können. Schon eine Einsicht über den zunächst primär in Frage kommenden § 9 »Reden zu Gott« zeigt, dass Ebeling die methodologischen Konsequenzen aus seinem Ansatz noch nicht gezogen hat. Seine Sprache vermag das, was er sagen möchte, noch nicht einzuholen. Sie widerspricht vielmehr bei aller bewundernswerten Stringenz in gewisser Weise dem, was er sagt.

Der innere Widerspruch zwischen dem Sagen und dem Gesagten kann hier nur eben angedeutet werden. Er wäre m.E. durch eine sprachliche Analyse seines Textes leicht nachzuweisen: Ebeling schreibt primär als Beobachter des Glaubens über den Glauben. Damit steht er sich selbst im Wege und verhindert, dass sein Postulat Sprache wird: »Eine am Gebet orientierte Lehre von Gott befindet sich sozusagen ständig auf der Schwelle vom Reden über Gott zum Reden zu Gott« (207). – Dem fatalen »sozusagen« entspricht, dass die Schwellensituation im Text kaum sichtbar wird, was von der Verborgenheit des Gebets her durchaus seinen Sinn hat. Aber müsste »auf der Schwelle« nicht doch ein Sprachwandel stattfinden? – Der Beobachter tut sich schwer, zur Anrede überzugehen, wie er auch beispielsweise Formulierungen, die »zu poetisch klingen« könnten, verteidigen muss, während das Vorwort eine andere Struktur des Zitierens aufweist: »Die Gebetserfahrung, die dürftige eigene sowie die in reichem Maß überlieferte, belehrt darüber, dass alles darin Raum hat: nicht nur die Frage des Seelenheils – sie tritt vielfach sogar weit in den Hintergrund–, auch die Heilung des Leibes von

Beschwerden und Schmerzen, dazu all das, was in größter Mannigfaltigkeit in die Bitte um das tägliche Brot hineingehört; auch all das, was die Mitmenschen betrifft, nicht nur ›unsern kranken Nachbarn‹, auch ›die Brüder in der ganzen Welt‹ (1. Petr 5,9), selbst die Feinde und die Fernsten, die im Gebet zu Nächsten werden (Mt 5,44 Lk 23,34 Apg 7,59); und mit ihnen zusammen die ganze Kreatur, die leidende und seufzende, aber auch die in ihrer Weise vollkommene und beglückende, die güldene Sonne voll Freud und Wonne, der Mond, der aufgegangen ist, und die Sterne, die am blauen Himmelssaal prangen. Wem diese Andeutungen zu traditionell und zu poetisch klingen, mag anders formulieren« (225). Das ist Beschreibung, bei der Vorsicht waltet. Im Vorwort hatte er direkt gesprochen: »Das Unternehmen einer Dogmatik hat sich wohl überhaupt erst dann gelohnt, wenn der Gesamteindruck auf den Nenner zu bringen ist: ›O du unergründeter Brunnen, wie will doch mein schwacher Geist, ob er sich gleich hoch befleißt, deine Tief ergründen können?‹ (Paul Gerhardt)« (VIII). Vielleicht kommt in der Unterschiedlichkeit der Sprachstruktur zwischen diesen beiden Zitaten etwas von der Schwellensituation zum Ausdruck. – Der Übergang »vom Reden über Gott zum Reden zu Gott« aber müsste sich sprachlich als Übergang von der Prosa zur Poesie stärker bemerkbar machen und dürfte sich nicht auf Kirchenliedzitate beschränken. Der »äußerste(n) Weite des Horizonts«, verbunden »mit strengster innerer Sammlung auf das Wesentliche« (1), die einem in dieser Dogmatik imponierend vor Augen tritt, entspricht nicht die Freiheit dichterisch zum Wort. Kann das Denken diskursiv bleiben, wenn es anbetendes Denken wird? Muss nicht das Auf-die-Knie-Fallen das Diskursive unterbrechen? Stört nicht das Gegenüber den Gedankengang?

Ich schlage vor, dass wir nach drei Richtungen hin die Wege bedenken, auf die der Geist uns heute schickt. Ich meine, es ist ein Weg des Gerichts, ein Weg des Leidens und ein Weg des Lobes.

I. Die Zeichen der Zeit – Gerichtetes Denken

Die Bildrede, mit der Jesus die Volksmenge über die Zeichen der Zeit ins Bild setzt, gehört zur ungepredigten Bibel. »Wenn ihr im Westen eine Wolke aufsteigen seht, sagt ihr alsbald: Es kommt Regen; und es geschieht so. Und wenn ihr den Südwind wehen seht, sagt ihr: Es wird Gluthitze geben; und es geschieht. Ihr Heuchler, das Aussehen der Erde und des Himmels wisst ihr zu beurteilen; wie kommt es aber, dass ihr diese Zeit nicht beurteilt?« (Lk 12,54–56; vgl. Mt 16,2f).

Ungepredigte Bibel: Der Geist stellt uns auch heute die Frage, ob wir die Lage wirklich erkennen. Die Frage ist auch uns gestellt in jeder Predigt und in jedem Gespräch über die Phänomene der Zeit: Warum wissen wir um die Wetterregeln, ohne dass wir die Zeit verstehen? – Die Geschichte der Predigt zeigt, dass hier in den Aussagen, die Gegenwart und Zukunft qualifizieren, die größten Predigtkatastrophen sich ereignen. Nur allzu leicht verwechsle ich als Prediger meine Vorurteile gegenüber Zeiterscheinungen mit dem Urteil des Heiligen Geistes. – Gerade da, wo ich versuche, die Zeit zu deuten, muss mir neu bewusst werden, wie sehr meine Subjektivität von der des Geistes differiert. Viele Prediger ziehen es vor, zeitlos zu predigen, was dann eine todrichtige Predigt zur Folge hat, die nicht irrt, aber steril bleibt. »Wie kommt es aber, dass ihr die Zeit nicht beurteilt?« Was sollen wir auf diese Frage antworten? Wenn wir die Zeit nicht verstehen, verfehlen wir sie und verfehlen mit ihr den Sinn unseres Lebens.

Es ist sehr tröstlich, dass Jesus seine Frage nicht an die Jünger im Besonderen, sondern an die Volksmenge adressiert. Das Volk Gottes als Ganzes muss die Zeit verstehen lernen. Die Zeit verstehen lernen, das ist keine Angelegenheit individueller Leistung. Im Volke Gottes gibt es wetterfühlige Menschen, die das Wetter im Voraus fühlen, und so gibt es eine Wetterfühligkeit, die im Voraus ein Gespür hat für das Wetter Gottes. Solche Wetterfühligkeit kann erworben werden. Man entwickelt einen Sinn für die Begebenheiten, und das ist – nach einem Worte des Novalis – »der Profetische« (Schriften 3, 1968, 667): Paulus mahnt die Korinther, nach der Prophetie zu streben (1. Kor 14,1.39). Pneumatologisches Denken strebt nach Prophetie. Man kann auch sagen: Die Zeit verstehen ist Weisheit; »des Weisen Herz weiß um Zeit und Gericht« (Pred 8,5 nach Luther); der Tor weiß nicht, was es geschlagen hat. Die Zeit verstehen heißt, das, was geschieht, den Raum unserer Gegenwart zusammensehen mit der Gegenwart des Heiligen Geistes, das Zeitgeschehen verknüpfen mit der Vorsehung und dem Begleiten des lebendigen Gottes. Die Zeit verstehen heißt: hören, was der Heilige Geist zum Zeitgeist sagt.

Wie können wir wetterfühlig werden, dass wir die Zeit verstehen und den erkennen, der in ihr waltet? – Sicherlich werden wir die Zeit nicht verstehen, wenn wir aus ihr emigrieren. Und das ist immer wieder eine Antwort ernsthafter Christen: Sie ist so schlecht und so verderbt, dass man sie am besten flieht. – Am ausgeprägtesten ist solche Zeitflucht wohl bei jenen täuferischen Gemeinden in Amerika und Kanada, die für sich persönlich die neuzeitliche Technik und Zivilisation ablehnen. So sehr eine solche Haltung Respekt abnötigt, so wenig wird sie uns Hilfe sein können, um die Zeit zu verstehen. – Sicherlich werden wir die Zeit auch nicht verstehen, wenn wir mit ihr gehen, uns ihr anpassen, also sozusagen in ihr aufgehen. Werden wir die Zeit verstehen, wenn wir ihre Phänomene analysieren? Vielleicht, nur steht zu befürchten, dass die Phänomene sich schon wieder gewandelt haben, wenn wir mit deren Analyse fertig sind. Ich glaube, man kann das pneumatologische Denken nicht besser charakterisieren als so, dass man versucht, seine eigene Zeit zu bedenken. Wie sehen die sieben Augen Gottes die Welt in dieser Stunde an?

Mein Auge nimmt nicht wahr, was der Geist wahrnimmt. Ich sehe nicht klar. Mein Denken ist weithin blind für das, was Gott heute hier mit diesem Menschen tut. Indem ich mich der Frage Jesu stelle, wird mir klar: ich stehe in meinem Unverstand im Gericht und meine Kirche ebenfalls. Wir stehen in Deutschland als reiche Christen eines reichen Landes im Gericht, und ich denke, dass die Stunde, die über der Welt steht, eine Stunde des Gerichtes ist. »Gericht« ist eine für das wissenschaftliche Denken neue, ungewohnte Dimension der Wahrnehmung. Pneumatologisches Denken ist ein kritisches Denken, insofern es mich selbst, meine Kirche, meine Umwelt mitten im Gericht wahrnimmt. Und dieses kritische Denken wäre nicht kritisch genug, wenn es sich nicht dem Urteil der Brüder stellen würde. So habe ich mit dem Satz: »Wir stehen im Gericht« eine Deutung gewagt, die ihr »Amen« oder ihre Widerlegung nötig hat.

Es ist nötig, zuerst das Wort »Gericht« ein wenig zu erläutern. Ich möchte dies tun mit Worten von Krister Stendahl: »Gnade, Erlösung und Befreiung sind Teil des Gerichtes Gottes. Gottes Gericht bringt Gnade für die, die Gnade brauchen. Gericht ist *Gerechtigkeit* für die, die nach ihr hungern und dürsten, denen sie aber vorenthalten wird. Gottes Gericht geschieht in seinem Handeln, wenn er die Dinge zurecht bringt, wenn er Gerechtigkeit aufrichtet. Es ist wichtig, die biblische Bedeutung von Gericht (krisis) wieder zu beleben: Gericht ist Aufrichtung der Gerechtigkeit, die notwendigerweise für diejenigen Gnade bedeutet, denen Unrecht getan wurde, und Verlust für diejenigen, die zuviel haben« (Der Jude Paulus und wir Heiden. Anfragen an das abendländische Christentum, 1978, 106f).

Ich möchte meinen Satz »Wir stehen im Gericht« ein wenig einsichtig machen, indem ich zwei Zeugen anführe. Zuerst die *Dichter*: Man müsste einmal die Dichtung unserer Zeit unter diesem Gesichtspunkt betrachten, denn die Dichter haben möglicherweise ein besonderes Sensorium für die Zeit und den Raum, in dem sie leben. Novalis hatte sicher recht, wenn er den »Sinn für Poesie« dem »Sinn der Weissagung« nah verwandt sah (Schriften 3, 686). Die Frage nach der Wahrheit der Weissagung bleibt dabei immer offen. Immer und immer wieder stellen die Dichter das Gericht dar. Ich denke an Kafka, an den »Doktor Faustus« von Thomas Mann, an Stücke von Beckett, an Dürrenmatts »Besuch der alten Dame«, an die Stücke von Thomas Bernhard. Die Heiterkeit der Kunst macht das Gericht erträglich, vermummt es gewissermaßen, macht es genussfähig. Gerade indem man das Gericht so eindringlich wie möglich darstellt, schiebt man es von sich weg, schlägt man ihm ein Schnippchen. Wo sich die Kunst mit dem Tod und dem Gericht beschäftigt, macht sie einerseits bewusst, andererseits hilft sie verdrängen. Das ist sehr merkwürdig. Was mich aber beschäftigt, ist dies: In Deutschland gibt es Schriftsteller, die mit säkularen Mitteln eindringlich das Gericht anmahnen; auf den Kanzeln aber gehört das Gericht zur ungepredigten Bibel (vgl. R. Bohren, Schriftsteller als Gerichtsprediger, in: Geist und Gericht, 1979, 181ff). Ich denke, dieser Sachverhalt deutet seinerseits auf das Gericht.

Zum anderen die *Physiker*: Was die Dichter erahnen und dann auch wieder mit Hilfe der Kunst in Unterhaltung umlügen, wird nun von einem Physiker wie A. M. Klaus Müller unter anderer Perspektive gesehen: »Ich deute die heute sich abzeichnende Überlebenskrise der Menschheit als Beginn dieser (säkularen, R. B.) Katastrophe« (82f). Er meint, uns sei die Aufgabe gegeben, »das Überleben der Menschheit notwendigerweise technisch zu bewerkstelligen« (128). Andererseits vermag er nicht einzusehen, »wie wir allein auf der Basis der kurzen Frist, das heißt des technischen Handelns und Steuerns, als Menschheit überleben können« (153).

Die Dichter und die Physiker sind unsere Brüder, und wir brauchen das Gespräch mit ihnen, um die Bedeutung der Wolken zu erkennen, die am Horizont aufgezogen sind. Wir brauchen das Gespräch mit ihnen, wenn wir als Prediger dem Volke die Stunde Gottes ausrufen sollen. Und wir können das Gespräch mit ihnen nicht richtig führen, wenn wir es nicht als Schüler der Heiligen Schrift tun, die wissen, dass sie selbst in der gleichen Versuchung stehen, das Gericht ins Genießbare umzumünzen und sei es zu einem Horrorfilm auf Breitwand.

Pneumatologisches Denken wird das Gericht nur so wahrnehmen können, indem es sich als Denken selbst richten lässt. Pneumatologisches Denken ist gerichtetes Denken und damit ein Denken, das Gott fürchtet. Die Furcht Gottes wird ihm neue Dimensionen der Wahrnehmung eröffnen. Mit dem Begriff der »Furcht Gottes« nennen wir nochmals einen Aspekt der ungepredigten Bibel. Wo das Denken Gott Gott sein lässt, wo es sich vom Gottsein Gottes auf den Weg bringen lässt, entdeckt es die alte Weisheit neu, dass ihr Anfang in der Furcht des Herrn besteht (Spr 1,7). Der Verlust der Gottesfurcht in Kirche und Theologie wird selbst wiederum zum Zeichen des Gerichts, denn der Verlust der Gottesfurcht wird ja nur dann möglich, wenn man sich Gott nach seinem Bilde präpariert. Gerichtetes Denken erst wird urteilsfähig gegenüber den in unserer Gesellschaft herrschenden Gottesvorstellungen. Gerichtetes Denken erst vermag die etablierten Gottesbilder abzuhängen.

Ich gebe noch einmal *M. Douglas Meeks* das Wort: »Das Evangelium bewirkt einen Konflikt mit all den Gottesvorstellungen, die einen Anspruch auf Herrschaft und Regierung gegen die Herrschaft des Vaters Jesu Christi im Heiligen Geist erheben. Die Aufgabe der Theologie ist es, sich in diesen Widerstreit der Gottesvorstellungen einzuschalten und deutlich zu machen, dass die Kirche hier und jetzt dazu berufen ist, das Stück der Welt zu sein, in dem den Interessen von Gottes Gerechtigkeit in Jesus Christus durch den Heiligen Geist gedient wird ... Die Aufgabe der Theologie hier und heute ist es, einen Punkt klarzustellen: Nur wenn die Kirche die Interessen des Vaters und des Sohnes vertritt, so wie sie im Heiligen Geist gegenwärtig sind, repräsentiert die Kirche die veränderte Welt und ist somit imstande, auch die Interessen der Welt zu verändern« (43).

II. Leidendes Denken

Der Versuch, pneumatologisches Denken als leidendes Denken zu verstehen, kann nicht vom Gedanken der Krisis abstrahieren. Gerichtetes Denken ist leidendes Denken. Die Verheißung des Geistes macht dessen Defizit im Schmerz bewusst. Pneumatologisches Denken seufzt mit dem Seufzen des Geistes, und der Geist nimmt den Ton, den Jesus in seiner Passion angestimmt hat, auf. In Röm 8,15 braucht Paulus das gleiche Verb wie der Evangelist Markus (15,13f) und Matthäus (27,50) für Jesu Schreien am Kreuz. Der Geist der Sohnschaft ist ein Geist des Leidens mit Christus und leidet an der Zeit, an den Verhältnissen, an der Unsichtbarkeit Gottes. Man ist noch nicht am Ziel. Die Wunde des Nochnicht ist dem pneumatologischen Denken von Anfang an auf den Weg gegeben. An den Wassern Babylons singt Gottes Volk sein klagend Heimwehlied und die Märtyrer unter dem Altar fragen: »Wie lange, heiliger und wahrhaftiger Herr, richtest du nicht und rächest unser Blut nicht an denen, die auf Erden wohnen« (Offb 6,10)? Und dann wird ihnen Antwort gegeben. Das Leiden ist noch nicht zu Ende. Es gibt ein Leiden im Gericht, weil die Vergangenheit noch mächtig in die Gegenwart wirkt; aber es gibt auch ein Leiden am Noch-Ausstehen des Gerichtes, eine Qual am Noch-nicht des Gerichtshandelns Gottes. Ein Leiden daran, dass die Zukunft noch nicht mächtig genug die Gegenwart bestimmt. – Ich bin noch nicht der, der ich sein werde, und ich vermag noch nicht wahrzunehmen, wer ich bin. Mein Leiden an mir selbst, an der Gemeinde, an der Welt, besteht darin, dass ich noch nicht sehen kann, was der Geist mir sagt: »Siehe, es ist alles neu geworden.«

Luther hat einmal gesagt: die Philosophen sehen die Sünde in der Welt, die Theologen aber sehen die Sünde im Kreuz Christi. Ich bin kreuzesblind. Obwohl ich kein Philosoph bin, bin ich noch immer zu viel Philosoph und zu wenig Theologe. – Das pneumatologische Denken bringt den Christen in Konflikte mit sich selber, die der Philister nicht kennt.

Das pneumatologische Denken bringt das Denken im Leiden selbst zur Ruhe.

Der junge *Luther* hat in seinen Auslegungen der Zehn Gebote 1516 und 1517 geschrieben: »Die Ruhe heiligen heißt, sich Gott als ein Leidensfähiger hingeben, damit in ihm Gott allein wirke. Hier ist Geduld und Hoffnung nötig, denn hier tritt der Mensch in das Dunkel, wo er nicht wirkt, sondern geführt wird auf dem Weg des Leidens in wunderbarer Weise. So oft du aber leidest, so oft wirkst du nicht. Vielmehr ruhest du, und Gott wirkt in dir. Aber du weißt nicht was, weil du leidest und ein bloßer Stoff (nuda materia) bist« (WA I, 471, 4ff, zitiert nach H.-J. Iwand, Luthers Theologie, NW 5, 1974, 233).

Der Zeitgeist schreibt uns seelisch Leistungs- und Genussfähigkeit vor; beherrscht von Gesetzen der Psychologie, kokettieren wir einerseits mit seelischen Leiden, und andererseits werden Begriffe aus der Psychologie wie »Neurotiker« oder »Schizoider« zu Schimpfwörtern, genauer: sie werden zu Zauberworten der Bemächtigung, denn wenn ich ihn so und so klassifiziert habe, bin ich ihm schon überlegen.

Pneumatologisches Denken lehrt uns die seelischen Leiden anders wahrnehmen, als die Psychologie sie wahrnimmt. Es lehrt uns ein anderes Verhältnis zum körperlichen und seelischen Schmerz. Eine Psychologie, die den Menschen von der Einwohnung des Geistes her versteht, wird das Leiden zusammenbringen mit dem Geist der Sohnschaft, den wir empfangen haben: weil der Sohn gelitten hat, leiden auch die Söhne.

Pneumatologisches Denken leidet an der Differenz zwischen dem, was die Gemeinde im Geiste ist, und der praktischen Geistlosigkeit der Gemeinde. Das Leiden des Christen, auch Differenz zwischen dem, was er im Geiste und neu ist, und dem, was vom alten Wesen noch in ihm rumort, potenziert sich als Leiden an der Gemeinde. Pneumatologisches Denken weiß, dass das Gericht anfangen muss an dem Hause Gottes (1. Petr 4,17). Es weiß, dass die heutige Stunde der Kirche die ihres Gerichtes ist.

Mich bewegt an der Gestalt von Eduard Thurneysen vor allem dies: 1921 kam sein »Dostojewski« heraus, eine Buß- und Gerichtspredigt an die Kirche. Der Großinquisitor ist der Vertreter einer Kirche, die Christus als den Lebendigen in ihrer Mitte nicht erträgt. Diese Kirche erträgt die Qual nicht, die Jesus mit seinem Evangelium brachte. Die Kirche des Großinquisitors hat »mehr Erbarmen und eine viel verstehendere Liebe als Christus selber sie hatte« (1923, 50). Der Großinquisitor sagt zu Christus: »Wir haben deine Tat verbessert und sie auf dem Wunder, dem Geheimnis und der Autorität aufgebaut.« Thurneysen kommentiert: »Das ist der dreifache Verrat der Kirche an Gott. Sie führt den

Menschen nicht mehr in jene Tiefe, wo er nur noch nach Gott schreien kann – dafür aber auch nicht mehr dorthin, wo sich ihm Gott als der Gott aus der Höhe mit großer Macht, mit seiner *wahren* Liebe, seiner *wahren* Vergebung, seinem *wahren* Wunder zeigen kann. Das ist die Lüge, die Gottlosigkeit der Religion« (ebd.). Dostojewski hat die Legende in das Spanien der Gegenreformation verlegt, er meinte die römische Kirche vor allem (62). Thurneysen zieht den Text in seine Gegenwart, und er spricht in unserer Gegenwart neu.

Die Neuentdeckung des Evangeliums durch Karl Barth und Eduard Thurneysen war verbunden mit einer Erkenntnis der Situation von Kirche und Welt als Situation im Gericht. Thurneysen und Barth begannen als an der Kirche Leidende. Pneumatologisches Denken führt ins Leiden an der Kirche.

In der Hitler-Zeit trat der Großinquisitor grobschlächtig in Gestalt der Deutschen Christen auf. Heute trägt er wieder feinere Züge. Die ökologische Bedrohung führt allenthalben zu einer Erneuerung der Religionen: der Großinquisitor hat seine Gewänder gewechselt. Was bleibt, ist ein Großbetrug der Menschen durch Religion, haarscharf am Evangelium vorbei. Darum brauchen wir heute neu eine Religions- und Kirchenkritik.

Pneumatologisches Denken führt zu einer Kritik an Kirche und Religion, die nicht als Kritik des Beobachters zu führen ist, die sich vielmehr leiten lässt von der Einsicht Dostojewskis: »Alle sind an allem schuld«; das Leiden an der Kirche führt zur Umkehr. »Denn die Betrübnis, wie sie Gott will, wirkt eine Buße zum Heil, die man nicht bereuen muss; die Betrübnis der Welt aber bewirkt den Tod« (2. Kor 7,10).

Pneumatologisches Denken leidet querweltein, nimmt teil am Gram der Welt; geistloses Denken bleibt gleichgültig. Pneumatologisches Denken vertritt die Welt auch in der Weise, dass sie um sie Leid trägt. Statt langer Erörterungen ein Beispiel.

Senfft von Pilsach schreibt über *Christoph Blumhardt*: »Das Schicksal von Messina (1911 starben dort 84.000 Menschen) stimmte ihn so traurig, wie ich ihn nie wieder gesehen habe, und noch in meinen letzten Unterhaltungen mit mir im Jahre 1918 in Jebenhausen, als ich ihm von dem Unglück in Martinique erzählte, wo 10.000 Neger in einer Nacht umkamen, sagte er, er empfände es als Beschränkung seines Geistes, dass er an dieser Katastrophe seinerseits nicht noch mehr Anteil genommen habe« (zit. nach E. Kerlen, Die Gemeinde in der Predigt des jüngeren Blumhardt, Diss. Heidelberg 1979, 248, Anm. 62). Da leidet einer an anonymen Toten, die Hunderte von Kilometern von ihm starben. Und sieben Jahre später klagt er sich an, dass sein Geist nicht mehr beteiligt war, als Tausende von Kilometern entfernt Tausende starben.

Als ich die Notiz über Blumhardt las, hatte ich am Abend vorher im Fernsehen einen Film über Vietnam und Kambodscha angesehen. Am Abend danach sah ich einen Teil eines Streifens über den Antisemitismus: Das Fernsehen kann uns abstumpfen, es kann aber auch ein Mittel sein, uns teilnehmen zu lassen am Leid der Welt. Der Geist des Sohnes, der in den Söhnen seufzt, ist der Geist, der teilnimmt am Leid aller Welt (vgl. die »Fernsehgebete« in R. Bohren, Texte zum Weiterbeten, 1976, 93ff). – Gleichgültigkeit ist der Antigeist. Pneumatologisches Denken führt in die Teilnahme am Leiden: Christoph Blumhardt wurde in der

Teilnahme an den Leiden der Arbeiter in die Politik geführt; ein Hinweis darauf, dass die Sensibilität für den Schmerz der Welt nichts mit Rührseligkeit zu tun hat: »Wir müssen das Holz sein, damit das Feuer Jesu brennen kann. Sind wir treu, dann wird der Himmel und die Erde sich bewegen« (Ihr Menschen seid Gottes, 1936, 2, 461). Es ist eine »Arbeit vor Gott«, die er in der Stille leidend tut (Ansprachen, Predigten, Reden, Briefe, Bd. 3, hg. v. Johannes Harder, 1978,4). Er weiß: »Es müssen Menschen da sein, die es verstehen, in der Gesinnung Jesu sich zwar ganz in das Elend der Menschen hineinzustellen, aber doch nicht sich verführen lassen, als ob durch bloßes Herumrühren in diesem Elend Wesentliches gewonnen werden könnte ...« (ebd.).

III. Lobendes Denken

Gerichtetes Denken sucht die Gnade, leidendes Denken ist unterwegs zur Herrlichkeit und mündet allemal im Lob.

1. Der Einzelne

Der Einzelne kommt durch pneumatologisches Denken ins Lob: Ich erinnere nochmals an den Katechismus, der mich lehrt, dass der Heilige Geist auch mir gegeben ist. Ich lerne mich selber neu verstehen, ich nehme mich neu wahr, bekomme eine neue Subjektivität: Was der Heilige Geist in mir ist, was ich durch den Heiligen Geist werde, ist lobenswert. Ich werde mir selber zu einem poetischen Gegenstand.

Hier zeigt sich ein Unterschied in der Struktur christologischen und pneumatologischen Denkens: Christologisches Denken denkt das Subjekt in Bezug zu Christus primär in der Kategorie des »für mich«, pneumatologisches Denken denkt das Subjekt in Bezug zum Heiligen Geist primär in der Kategorie des »in mir«. Das »für mich« hängt mit der Einmaligkeit des Heilsgeschehens in der Menschwerdung zusammen, der Begriff der Einwohnung aber mit dem der Dauer. Christologisches Denken schließt die Struktur des »in mir« nicht aus, wie Kol 1,27 zeigt, wo vom »Christus in euch« die Rede ist als vom Geheimnis unter den Heiden, wenn man hier nicht mit Eduard Schweizer übersetzen will »Christus unter euch (den Heiden)«. Dann ist an Gal 2,20 zu denken: »ich lebe; aber nicht mehr ich, sondern Christus lebt in mir«, an Röm 8,10f, wo vom Einwohnen Christi »in euch« die Rede ist und vom Einwohnen des Geistes, »der Jesus von den Toten auferweckt hat«. Es wäre nun zu fragen, ob hier ein Parallelismus vorliegt, der beides in eins sieht, oder ob hier unterschieden wird. Einmal mehr zeigt sich, dass pneumatologisches Denken nicht vom christologischen in einer falschen Alternative unterschieden werden darf. Das Einwohnen Christi erfolgt im Modus des Geistes. Darum wird in der Redeweise »Christus in mir« schon pneumatologisch gedacht. Der Fortschritt vom christologischen zum pneumatologischen Denken wäre dann der vom »für mich« zum »in mir«, genauer: vom »für uns« zum »in uns«, vom »für euch« zum »in euch«. Das Pneuma bestimmt den Binnenraum des einzelnen wie der Gemeinde, und wir müssen im Kontext der Bibel darüber hinaus auch die Kultur nennen.

Beschränken wir uns zunächst auf die kleinste Einheit der Einwohnung des Geistes, die im Einzelnen. Das pneumatologische Denken leitet nicht zu einer neuen Selbsterfahrung an, sondern zu der Erfahrung eines neuen Selbst. Es ist unterwegs zur Entdeckung der neuen Kreatur, zu einem neuen Ich.

Dieser Sachverhalt soll gegenüber der Psychoanalyse Freuds verdeutlicht werden: Freud erklärt das Seelenleben des Menschen von frühkindlichen bzw. frühmenschlichen Erfahrungen her, und die aktuellen Leiden werden nun im Horizont dieser vergessenen oder verdrängten Erfahrung erklärt und damit möglicherweise aufgehoben. Die Subjektivität wird damit gestärkt, beziehungsweise neu geschaffen, dass der Bezug aktueller Leiden mit der Vergangenheit hergestellt und dass auf diese Weise aus »Es« »Ich« wird. Indem die Vergangenheit geklärt wird, wird das Ich genuss- und leistungsfähig. Das psychoanalytische Denken legt auf seine Weise den Satz aus dem Buch Hiob aus: »Wir sind von gestern her und wissen nichts« (8,9). Das psychoanalytische Denken will aufklären, es erhellt die Lage von der Vergangenheit her. Das pneumatologische Denken aber erhellt den Binnenraum und erfüllt ihn mit Poesie von der Zukunft her; denn es lobt den, der mich bewohnt. Mein Ich ist und wird bestimmt durch die Zukunft, die in mir schon Gegenwart ist. Das lobende Denken hebt meine Gegenwart in seine Zukunft. Was jetzt noch auseinanderklafft zwischen dem Heiligen Geist als Subjekt und meiner Subjektivität, die von gestern her ist, das wird in der Zukunft versöhnt werden. Ich vergleiche pneumatologisches Denken hier mit dem psychoanalytischen: In der Psychoanalyse wird neue Subjektivität in der Auseinandersetzung mit der Vergangenheit gewonnen. Im pneumatologischen Denken wird neue Subjektivitätin der Aufklärung über die Zukunft gewonnen. Die »Angststätte« soll zu einem Haus der Hoffnung werden. In der Psychoanalyse soll der Leidensdruck der Gegenwart aufgehoben werden durch die Erhellung der Vergangenheit. Im pneumatologischen Denken wird die Zukunft hell, und das macht Gefangene singen. Das pneumatologische Denken lehrt den Christen ein Selbstgespräch ohnegleichen: der im Geist in ihm anwesende Christus soll zu Worte kommen. Ich rede so zu mir, dass ich mich anweise, auf ihn selber zu hören. Er liebt es, mich von außen her anzusprechen. Wenn ich auf ihn höre, wird mein Innen zum Echo seines Wortes. So wird das pneumatologische Denken ein lobendes Denken werden auch da, wo es sich selbst denkt.

Die Einwohnung Christi durch den Geist im Menschen hat auch eine psychologische Wirkung, muss sie haben, wenn der Heilige Geist nicht ein Gespenst, sondern Wirklichkeit ist. Ich denke hier an die Heilungen Johann Christoph Blumhardts, der ein Prophet des Geistes war. – Die heilenden Kräfte, die von der Frage 53 des Heidelberger Katechismus ausgingen, können nicht hoch genug eingeschätzt werden. Gegenüber dem schier unbegrenzten Wachstum an seelischem Leiden ist es gut zu realisieren, dass das auch psychologisch eine große Erleichterung bedeutet, wenn eine fröhliche Futurologie die seelische Archäologie ablöst. Ich weiß: mein Inneres wie mein Äußeres wird durch den Geist vom Vater und vom Sohn verwandelt werden. Im Warten auf den Vorschein dieser Verwandlung darf ich auch noch ein wenig verkehrt und schadhaft sein.

Eduard Thurneysen hat 1928 in »Rechtfertigung und Seelsorge« von einer von der Rechtfertigung aus zu gewinnenden neuen Psychologie gesprochen (ZZ 6, 1928, 197ff). Er kam zu diesem Postulat, indem er hellsichtig auf eine neue Weise der Wahrnehmung hinwies: »Der Mensch wird auf Grund der Rechtfertigung gesehen als der, den Gott anspricht in Christus. Dieses Sehen des Menschen als eines, auf den Gott seine Hand gelegt hat, das ist der primäre Akt aller wirklichen Seelsorge« (209). Hier hatte Thurneysen einen pneumatologischen Ansatz; weiterdenkend wäre er auf den Begriff der Einwohnung gekommen und hätte den Gedanken an eine neue Psychologie nicht fallen lassen können. *Emil Brunner* hat 1930 einen Vortrag über das Thema »Biblische Psychologie« veröffentlicht (Gott und Mensch. Vier Untersuchungen über das personhafte Sein, 70ff). Brunner geht apologetisch vor und will in das Gespräch der Psychologie den Gedanken einbringen, dass der Mensch ein Sünder ist (79). – Die Ansätze von Thurneysen und Brunner sind – soweit ich sehe – kaum weitergeführt worden. Ich denke, die Zeit sei gekommen, die Väter dadurch zu ehren, dass man ihre Gedanken heute neu aufnimmt.

Ich habe als Charakteristikum pneumatologischen Denkens hervorgehoben, dass es den Menschen im Lichte seiner Zukunft sehe, dass seine Gegenwart als Vorschein von Zukunft zu entdecken sei. Die Sünde gehört für das pneumatologische Denken grundsätzlich zur Vergangenheit: »So sollt ihr euch als solche ansehn, die für die Sünde tot sind, aber für Gott leben in Christus Jesus unserem Herrn« (Röm 6,11). Paulus lehrt uns hier eine neue Wahrnehmung, lehrt uns, uns selbst im Blick auf die Sünde in einem neuen Lichte wahrzunehmen. Nicht im Horizont unserer Erfahrung sollen wir uns selbst und sollen wir einander wahrnehmen, sondern im Horizont des gekreuzigten Christus. Und in diesem Horizont sind neue Erfahrungen zu machen; denken wir den Menschen von der Zukunft her, setzen Hoffnung gegen Angst, dann wird die Einwohnung des Geistes einen Kampf auslösen; die Sünde will nämlich nicht, dass wir sie für tot erklären, sie erhebt gegen den Geist ihr freches Haupt und macht eine verächtliche Grimasse und spielt sich groß auf. Aber nun lehrt uns der Geist, das Lebenszeichen und die Aufschneiderei der Sünde zu missachten.

Ich möchte zu diesem Kampf eine kleine Geschichte erzählen, weil es unser aller Kampf ist; ich las sie einmal bei *Aloys Henhöfer* der katholischer Priester war und evangelischer Erweckungsprediger wurde: In einem Kloster gab es unterhalb der Kirche eine Halle mit Särgen, und es hieß, es spuke dort. Ein frommer Klosterbruder, seines Zeichens Schuhmacher, setzte sich mit seinem Schuhmacherwerkzeug in die Halle zwischen die Särge. Gegen Mitternacht fing in einem Sarg ein verdächtiges Geräusch an, das immer lauter wurde. Da schlug der Schuhmacher mit seinem Hammer auf den Sarg und sagte: »Still da drinnen. Was tot ist, ist tot.«

»So sollt ihr euch als solche ansehn, die für die Sünde tot sind« heißt jetzt: du sollst gegenüber deinen Sünden mit dem Hammer philosophieren und das, was du schon nicht mehr bist, mit festen Schlägen in den Sarg bannen.

2. Die Gemeinde

Lobendes Denken will nicht für sich allein bleiben. Freude muss sich äußern. Das Lob sucht die Gemeinschaft, es hat an einer Stimme nicht genug. Nehmen wir uns die Szene aus dem Gefängnis von Philippi zum Modell: »Um Mitternacht aber beteten Paulus und Silas und sangen Gott Loblieder« (Apg 16,25). Paulus und Silas denken, indem sie beten, einer also für den andern spricht, sie denken, indem sie singen, sie denken mit einer Stimme, und das heißt: in einem Sinn. Sie können die Loblieder nicht separat singen, sondern nur miteinander. Die Poesie ihres Lobes hat chorischen Charakter, die Kommunikation klingt und damit bezieht sie die andern Gefangenen mit ein. Das Singen stellt eine Harmonie her.

Darf ich sagen, sie sei ein vollkommener Ausdruck der *Amae?* Pneumatologisches Denken ist ein Denken im kommunikativen Lob, es intendiert Ökumene (zur Amae vgl. R. Bohren, Liebeserklärung an Fernost, 1980, 150).

Eine apostolische Paränese mahnt zur Einmütigkeit, was zeigt, dass die Einmütigkeit in der Gemeinde von Anfang an eine zerbrechliche Sache war, das Gegenteil des Selbstverständlichen. Sie wird dadurch realisiert, dass die einzelnen Glieder der Gemeinde mit ihrem Herrn eines Sinnes werden. Darum die klassische Mahnung in Phil 2,5: »Diese Gesinnung heget in euch, die auch in Christus Jesus war.« In der Symphonie mit dem sich selbst erniedrigenden Christus kommt es zum Miteinander im Chor. – Im Epheserbrief kommt die Mahnung zur Einheit in einer Trias von Mahnungen, die offenbar einen Parallelismus bilden: Die Mahnung, würdig des Evangeliums zu wandeln, einander in der Liebe zu tragen und »die Einheit des Geistes durch das Band des Friedens zu bewahren« (4,3), dann kommt eine Häufung von Gründen, die ebenfalls zur Einheit mahnen: »Ein Leib und ein Geist, wie ihr auch berufen worden seid zu einer Hoffnung ... ein Herr, ein Glaube, eine Taufe, ein Gott und Vater aller, der über allen und bei allen und in allen ist« (4,4–6). Die Nichteinheit ist schlechthin unmöglich, sie ist die Sünde schlechthin, weil sie den einen Leib, den einen Geist, den einen Gott, gering achtet und sich selbst über die anderen erhöht.

Es ist kein Zufall, dass da, wo der Apostel von der charismatischen Gemeinde spricht, also davon, wie die göttliche Anmut sich den einzelnen schenkt, dass da in der Paränese auch zur Einheit gemahnt wird. »Seid gleich gesinnt gegeneinander« (Züricher Bibel Röm 12,16). Schlatter übersetzt: »Füreinander seid auf dasselbe bedacht«, Michaelis: »Macht in der gegenseitigen Beurteilung keine Unterschiede«, Käsemann: »Habt einen Sinn untereinander.«

Ich meine, Paulus und Silas in Philippi können uns in gewisser Weise auch Vorbild sein für einen neuen Stil theologischer Arbeit. Die Erneuerung der Theologie in Deutschland wurde eingeleitet dadurch, dass im Schweizer Kanton Aargau zwei Pfarrer an ihrem Amt litten und dass dieses Leiden sie miteinander zu gemeinsamer theologischer Arbeit brachte. Der Aufbruch und Anbruch der theologischen Erneuerung verdankt sich einem Zweiergespann, in dem zwei Männer zusammen ein neues Lied anstimmten. – Es erscheint nicht ohne Tragik, dass die beiden, die sich zusammenfanden im Leiden am Pfarrersein und am Ungenügen der akademischen Theologie, nicht reflektierten, was ihr gemeinsames Arbeiten bedeutete. Möglicherweise waren sie allzu sehr befangen in einem christologischen Denken, dass sie die Bedeutsamkeit ihres Miteinander nicht erkannten; möglicherweise war das mit einer der Gründe, wenn nicht der Hauptgrund, dass es in der Folge nicht zu der erwarteten Reformation der Kirche kam. Barth wurde ein berühmter Professor und Thurneysen ein berühmter Pfarrer; aber die Fakultät blieb wie sie war, und das Pfarramt wurde nicht verändert.

Ich möchte sagen: Pneumatologisches Denken muss am Anfang der Theologie der Krise noch einmal einsetzen, um so mehr, als die Krise, welche nach dem Ersten Weltkrieg vor allem Deutschland schüttelte, heute mit veränderten Akzenten weltweit geworden ist.

Ein lobendes Denken kann nur so vor sich gehen, dass es auch den Nächsten lobt.

Der Briefwechsel *Barth / Thurneysen* ist auch ein schönes Zeugnis von Freundschaft, in der einer den andern erhebt, indem er ihn braucht; einer verdankt sich dem andern. Barth schreibt an Thurneysen: »Du ... bist irgendwie der ›Andere‹ in mir ... auf den es eigentlich ankommt« (I, 1973, 520). Thurneysen respondiert: »Ich lebte und lebe von deinem Vorwärtsdrängen und Antreiben« (I, 523). So wird Gnade, so wird Geist empfangen, dass in der Symphonie der Freundschaft einer dem andern ist und gibt, was ihm fehlt. Er schmückt den andern mit der Anmut der Gnade, er entdeckt an ihm, was der andere für ihn selbst hat.

Theologie im Vollzug pneumatologischen Denkens ist ein Denken, das im Dialog unter Freunden sich vollzieht. Hier werden im Freihandel der Liebe Gedanken ausgetauscht (vgl. dazu R. Bohren, Das Wort Gottes und die Theologie, in: Geist und Gericht, 1979, 9ff).

An den beiden jungen Pfarrern wird deutlich: pneumatologisches Denken ist ein Denken im konkreten Lebensbezug. Es ist ein Denken mit »Herzen, Kopf und Händen«, das ins gegenseitige Verdanken und ins gemeinsame Danken führt. – Ich meine, das Zwiegespann Barth-Thurneysen könne vorbildlich sein für die Gemeinde.

Pneumatologisches Denken ist seinem Wesen nach symphonisch, das zeigen schon die Denker im Kerker von Philippi. Es ist ein Denken unterwegs zur Symphonie, das zeigt die apostolische Paränese. Es ist ein Denken, das grundsätzlich polyphon ist, ein Zusammendenken im Doppelsinn des Wortes: man denkt miteinander und man denkt zueinander. Pneumatologisches Denken setzt sich selbst nicht absolut, es sucht nicht die azurene Einsamkeit, sondern das Gespräch.

Die Mahnungen zur Einmütigkeit gehen jedesmal an eine konkrete Gemeinde vor Ort, adressiert an alle Glieder der Gemeinde. In unseren Gemeinden richtet sich die Einheit in der Regel nach dem einen Pfarrer. Das Pfarramt, der eine Pfarrer einer Gemeinde entspricht einer christologischen Denkstruktur. Dem einen Christus entspricht schon im Frühkatholizismus der eine Bischof. – Diese Struktur prägt unsere Gemeinden in Deutschland. Damit wird aber die Wirklichkeit der charismatischen Gemeinde in einer Weise präpariert, die einer Verarmung gleichkommt. Pneumatologisches Denken rechnet grundsätzlich mit der Vielstimmigkeit des Geistes. Wenn Paulus als Absender seiner Briefe in der Regel einen oder mehrere Mitarbeiter als Absender benennt, verrät solches Benennen pneumatologisches Denken. – Die Mahnungen zur Einheit im Geist glauben die charismatische Gemeinde, nehmen alle Glieder wahr als Teilhaber am einen Geist und Teilhaber an einem Leib. Die Mahnungen zur Einheit schätzen die Glieder der Gemeinde hoch ein, sie trauen einem jeden den Geist zu, sie sprechen den Vater allen zu, nehmen die einzelnen wahr als solche über, bei, in denen Gott gegenwärtig ist. Hier können wir ahnen, dass pneumatologisches Denken unsere Gemeinden erneuert, wenn wir erst einmal anfangen zu denken!

A. M. Klaus Müller meint, wir seien »angesichts der säkularen Krise der Lebenswelt an einem Punkt angelangt, wo das ebenfalls bisher theoretisch eingelöste ›Priestertum aller Gläubigen‹ ausgedehnt werden muss zum ›Expertentum aller Laien‹.« (94). Ich meine, dass es heute nottut, dass unsere Gemeinden pneumatologisch denken lernen, dass es zu einem Expertentum aller Laien in Bezug auf die Einheit kommt. Und sie lernen es vor allem dann, wenn sie entdecken, was sie in und mit dem Heiligen Geist haben. Jetzt wird es Zeit, an die Frage 53 des Heidelberger Katechismus nochmals zu erinnern. Der Katechismus lehrt jeden einzelnen Christen den Geist als Gabe an ihn selber zu betrachten; diese Funktion des Katechismus müssen wir heute übernehmen als Funktion der Seelsorge aneinander, dass einer dem andern zuspricht und aufzeigt immer wieder neu, was er von Gott hat. Die Gemeinde muss in ihren Gliedern heute die Funktion des Katechismus übernehmen. In der herrschenden Geistesarmut ist es nötig, dass einer dem andern das wenige, was vom Geist da ist, aufdeckt. Auf diese Weise wird die Gemeinde zum Ort der Erhöhung aller Erniedrigten. So hat mir eine Dienstmagd erzählt, die Thurneysens Seelsorge erfahren hat, sie als verängstigter Mensch habe sich bei ihm erhoben gefühlt. Pneumatologisches Denken denkt den andern in dem, was er von Gott hat. Indem einer dem andern aufzeigt, dass er etwas von Gott hat, wird einer durch den andern erhoben, werden die Glieder der Gemeinde zu Experten einer neuen Erde. So gehört das Miteinander-Loben, das Einander-Danken zum Vorschein von Zukunft, da Gottes Volk eins wird.

3. Die Umwelt

In der Poesie des Lobes poetisiert pneumatologisches Denken den Ort seiner Vorfindlichkeit. – Dieser Satz wird formuliert angesichts einer Umwelt, die immer mehr verschmutzt. Er wäre ein schlechter Satz, wenn er alles wäre, was wir am Ort unserer wachsenden Umweltkrise zu sagen haben; aber er ist nicht ein letzter, sondern im Grunde ein erster Satz.

Ich erinnere nochmals an die Episode aus der Apostelgeschichte: »Um Mitternacht aber beteten Paulus und Silas und sangen Gott Loblieder« (16,25). Ich nehme an, dass das Gefängnis von Philippi sich nicht durch besondere Sauberkeit auszeichnete, vermutlich roch es dort nicht besonders gut; die beiden nahmen wahrscheinlich mit ihren Sinnen diese ihre verschmutzte und beengte Umwelt wahr; aber das, was sie sahen, rochen und fühlten, wurde präpariert dergestalt, dass mit dem Geist schon die Zusage der Befreiung im Raume stand (vgl. Lk 4,18). Sie nehmen über ihre sichtbare Wirklichkeit hinaus eine andere Wirklichkeit wahr. Paulus und Silas beten und rücken damit den Ort, an dem sie sich befinden, in den Horizont des lebendigen Gottes. Sie verschieben ihre Situation in eine andere Zeit. Sie präparieren damit die mit ihren Sinnen wahrgenommene Umwelt, ihr Gefängnis, dergestalt, dass das Loch, in dem sie sitzen, zu einem Ort der Poesie wird. Sie »sangen Gott Loblieder«. – Ich möchte sagen: Paulus und Silas im Gefängnis von Philippi dachten pneumatologisch, und dieses Denken machte sie singen.

Das Kennzeichen der ökologischen Krise ist eine tiefe Resignation, die die Mehrheit des Volkes und wohl auch der Gemeinden erfasst hat. »Man kann nichts machen.« – Paulus und Silas befinden sich vergleichsweise am gleichen Ort. Sie können nicht ausbrechen. Ihre Füße sind im Block, da ist nichts zu machen. Ihre Lage ist wie geschaffen zur Resignation. Aber die sinnlich wahrgenommene Wirklichkeit bestimmt nicht ihre Wahrnehmung; die bleibt ohne Poesie. Was die beiden im Block poesiefähig macht, sind die Psalmen und Lieder Israels und der ersten Gemeinde: damit erfüllen sie den Raum mit einem andern Geist als dem Lokalgeist der Beengung. Der Sang und Klang ihrer Lieder signalisiert schon Freiheit und Befreiung. »Und die Gefangenen hörten ihnen zu.« Da entsteht eine Gefangenengewerkschaft besonderer Art, eine Gewerkschaft der Sänger und Zuhörer, da schließt noch der Block die Füße ein, und da brennen noch die Wunden der Folterung; aber das hat alles nichts mehr zu sagen: »Sieh, die Erde bebt, wenn er sich erhebt.«

Das Geschehen im Kerker von Philippi bedeutet keine Einladung zum Rückzug in eine hymnologische Gartenlaube; vielmehr wird mir klar, wie wir in der Bundesrepublik Deutschland ganz anders singen als die beiden im Block. Unsere Politiker aller Parteien haben nur ein Rezept, das heißt wirtschaftliches Wachstum. Ein Ausländer hat kürzlich gesagt: die Politiker wollen dem Volk den Untergang so angenehm wie möglich machen. – Unsere Kirche hat in einem »Anhang 77« neue Lieder herausgegeben. Ich habe diese Lieder analysiert und gefunden, dass das Menschenbild einer Art von christlichem Stachanowisten entspricht: Man möchte mehr leisten, als man leistet, möglichst ein Maximum. Der Mensch, der in diesen Liedern singt, versteht sich als Freund und Helfer des anderen, eine Art von christlichem Übermenschen, ein Brückenbauer und Nothelfer allerorten und allezeit. Es ist nicht der Bedürftige, der in diesen Liedern singt, sondern der christliche Macher guter Werke (EvTh 39, 1979, 143ff). Sieht man diese Lieder im Kontext mit den Ausführungen des Physikers, so wird deutlich: das Selbstverständnis des Christen gleicht dem des homo faber, der mit dem Wachstum eben die Überlebenskrise produziert, von der die Lieder im »Anhang 77« nur anhangsweise Kenntnis nehmen; auch ist klar, dass solche Lieder nur zu sehr der Wachstumsideologie entsprechen, mit deren Hilfe die Politiker das Volk betrügen. – Der Hinweis auf unsere Lieder soll andeuten, dass der Gemeinde das pneumatologische Denken fremd ist. Sie denkt wie der Kerkermeister vor der Bekehrung.

Vielleicht lässt dieses negative Beispiel ahnen, was es sein wird, wenn wir als Christen, eingeschlossen mit aller Welt in den Block der ökologischen Krise, anfangen, pneumatologisch zu denken; wir werden andere Lieder singen, neue, ein Haiku, wer weiß, das Gott herbeiruft. Die Überzeugung, »dass nicht genug für alle da sei« wird der Entdeckung weichen, »dass Gott, der Heilige Geist, uns alles geben will und gibt, was alle Menschen und die ganze Schöpfung zum Leben nötig haben«. Diese Entdeckung wird uns singen machen. Wenn erst das Singen sich ändert, wird auch die Technologie neu werden. – Das mag ein wenig phantastisch tönen, aber in einer Umwelt, die den Kopf verloren hat, erscheint der Nüchterne als Phantast. Die Zukunft, in die uns der Heilige Geist leitet, bringt nicht nur unser Denken auf den Weg, sie macht auch unsere Vorstellungskraft mobil und weckt die Phantasie. So wirkt der Geist schöpferisch, dass er uns mit Phantasie begabt, die nach dem »alles« unterwegs ist, das uns »mit ihm« geschenkt wird (vgl. Röm 8,23) und auf diese Weise ihrerseits eine Voraussetzung für Kreativität bildet.

So glaub es mir, mein Zuhörer, auch du hast etwas vom lebendigen Gott, hast Heiligen Geist bekommen. Denk Jetzt pneumatologisch, sag Amen zu deiner Gabe.

Aus: Geist, S. 9–39

Wider den Ungeist

Apostelgeschichte 1,1–14

*Den ersten Bericht, o Theophilus, habe ich verfasst
über alles, was Jesus zu tun und zu lehren begonnen
hat
bis zu dem Tage, an dem er [in den Himmel] emporgehoben
wurde, nachdem er den Aposteln, die
er erwählt hatte, durch den heiligen Geist Auftrag
gegeben.
Und diesen erwies er sich nach seinem Leiden auch
durch viele Beweise als lebendig, indem er ihnen
während vierzig Tagen erschien und über das Reich
Gottes redete.
Und als er mit ihnen zusammen war, gebot er ihnen,
von Jerusalem nicht zu weichen, sondern auf die
Verheißung des Vaters zu warten, die ihr [, sprach er,]
von mir gehört habt.
Denn Johannes hat mit Wasser getauft, ihr aber
werdet mit heiligem Geist getauft werden nicht
lange nach diesen Tagen.
Als sie nun zusammengekommen waren, fragten
sie ihn: Herr, stellst du in dieser Zeit für Israel das
Reich wieder her?
Er sprach zu ihnen: Euch gebührt es nicht, Zeit
oder Stunde zu wissen, die der Vater nach seiner
eignen Macht festgesetzt hat.
Aber ihr werdet Kraft empfangen, wenn der heilige
Geist über euch kommt, und werdet meine Zeugen
sein in Jerusalem und in ganz Judäa und Samarien
und bis ans Ende der Erde.
Und als er dies gesprochen hatte, wurde er vor ihren
Augen emporgehoben, und eine Wolke nahm ihn
auf, sodass er ihren Blicken entschwand.
Und als sie zum Himmel aufschauten, während er
dahinfuhr, siehe, da standen zwei Männer in weißen
Kleidern bei ihnen,
die sagten: Ihr galiläischen Männer, was steht ihr da
und blickt zum Himmel auf? Dieser Jesus, der von
euch weg in den Himmel emporgehoben worden
ist, wird so kommen, wie ihr ihn habt in den Himmel
fahren sehen.*

*Da kehrten sie nach Jerusalem zurück von dem
Berge, welcher Ölberg heißt, der nahe bei Jerusalem
ist, einen Sabbatweg weit.
Und als sie hineingekommen waren, gingen sie hinauf
in das Obergemach, wo sie sich aufzuhalten
pflegten, Petrus und Johannes und Jakobus und
Andreas, Philippus und Thomas, Bartholomäus
und Matthäus, Jakobus, der Sohn des Alphäus,
und Simon der Eiferer und Judas, der Sohn des Jakobus.
Diese alle verharrten einmütig im Gebet mit [den]
Frauen und Maria, der Mutter Jesu, und mit seinen
Brüdern.*

Himmelfahrt ist eine Geschichte zum Weiterfahren, märchenhaft, nicht so sehr nach der Melodie »es war einmal« als vielmehr nach der Melodie »es wird einmal«. Wer von dieser Geschichte mitgerissen wird und sich mitreißen lässt, macht die Entdeckung: »Was einmal wird, ist schon.« – So sah ein Stephanus den Himmel offen, als Steine gegen ihn flogen, und er sah den, der ihm vorangefahren war. Ein Paulus wusste zu rühmen von einer Entrückung in den dritten Himmel und ins Paradies, wo er unaussprechliche Worte hörte. Überhaupt, die ersten Christen sahen sich schon dort, wo ihr Christus war. Im Kolosserbrief heißt es: »Euer Leben ist mit Christus in Gott verborgen«, und im Hebräerbrief: »Ihr seid gekommen ... zum himmlischen Jerusalem und zu Zehntausenden von Engeln«. Die hatten offenbar die Himmelfahrt schon hinter sich. Sie gab ihnen Rückenwind: »Ich fühle Luft von anderen Planeten.«

Aber ich fürchte, dass wir uns von unserer Geschichte nicht bewegen und aus unseren alten Gleisen herausreißen lassen. – Tschuang Tschou, ein Weiser des Fernen Ostens, hat einmal gesagt: »Das große Wort flammt empor, das kleine Wort aber krümmt sich.« »Himmelfahrt« war einmal ein großes Wort, aber nun krümmt es sich. Nach einer früheren Fußballweltmeisterschaft sprach der Reporter vom Bundestrainer als von einem Mann, »der jahrelang durch Himmel und Höllen gegangen ist«. – Ein Sportreporter kann doch nur so reden, weil sich das große Wort bei uns Theologen und bei uns Christen krümmen muss, halten wir ihm doch fast automatisch unsere Weltraumweisheit entgegen, als ob wir unseren Raketenverstand gegen die Erfahrungen der frühen Christen aufrechnen könnten! Was sind wir doch für Schneckenhäusler und Spießbürger, die wir einem Lukas am Zeug flicken, als ob wir ihm erst beweisen müssten, dass wir von den Widerfahrnissen und Erfahrungen der frühen Christen kaum eine Ahnung haben!

Vielleicht halten wir uns für gebildete Menschen, die mitleidig lächeln, wenn ein Banause einen Picasso kritisiert, nur weil der sich nicht um die Anatomie kümmert, aber dann erweisen wir uns dem Maler Lukas gegenüber als Kunstbanausen, die seine Geschichte gleichsam anatomisch vermessen. Wahrlich, wir verdienen unser Selbstmitleid: Himmelfahrt ist eine Geschichte zum Weiterfahren, und wir bleiben auf unserem Rasen oder in unserer Tinte sitzen! Da spürt man keine Luft von anderen Planeten!

Aber ich hoffe, dass das gekrümmte Wort unter uns aufsteht und klar wird: Jesus Christus blieb nicht am Kreuz hängen. Er ist nicht mehr der Kruzifixus. Als der Auferweckte hat er sich den Seinen gezeigt. Er gesellte sich zu ihnen, ging mit ihnen, aß mit ihnen vierzig Tage lang. Wäre er nur auferweckt worden, wäre er wohl zu bedauern als eine Art ewiger Jude, der nicht sterben kann, eine Art Meteor höherer Ordnung, eine Verlegenheit für Oberkirchenräte und Theologische Fakultäten, ja für uns alle erst recht kaum vorstellbar. Darum genügte die Auferweckung nicht. Darum musste die Himmelfahrt kommen. Darum nahm ihn der Vater zu sich, damit eine neue Geschichte anfange – auch heute Morgen, auch mit uns, den Schneckenhäuslern mit dem kleinen Raketenverstand, auch mit uns, den Lukasbanausen: »Es wird einmal«, und: »Was einmal wird, ist schon«, sonst könnte es nicht werden.

Aber die Geschichte zum Weiterfahren zeigt sich bei näherem Zusehen widerständig: Das letzte Gebot, das Jesus gibt, mutet geradezu banal an: die Leute Jesu sollen nicht von Jerusalem weichen. Kein Wunder, dass die Seinen nach der Wiederherstellung des Reiches Israel fragen, und wenn Jesus nun an Stelle der Staatsmacht die Kraft aus der Höhe ankündigt, die die Jünger zu Zeugen macht, dann werden sie zuerst in Jerusalem Zeugen sein. Fast hat man den Eindruck, unsere Geschichte stamme von einem Jerusalemer Heimatdichter und die Himmelfahrtsgeschichte sei eine Geschichte, geprägt vor allem durch Lokalkolorit. Für Lukas ist der Weg Jesu ein Weg zur Himmelfahrt und darum ein Weg nach Jerusalem. So heißt es in der Mitte des Evangeliums: »Es begab sich aber, als sich die Tage vollendeten, dass er in den Himmel emporgehoben werden sollte, da richtete er sein Angesicht, um dorthin zu reisen.« Dann setzt die Apostelgeschichte den Weg Jesu fort von Jerusalem nach Rom, und das war damals Washington, Moskau und Peking an einem Ort. Der Heilige Geist kommt nach Jerusalem und geht von Jerusalem aus. Wer kann das verstehen?

Elisabeth Lasker-Schüler nannte die Stadt »Gottes verschleierte Braut«. Sie hinterließ uns den Vers: »Und meine Seele verglüht in den Abendfarben Jerusalems.« Das können wir, auf unseren Rasenplätzen und in unserer Tinte sitzend, wohl nie ganz begreifen, dass Gott seinem Jerusalem treu bleibt, aus allen Himmeln herab, Jerusalem treu. Und wenn das gekrümmte Wort aufsteht unter uns, wird deutlich: Wir sind heute um Israels und um Jerusalems willen zusammengekommen. Immer kommen Christen um der Juden willen zusammen, wenn zwei oder drei im Namen des Juden Jesus zusammenkommen. Die Himmelfahrtsgeschichte setzt sich über die Städte und Länder dieser Erde fort zum Volk der Juden. Ich meine, das ist das Befremdliche und zutiefst Ärgerliche an unserer Geschichte, dass Jesus um Israels willen auf den Heiligen Geist verweist:

»Stellst du in dieser Zeit für Israel das Reich wieder her?«, so fragen ihn die Seinen und bekommen zur Antwort, zunächst abweisend: »Euch gebührt es nicht, Zeit und Stunde zu wissen, die der Vater nach seiner eigenen Macht festgesetzt hat. Aber ihr werdet Kraft empfangen, wenn der Heilige Geist über euch kommt, und werdet meine Zeugen sein ...« Der Heilige Geist tritt an die Stelle des davidischen Großreiches. Und Jesus ist in den Himmel gefahren, damit Heiliger Geist vom Himmel herabfahre und wir zu ihm hingezogen werden. Wir sollen nicht das Nachsehen haben, vielmehr Zuversicht bekommen, die Gegenwart in seiner Zukunft sehen: »Was einmal wird, ist schon.«

Immer noch ist Jerusalem mit Waffen und Terror verschleiert. Wo bleibt die Kraft, die der Gemeinde versprochen ist? Warum wird Himmelfahrt nicht zu einem großen Wort, das emporflammt? Und wo glüht und verglüht eine Seele in den Abendfarben Jerusalems? Ja, was hindert den Erhöhten, uns zu sich zu ziehen? Was hemmt ihn, seinen Geist über uns auszuschütten wie damals nach der Himmelfahrt?

Nach einem Gottesdienst in Dossenheim sagte mir ein alter Dossenheimer, auf die Kirche zeigend, aus der wir beide kamen: »Die da hingehen, sind alle Heuchler.« Ich nickte dem Mann freundlich zu und vergnügte mich beim Gedanken: »Da du nur unregelmäßig in Dossenheim zur Kirche gehst, bist du dank der Peterskirche nur ein unregelmäßiger Heuchler.« Aber bei näherer Überlegung finde ich kein rechtes Vergnügen mehr bei dem Gedanken, als Heuchler nur eine halbe Portion darzustellen, denn ein halber Heuchler ist eigentlich ein schäbiger, ein mieser Heuchler, und der kann auch in der Peterskirche sitzen. Zum Wesen der Heuchelei gehört geradezu, dass man sich selbst wenigstens halbwegs für ehrlich hält. Auch haben wir unser Gewissen so gut dressiert, dass es kaum aufmuckt, wenn wir heucheln. Darum sehe ich auch die Heuchelei eher bei den andern als bei mir selbst. Wenn wir heucheln, stellen wir uns selbst als die Gerechten dar, und Gott kommt nicht zu seinem Recht. Und wo Gott nicht mehr zu seinem Recht kommt, da steht auch das Recht des Nächsten in Gefahr. Der Heuchler setzt sich selbst und seine Ehre absolut gegen Gott und den Nächsten auf Kosten von Gottes und des Nächsten Ehre.

Da auf mancherlei Weise die Heuchelei etwas mit unserem Wissen und Können zu tun hat, ist sie eine ständige Begleiterin der Wissenschaft, sie blüht an jeder Universität, gerade in ihrer subtilsten Art, der Heuchelei des Intellekts. Man sagt dann »Wissenschaft«, sagt »Wahrheit« und meint doch nur sein eselohriges, hasenfüßiges Ich. Diese Heuchelei beginnt meist mit dem ersten Semester und hört mit der Emeritierung kaum auf.

Wo aber der nicht mehr zu seinem Recht kommt, dem alle Ehre gehört, verlöschen die Flammen seiner Worte. Da machen wir nicht nur ein Wort wie »Himmelfahrt« klein, da werden die großen Worte der Lehre – wie »Sünde« und »Gnade« – wertlos und die Namen – »himmlischer Vater«, »Sohn Gottes«, »Heiliger Geist« – erst recht, sie schrumpfen ein, gehen altersschwach am Stock und sitzen irgendwo auf einer Parkbank, von niemandem beachtet. Wo aber die Worte des Heils gekrümmt gehen und die heiligen Namen abseits sitzen, da krümmen sich auch die Seelen, und wo sich die Seelen krümmen, da fallen schlussendlich die Nadeln von den Tannen.

O, dass ich das jetzt mir selber und Ihnen allen klar machen, deutlich machen könnte, dass und wie wir alle in einem Zusammenhang stehen! O, dass uns das aufginge, wie wenig umweltfreundlich sich unsere intellektuelle und andere Heuchelei schlussendlich auswirkt! Ich hoffe, dass uns jetzt der Heilige Geist selbst aufzeigt, welche Verantwortung wir gerade als Akademiker haben für die Verbindung und Verkrüppelung der Worte, die Jesus uns auf Erden zurückließ. Ich hoffe, dass uns ein Licht aufgeht und wir vor uns selber erschrecken über unsere Heuchelei, mit der wir die Worte der Lehre verbogen und verdreht haben. Ich hoffe, dass wir nicht bis an unser Lebensende blind bleiben für den Umweltschaden unserer Heuchelei. Und wenn der Heilige Geist selbst unser Lehrer ist, wird das gelähmte Wort »Buße« aufstehn und aus seinem Asyl ausbrechen, um uns in die Fortsetzung der Himmelfahrt einzuweisen. Wenn wir von unserer Geschichte aus weiterlesen, dann kommen wir an eine unerhörte Stelle, in der Petrus die Zukunft von Himmel und Erde in die Verantwortung der Gemeinde stellt: »So tut nun Buße und bekehrt euch, damit eure Sünden getilgt werden, auf dass Zeiten der Erquickung vom Angesicht des Herrn kommen und er den für euch bestimmten Christus Jesus senden möge«. Das heißt doch: Wenn wir Christen Buße tun, wird Israel seinen Messias finden, die Niedergedrückten richten sich auf, die Gespaltenen werden ganz und die in den Gräbern stehen auf.

Eine unerhörte Geschichte, die Geschichte zum Weiterfahren, eine Geschichte mit einem offenen Ende, eine Geschichte, die weitergeht durch alle unsere Tage. Wenn die Jünger in den Himmel starren, sagen ihnen zwei himmlische Gestalten Bescheid: »Dieser Jesus ... wird so kommen, wie ihr ihn habt in den Himmel fahren sehen.« Das wird einmal, märchenhaft, das wird einmal, da werden wir nicht nur die Luft von anderen Planeten fühlen, da wird diese Luft uns verwandeln. »Dann wird unser Mund voll Lachens und unsere Zunge voll Rühmens sein.«

Aber nun geht unsere Geschichte prosaisch weiter, prosaisch und wiederum lokal. Die Jünger kehren nach Jerusalem zurück und bilden mit den Frauen zusammen eine Gemeinschaft des Gebets. Ich nehme an, dass sie ihre neue Verlegenheit einklagen, die Verlegenheit aller Christen, dass er nicht mehr da ist: »Maranatha«. »Komm, Herr Jesus, komm.«

Auffällig bei dieser weitergehenden Geschichte: Lukas übermittelt uns eine Teilnehmerliste dieser Gemeinschaft. Da ist jeder einzelne wichtig und heute erst recht. Amen.

Aus: Ungeist, S. 52–56

Gebet

»Christus spricht: Und wenn ich von der Erde erhöht bin, werde ich alle zu mir ziehen« (*Johannes 12,32*).

Heiliger Gott,
Du bist uns in deinem Christus
Nicht fern, sondern nah.
Wir aber sind dir nicht nah,
Sondern fern.

Heiliger Gott,
Du ziehst uns in deinem Christus zu dir,
Uns aber zieht es immer wieder
Von dir weg.

Du
Bleibst stärker,
Als wir sind.
Stärker
Als das,
Was uns von dir zieht.
Amen.

Aus: Prophet S. 188

Novalis: Verheißung und Versuchung der Romantik

Novalis nannte er sich, der Neuland Bestellende; aber das Neuland fand er Jenseits von Eden nicht vor, es lag verborgen, war erst noch zu suchen, er meinte es »gleichsam über die ganze Erde verstreut«, und er war gekommen zu sammeln, zusammenzubringen, umzugraben und in die Zukunft der Erde zu säen. Sein Neuland war nicht weniger als ein »regeneriertes« Paradies; »Das Paradies ist das Ideal des Erdbodens« (III, 446)[1]. Mit seinem Denken und Dichten, mit seinem Leben und Sterben sucht er es zu verwirklichen. – Vielleicht gelingt es mir, in drei Andeutungen vorweg das ebenso Grandiose wie Verwirrende dieses Versuches zu skizzieren, um dann einen Begriff herauszunehmen, dem Novalis vor allem eine weltändernde Bedeutung zumaß.

I.

Erste Andeutung: Es ist kein Zufall, dass das Stichwort »Paradies« in einem Fragment vorkommt, das erkenntnistheoretisch das »System« bespricht, wäre doch »das ächte System« – »ein Ideen Paradies«. Dem Bezugspunkt seines Denkens, dem verstreuten Paradies, entspricht ein Denken im Fragment. »Als Fragment erscheint das Unvollkommene noch am Erträglichsten« (II, 595). So füllt er Seiten mit Überschriften und Denkanstößen, im Versuch, das Undenkbare zu denken: Das Nahe wird fremd und das Ferne nah, das Gewöhnliche zum Wunder und das Wunderbare natürlich. Das Unverbundene sucht er zu verbinden und das Ganze zu teilen. Sein Samenwurf auf Zukunft muss logischerweise bizarre und exotische Blüten treiben. Im Horizont des Paradieses wird für ihn das Christentum zur »Religion der Wollust« (III, 653), die Philosophie zum »Heimweh«, zum »*Trieb überall zu Hause zu seyn*« (III, 434).

Der Staat sollte poetisch werden; eine »*schöne* Gesellschaft« (II, 372). Dann stößt man auf eine Frage wie diese: »… Sollte die Physik in strengerm Sinne die *Politik* unter den Naturwissenschaften seyn« (III, 358)?

Eine Enzyklopädie aller Wissenschaften schwebt ihm vor, ein »Paradies der Ideen« wird's freilich noch nicht, doch verdient der Versuch angesichts zunehmender Spezialisierung gerade heute wieder Beachtung. Novalis dachte grundsätzlich interdisziplinär, das Universum umgreifend. Es ist kein Zufall, dass das Stichwort »Paradies« in einem Fragment vorkommt, das erkenntnis-

---

1 Zitiert wird in der Regel nach der historisch-kritischen Ausgabe (I: 1960; II: 1965; III: 1968; IV: 1975). – Dann: Novalis Schriften. Im Verein mit R. Samuel hg. v. P. Kluckhohn, 4. Bde., 1929 (Kl). – Dazu aus Ludwig Tiecks Vorreden zu Bd. 1: Novalis. Schriften, hg. v. F. Schlegel und L. Tieck, 2 Bde., 1837 (Tieck). – Zu Novalis vgl. außerdem: R. Bohren, Wollust, Religion, Grausamkeit, in: Entscheidung und Solidarität, FS f. J. Harder, hg. v. H. Horn, 1973, 155–161.

theoretisch das »System« bespricht, wäre doch »das ächte System« – »ein Ideen Paradies«.

Zweite Andeutung: Dem Denken verschwistert erscheint sein Dichten. Nichts weniger als eine neue Bibel wäre zu schreiben (III, 363.491), auch »eine neue Art von Predigten« (III, 587) wäre zu verfassen. – Was er dann hinterließ, waren neben einem fatal wirkenden Traktat im Wesentlichen zwei Romanfragmente und eine Handvoll Gedichte. »Geistliche Lieder« zum Beispiel, Jesuslieder etwa mit dem petrinisch stolzen »Wenn alle untreu werden, / So bleib' ich dir doch treu« (I, 165). Peinlicherweise für uns, für ihn aber logisch, besang er auch die Maria, und ein unnennbar süßer Himmel stand ihm im Gemüt.

Dritte Andeutung: Seinem Denken und Dichten entsprechen Existenz und Exitus. Auf dem Grabe seiner jungen Braut beschließt er zu sterben, um im Sterben ein Neues hervorzubringen. Anspruchsvoll und spektakulär genug sein Einfall, der Menschheit durch sein Hinscheiden eine Treue bis in den Tod vorzuführen, eine Demonstration für veränderte Welt: Sein Sterben macht »der Menschheit eine solche Liebe möglich« (Kl 4,387). Hatte er zu Söfchen Religion (II,395), sah er sie neben Christus (Kl 4,397), so erwies sein Todesentschluss eine Art »Märtyrersinn« (vgl. III, 687), seiner Meinung nach kam dem Entschluss heilsgeschichtlicher Rang zu. Was er der Menschheit dann vorführte, war zunächst – zum Kummer ehrbarer Germanisten – eine neue Verlobung, Hochzeitsvorbereitungen. Tüchtigkeit im Beruf eines Bergbauingenieurs und nebenher die erstaunliche Fülle philosophischer und poetischer Produktion. Seine Hauptwerke schrieb der zum Tode Entschlossene, der dann noch nicht neunundzwanzigjährig einschlief, nachdem er seinen Bruder gebeten hatte, ihm auf dem Klavier vorzuspielen. Früher hatte man bei ihm gelesen: »Die Musik, das Reich der Tod*ten*« (III, 641).

Gott hatte ihn wenig niedriger denn Engel geschaffen, und er wurde zum Repräsentanten der frühen Romantik. Von ihm sprechen, heißt, von der Verheißung und Versuchung der Romantik sprechen. Ich möchte das heute tun, indem ich dem Begriff des Dichterischen, dem Verständnis der Poesie bei Novalis nachgehe, und ich tue es als Praktischer Theologe, als Grenzgänger und Schmuggler, der im Gang über die Grenze seines Faches hinaus, wenn auch nicht die blaue Blume, oder den wundertätigen Karfunkel, so doch einige neue Erkenntnis und, wer weiß, auch Freiheit einbringen möchte in die Gefangenschaft seiner Disziplin. Sollte das Unternehmen zu einer Art Predigt über Novalis ausarten, wäre mir dies eben recht und entspräche durchaus einer Intention, die Ludwig Tieck für den Umgang mit den Schriften des Novalis empfahl (VIII).

So erlaube ich mir denn auch seelsorgerlich eine Mahnung – wie ich meine zu Ihren und des Novalis Gunsten –, indem ich Sie bitte, Assoziationen in Richtung Gnosis, Synkretismus und andern theologischen Misslichkeiten, die sich bei Ihnen einstellen, mit Misstrauen aufzunehmen. Sicherlich geschieht Theologie in einer ständigen Prüfung der Geister: So ist gerade Novalis gegenüber vor aller Voreiligkeit des Urteils zu warnen. Nicht er ist an uns zu prüfen; wir haben uns an ihm zu prüfen. Zunächst.

II.

Den Text für meine Überlegungen entnehme ich dem zweiten Kapitel des Heinrich von Ofterdingen, der als Ganzes eine »Apotheose der Poesie« sein soll (nach Tieck, XXII). Brachte das erste Kapitel eine Art Berufungsvision für Heinrich, erfolgt nun eine Art Berufung oder Akklamation durch »die gutmütigen Kaufleute« (I, 208), mit denen Heinrich und seine Mutter nach Augsburg reisen. Im Zusammenhang einer wissenschaftstheoretischen Erörterung wird Heinrich als Dichter entdeckt. Merkwürdig genug, der Dichter gehört nicht in einen Raum außerhalb der Wissenschaft, wie denn die Wissenschaft des Dichters nicht entraten kann. Witzigerweise lässt Novalis seinen Heinrich nicht mit Scholastikern diskutieren, sondern eben mit »Kaufleuten«. Diese vertreten die Empirie und sprechen Heinrichs Lehrer, dem Hofkaplan, jegliche Weltklugheit ab. Heinrich spricht dann von zwei Wegen, »um zur Wissenschaft der menschlichen Geschichte zu gelangen. Der eine, mühsam und unabsehlich, mit unzähligen Krümmungen, der Weg der Erfahrung; der andere, fast ein Sprung nur, der Weg der innern Betrachtung. Der Wanderer des ersten muss eins aus dem andern in einer langwierigen Rechnung finden, wenn der andere die Natur jeder Begebenheit und jeder Sache gleich unmittelbar anschaut, und sie in ihrem lebendigen, mannigfaltigen Zusammenhange betrachten, und leicht mit allen übrigen, wie Figuren auf einer Tafel, vergleichen kann« (I, 208).

Die »gutmütigen Kaufleute«, sicherlich nicht unironisch vorgestellt, zeigen sich solchen Gedankengängen gegenüber befremdet. Sie gehören zur Welt von Heinrichs Vater, der später härteste Kritik erfährt, weil er seine genialen Anlagen durch die Macht der Verhältnisse hat verkümmern lassen und bloß ein geschickter Handwerker wurde, »die Begeisterung ist ihm zur Torheit geworden« (I, 326). Möglicherweise haben auch die Freunde des Vaters ihr Inneres den Verhältnissen geopfert, »um die Geheimnisse der Dichter« kümmern sie sich nicht, obschon sie deren Gesange ganz gern – sie sind ja gutmütig – zuhören (I, 209). Sie sind offenbar sich selbst entfremdet, ihr Inneres ist verschüttet, sprachlos, und so entdecken sie den Dichter, der ein ungebrochenes Verhältnis zu sich selbst und zum Ganzen der Welt hat und der darum anders ist als sie. – Die »Gutmütigkeit« der Kaufleute erscheint als unmögliche Möglichkeit, weil diese guten Mutes sind, wo eigentlich nur der Dichter guten Mutes sein dürfte.

Man würde allerdings der Dialektik bei Novalis kaum gerecht, wollte man den Dichter nun schlicht im Gegensatz zu den Kaufleuten sehen. Des Novalis eigene Existenz als Dichter steht vielmehr im Gegensatz zu unserem gängigen Verständnis vom Romantiker und vom Dichter, wie es etwa nach 1870 herrschend wurde, als man das Romantische im Sinne des neugegründeten Deutschen Reiches ideologisierte. – Klingsohr fordert vom Dichter »Einsicht in die Natur jedes Geschäfts ... Begeisterung ohne Verstand ist unnütz und gefährlich, und der Dichter wird wenig Wunder tun können, wenn er selbst über Wunder erstaunt« (I, 281).

Drei Aussagen macht der Text, Schritt für Schritt möchte ich ihnen nachgehen: »Es dünkt uns, Ihr habt Anlage zum Dichter. Ihr sprecht so geläufig von den Erscheinungen Eures Gemüts, und es fehlt Euch nicht an gewählten Ausdrücken und passenden Vergleichungen. Auch neigt Ihr Euch zum Wunderbaren, als dem Elemente der Dichter« (I, 208).

Die Kaufleute machen – mit ihrer ersten Aussage – gutmütig deutlich, wo Novalis sein Neuland finden wird. Das Paradies hat sich in die poetische Begabung verstreut und verborgen, die nun von den Reisenden bei Heinrich entdeckt wird: »Es dünkt uns, ihr habt Anlage zum Dichter.« Was ihn vor seinen Gesprächspartnern auszeichnet: er hat etwas auf Zukunft, etwas fürs Ganze der neuen Erde, die Dichter werden's noch deutlich machen: Als Pontifices bauen sie dem Himmel eine Brücke in die Erde hinein. Sie sind zu diesem Amt besonders begabt. So kann Novalis in einem Fragment auch einmal von einem »speciellen Sinn für Poësie« sprechen (III, 685), der verwandt ist »mit dem Sinn für Mystizism« und »das Undarstellbare« darstellt (ebd.). Und später lässt er seinen Heinrich sagen: »Also wäre der Sinn ein Anteil an der neuen durch ihn eröffneten Welt selbst« (I, 331)? Im Reich der Poesie soll es ein allgemeines Priestertum geben. Was die »Gutmütigen« bei Heinrich entdecken, hätten sie bei sich selbst finden müssen, hätte nicht ein trüber Himmel bei ihnen diese Anlage erstickt.

Ich möchte gerne raten, diese »Anlage zum Dichter« nicht mit vordergrundintellektuellem Achselzucken abzuwehren, wobei ich allerdings meine, dass dieser Begriff eine Schmuggelware enthält, die man so schnell und so schlau wie möglich über die Grenze bringen müsste, welche unser gängiges Denken von Novalis trennt. Aber davon später mehr.

Wenden wir uns der zweiten Aussage unseres Textes zu. Sie ist notwendigerweise die wortreichste, eine Doppelaussage über die Erkennbarkeit der Anlage zum Dichter: Heinrich ist nicht nur gutmütig, er hat Gemüt, und er weiß auch von dessen Erscheinungen zu sprechen, versteht es, sie verständlich zu machen für Sprache und ins allgemeine Bewusstsein zu bringen, »so geläufig« sogar, und die Geläufigkeit ist kunstvoll, indem es ihm nicht fehlt »an gewählten Ausdrücken und passenden Vergleichungen«. Gemüt und die Fähigkeit, sich auszudrücken, das macht den Dichter.

Wer's heute so hört, dem mag's zunächst harmlos klingen als Rückzug in die Innerlichkeit. Ich denke, dass Novalis es so nicht meinte. Gemüt ist für ihn Zukunftsboden, und der Dichter bestellt nicht nur Neuland, er verteilt es. Schon ist das Bergmannslied angestimmt:

»Der ist der Herr der Erde,
Wer ihre Tiefen misst« (I, 247).

Und wer die Tiefen misst, hebt ihre Schätze, um sie zu sozialisieren, was keineswegs bloß metaphorisch gemeint ist.

In seiner Zukunftslehre sieht Novalis einen Zustand einer Gesellschaft, in der der einzelne zum Freiherrn aller Dinge wird: »– und jeder ist und hat alles unbeschadet der Andern« (III, 254). Was Novalis in der Zukunftslehre sieht, wird vom Dichter eingeleitet und vorweggenommen. Novalis nennt Poesie »Gemüthserregungskunst«. Sie soll Gemüt hervorbringen, erstickte Anlagen zu neuem Leben erwecken. So wird der Dichter zum Sprachlehrer der Entfremdeten, deren Gemüt verkümmerte und die kein Wort haben für dessen Erscheinungen. Indem der Dichter die Entfremdung überwindet, ist er ein Mensch auf Zukunft. »In der Nähe des Dichters bricht die Poesie überall aus« (I, 283).

Das Gemüt ist ein Ensemble »aller Geisteskräfte«, nicht etwas der Rationalität Entgegengesetztes, es schließt diese vielmehr mit ein, ist der Ort der hellwachen Geistesgegenwart, der Ort, wo Himmel und Erde zusammenkommen, Gottes Geist und Menschengeist sich mischen. Im Gemüt fängt der spiritus creator zu wirken an. Hier beginnt der Anfang vom Ende, beginnt, was einmal alles in allem sein wird: »Es ist höchstbegreiflich, warum am Ende alles Poësie wird – Wird nicht die Welt am Ende, Gemüth« (III, 654)? Kein Wunder, dass der »Sinn für Poesie« in diesem Fall dem »Sinn der Weissagung« verwandt ist (III, 686). In der Poesie treffen sich das Anfängliche wie das Endzeitliche im Hier und Heute. Ihr kommt bei Novalis darum gewissermaßen die Funktion zu, die bei Johannes dem Parakleten eignet. »Was außer der Welt ist« soll in ihr offenbart werden (I, 287). Im Bekannten macht sie das Unbekannte deutlich und führt in alle Wahrheit: »je poëtischer, je wahrer« (II, 647). Die Poesie ist »das ächt absolut Reelle« (ebd.).

Wenn Poesie und Gemüt parallelisiert werden und wenn beides eschatologische Begriffe sind, dann ist Poesie mehr und anderes als etwa das Literarische. Ob Literatur Poesie sein wird, muss sich erst noch erweisen, muss kritisch erfragt werden. »Die Ästhetik ist ganz unabhängig von der Poësie« (III, 685). So ruft Klingsohr dem Heinrich und der Mathilde zu: »Liebe und Treue werden euer Leben zur ewigen Poesie machen« (I, 284). Später meint er, es sei recht übel, »dass die Poesie einen besondern Namen hat, und die Dichter eine besondere Zunft ausmachen. Es ist gar nichts Besonderes.« Poesie ist nach Meinung Klingsohrs »die eigentümliche Handlungsweise des menschlichen Geistes« (I, 287).

Sie ist andrerseits »der Geist«, »der alle Dinge belebt« (I, 359). Weil alles unterwegs ist zur Poesie, sind alle Wissenschaften zu poetisieren, aber nicht nur sie, auch die Armut zum Beispiel, aber nicht nur die Armut, »auch Geschäftsarbeiten« kann man – nach Meinung des Novalis – »poetisch behandeln« (Kl 3,292). So bildet für Novalis die Poesie die Grundlage der Gesellschaft.

»Poësie ist die Basis der Gesellschaft, wie Tugend die Basis des Staats. Religion ist eine Mischung von Poësie und Tugend –« (II, 534). Eine societas perfecta aber ist eine societas poetica: »Der poëtische Staat – ist der wahrhafte, vollkommene Staat« (II, 468).

Das verrückt Scheinende solcher Aussage bringt die Verrücktheit unserer Gegenwart zum Vorschein, einer Gesellschaft und leider auch einer Kirche, die nicht mehr wissen, dass sie vom Worte leben. Gebricht es einer Kirche am Wort, stirbt sie, wie denn auch eine Gesellschaft, die keine Sprache mehr hat. Poesie als Basis der Gesellschaft: Klingsohr macht's an der Liebe deutlich. »Nirgends wird wohl die Notwendigkeit der Poesie zum Bestand der Menschheit so klar, als in ihr. Die Liebe ist stumm, nur die Poesie kann für sie sprechen« (I, 287).

Stellt man neben diese Sätze Peter Handkes Erzählung »Die Angst des Tormanns beim Elfmeter«, so zeigt Handke eine Gesellschaft, der die Basis fehlt. Der Tormann, der in sprachloser Welt lebt, kann nicht mehr lieben, wie er auch nicht mehr sprechen kann, wie auch niemand zu ihm spricht und niemand ihn liebt. Hier gibt es nur noch Gesprächsversuche, ohnmächtig genug, und sexuelle

Berührung, die nicht hilft. Todesangst, Mord und nochmals Todesangst. Poesie ist darum die Basis der Gesellschaft, weil die Gesellschaft dem einzelnen Angst einjagt und ihn würgt, ihn würgend zum Würger macht, wo es nicht mehr gibt, was den Menschen mit dem Menschen verbindet: das Gespräch.[2]

Im Gespräch wirkt der spiritus creator schöpferisch, möglicherweise sogar durch Kaufleute. Später bringt das Gespräch mit dem Einsiedler »besonders neue Entwickelungen seines ahndungsvollen Innern«. Im Gespräch wächst Heinrich über sich selbst hinaus: »Manche Worte, manche Gedanken fielen wie belebender Fruchtstaub, in seinen Schoß, und rückten ihn schnell aus dem engen Kreise seiner Jugend auf die Höhe der Welt« (I, 263). Wo das Gespräch fehlt, gibt es statt solcher Entwicklung nur noch Flucht. Das Gespräch hat hier die gleiche Wirkung wie die Poesie: es führt den Menschen über sich selbst hinaus (vgl. II, 535) und macht ihn erst eigentlich gesellschaftsfähig. Das Gespräch – wie die Poesie – führt den Menschen zum Menschen. Der Unmensch spricht nicht mehr. Durch Poesie wird die menschliche Gesellschaft auf das Paradies verändert; »denn die Poësie bildet die *schöne* Gesellschaft, oder *das innere Ganze* – die Weltfamilie – die schöne Haushaltung des Universi –« (II, 372).

Weiter im Text: Zur Sprachfähigkeit gesellt sich eine Tendenz, mit deren Nennung die »gutmütigen Kaufleute« ihre dritte Aussage machen. Diese beinhaltet wohl das Tiefste, was Novalis über das Wesen des Dichters und der Poesie zu sagen weiß. Der Dichter hat einen Zug zum Wunder: »auch neigt Ihr Euch zum Wunderbaren«. – Die blaue Blume hat er erst im Traum gesehen, im Traum auch von Mathilde unter dem Strom »ein wunderbares geheimes Wort in den Mund« gesagt bekommen, »was sein ganzes Wesen durchklang«; aber dieses Wort hat er ebenso wenig wie die blaue Blume. Da er es wiederholen will, erwacht er. »Er hätte sein Leben darum geben mögen, das Wort noch zu wissen« (I, 279). Der zum Wunderbaren Geneigte weiß um ein Wort in der Tiefe. Die Neigung zum Wunderbaren ist die vita passiva, die Sehnsucht und die Betrachtung, das unmittelbare Anschauen »*fast* ein Sprung«. So werden im sechsten Kapitel dann noch mal den Handelnden die Betrachtenden gegenübergestellt, »deren Welt ihr Gemüt, deren Tätigkeit die Betrachtung, deren Leben ein leises Bilden ihrer innern Kräfte ist –« (I, 266). Gerade diese Passiven provozieren das Novum, sie machen das Nichtgegenwärtige gegenwärtig, bestellen das Neuland, ja vermögen mehr als Helden vermögen, vermögen sie doch Heldentaten zu erwecken, indessen Heldentaten »wohl nie den Geist der Poesie in ein neues Gemüt gerufen haben« (I, 267).

Die Utopie von der Wirkung der Dichtung wird in unserem Kapitel in die alte Zeit verlegt, in der das allgemeine Priestertum der Sänger noch im Schwange ging, und die Sänger im Stande der Gnade waren, durch göttliche Gunst hoch geehrt, Mitspieler am Spiel der Weisheit vor Gottes Angesicht, »so dass sie, begeistert durch unsichtbaren Umgang, himmlische Weisheit auf Erden in lieblichen Tönen verkündigen können« (I, 209). Sie bewegen die Gemüter, um die Erde zu

---

2 Vgl. R. Bohren, Die Angst des Tormanns beim Elfmeter – eine Möglichkeit für die Gemeinde, in: R. Bohren und N. Greinacher (Hg.), Angst in der Kirche verstehen und überwinden.

verwandeln, das Chaos wird zum Kosmos, die Wüste blüht, bei Wilden werden »sanfte Neigungen und Künste des Friedens ... rege gemacht« und die totesten Steine geraten rhythmisch ins Tanzen (I, 211). Der zum Wunderbaren Geneigte wird Wundertäter! Das Märchen am Schluss des Kapitels bringt's nochmals zur Sprache: Wenn ein zur See reisender Sänger seinen Schwanengesang singt, bildet das ganze Schiff die Begleitmusik, »die Wellen klangen, die Sonne und die Gestirne erschienen zugleich am Himmel« (I, 212) – die Zeiten sind schon versöhnt, die Ursache des Schmerzes aufgehoben – die Fische und Meerungeheuer kommen und lauschen dem Sänger. Den, der ins Meer springt, trägt ein dankbares Untier zur Küste. Wie er später wieder am Meer steht und singt, bringt ihm das Untier auch die verlorenen Schätze zurück. Gesang erscheint als Macht der Gerechtigkeit, die Poesie wirkt hier andeutungsweise durchaus ähnlich wie in der Bibel der Glaube an Jesus. Wie im Glauben kommt es im Gesang zur Gerechtigkeit, und »die Bibel und die Fabellehre sind Sternbilder Eines Umlaufs« (I, 333). Wie der Glaube ist die Poesie der Sieg, der die Welt überwunden hat oder überwinden wird.

Wer sich zum Wunderbaren, als dem Element der Dichter, neigt, tendiert nicht einfach zu Jenseits und Überwelt, wie denn Wunder »mit naturgesetzlichen Wirkungen in Wechsel« stehen. »Sie beschränken einander gegenseitig und machen zusammen ein Ganzes aus« (II, 416). – Der Zufall und die Assoziation machen das deutlich, zwei Begriffe, mit denen Novalis Neuland bestellt, die zudem zeigen, wie denn das Wunderbare zum Element des Dichters wird. Eingepackt in diese zwei Begriffe, lagert wiederum Schmuggelgut, das erst noch über die Grenze unserer Disziplin zu bringen ist! Im *Zufall* kommt das neue Land in Sicht: »Aller *Zufall* ist wunderbar – Berührung eines höhern Wesens – ein Problem *Datum* des thätig religiösen *Sinns*« (III, 441). Im Zufall wird der Finger Gottes erkennbar. Es ist der Herrnhuter, der hier spricht, der Verehrer Zinzendorfs, des Grafen, der – in der Lospraxis den Wink des Heilandes sah und für den »die Lossache« »ein Charisma der Gemeinde war«. Bei Novalis wird der Dichter Prophet und Priester dessen, was zufällt. Er »betet den Zufall an« (III, 449). Andrerseits vermutet Novalis im Zufall Regelmäßigkeit, in ihm mischt sich das höhere Wesen ins Natürliche, »Auch der Zufall ist nicht *unergründlich* – er hat *seine* Regelmäßigkeit« (III, 414), ein Element, mit dem der Dichter arbeitet, Arbeitsmaterial (II, 436). In der Anbetung des Zufalls werden die Dichter zu Wundertätern.

Eine Wundertat ist schon das Poetisieren, denn hier geschieht die »Verwandlung in Zufall«, die Wirklichkeit wird aus ihrer Gefangenschaft befreit zum Sein in der Wahrheit, die das Unverborgene ist.

Zufall setzt sich beim Dichter in der *Assoziation* durch: Verwandlung in Zufall geschieht beim Dichter – in der Weise der Assoziation. Im Assoziieren gibt der Dichter dem Zufall Recht, nimmt er ihn als Material in Gebrauch. Im Assoziieren neigt sich der Dichter zum Wunderbaren. Im Assoziieren kommt es zu theonomer Reziprozität[3], in der Berührung eines höhern Wesens wird der andere Weg gegangen, »fast ein Sprung nur«. Assoziierend kann wohl auch die

---

[3] Vgl. R. Bohren, Predigtlehre, 1972, 76.

Regelmäßigkeit des Zufalls entdeckt werden. Assoziierend wird der Dichter zum Mitspieler der himmlischen Weisheit: »Der Poët braucht die Dinge und Worte, wie *Tasten* und die ganze Poesie beruht auf thätiger Idéenassociation – auf selbstthätiger, absichtlicher, idealischer *Zufallproduktion* – ...« (III, 451).

III.

Ich breche hier ab. Die explicatio mag sich jetzt für die Gutmütigen in applicatio kehren. Der Poesiebegriff und Novalis selbst sind nun zu poetisieren: in das uns Zufallende zu verwandeln, was nur fragmentarisch, im Fragment geschehen kann. Es versteht sich hinwiederum von selbst, dass bei diesem Unternehmen aus dem historischen Friedrich von Hardenberg ein kerygmatischer Novalis wird!

1. Als Christ und Theologe den Begriff von Poesie aufnehmen, heißt – und hier folge ich der Methode des Novalis selbst – ihn zu »synthetisieren«, zusammenzubringen mit dem, was in Jesus Christus geschah, etwa im Horizont, den Johannes aufreißt: Der Geist dessen, der das Wort war und ist, wird dem Menschen als Geist der Poesie zuteil, insofern als der Paraklet Jesus »verherrlicht«. Hierbei ist klar, dass Poesie nicht einfach mit dem Heiligen Geist identisch ist; aber: der Geist dessen, der das Wort war und ist, wirkt dichterisch, weckt als Geist des Auferstandenen das Lob und befreit als Geist des Gekreuzigten zur Klage wie zum Protest. So hat uns Novalis – wie Georg Trakl sagt – »ein Lied im nächtlichen Haus der Schmerzen« hinterlassen, das neu zu intonieren ist, um das Schweigen zu brechen, das tödlich Gottes Volk umgibt. Im Horizont von Klage und Lob nehme ich den Poesiebegriff des Novalis als Verheißung. Auch ist zu sehen, dass Klage und Lob zum Menschsein des Menschen in dieser Welt gehören. In ihnen wirkt der Schöpfergeist. Kommen Klage und Lob zum Verstummen, erlischt das Leben. Insofern bilden Klage und Lob »die Basis der Gesellschaft«, und die Kirche sollte gerade diese Basis freilegen.

Vielleicht muss ich vorher die theologische Relevanz der Poesie besser verdeutlichen: Mit innerer Notwendigkeit bringt etwa der Heidelberger Katechismus einen poetischen Begriff dort, wo er die Folgerung aus der Erlösung »ohne all unser Verdienst« bespricht. Auch nach dem Katechismus soll am Ende alles Poesie sein, bezweckt doch die Erlösung, dass wir mit unserem ganzen Leben uns dankbar gegen Gott erweisen »und er durch uns gepriesen werde« (Fr 86). Der poetische Begriff »preisen« wird hier ebenfalls weit gefasst als Summe der Verdichtung der guten Werke. Die Auferstehung des neuen Menschen ist eine solche zur Poesie! Ich denke, die Vielschichtigkeit des Begriffes »Poesie« könnte uns zu einem neuen und weiten Verständnis der Liturgie führen, bis dahin, wo Israel ein ägyptisches Lied auf Jahwe singt und damit anfängt, verstreutes Paradies zu sammeln. Novalis bestellt Neuland, und so singt er *sein* neues Lied. Ich meine, er könnte uns helfen, *unser* neues Lied zu singen.

2. Stelle ich den Poesiebegriff des Novalis zwischen den Katechismus und unsere Gesellschaft mit ihren Leistungszwängen, kann ich mir klarmachen, wie sehr die Verachtung des Wortes, welche heute in Kirche und Theologie – trotz laufender Produktion von so viel Wörtern – grassiert, selbst ein Produkt unserer

Leistungsgesellschaft darstellt. Eine Kirche, die nichts vom Wort hält und die Hörer ihrer Verkündigung zu immer neuen Aktionen aufruft, indem sie immer neue Verantwortungen ihren Gliedern aufbürdet, erweist sich als völlig gleichgeschaltet einem Industrieunternehmen. Man protestiert fleißig gegen ebendiese Gesellschaft und bestätigt gleichzeitig seine Angepasstheit; in der gesetzlichen Predigt, die ich heute beinahe allüberall höre, werden am Tage des Herrn den Leistungszwängen unserer Gesellschaft zusätzlich moralische, missionarische, religiöse Leistungszwänge addiert.

Auf diese Weise aber kommen die Steine nicht rhythmisch ins Tanzen. Poetisierung – Verwandlung in Zufall – muss heißen, die in Zwängen Lebenden loszusprechen und sie in Jesu Namen mit dem Geist der Freiheit zu begeistern. – Die »Apotheose der Poesie« kann nicht kurzfristig in eine solche der Predigt umgemünzt werden. Immerhin könnte das Gespräch mit Novalis uns befreien vom faustischen Zwang, das Wort, das im Anfang war, durch die Tat zu übersetzen. Was nach den Erzählungen der Kaufleute in märchenhafter Vorzeit geschah, soll wiederkehren, dass alle Macht dem Wort gehört; das Paradies kehrt durch Worte wieder:

»*Dann fliegt vor Einem geheimen Wort*
Das ganze verkehrte Wesen fort« *(I, 345).*

3. Zur Versuchung würde uns der Poesiebegriff des Novalis dann, wenn wir ihn selbst nicht »poetisieren« wollten, ihn ohne Humor dogmatisierend und verabsolutierend. Wir würden ihn dann nicht in einen Zufall, sondern in ein Gesetz verwandeln. Zur Versuchung wird dieser Poesiebegriff, wenn man seine Universalität vergisst. Auch die Innerlichkeit wird zur Versuchung, wenn sie aus dem Zusammenhang mit dem Weltganzen herausgenommen und also entpolitisiert wird. Der Weg nach innen wird zur Sackgasse, der Weg der Betrachtung zum Weg der Beschaulichkeit. Anstelle des Paradieses tritt der Kleingarten.

In diesem Fall wird Dichtung missbraucht zur voreiligen Verklärung des Gegebenen (vgl. III, 558). Eine Tendenz, die heute in der Praktischen Theologie Mode wird. So gibt beispielsweise ein Aufsatz über die Rolle des Pfarrers bei der Beerdigung dem Pfarrer den Rat, die Rolle zu spielen, die die Gesellschaft ihm zuweist. Als Zeremonienmeister hilft er in der Konfliktsituation des Todes zur Überwindung der eingetretenen Verunsicherung. Mit dem Gehalt eines Studienrates und der Wohnung eines Prokuristen hat er die Gesellschaft zu stabilisieren. Ich meine, er dient nicht mehr einer Revolte gegen den Tod, sondern dem Einverständnis mit demselben. Die Verwandlung in Zufall unterbleibt, und die Poesie des Evangeliums wird – wenn überhaupt – als Dekorum missbraucht. Auf diese Weise bestellt die Praktische Theologie kein Neuland, sie verstärkt lediglich die Solidität der Grabsteine, und die haben solche Verstärkung eigentlich gar nicht nötig.

Zur Versuchung wird Novalis auch da, wo wir seinen Begriff des Zufalls undialektisch übernehmen, was auf eine doketisch-religiöse und auf eine materialistische Art passieren kann, und beidemal wird es dem betreffenden Gemüt an Gottesfurcht und Weisheit mangeln.

Der Schwärmer übersieht die Veränderbarkeit der Verhältnisse, die Gesetzmäßigkeiten des Zufalls, und der Finger Gottes wirkt lediglich ex machina und vornehmlich in Bezug aufs Private. Andrerseits übersieht der Materialist die volle Wirklichkeit des Menschen, indem er verkennt, was Novalis »die Berührung eines höhern Wesens« nennt. Die Veränderbarkeit der Verhältnisse vermag dann eins nicht zu ändern: die Sprachlosigkeit der Gesellschaft. Wer den Begriff des Zufalls aufnehmen will, muss gleichzeitig Schwärmer und Materialist werden.

4. Eine Frage: Heinrich von Ofterdingen hat Gemüt und weiß über dessen Erscheinungen in wohlgesetzter Rede zu sprechen. – Was ist eigentlich in einer Gesellschaft passiert, wo in Geldsachen die Gemütlichkeit aufhört? Was verrät unsere Sprache, in der die Bezeichnung »Gemütsmensch« zur Kennzeichnung beinahe eines Toren geworden ist? Welcher Grad von Inhumanität zeigt sich darin, dass wir Theologen das Sprechen über die »Erscheinungen des Gemüths« tabuisiert haben? Welchen Grad an Entfremdung hat der Theologe erreicht, der sich seines Gemütes schämt?

Ich stelle immer wieder fest, dass viele Pfarrer und Prediger deshalb in ihrem Beruf ein unglückliches Bewusstsein entwickeln, weil sie im Studium nie gelernt haben, die Kräfte der Phantasie und des Gemütes zu entwickeln. Es wird heute dem Theologiestudium oft vorgeworfen, dass es einseitig zum Prediger ausbilde. Ich wünschte, dieser Vorwurf träfe zu! In diesem Fall müsste aber gerade die »Anlage zum Dichter« im Laufe des Studiums entdeckt und gefordert werden.

5. Angesichts unserer Leistungsgesellschaft wird »der Weg der Betrachtung« gesellschaftlich relevant, insofern er ein Weg der Freiheit ist. Die Praktische Theologie wird darum dem Meditativen besonderes Gewicht zumessen: Meditation als Neigung zum Wunderbaren, als Verwandlung in Zufall, als tätige Ideenassoziation. »Oh das Glück des Mannes, der ... über seiner Weisung murmelt tages und nachts!« und der also seine Welt und seine Zeit von der Schrift her poetisiert und das Noch-Nicht-Gegenwärtige zur Gegenwart bringt. Solches Poetisieren bedingt, dass wir in unserer theologischen Existenz nicht länger verdrängen, was die Dogmatiker den concursus dei nannten. Gottes Gottsein im Leben des Geschöpfs. »Aller Zufall ist wunderbar – Berührung eines höhern Wesens.« Dieser Satz ist im Umgang mit der Schrift zu erproben, wie auch der andere, den er in der Zeit der Krankheit niederschreibt: »Ein wahrhaft gottesfürchtiges Gemüth sieht überall Gottes Finger und ist in steter Aufmerksamkeit auf seine Winke und Fügungen« (KI 3, 316).

Der Vollzug der Meditation geschieht in der Gestalt der Assoziation auch dies ein Akt der Freiheit, indem der Christenmensch und nicht zuletzt der Prediger beispielsweise kreativ werden kann. Im Assoziieren kommt es zur Parrhesia. Im Spiel mit dem Wort wird es auf seine Macht erprobt. Indem es seine Macht erweist, kann es ergriffen werden. – Ich denke, Novalis werde nichts dagegen haben, wenn ich hier den Begriff des Assoziierens für die Meditation der Schrift fruchtbar mache.

Er selbst dachte wahrscheinlich homiletisch freier: »Predigten müssen Assoziationen göttlicher Inspirationen, himmlischer Anschauungen seyn« (III, 564). Natürlich kann der Theologe einen solchen Satz als pure Schwärmerei ablehnen; aber er kann ihn auch »poetisieren«, ihn im Sinne des ersten Psalms verstehn.

6. Ich versuche, die Aufgabe der Predigt von Novalis her zu umreißen: Predigen heißt, den Text in Zufall verwandeln, in das, was von der Gnade her zufällt. Der Zweck der Predigt: im Hörer »die Anlage zum Dichter« erwecken, ihm das neue Sein zu entdecken, die poetische Existenz in der Rühmung des Schöpfers und Vollenders. In dieser poetischen Existenz ist der Hörer aus seiner Sprach- und Gedankenlosigkeit zu kreativer Phantasie befreit und wird nun selbst zu einem Novalis, der Neuland bestellt. Wer den Text in Zufall verwandelt, in ihm »die Berührung eines höheren Wesens« erkennt, wird auch den Hörer in Zufall verwandeln und ihn wunderbar finden, denn in ihm kommt die Gnade zuvor, wie ihm die Gnade zuvorkommt. Auf diese Weise wird der Text zum Hörer hin und der Hörer zum Text hin übersetzt. – Auch und gerade das Geschäft der Übersetzung ist poetischer Natur. »Am Ende ist alle Poesie Übersetzung«, notiert Novalis in einem Brief.

7. Nehme ich Novalis als Zeitgenossen, als den, der irgendwie im vielbemühten modernen Menschen weiterlebt, stellt er mir ein Problem, das hier nicht zu behandeln ist, das aber m.E. in der homiletischen Überlegung noch viel zu wenig bedacht ist, das Problem, dass alle Hörer, die wir haben, irgendwie Synkretisten sind und wir, die Prediger, zuerst.

8. Indem ich den Poesiebegriff fruchtbar zu machen versuche, indem ich theologisch interpretiere, wird dessen eminent kritische Funktion deutlich. Beispielsweise gegenüber unserem Verständnis von Theologie überhaupt: Ist das ständige Reden über die Wissenschaftlichkeit der Theologie vielleicht ebenfalls ein Produkt unserer Leistungsgesellschaft? Warum legen wir jeweils so penetrant Wert darauf, »eins aus dem andern in einer langwierigen Rechnung« zu finden, warum wird jener andere Weg der Betrachtung kaum und dann nur schamhaft betreten? Warum legen die Theologen unter viel Seufzen großen Wert darauf, im Haus der Wissenschaften zu wohnen? Warum gehen sie am Haus der Kunst vorbei?

Wie sagt doch Novalis? – »Religionslehre ist wissenschaftliche Poesie« (III, 420).

Aus: Gericht, S. 169–180

karfreitag

Als jesus zweimal eli schrie
kam elia nicht
war der wahre gott
ohne profet und ohne gott
war nur vorhang der zerriss
identitätsverlust
lama asabthani

was nicht auszuhalten war
hielt er aus
nicht gott zu sein

kitamori aber schrieb ein buch
über den schmerz gottes
der zorn und die liebe
gebaren ein drittes
den schmerz

Aus: Bohrungen S. 45

Gebet und Gedicht

Versuch eines Vergleichs

Im Chorgestühl des Berner Münsters ist ein Mönch zu sehen, der auf den Knien großformatig ein Gebetbuch liegen hat, aus dem er offensichtlich betet. Sieht man näher hin, so erweist sich das Gebetbuch als Brettspiel. Diese Figur ist hintergründig. Vielleicht signalisiert sie nicht nur spätmittelalterliche Dekadenz, sondern die Problematik des Gebetbuches überhaupt.

Martin Luther dekretiert: »Aus einem Buch wirst du nie etwas Gutes beten. Du magst wohl daraus beten und dich unterweisen, wie und was du bitten sollst, und dich daran entzünden; aber das Gebet muss frei aus dem Herzen gehen ohne alle gemachten und geschriebenen Worte, und muss selbst Worte machen, nach denen das Herz brennt.« Wenn Martin Kähler dem Theologiestudenten abfordert, dass er die Bibel nicht nur durch die Vermittlung der Kommentatoren lese, sondern zum »Selbstleser der Bibel« werde, dann könnte man analog postulieren, dass der, der ein Gebetbuch benutzt, ein Selbstbeter werden müsse. Darum kann man denn auch Gebetbücher im Grunde nicht ausleihen; man muss sie besitzen, um sie recht brauchen zu können, so wie man auch Gedichtbücher sich nicht ausleihen kann wie einen Roman, den man nur einmal liest.

Als Anleitung zum Selbstbeten mag das gedruckte Gebet der Sprecherziehung des Beters dienen. Hermann Bezzel hat nicht unproblematisch formuliert, dass wir am Gebet das Beten lernen müssen, wie am ABC das Lesen. Wie müsste dann aber heute ein Gebet aussehen, das den Beter freisetzt, »selbst Worte zu machen, nach denen das Herz brennt«? – Ich meine, es müsste, formal gesehen, heute der konkreten Lyrik ähnlich sein, ähnlich einer Konstellation etwa, wie sie uns Eugen Gomringer in seinem Essay »das gedicht als gebrauchsgegenstand« darbietet. Ein modernes Gebet müsste demnach die Sprache reduzieren, Wortmalerei und Namen liefern für eigenes Beten, müsste in Analogie zu Gomringers Postulat so allgemein verständlich sein wie nur möglich, »wie anweisungen auf flughäfen oder straßenverkehrszeichen«. – Wenn konkrete Poesie dem Leser Material in die Hand gibt zum Nach-Denken und Weiter-Dichten, dann müsste ein Gebet in gleicher Weise Anleitung sein zum Nach-Beten. In klassischer Weise tut dies das Vaterunser. Ungezählte Paraphrasen zu den einzelnen Bitten zeigen, wie hier ein Gebet fortgeführt wird.

In der Paraphrase bringt der Beter seine Sprache ein in die Sprache des Herrengebets. Was die einzelne Bitte ver-dichtet, legt die Paraphrase aus.

So stelle ich mir Gebete vor, die am Beispiel des Vaterunsers einerseits und am Sprachmodell konkreter Poesie andrerseits orientiert sind. Bildet das Herrengebet eine Zusammenfassung des ganzen Evangeliums, dann müsste es analogerweise Gebete geben, die nicht so sehr paraphrasieren als vielmehr übersetzen und so den Verkehr des Christen mit Gott regeln helfen, indem sie durch das Mittel sprachlicher Verknappung und Vereinfachung Hinweis und Gehrichtung geben für eigenes Beten, die also dem Leser zur Freiheit verhelfen, selber das Wort zu nehmen mit dem Wort des Gebets.

»Die Weise des Gebets ist, wenig Worte zu machen, aber viele gute Vorsätze und tiefe Gedanken zu hegen. Je weniger Worte, umso besseres Gebet; je mehr Worte, umso ärgeres Gebet.« Preist ein Luther die Wortarmut des Gebetes, wirkt es umso verwunderlicher, dass heute – soweit ich sehe – an konkreter Poesie orientierte Gebete fehlen. Darum wird zu überlegen sein, wie Gebet und Gedicht sich zueinander verhalten.

Kurt Marti hat kürzlich einen interessanten Essay geschrieben: »Wie entsteht eine Predigt? – Wie entsteht ein Gedicht?« und hat aus diesem Vergleich eine Nutzanwendung zu ziehen versucht. Es wäre reizvoll, in Analogie zu Marti zu fragen: »Wie mache ich ein Gedicht? – Wie mache ich ein Gebet?«, um so der Divergenz zwischen Lyrik und Gebet auf die Spur zu kommen. Zunächst wäre zu unterscheiden: beten und ein Gebet machen ist je etwas anderes. Ich pflege so wenig druckfertig zu beten, wie ich in der Regel auch nicht druckfertig dichte. Das dichterische Huhn, das rund geschalt Gedichte legt, ist selten geworden. Gedichte werden gemacht. So auch ein Gebet: Gedicht wie Gebet geben Antwort. Im Gedicht erfolgt eine Antwort auf Welt, die anspricht. Wird Welt eingesehen und erlitten, kann sich daraus ein Sprachgebilde verdichten, das wir sinnigerweise »Gedicht« nennen. Das Gebet gibt Antwort primär nicht auf die Welt, es verdichtet nicht in erster Linie ein Erleiden der Welt gegenüber; es hat einen Ruf gehört, es antwortet auf Anrede. Es verdichtet eine Einsicht in Gott und ein Erleiden Gottes. Das Welt-Erkennen und Welt-Erleiden mag hierbei mit einfließen, weil ich ja in der Welt und nicht im Himmel bete.

Wenn Gebet und Gedicht – beide in gleicher Weise – Antwort geben, ist ihr Grund doch je verschieden. Ich kann nicht genau sagen, warum ich ein Gedicht mache; aber ich kann sehr genau sagen, warum ich ein Gebet mache. – Das Gedicht machen bereitet mir vielleicht Vergnügen; auch bin ich nicht Analphabet und habe Papier. Mehr zu sagen, wäre sehr kompliziert.

Fragt man mich, warum ich Gebete mache, ist die Antwort einfach; Selbst-Analysen sind nicht nötig, es braucht nicht untersucht zu werden, ob ich ein religiöser Mensch bin, barsch wäre zu antworten: Weil es befohlen ist. »Bittet!« Gebet ist befohlene, geforderte Antwort. Wer betet, gehorcht. So einfach ist das – zunächst.

Weniger einfach ist die Einsicht, dass Nicht-Beten Sünde ist, dass ich da, wo ich Gott das Wort nicht gönne, mich an ihm verfehle. In diesem Horizont gesehen, wirkt die Fahne der Unerhörtheit, die Rilke in den Elegien aufpflanzt, als ein etwas wehleidiges Tuch. Nicht der unerhörte Mensch, der kunstvoll mehr oder weniger seine Existenz im echolosen Raum beklagt, sondern der unerhörte Gott, den die Menschen überhören, bildet das Problem. Der sogenannte moderne Mensch zeichnet sich ja dadurch aus, dass er sich unendlich wichtig nimmt und dass er Gott gegenüber wehleidig tut.

Vielleicht ist unser Antwortgeben im Geist deshalb so unsicher, weil wir voreilig sind – oder schwerhörig.

Fragt man nun, wie das Gebet und das Gedicht zur Sprache kommen, zeigt sich in der Richtung spätestens seit Nietzsche ein Misstrauen der Sprache gegenüber. Konkrete Dichtung erweist sich als ein etwas verzweifelter Versuch, durch Reduktion die Sprache neu zu gewinnen. Die Schwierigkeit des Dichters ist wohl die, dass er in einer Welt lebt, die er in zunehmendem Maße als sprachlose Welt erlebt. Wer ein Gebet macht – ganz gleichgültig, ob er daneben noch Gedichte macht oder nicht, lebt mit dem Dichter in dieser sprachlosen Welt.

Der Beter muss in einer sprachlosen Welt das Wort ergreifen; aber nun hat er es ungleich schwerer als der Dichter. Der Dichter hat ja mehr oder weniger klar oder mehr oder weniger verschwommen eine Idee davon, wie man ein Gedicht macht, wie ein Gedicht aussehen muss. Er hat irgendwie eine Kunsttheorie, versucht mit Hilfe dieser mehr oder weniger ausgeprägten Kunsttheorie, seiner Welterfahrung sprachlichen Ausdruck zu geben, und seine Kunst besteht darin, dass sein Wort dem Gemeinten angemessen ist. Das Beten hingegen will zwar gelernt, geübt und gekonnt sein; aber es ist nie Kunst. Es wird seinem Gegenstand nie angemessen sein: »Denn wir wissen nicht, was wir beten sollen, wie sich's gebührt« (Röm 8,26). – Weil hier Unangemessenheit die Grundsituation bildet, darum brauche ich das vorformulierte Gebet.

Karl Barths berühmtes Wort über die Predigt mag hier variiert werden: Wir sollen als Christen zu Gott reden. Wir sind aber Menschen und können als solche nicht zu Gott reden. – Auch hier sollen wir im Sollen und Nicht-Können Gott die Ehre geben. Mit aller Kunst wird der Beter nie erreichen, zu reden, »wie es sich gebührt«.

Bei unserem Vergleich ist instruktiv nicht nur das Warum und Wie, sondern vor allem auch das Wozu. Wozu macht man ein Gebet, wozu macht man ein Gedicht? – Ein Gebet mache ich in der Regel für den Gottesdienst, mache es also so, dass die Gemeinde es mitsprechen kann. Es soll verständlich sein, und dies, meine ich, ist das Handicap der Gebete, die ich mache: Spricht man etwas abwertend von Gelegenheitsgedichten, von Gedichten also, die bei Gelegenheit, etwa einer Verlobung, gemacht werden, um die Tischgesellschaft zu unterhalten, so bilden formal gesehen die Gebete ein Analogon zu Gelegenheitsgedichten. Sie werden gemacht, um vor und nach einer Predigt gebetet zu werden.

Mache ich ein Gedicht, tue ich dies in der Regel zweckfrei. Kein Termin drängt. Ich kann so lange daran arbeiten, wie es mir passt, eine Fassung für Jahre weglegen und wieder hervornehmen, verbessern oder endgültig verwerfen. Das Gedicht ist nicht zweckbestimmt, das ist freilich auch ein Handicap. Das Gedicht wird nicht erwartet, während das Gebet immerhin von einer Gemeinde erwartet wird. Aber in diesem Handicap des Gedichts liegt sein Adel. Auf das Verstehen einer Gemeinde nicht angewiesen, vermag es einen höheren sprachlichen Rang als das Gebet zu kultivieren. Der Reiz des Gedichtes liegt darin, dass es Antwort auf Welterfahrung und Welterleiden gibt, indem es die Sprache zu erweitern versucht und damit auch die Welt erweitert, die sie bespricht. – Demgegenüber hat die Kirche die Gotteserfahrung in der Liturgie schablonisiert. Nicht die Tradition ist hier zu kritisieren, wohl aber die Nicht-Veränderung, die jeweils mechanische Übernahme des Tradierten. Damit verbraucht sich die Sprache des Gebets und trägt alle Schäden der Gemeinde.

Das Beten der Urkirche kannte ein Überschreiten der Sprachgrenze. In Korinth sah man gerade in diesem Überschreiten ein Siegel des Geistes Gottes. Paulus hat hier seine Bedenken angemeldet und nach dem Nutzen gefragt. Vielleicht etwas voreilig. Immerhin, er konnte von sich sagen: »Mehr als ihr alle rede ich in Zungen« (1. Kor 14,18b).

Heute wird immer noch gegen die Zungenrede polemisiert; aber meist von Theologen, die selbst nicht in Zungen zu reden vermögen. Und ich meine, dass in der sprachlichen Verödung unserer Gebetssprache dieses Missverhältnis zur Zungenrede sich rächt. Zwar gibt es von Amerika herkommend am Rand unserer Kirche heute eine Bemühung um eine Wiedererweckung der Zungenrede, die ich hier nicht kritisieren möchte, auch wenn ich meine, es müsste nicht das Phänomen wieder erweckt werden, sondern die hier gemeinte Sache. Und darum sei nochmals der Hinweis auf die Lyrik erlaubt: Der modernen Lyrik wird vielfach Unverständlichkeit vorgeworfen; der moderne Lyriker ist eine Art Zungenredner dieser Welt. Nun ist ein Gedicht freilich nicht schon deshalb gut, weil ich es nicht verstehe. Andrerseits aber führt die Forderung des Spießbürgers nach Verständlichkeit des Gedichts dazu, dass es nicht in der Lage ist, seine Spießbürgerwelt zu durchbrechen. Das Gedicht will ja nicht etwas sagen, was ich auch sonst sagen kann. Es will mehr sagen. »Keiner schriebe Verse, wenn das Problem der Dichtung darin bestünde, sich verständlich zu machen« (Montale).

Ich sehe das Wesen der Zungenrede in Analogie zum modernen Gedicht. Mir scheint, es gehe nicht so sehr darum, heute das korinthische Phänomen wieder zu erwecken, sondern darum, dass es zweckfreie Gebete gibt, die wir vielleicht nicht verstehen, die wie die Zungenrede ausgelegt sein wollen, die aber gerade in ihrer Unverständlichkeit unsere Gotteserkenntnis erweitern. Damit möchte ich freilich nicht das in Analogie zum modernen Gedicht unverständliche Gebet zur Norm und Regel erheben, ich möchte aber für das Gebet plädieren, das unsere Sprachmöglichkeit erweitert als Antwort und Ausdruck erweiterter Gotteserkenntnis. Solche Erweiterung der Sprache kann gerade durch das Mittel der Sprach-Verknappung erreicht werden! – Allerdings impliziert das Postulat der Sprach-Erweiterung, dass die konkrete Poesie nicht alleiniger Maßstab bleibt!

Aus: Gericht, S. 165–168

aus der tiefe rufe ich HERR zu dir

I

aus stahl ach aus stahl
ach wär er aus stahl
ich wollt ich wollt
klopfern blutig die fäuste
am himmel

ach – ich bleib ja ein bürger – wer aber
befreit meine stimme
aus ihrem verließ und hebt sie
empor – durch luft und schwerelosigkeit –
empor
wer hebt sie empor

ihr väter aus wüsten
ihr eingemauerten durch jahre
ihr von den scheiterhaufen
aus den schinderhütten ihr
ihr heiligen ihr märtyrer

kommt ach kommt
und hebt die stimme
aus ihrem verließ
und tragt sie hindurch

II

nach dem »großen duden« bezeichnet »tiefe«
das »maß der ausdehnung senkrecht und nach unten:
eine große, klaffende, schwindelerregende tiefe«
aus der TIEFE rufe ich HERR zu dir

nach dem »großen duden« bezeichnet »tiefe«
eine »bestimmte entfernung unter der erdoberfläche
oder dem meeresspiegel« – den ort
an dem ich liegen werde
wenn ich nicht mehr rufe
heute aber rufe ich
aus der TIEFE – HERR zu dir

die tiefe bezeichnet aber auch
das »maß der ausdehnung nach hinten, innen«
und später (von farben)
die »sehr dunkle tönung«
und (von der stimme von tönen)
den »tiefen klang«
aus der TIEFE rufe ich HERR zu dir

»tiefe« meint ferner
»tiefgründigkeit, wesentlicher, geistiger gehalt«
und endlich
(von gefühlen, empfindungen)
»das tiefsein; großes ausmaß, heftigkeit«

und nun HERR rufe ich
aus der TIEFE
rufe HERR
zu DIR

III

ich grab in den sand
ich brech durch den stein
ich grab durch den lehm

und finde ein wort
ein wort unter sand
ein wort unter steinen
eingepackt in den lehm

ein wort von langher
abgewetzt und verschmiert
da liegt es

    denn bei dem HERRN
    ist die GNADE
    bei ihm ist reichlich
    ERLÖSUNG

unter sand unter steinen
ein wort im lehm
ich warte und warte
geh her geh hin
und reibe und reibe
bis aufsteht und aufgeht
ein wort
die GNADE

ein wahrer glaube GOTTES zorn stillt,
daraus ein schönes brünnlein quillt,
die brüderliche lieb genannt,
daran ein christ recht wird erkannt.

nikolaus hermann 1562

Aus: weiterbeten, S. 112–115

II

Gabengemeinschaft

»Wir spiegeln das Unvorstellbare«

Zuallererst

*Zu einem Volk von Königen und Priestern
hast du uns gemacht,
dass wir, im Geist und in der Wahrheit betend,
über uns hinauswachsen,
zu den Gaben deines Geistes.*

*Du erhebst uns zu dir,
zum Genuss deiner Güte.
Im Gebet ziehen wir dich ins Irdische,
damit auch unsere Zeitgenossen dich genießen.*

*Du erhebst uns.
Wir spiegeln das Unvorstellbare,
denn wir beten
und atmen deine Wunder,
die in uns leben und wirken.*

Aus: beten, S. 89

Gebet

Heiliger Gott
Vater Sohn Geist

Was uns fehlt ist Heiligkeit
Deine Heiligkeit

So kommen wir vor dich
Mit dem Aussatz einer Menschheit,
Die deine Schöpfung zerstört.

Wir kommen vor dich
Mit der Vergangenheit eines Volkes,
Die wir nicht los werden.

Kommen mit einer Gegenwart
Wachsender Verschuldung gegenüber den armen Völkern.

Kommen als Teilhaber einer Christenheit,
Die in sich zerrissen mehr mit sich selbst
als mit dir beschäftigt ist.

Auch unsere Vergesslichkeit haben wir mitgebracht,
Mit der wir so lebten, als hättest du keine Zukunft.

Aber du bist doch die Liebe,
Bist dreieinig im Erbarmen.
Darum legen wir vor dich:

Das Kranksein der Menschheit,
Die Last der Vergangenheit,
Die Schuld der Gegenwart,
Die Eigensucht der Kirche
und unsere Vergesslichkeit.

Wir werden unsere Schuld nicht los,
Wenn du sie nicht von uns nimmst.
Wir sind und bleiben verloren,
Wenn du uns nicht gibst, was uns fehlt,
Deine Heiligkeit.

Kyrie eleison.

Komm, Herr Jesus komm
Lass uns heute Deine Ankunft feiern
Deine Gegenwart in unserer Mitte,
Lass uns erkennen,
Was du an uns tust,
Und lehr uns, dich zu loben.

Aus: Wege, S. 13–14

Unsere Gemeinden – Gemeinde Jesu Christi?[1]

Was heißt »nach Gottes Wort reformiert«?

Hinter dem mir aufgegebenen Thema steht nicht ein Ausrufe-, sondern ein Fragezeichen. Nicht das Zeichen von Freude und Stolz, sondern das Zeichen von Zweifel und Sorge. Nicht das Zeichen von Sieg und Dank, sondern das von Anfechtung und Unsicherheit. Ist in Frage gestellt, dass unsere Gemeinden Gemeinde Jesu Christi seien, so ist das Sein der Gemeinde in Frage gestellt. Und dies kann zweierlei heißen.

Einmal kann es die Sorge signalisieren, unsere Gemeinden seien nicht mehr Gemeinde Jesu Christi, sie hätten ihr wahres Sein eingebüßt; dann mag sich das ereignen, was Georges Bernanos den Pfarrer von Fenouille sagen lässt, wenn seine Gemeinde zum Begräbnis eines Ermordeten vollzählig zusammenkommt: »Hört, wahrhaftig, als ich mich umwandte, um euch die Hilfe und die Kraft des Herrn zu wünschen, das Dominus vobiscum aussprach, ist mir der Gedanke gekommen – nein! so einfach kann ich es nicht sagen –, da ist wie ein Blitz der Gedanke in mich eingedrungen, dass es unsere Gemeinden gar nicht mehr gibt, dass gar keine Gemeinde mehr da ist. Oh, natürlich, der Name der Gemeinde ist immer noch in die Verzeichnisse der erzbischöflichen Kanzlei eingetragen, und dennoch gibt es keine Gemeinde mehr, es ist aus damit, und ihr seid frei. Ihr seid frei, meine Freunde; ihr seid hundertmal freier als die Wilden oder die Heiden, vollkommen frei wie die Tiere. Und gewiss nicht erst seit gestern, das kommt von weit her, denn es dauert lange, bis eine Gemeinde umgebracht ist! Diese hat bis zum Ende durchgehalten. Aber jetzt ist sie tot.«[2]

Wenn hinter unserem Thema ein Fragezeichen steht, schließt dies die Möglichkeit in sich, dass wir für uns zum Ergebnis des Pfarrers von Fenouille kommen: die Namen existieren noch in den Karteien, der Betrieb funktioniert, aber die Gemeinden sind tot. Es dauerte lange, aber jetzt ist es soweit.

Bernanos ist offenbar der Meinung, eine Gemeinde könne altershalber sterben. Hans Urs von Balthasar stellt von seiner römischen Kirche fest: »Geschichtsphilosophisch betrachtet, ist die Kirche überholt und schon viel zu lange da …«[3]

In einer Vorbesprechung mit Gliedern des Moderamens wurde betont, dass das Reformiertentum seine Prägekraft verloren habe. Man wisse zwar, was die Reformierte Kirche war, wisse aber nicht, was sie jetzt sei. Dies mag auf eine Altersschwäche hindeuten: der Greis lebt mehr in der Vergangenheit als in der Gegenwart.

Calvin und der Heidelberger feiern Jubiläen und bezeugen uns den alten Adel unseres Kirchentums. Aber gerade die Jubiläen offenbaren, wie verarmt dieser

---
1 Referat im Reformierten Bund, gehalten am 4. Oktober 1960 in Barmen Gemarke.
2 Die tote Gemeinde, ⁴1958, 197.
3 Schleifung der Bastionen, 1952, 30f.

Adel ist, wie wenig Bedeutung ihm noch zukommt. Und Gemeinden fragen, ob es noch sinnvoll sei, reformiert zu sein.

Wir stehen im deutschen Raum vor einer geradezu grotesken Situation: zwölf Bände Kirchlicher Dogmatik leuchten als Werk eines Reformierten in die Ökumene hinaus, während einige Dutzend Kerzen in ehemals reformierten Kirchen schwelend die Tatsache anleuchten, dass sich in der kirchlichen Praxis katholisierende Tendenzen immer mehr durchsetzen. Ich sage ganz bewusst: katholisierende Tendenzen. Ich sage nicht: lutheranisierende Tendenzen, denn diese Tendenzen würden nur Luthers Gelächter erregen, da er etwa im »Sermon von dreierlei gutem Leben« über die »kirchhöfischen Heiligen« spottet, die »ihre Heiligkeit in die Speise, in die Kleider, in Stätte und Zeit gesetzt haben«.[4] – Mächtige reformierte Lehre und Einzug katholisierender Elemente: dies wäre eine schlimme Alterserscheinung, so senil zu sein, dass man wohl noch Lehre und gute Ratschläge erteilen und entgegennehmen könnte, aber selber zu wackelig und zu zittrig wäre, auch nur etwas vom Guten zu tun; dann brechen Lehre und Leben in unseren Gemeinden auseinander, die Theologie kümmert sich nicht um das Leben der Kirche, und die Praktiker der Kirche kümmern sich ebenso wenig um die Theologie. Tradition und kirchliche Sitte bekommen mehr Gewicht als das Wort Gottes. Unsere Kirche leidet offenbar nicht nur an Altersschwäche, die die Tat nicht mehr zulässt, es spaltet sich auch ihr Bewusstsein in ein theologisch-wissenschaftliches und in ein praktisch-kirchliches. Die Medizin spricht in diesem Fall von Altersschizophrenie.

Wir würden aber das Fragezeichen hinter unseren Gemeinden missdeuten, wollten wir bei der Klage über Alter und Verfall stehenbleiben. Geht es doch nicht darum, wie *wir* unsere Gemeinden sehen, sondern darum, wie der *Herr* seine Gemeinde sieht. Von ihm her ist das Sein unserer Gemeinde noch ganz anders in Frage gestellt als von uns her. Sardes hat den Namen, es lebe, in Wahrheit aber ist die Gemeinde tot (Offb 3,1). Die Möglichkeit, dass Jesu Christi Gemeinde stirbt, umgebracht wird, kann also nicht von der Hand gewiesen werden. Ephesus wird darum zur Umkehr und zu früheren Werken ermahnt, »sonst komme ich über dich und werde deinen Leuchter von der Stelle stoßen, wenn du nicht Buße tust« (Offb 2,5). Laodicea aber soll ausgespien werden, weil die Gemeinde weder kalt noch warm ist (Offb 3,16). Und unsere reformierten Gemeinden sind in keiner Weise sicherer gegenüber solchem Urteil ihres Herrn als die Gemeinden der Sendschreiben.

Wohl hat die Gemeinde die Zusicherung, dass die Pforten der Hölle sie nicht überwältigen können (Mt 16,18); aber was nützt ihr diese Zusicherung, wenn sie den Herrn verlässt? Die törichten Jungfrauen ohne Öl in den Lampen sind ein Teil der Gemeinden (Mt 25,1–13). Der Mann, der sein Talent vergräbt (Mt 25,14–30), und der, der ohne Festkleid den Hochzeitssaal betreten hat (Mt 22,1–14), können Einzelpersonen sein und gleichzeitig wohl auch Gemeinden repräsentieren. Gerade Matthäus, der das Wort von der unüberwindbaren Gemeinde bringt, kämpft gegen die falsche Sicherheit der Gemeinde. Sie geht Gottes Gericht entgegen und lebt unter diesem Vorzeichen.

---

4 WA 7,795ff; vgl. P. Schempp, Die Profanität des Kultus, EvTheol 18, 1958, 139.

Wissen wir aber um das Gericht, in dem wir mit unserem Kirchentum stehen, kann unser Fragezeichen statt auf ein »Nicht-mehr« auf ein »Noch-nicht« hinweisen, weil hinter Gottes Gericht die Verheißung steht.

Beim alten Blumhardt findet sich eine Stelle, die eine gewisse Ähnlichkeit hat mit der bei Bernanos und die doch ganz anders lautet. Blumhardt berichtet von einem Erleben in Möttlingen, ähnlich dem von Fenouille, indem auch ihm angesichts der Vollzahl seiner Gemeinde ein blitzartiges Erkennen zustieß. Als zur Zeit der Erweckung große Scharen sich zu Blumhardts Predigt drängten, überfiel ihn auf einmal der Gedanke, dass sie alle verloren seien, wenn nicht der Heilige Geist neu ausgegossen werde.[5] Und von da an hat er auf eine neue Ausgießung des Geistes gewartet. Steht der Priester von Fenouille an einem Ende, dann weiß sich Blumhardt vor einem Anfang. Steht der Priester vor einer Gemeinde, die offenbar einmal Leben hatte und jetzt tot ist, so steht Blumhardt vor einer Gemeinde, für die er auf Leben hofft. Und auf diesen Standpunkt möchte ich mich heute stellen, dass wir auf Gaben von oben, auf Taten von oben hoffen und warten dürfen, und dann ist die Frage, ob unsere Gemeinden Gemeinde Jesu Christi seien, auf einmal hoffnungsvoll, auch wenn wir sie vorläufig mit einem runden »Nein« beantworten müssten.

Wie auch immer wir uns zur Geistesauffassung Blumhardts stellen, eins wird hier ganz deutlich, dass der Heilige Geist es ist, der unsere Gemeinden zur Gemeinde Jesu Christi macht. – Die Schrift berichtet uns nun von Jüngern, die den Heiligen Geist nicht kannten. Offenbar kann es Gemeinden Jesu Christi geben ohne den Heiligen Geist, Gemeinden ohne das ihr Wesentliche, doch wird dies nicht als Normalzustand angesehen. Diesem Zustand soll ein Ende bereitet werden (Apg 19,1-7)! Unsere Themastellung lässt uns also nach der Wirkung des Heiligen Geistes in der Gemeinde fragen.

Unsere Gemeinden sind dann Gemeinden Jesu Christi, wenn sie geisterfüllt, wenn sie geistgewirkt, wenn sie geistlich sind. Und dabei wollen wir bedenken, dass der Geist »Angeld« (2. Kor 1,22; 5,5) ist, »Erstlingsgabe« (Röm 8,23), dass im Geist der gegenwärtig ist und handelt, der da war und der da kommt. Der Geist weist in die Zukunft und schafft in die Zukunft hinein, denn er ist der Schöpfergeist dessen, der das All erneuert und bei den Seinen beginnt. Und es ist wohl kein Zufall, dass die Heilige Schrift die Heilsweissagungen der Propheten aus dem Alten Bund in ihrem letzten Buche wieder aufnimmt: der Herr wird Zion erneuern, die Kirche soll neu werden, denn es kommt der mit seinen Gaben und Kräften, der einen neuen Himmel und eine neue Erde schafft (Offb 21,1-5). Wie sollte er da nicht unsere Gemeinden neu schaffen! An ihnen soll doch deutlich werden, was kommt. Der Friede, die Gerechtigkeit, die Liebe Gottes, kommend für alle Welt, will in unseren Gemeinden ankommen und sich durch unsere Gemeinden ausdehnen in der Welt. Darum stehen unsere Gemeinden als Modell der Zukunftsabsichten Gottes in der Welt. Sie bilden ihrem Wesen nach die Vorausgabe des Himmelreiches. Als Demonstrationsobjekte und Aushängeschilder

---

5 Ausgewählte Schriften I, 1947, 54; vgl. O. Bruder, J. Ch. Blumhardt als Seelsorger, Separatdruck aus Reformatio 2, 1953, 11.

des Kommenden können unsere Gemeinden nicht in Alter und Zerfall verbleiben, ihre Jugend wird sich erneuern »gleich dem Adler« (Ps 103,5).

Gott wäre seinem Wort nicht treu, wenn er unsere Gemeinden nicht durch Gericht und Gnade neu schaffen würde. So gesehen, wird das Fragezeichen hinter unseren Gemeinden zum Zeichen der Hoffnung, zum Ausrufezeichen!

Die Verheißung Gottes vor Augen, brauchen wir uns keine Sorgen zu machen über die Zukunft unserer Gemeinden. Erneuerung steht höheren Ortes auf dem Programm. Gott will Gaben geben. Gott will lebendig machen. Gott will sich verherrlichen an seiner Schar, das ist keine Frage. Aber ob wir nun auch wollen, das ist die Frage. Es hängt also nicht an einem Mangel göttlicher Liebe, nicht an einem Mangel an Gottes gutem Willen, wenn unsere Gemeinden elend sind, sondern offenbar an einem Mangel an unserem Gehorsam.

Karl Barth definiert »das wahre Sein des Christen« »im Leben Christi in ihm und in seinem Leben in Christus«, und er folgert daraus eine »in Christi Überordnung« und »des Christen Unterordnung verlaufende Tatgemeinschaft«.[6] – Was vom »wahren Sein des Christen« gilt, gilt noch viel mehr vom wahren Sein der Gemeinde. Christus lebt in der Gemeinde. Die Gemeinde lebt in Christus. Das Haupt und die Glieder, sie tun ein Werk. So wandelt die Gemeinde »im Geiste«, dass der Erhöhte in ihr und sie im Erhöhten handelt. Geht es um Tatgemeinschaft des Hauptes mit den Gliedern, dann geht es darum, dass die Gemeinde mittut am Werk des Herrn in der Welt. So gesehen, hat der Gehorsam der Gemeinde universale Folgen.

Ernst Wolf spricht vom »Dabeisein beim Wirken Gottes an der Welt, nicht beim Wirken Gottes an ihm zu seinem Heil«.[7]

Wir fragen nach der Aktionsgemeinschaft des Hauptes mit den Gliedern, nach dem, was der Herr heute tut und getan haben will. Es geht in unseren Gemeinden um Christi Werk. Wir leben von seinen Wundern und nicht von unseren Manipulationen. Indem wir aber von seinen Wundern leben, leben wir im Gehorsam.

Dies aber war ein Anliegen der Väter, in ihrem Kirchentum gehorsam zu sein, wenn sie sich als Glieder einer »nach Gottes Wort reformierten Kirche« bekannten. Wegweisend muss für uns sein, dass sie sich nicht auf einen Reformator beriefen, sondern auf das Wort. So zieht sich ein Zanchius gegenüber lutherischen Konfessionalisten nicht auf Calvin zurück, sondern auf die Schrift: »Wenn ich nicht sehe, dass sie dem Worte Gottes konform sind, will ich mich nicht an irgendwelcher Menschen Interpretation binden lassen.«[8]

Wir werden also, nach dem Gehorsam für uns und unsere Gemeinden fragend, nicht bei den Vätern stehenbleiben. Wir werden sie gerade darin ehren, dass wir nicht sie, sondern die Schrift zum Maßstab und Richtmaß nehmen, für unsere Gemeinden. Wir ehren die Väter damit, dass wir ihr Anliegen aufnehmen

---

[6] KD IV,3, 685.

[7] Sola gratia, Erwägungen zur reformatorischen Rechtfertigungslehre, in: Festschrift für Rudolf Bultmann, 1949, 234.

[8] Vgl. den ausgezeichneten Aufsatz von J. Moltmann, Was heißt reformiert? RefKZ 100, 1959, 27.

und ihr Geschäft weitertreiben; denn es geht uns – um ein Wort von W. Niesel aufzunehmen – »nicht um ein Kirchentum, sondern um das Wort«.

H. Heppe belehrt uns in seiner »Geschichte des Protestantismus«, dass die Bezeichnung »reformierte Kirche« zuerst in der Pfalz in der Beziehung angewendet wurde, »dass darunter die Purification der Gotteshäuser und Gottesdienste von den aus katholischer Zeit herstammenden Bildern und Gebräuchen verstanden werden sollte«.[9] Das Anliegen der Väter war es offenbar, die kirchliche Praxis nach apostolischem Vorbild zu reformieren. Diese Aufgabe liegt heute vor uns.

Wir haben also Gottes Wort zu fragen, was das heute sei und bedeute, »die nach Gottes Wort reformierte Kirche«. Wir meinen, damit den Intentionen der Väter zu folgen, wenn wir nach den Wundern Christi und des Heiligen Geistes fragen, um als Gemeinde diese Wunder zu erkennen, zu preisen und aus diesen Wundern zu leben. Dann aber stellen wir fest:

Die Gemeinde Jesu Christi ist immer »nach Gottes Wort reformiert« – und umgekehrt: Die nach Gottes Wort reformierte Kirche ist Gemeinde Jesu Christi – unsere Gemeinden sind leider nicht mehr oder noch nicht nach Gottes Wort reformiert. Sie stehen aber unter der Verheißung und Aufforderung, zu werden, was sie dem Namen nach noch oder bereits sind: Nach Gottes Wort reformiert.«

Ich möchte nun versuchen, diese These in einigen Sätzen zu erläutern.

1. Gemeinde Jesu Christi und also nach Gottes Wort reformierte Gemeinde ist wie er selbst gesendet. Sie empfängt nach ihrer Sendung den Heiligen Geist und missioniert durch ihre Einheit. – Unsere Gemeinden aber sind in ihrer Kirchlichkeit sitzengeblieben und darum geistlose, weil sie nicht unterwegs sind. Durch ihre Zerrissenheit sabotieren sie ihre Sendung. Sollen unsere Gemeinden nach Gottes Wort reformierte Gemeinden sein, müssen sie von der Erstarrung in die Bewegung, vom Sitzen ins Laufen, von der Zerrissenheit in die Einheit hinüberwechseln.

Wie der Vater Jesus sendet, so sendet Jesus unsere Gemeinden (Joh 20,21; vgl. 17,18). Ist er das Licht der Welt (Joh 8,12), sind auch die Jünger Licht der Welt (Mt 5,14). Ist er das Lamm, welches der Welt Sünde trägt (Joh 1,25), so sind die Jünger gesendet wie Schafe unter die Wölfe (Mt 10,16). Ist er unter den Seinen wie ein zu Tische Dienender (Lk 22,27), so sei der ein Diener, der groß sein will (Mt 20,27). Die Sendung des Sohnes durch den Vater ist eine Sendung in die Menschlichkeit, in die Knechtsgestalt, ins Leiden. Es ist der Erniedrigte, der zu seinen Jüngern sagt: »Wie mich der Vater gesandt hat, so sende auch ich euch« (Joh 20,21; vgl. 17,18).

Lässt sich also unsere Gemeinde nach Gottes Wort reformieren, so existiert sie apostolisch, geht den Weg der Schafe zu den Wölfen, verströmt als ein Licht ins Dunkel, dient an den Tischen der Welt und leidet.

Dies aber kennzeichnet unsere kirchliche Situation, dass wir wohl die Welt zu uns rufen, aber nicht zur Welt hingehen wollen. Viele Presbyterien sehen es als ihre Hauptaufgabe an, darüber zu wachen, dass die Kirche im Dorf bleibt, dass sie sich ja nicht auf den Weg begibt, auf dem sie ihr Ansehen, ihre Wertschätzung vor der Welt

---

[9] Zitiert nach Moltmann, ebd., 26.

einbüßen müsste. Die Gemeinde sucht sich denn auch in ihren Gottesdiensten zu bereichern, sie lebt ihren Glauben um ihrer selbst willen, gleicht nicht mehr Schafen, die unter die Wölfe gehen, schon eher Mastgänsen, die sich stopfen lassen. Aber sehen wir zu: die Gemeinde, die in ihrer Kirchlichkeit und Tradition, in ihrer Frömmigkeit und in ihrem Brauchtum sitzen bleibt, ist das Produkt einer falschen Predigt! Einer Predigt und Seelsorge nämlich, die fort und fort Trost in die Hälse und Herzen der Hörer stopft. Die Folge davon ist der Christ, der zur Predigt geht, um dort etwas für sich zu holen, der Christ, der frommes Fett ansetzt, weil er fortwährend konsumiert, ohne sich zu bewegen. Die Türen zur Welt hin bleiben im Grunde verriegelt.

Schon die Gemeinde des ersten Sonntags war hinter geschlossenen Türen, die Furcht hatte sie nach außen hin abgeriegelt (Joh 20,19); der Auferstandene aber schickt sie durch allen Verschluss hindurch nach draußen. Das tut er auch heute, das ist sein Werk. Das bedeutet aber für Predigt und Gottesdienst: soll unsere Gemeinde Gemeinde Jesu Christi werden, so muss ein Wort an sie ergehen, das sie sendet. Der Gottesdienst darf nicht länger zur bloßen Seelenbedienung degradiert werden. Er muss zur Sendung werden, denn die Gemeinde versammelt sich ja nur, um wieder auseinanderzugehen. Sie kommt im Namen des Herrn Jesus zusammen, um eben diesen Namen hinauszutragen in die Welt. In ihrer Versammlung beginnt, was für alle Welt kommen soll: der Friede als Überwindung der Angst, das Sich-Beugen aller Knie vor dem erhöhten Christus (Phil 2,11). Darum löst sich ihre Versammlung immer wieder auf in die Zerstreuung hinein, in die Welt, die dem Christus gehört. Die Gemeinde wird auf diesem Gang in die Welt sich sofort dieser Welt anpassen, den Namen ihres Herrn vergessen, wenn sie vergisst, dass sie von Jesus weg, *ihm* entgegengesendet wird. Indem die Gemeinde für andere in der Welt existiert, seufzt sie mit aller Kreatur um die Erlösung und erwartet und beschleunigt so den Tag Gottes (2. Petr 3,12).

Indem die Gemeinde durch die Welt hindurch ihrem Herrn entgegengeht, nimmt sie die Welt mit, dem Herrn entgegen. So wie Israel goldene und silberne Schmucksachen mitnimmt ins Gelobte Land (2. Mose 12,35), und so wie allerlei Pöbelvolk mit Israel auszieht (2. Mose 12,38), so wie Israel aus Ägypten gleichsam das Beste und das Schlechteste mitnimmt, so nimmt das neue Israel den goldenen und silbernen Schmuck, die Kultur mit, dem Herrn entgegen, und allerlei Pöbelvolk darf mitlaufen, denn den Armen wird das Evangelium verkündigt.

Macht sich die Gemeinde auf zum Gang in die Welt, darf sie gewiss sein, dass der Heilige Geist das neue Israel führt und leitet, wie einst die Feuersäule das Volk durch die Wüste führte. Der Heilige Geist ist ein Geist der Bewegung, ein Geist der Wanderschaft. Darum gilt: »Die Kraft des Bezeugens wächst draußen.«[10]

Nach den ersten drei Evangelien wird er denen gegeben und denen beistehen, die als Gesandte verfolgt werden (z.B. Mt 10,19ff). – Johannes berichtet, dass der Heilige Geist nach der Sendung gegeben wird. Jesus habe die Jünger angeblasen: »Empfanget den Heiligen Geist!« (Joh 20,22). Diesen Sachverhalt finden wir wieder in der Apostelgeschichte. Nach dem Aussendungsbefehl für Paulus und Barnabas zur ersten Missionsreise erfolgt die Handauflegung, offenbar als Zeichen

---

10 J. Margull, Theologie der missionarischen Verkündigung, 1959, 185.

der Geistmitteilung (13,2f). – An die Korinther wird Paulus im 2. Brief schreiben, dass wir als Diener des neuen Bundes verwandelt werden »von Herrlichkeit zu Herrlichkeit wie von dem Herrn aus, welcher Geist ist« (3,18).

Das Neue Testament bezeugt uns einmütig, dass der Heilige Geist bei denen und an denen und durch die schöpferisch wirkt, die sich senden lassen. – Aber nun geht durch unsere Gemeinden eine hoffnungslose Klage, dass wir den Heiligen Geist nicht so hätten wie die Urgemeinde, und dabei bleibt man sitzen in Klage, Selbstbeschauung und Selbstmitleid. Wird aber der Heilige Geist denen geschenkt, die unterwegs sind, können wir nicht auf irgendwelche pfingstliche Ereignisse warten, ehe wir uns in Bewegung setzen. Gerade wenn wir uns im Auftrag Jesu auf den Weg machen als solche, die bis ins Innerste hinein arm sind, dann ist gerade diesen, den geistlich Armen, der Besitz des Himmelreiches zugesprochen (Mt 5,3).

Und das heißt, unsere Gemeinde muss etwas tun, Schritte und Schrittlein zu der Welt hin, in der sie lebt. Sie kann diese Schritte und Schrittlein aber nicht tun, solange sie in sich selber uneins bleibt. Darum bittet der Hohepriester für die Einheit der Gemeinde, »auf dass die Welt erkennt, dass du mich gesandt hast« (Joh 17,23). Der Apostel aber mahnt die Philipper zur Einheit: »Machet meine Freude dadurch vollkommen, dass ihr gleichgesinnt seid im Besitz der gleichen Liebe, in der Seele verbunden, den Sinn auf Einigkeit gerichtet« (Phil 2,2f). – Noch deutlicher wird er im 1. Korintherbrief. »Ich ermahne euch aber, ihr Brüder, bei dem Namen unseres Herrn Jesus Christus, dass ihr alle einerlei Rede führt und nicht Spaltungen unter euch seien, dass ihr vielmehr zusammenhaltet in demselben Sinne und derselben Meinung« (1,10).

Wie sieht diese Einheit in unseren Gemeinden gewöhnlich aus? Die Pfarrkollegien machen vielfach die Dinge unter sich ab, und die Presbyterien meckern, oder umgekehrt.

Wie oft klagen die Pfarrer über die Tyrannei ihrer Presbyterien und wie oft die Presbyterien über die Tyrannei ihrer Pfarrer! So führen Pfarrer und Presbyter oft einerlei Reden, nämlich eine Anklagerede, die aber meint der Apostel nicht! Wo solche Anklagereden geführt werden, wird der eine des andern Teufel.

Die Mahnung zur Einigkeit des Apostels ist auch zu bedenken im Blick auf die Frage des Verhältnisses der Konfessionen zueinander. Dazu möchte ich am Schluss noch etwas sagen.

2. Die Gemeinde Jesu Christi und also die nach Gottes Wort reformierte Gemeinde ist die vom Geist begabte, in der Mannigfaltigkeit der Dienste. Darum ist die Gemeinde ein Volk von Königen, Priestern, Propheten und Lehrern. Alle dienen einander, und miteinander dienen sie der Welt. Wir aber haben die Gaben weithin eingesargt ins Pfarramt. Weithin ist der Pfarrer allein König, Priester, Prophet und Lehrer. Alle dienen dann dem Einen, und Einer dient allen. Damit aber bleibt die Gemeinde unmündig und der Pfarrer überlastet. Damit unterbleibt der Dienst an der Welt. Wir müssen also erkennen, dass das Pfarramt in seiner heutigen Gestalt einer nach Gottes Wort reformierten Gemeinde nicht mehr entspricht, dass das Gegenüber von Pfarrer und Gemeinde fatal unbiblisch geworden ist.

Wenn Blumhardt erkannte: seine Leute sind verloren, wenn sie nicht den Heiligen Geist bekommen, so sagt Georg Eichholz: nach Paulus sind alle die Glieder

der Gemeinde geistbegabte, wenn sie Gemeinde sind. Eichholz schreibt: »Mit dem Stichwort ›charismatische Gemeinde‹ möchte ich die Wirklichkeit der Gemeinde auf eine abgekürzte Formel bringen, die Paulus in 1. Kor 12 umschreibt. Er versteht Gemeinde so und nicht anders, er versteht sie als charismatische Gemeinde, wenn sie Gemeinde ist.«[11]

Die Gemeinde ist für Paulus eine »charismatische Größe«, d.h. sie ist durch und durch von den Gaben und Wirkungen des Geistes bestimmt.

Eduard Schweizer belehrt uns, dass die paulinische Sicht, die »Dienst« synonym mit »Gnadengabe« und »Kraftbetätigung« (Ereignischarakter) sieht, grundsätzlich durch das ganze Neue Testament beibehalten wird.[12]

Die Gemeinde Jesu Christi ist nach dem NT also nicht eine Schar von Schwachbegabten, sondern ein Chor von Talenten, die sich zu entfalten haben, ein Orchester, in dem jeder sein besonderes Instrument spielt, eben die Geistesgabe, die ihm zuteil wurde und ihn in Dienst stellt. (Ein Amt in unserem Sinne kennt das NT wohl nicht.) Dann ist aber die Unterscheidung Priester – Laie unbiblisch, und die Anhäufung der Dienste auf das schuldig-unschuldige Haupt eines Pfarrers ist eine Ungeheuerlichkeit. Eduard Schweizer meint: »Ein Gemeindeglied, das alle Gaben ausüben wollte, nähme den Jüngsten Tag vorweg und wollte damit sich selbst zum kleinen Christus machen.«[13]

Dies geschieht in der Praxis. Wie er sich auch dagegen wehrt, der Pfarrer wird zum Heiland der Gemeinde, mit ihm steht und fällt der Gottesdienst; denn der Pfarrer ist hier Veranstalter und Gestalter in einer Person, »er ›hält‹ den Gottesdienst (in der Doppeldeutigkeit dieses Ausdruckes), die Gemeinde nimmt daran teil.«[14] Damit ist für die Kirche des Wortes ein Prozess der Verkümmerung eingeleitet. Die Gemeinde lebt vom Wort des einen, vom Stückwerk seines Erkennens und Weissagens, sie ist diesem einen sozusagen wehr- und machtlos ausgeliefert; insofern einer zur Gemeinde gehört, ist er ein Höriger des Pfarrers. Ein Grund der Kirchenfremdheit liegt darin, dass der Mensch einer mündigen Welt hier nicht mehr mitmacht und die Gefolgschaft kündigt.

Die Monopolstellung des Pfarramtes ist ganz und gar nicht »nach Gottes Wort reformiert«, und wir müssen hier weiter gehen, als die Väter gegangen sind. Wenn unsere Väter in der Pfalz erkannten, dass in ihren Gotteshäusern und Gottesdiensten noch allerlei Bilder und Gebräuche aus katholischer Zeit herstammten, so müssen wir heute erkennen, dass das Pfarramt in seiner heutigen Gestalt ein schlecht übermaltes Bild aus katholischer Zeit darstellt. Man verstehe mich recht. Ich möchte nicht sagen, es dürfe kein Pfarramt geben. Meine These aber ist die, dass unsere Form des Pfarramtes nichts ist als eine Umgestaltung und Wiederaufnahme des römischen Priesterbegriffs. Darum ist heute eine »Purification« der Gotteshäuser und Gottesdienste notwendig geworden. – Ein Kennzeichen des werdenden Katholizismus war die Errichtung des monarchischen

---

11 Was heißt charismatische Gemeinde? ThEx-NF 77, 1960, 5.
12 Gemeinde und Gemeindeordnung im Neuen Testament, ATHANT 35, 1959, 188.
13 AaO 92.
14 T. Rendtorff, Die soziale Struktur der Gemeinde, 1958, 52.

Episkopats, d.h. der Bischof herrschte wie ein König in seinem Bistum. Nach der Reformation trat mit der Zeit der Pfarrer an die Stelle des monarchischen Bischofs. Wir Reformierte kennen nun ähnlich wie die Engländer eine konstitutionelle Monarchie. Die Presbyter regieren mit, für oder gegen den König, wie das Parlament und seine Minister mit, für und gegen den König regieren. So ehrwürdig das aussieht, der Schrift entspricht es nicht. Natürlich hängt das Heil nicht am System, natürlich ist der Geist frei, kann durch diesen einen Mann wirken und eine ganze Schar unberührt lassen. Trotzdem meine ich, das Pfarramt in seiner heutigen Gestalt stehe gegen das Wirken des Geistes und verunmögliche die Mündigkeit der Gemeinde.

Georg Eichholz schreibt: »Das Einmannsystem zerbricht in 1. Kor 12 an der angebotenen Fülle der Charismen, an dem umfassenden (alle Christen umfassenden) Ruf zum Dienst, der hier herausspringt.«[15] – Wie wenig sich die Fülle der Charismen in unseren Gemeinden entfalten kann, zeigt etwa die Rede vom »Pfarrer und seinen Mitarbeitern«, vom »Helferkreis« oder von der »Arbeitsmannschaft des Pfarrers«. Diese Reden führen wir gerne in sogenannt lebendigen Gemeinden und schreiben damit dem Pfarrer vielleicht unbewusst, aber umso wirksamer den ersten Dienst zu. Der Pfarrer dirigiert, spielt die erste Geige und singt Solo. Der Chor dient höchstens zur musikalischen Untermalung. Der Laie ist für den Pfarrer da. Er wird zum Handlanger des Pfarrers degradiert, und praktisch bleibt ein unendlich qualitativer Unterschied zwischen Pfarrer und Laie bestehen. Wir können dabei gleichzeitig heftig auf der Kanzel gegen den Klerikalismus donnern, in den sanft rinnenden Wassern der Kasualien, der Gottesdienstordnung und des Gemeindeaufbaus führen wir ihn umso kräftiger wieder ein.

Und was schlimm ist: darf der Laie nur Mitarbeiter sein, darf er gleichsam nur die Blätter auf dem Notenpult umlegen und etwa einmal die Triangel spielen, so unterbleibt der Gang in die Welt. »Wenn die Laien sozusagen nichts sind und sein wollen, kann's nicht vorwärtsgehen im Reiche Gottes.«[16] Die Gemeinde wird steril, denn der Laie wird als Mitarbeiter des Pfarrers selber klerikal, und darum treffen wir unter den Presbytern Leute mit einem sehr schönen Amtsbewusstsein, die einem voll Stolz erzählen, wie manches Jahrzehnt sie der Gemeinde vorstehen. Der Kirchenvater Augustin aber weinte, als man ihn zum Presbyter machte, so schwer war ihm das Amt.[17]

3. *Die Gemeinde Jesu Christi und also die nach Gottes Wort reformierte Gemeinde geht in Predigt und Seelsorge darauf aus, die Gaben der Glieder zu entdecken, zu benennen und einzusetzen. Die Fülle der Gaben wird auch im Gottesdienst zum Ausdruck kommen, denn hier wird der Laie zugerüstet und ausgerüstet für sein Zeugnis in der Welt. In unseren Gemeinden aber bleiben die Gaben meist anonym.*

---

15 AaO 24.
16 J. Ch. Blumhardt, Evangelienpredigten 1887, 360; zitiert nach J. Scharfenberg, Johann Christoph Blumhardt und die kirchliche Seelsorge heute, 1959, 58.
17 Dass im Amt des Presbyters zwischen damals und heute ein großer Unterschied besteht, spielt für unsern Vergleich keine Rolle.

Der Gottesdienst macht den Laien mundtot. Es wird also darum gehen, dem Laien die Freiheit des Wortes zu geben.

Raoul Dufy hat einmal ein Bild gemalt: von oben bis unten Stühle, Notenständer, Pauken, Trommeln, Geigen, Bratschen, Flöten und irgendwo auf einem Stuhl mit verschränkten Armen und müde ein Musiker, offenbar Orchesterpause. Das Bild unserer Gemeinde heute. Darum gilt es, die Spieler zusammenzuläuten, ihnen die Instrumente zu zeigen und den Ton zu geben.

Ohne Bild gesagt: wir müssen damit rechnen, dass wir keine unbegabten Gemeindeglieder haben, dass der Herr jeden Unbegabten begabt, und dass er jeden Begabten braucht. Die Schwierigkeit ist nicht die, dass wir keine Leute hätten, wie Luther meinte. Die Schwierigkeit ist vielmehr die, dass wir blind sind für die Gaben und mit blöden Augen über die Goldadern unserer Gemeinden stolpern.

Es soll zwar Brüder geben, die nur in leitender Stellung dienen können. – Aber tatsächlich ist die Gabe der Leitung in der Einzelgemeinde wie in der Gesamtkirche eine sehr verschüttete Gabe.[18] Und wenn bei uns die Presbyterien offiziell die Gemeinde leiten, müssen sie sich in vermehrtem Maße der Auffindung von Gnadengaben in der Gemeinde widmen. Hans Rudolf Weber betont mit Recht: »Beim Aufbau einer mündigen Gemeinde kommt alles darauf an, dass die der Gemeinde gegebenen Gnadengaben und Charismatiker erkannt, zur rechten Zeit zur Entfaltung gebracht, einander zugeordnet und in den Dienst gestellt werden. Wo dies geschieht, wird die Gemeinde stets erneuert und zum Dienst zugerüstet.«[19]

Der Gottesdienst nun sollte der Ort sein, wo der Laie zugerüstet und geschult wird zum Zeugnis in der Welt. In unseren Gottesdiensten aber wird das Volk von Königen und Priestern behandelt wie Kleinkinder, die wohl brav am Tisch sitzen und essen sollen, aber weder fragen noch reden dürfen. Alles, was Gottes Volk tun darf, ist absitzen, zuhören, auf Kommando singen, aufstehen, die Hände falten. Man soll sich doch nicht wundern, wenn die Gemeinde in den Jahrhunderten nach der Reformation noch nicht mündig wurde! Man gibt ihr doch gar nie Gelegenheit, mündig zu sein. Nach dem Zeugnis der Schrift hatte jedes Gemeindeglied das Recht, im Gottesdienst das Wort zu ergreifen. Paulus fordert wiederholt die Gemeinde dazu auf, nach der Gabe der Prophetie zu trachten, die im Gottesdienst zur Entfaltung kommt (1. Kor 14,2 u. 39). Der Hebräerbrief betrachtet alle als Lehrer (5,12). Nur den Frauen wird das Lehren verboten (1. Tim 2,12).[20]

Nicht nur das Wort, sondern auch die Verwaltung des Sakraments ist Sache des ganzen Gottesvolkes. Nirgends steht geschrieben, dass etwa nur der Apostel das Recht gehabt hätte, zu taufen oder das Sakrament auszuteilen. Paulus sah das nicht als seine Aufgabe an (1. Kor 1,14–17). – Petrus offenbar auch nicht, denn er ordnet an, dass Cornelius und die Seinen getauft werden, vollzieht aber die Taufe nicht selber (Apg 10,48). Heute aber sind die Pfarrer die amtlich beglaubigten Täufer. Damit kommt dem Pfarrer im Bewusstsein der Gemeinde priesterliche Würde zu, und dem Laien wird sie damit entzogen. Indem der Pfarrer allein die

---

18 Vgl. meine Ausführungen über »Die Leitung der Gemeinde«.
19 Mündige Gemeinde, Ökumenische Rundschau 9, 1960, 17.
20 Vgl. E. Schweizer, aaO 170.

Sakramente verwaltet und die Kasualien versorgt, etabliert sich auch in unsern Kirchen ein Priestertum, das sich grundsätzlich trotz aller anderslautenden Beteuerungen praktisch wenig vom römischen unterscheidet.

Und nun frage ich: wie soll es möglich sein, dass die Laien als Könige, Priester, Propheten, Lehrer, Apostel in dieser Welt leben, wenn sie im Gottesdienst andauernd als unmündige Kinder behandelt werden, die den Schnabel nicht auftun dürfen? Wie sollen die Laien in der Welt plötzlich mündig sein und das Wort ergreifen, wenn es ihnen drinnen verboten ist? Wie sollen sie draußen nicht inkognito leben, wenn sie drinnen anonym bleiben?

Das viele Reden von der Sendung der Christen in die Welt bleibt völlig illusorisch, wenn es nicht zur Sendung und Ausrüstung der Laien für die Welt kommt, und darum wird eine Purification der Gottesdienste nötig sein.

Wenn Heinz Dietrich Wendland vom Dienst der Kirche als gottesdienstliche Gemeinde und als weltliche Christenheit spricht und dabei feststellt: »Ohne Liturgie kein einziger Akt von Diakonie«,[21] so werden wir dem gerne zustimmen, werden aber dabei die Anmerkung Eduard Schweizers nicht unterdrücken können: »Es besteht heute weithin Bereitschaft zur liturgischen Gestaltung des Gottesdienstes. Das Wagnis des freien Wortes für alle Gemeindeglieder wird kaum je ernsthaft versucht. Es erscheint zu riskant. Aber kann man einer Gemeinde, die man nicht für mündig genug hält für das freie Wort, ein liturgisches Singen und Sprechen zumuten, das wohl noch viel mehr Reife erfordert, soll es nicht zum Geplapper absinken? So sehr also ja gesagt werden kann zu einer sinnvollen Liturgie, ist doch kritisch zu fragen, ob es nicht ein fauler Ausweg ist, solange man der Gemeinde das freie Wort entzieht.«[22] – Wird aber der Gemeinde das Wort erteilt, bekommt auch die Liturgie eine neue Bedeutsamkeit! – Noch mehr die Kirchenzucht! Wir erleben in Bibelbesprechstunden usw. die tödliche Wirksamkeit frommer Schwätzer; darum mag die Freigabe des Wortes unverantwortbar erscheinen.

Es wäre ein schlechter Trost, wenn wir hier darauf hinweisen wollten, es gebe ja unter den Pfarrern selber viele Schwätzer, und was dem einen recht sei, sei dem andern billig. – Hingegen ist zu beachten, dass die Schrift selber diesen Leuten den Mund stopft, indem sie auf die Verantwortung für das Wort im Letzten Gericht hinweist. »Tretet nicht zahlreich als Lehrer auf ...« (Jak 3,1). Das freie Wort ist nicht das chaotische, wilde Wort: Paulus ordnet das Reden der Propheten (1. Kor 14). Gerade diese beiden Korrekturen machen noch einmal deutlich, dass es für die Gemeinde nicht normal ist, nur einen Lehrer und einen Propheten in Personalunion zu haben. In unseren Gottesdiensten herrscht darum so lange eine Ordnung des Todes, als wir die lebendigen Gaben des Geistes in den Gliedern abwürgen.

Es ist klar, dass wir eine vielhundertjährige Tradition nicht mit einem Schlag ändern können. Immerhin kann damit angefangen werden, dass wir einerseits in außerordentlichen Gottesdiensten neue Wege gehen. Dabei wird eine solche Gemeinschaftsarbeit zunächst mehr Mühe und Vorbereitung kosten als die Pre-

---

[21] Der Dienst der Kirche als gottesdienstliche Gemeinde und als weltliche Christenheit, 1958, 1, 16.
[22] AaO 204, Anm. 890.

digtvorbereitung im Einmannsystem. Andererseits wird es nötig und möglich sein, anstelle antiquierter Bibelstunden über die Bibel ins Gespräch zu kommen.

Noch eins muss hier beachtet werden. Die Vielschichtigkeit und Kompliziertheit der industriellen Arbeitswelt, das Unübersehbare der Industriegesellschaft hat eine konkrete Predigt sehr schwer gemacht. Namentlich die Predigt des Gebotes – die in besonderer Weise eine Kenntnis der Welt-Wirklichkeit voraussetzt – leidet heute darunter, dass der Prediger fast nur noch den Familien- und Freizeit-Bereich seiner Hörer kennt, die Arbeitswelten seiner Hörer aber bleiben weithin unbekannt, werden darum von der Predigt nicht erreicht.

So fordert die »Schnittpunktexistenz des modernen Menschen« mehr das Lehrgespräch als den Kanzelvortrag, die Stimmen der vielen mehr als die des einzelnen. Die neutestamentlichen Strukturen des Gottesdienstes zeigen also genau die Form, die wir heute brauchen! Das Neue Testament liegt vor uns, ist viel moderner, als wir meinen. Damit sind wir schon beim vierten Punkt.

4. Die Gemeinde Jesu Christi und also die nach Gottes Wort reformierte Gemeinde ordnet ihre Dienste immer wieder neu nach den Bedürfnissen. Wir aber ordnen sie nach der Tradition. Wir haben darum zu fragen, wie heute die Dienste in der Gemeinde geordnet werden müssen.

Das NT zeigt deutlich, dass die Ämter, Dienste dort eingesetzt werden, wo man sie braucht. Im Verweise nur auf das Amt der Diakonen, das erst nach dem Murren der Witwen geschaffen wurde (Apg 6,1). Ferner ist zu beachten, dass die Ämterlisten in den neutestamentlichen Schriften variieren. Es gibt keine starre Ämterordnung. Das Amt wird nur als Dienst verstanden, und die Dienste wechseln je und je nach den Bedürfnissen. Natürlich wird das Dienstwesen geordnet. Es ist nicht einfach ein wildes Chaos, aber ebensowenig eine Bürokratie. Im NT wird Dienst als Ereignis, als Geschehen verstanden. Charisma und Dienst stehen parallel zum Begriff Wirkung – Ereignis, und was Röm 12,4 »Tätigkeit« heißt, heißt in V. 6 »Charisma«.[23] Alles Tun innerhalb der Gemeinde wird daher als Wirkung des Schöpfergeistes verstanden. Calvin hat ebenfalls betont, dass die Ämter keine starre Ordnung darstellen: »Scimus enim unicuique ecclesiae liberum esse, politae formam instituere sibi aptam et utilem; quia dominus nihil certi praescripserit.« (Wir wissen nämlich, dass jede Kirche frei ist, die für sie geeignete und nützliche Ordnungsform einzurichten, da der Herr nichts Bestimmtes vorgeschrieben hat.)[24]

Es wäre also gerade das Unreformierteste, das wir tun könnten, wollten wir uns auf eine reformierte Ämterlehre ein für allemal festlegen und wollten wir die Konzeption des Pfarramtes unbesehen vom Reformator übernehmen.

Wenn wir fragen, wie die Dienste zu ordnen seien in der Gemeinde, dann werden wir bedenken, dass es letztlich um den Dienst in der Welt geht. Und wir werden darum auch »Mut zu neuen Charismen« (K. Rahner) haben müssen. Wenn wir uns also aufmachen, Charismen zu entdecken, können wir nicht einen

---

23 Schweizer, aaO 164.
24 Zitiert nach W. Krusche, Das Wirken des Heiligen Geistes bei Calvin, 1957, 307.

historischen Umzug »Korinth im Jahre 55« oder »Pfalz im Jahre 1560« arrangieren, wir werden vielmehr damit zu rechnen haben, dass der Spiritus creator neue Begabungen schafft in seiner Gemeinde. Aus diesem Sachverhalt ergibt sich eine vierfache Folgerung.

a) Zunächst haben wir zu beachten: es kann Dienste geben in der Gemeinde, die einmalig sind, Dienste, die nur für eine gewisse Zeit dauern. Dann aber sollten wir den Mut haben, Laien für beschränkte Zeitabschnitte in einen notwendigen Dienst zu berufen. Dies geschieht schon im diakonischen Jahr, müsste aber noch umfassender geschehen. – Mancher Generationenkonflikt bei Fabrikanten, Geschäftsleuten und Bauern könnte vermieden werden, wenn die Gemeinde entweder Vater oder Sohn für eine gewisse Zeit berufen und ordinieren würde.

b) Eine weitere Folgerung ergibt sich aus der Tatsache, dass im NT nicht nur Dienste einzelner genannt werden, dass es vielmehr Dienstgruppen gibt. Der Lutheraner Wendland und der Reformierte Weber weisen beide auf die Bedeutsamkeit der Bruderschaft für die Dienstgruppe.[25]

Ich möchte nur auf zwei Dinge hinweisen. Einmal auf den in der Ökumene gebrauchten Begriff der »Hauskirche«. Wir haben in guten reformierten Gemeinden noch Häuser, in denen Gottes Wort gelesen und ausgelegt wird. Dies aber wird langsam verkümmern, wenn wir nicht die Hauskirche aufwerten, indem wir Kasualien und Unterricht an die Hauskirchen delegieren. Ferner müssen wir sehen, dass heute Gemeindeformen nötig werden außerhalb und neben den üblichen Ortsgemeinden: christliche Zellen in den Fabriken zum Beispiel.[26]

c) Indem die Gemeinde für die Welt da ist, indem sie apostolisch durch die Welt ihrem Herrn entgegengeht und das Schöne sowie das Hässliche mitnimmt, dem Herrn entgegen, entzieht sie sich nicht dem Schöpfungsauftrag, sich die Erde untertan zu machen.

Calvin sprach in einer großartigen Vision von den Charismen der Wissenschaft und Kunst, von den Charismen im öffentlichen Amt. Er sah den Heiligen Geist in die Welt ausgehen und in der Welt wirken. Und er hat für diese Sicht zum mindesten das Alte Testament für sich.

Von daher hat es einen guten Sinn, wenn heute Weber betont, es gehe nicht so sehr darum, Laien für den kirchlichen Dienst zu mobilisieren und auszurüsten, sondern Laien für die Welt auszurüsten. »Die Wendung ›Laiendienst‹ drückt die herrliche Aufgabe der ganzen Kirche aus, an dem Dienst teilzunehmen, den Christus der Welt getan hat.«[27]

Dann aber wird es nötig sein, dass der Dienst, den die Akademien heute tun, auch von den Gemeinden getan wird. – Gerade im Blick auf unsere sich verändernde Gesellschaft werden wir uns dem Wagnis neuer Charismen öffnen müssen.

d) Wir fragen, was dann endlich der Pfarrer noch für eine Funktion habe, wenn die Laien taufen, Abendmahl austeilen, trauen und beerdigen. Dann be-

---

25 Vgl. K. Schuster, Das Recht der Gruppe nach dem Zeugnis des NT, MPTh 49, 160, 286ff.
26 Man lese hierzu die Schriften von Hans-Rudolf Weber, Mit den andern in der Welt, 1956, und von Horst Symanowski, Gegen die Weltfremdheit, ThEx-NF 79, 1960.
27 AaO 11.

steht endlich die Möglichkeit, dass der Pfarrer das brauchen kann, was er gelernt hat, nämlich die Theologie. Es besteht die Möglichkeit, dass der Pfarrer nach seiner Gnadengabe eingesetzt wird.

Der Pfarrer kann einmal, um mit Symanowski zu reden, »der Hilfsarbeiter der Laien in der Welt werden«, er kann als Trainer, Ausbilder, Lehrer für den Weltdienst der Laien arbeiten. Der Pfarrer kann, mit A. Funke zu reden, »zum Rektor geistlicher Dienste in der Gemeinde werden, so dass die Christen heranwachsen zu mündigen Gemeindegliedern«. Dies setzt voraus die Gabe der Leitung.[28]

Und endlich kann der Pfarrer als Missionar eingesetzt werden, der den Weg in die Welt hineingeht, ins Werk oder in die Presse oder sonst wohin, um dort mit seinen Gaben zu dienen.

5. Die Gemeinde Jesu Christi und also die nach Gottes Wort reformierte Gemeinde ist selbstbewusst in dem Sinne, dass sie Jesus Christus als ihr neues Selbst erkennt und weiß. Unsere Gemeinden wissen entweder nicht, wer sie sind, oder sie sind sich nur ihrer eigenen Frömmigkeit und ihres kirchlichen Brauchtums bewusst. Darum ist es nötig, dass die Gegenwart Christi, dass er als das neue Sein der Gemeinde verkündigt wird.

Damit haben wir den Weg angedeutet, auf dem es zur charismatischen Gemeinde kommt. Der Weg heißt: »Predigt«. Die Gemeinde wird durch die Predigt neu. Die Gemeinde reflektiert unsere Predigt.

Eduard Schweizer macht uns darauf aufmerksam, dass der Gottesdienst vor allem auf die Gegenwärtigkeit des herrschenden Christus abgestimmt war: »Der Gottesdienst ist also in erster Linie auf die gegenwärtige Herrschaft Christi ausgerichtet, während in den Bekenntnisformulierungen des Taufunterrichtes stärker auf die schon geschehenen Heilstaten hingewiesen wird.«[29]

Jesus als den Gegenwärtigen verkündigen heißt, ihn als den im Geiste Anwesenden ausrufen, heißt also, den dritten Artikel predigen, heißt, die Gemeinde predigen. Wenn unsere Gemeinde ins Apostolikum eingeschlossen ist, in die una sancta ecclesia catholica (die eine heilige allgemeine christliche Kirche), wenn unsere Gemeinde Glaubenssache ist, schließt das in sich, dass die Gemeinde gepredigt wird. Nicht Zeitanalyse und vielleicht auch nicht so viel Seelentrost, aber das neue Sein der Gemeinde, die wirkliche Existenz muss ausgerufen werden!

Das NT spricht hier eine ganz andere Sprache als die, die wir gemeinhin auf unseren Kanzeln hören. So mahnt Paulus die Römer zu neuer Selbsterkenntnis, dass sie sich als solche ansehen, die für die Sünde tot sind, für Gott leben in Jesus Christus (6,11). Die Korinther fragt er, ob sie nicht wüssten, dass ihre Leiber Glieder Jesu Christi seien (I 6,15). Jedem wird seine Gabe von Gott zugesagt (7,7). Jedem wird die Offenbarung des Geistes zu Nutzen der Gemeinde gegeben (12,7). Wir alle spiegeln mit aufgedecktem Angesicht die Herrlichkeit des Herrn wider (II 3,18). Den Galatern bescheinigt er, sie hätten Christus angezogen (3,27), und

---

28 MPTH 48, 1959, 449ff.
29 AaO 202.

die Thessalonicher nennt er seine Hoffnung, seine Freude, seinen Ruhmeskranz (I 2,19).

Paulus und das Moderamen des Reformierten Bundes haben nicht die gleiche Zeichengebung. Paulus setzt kein Fragezeichen, sondern ein Ausrufezeichen hinter die von ihm gegründeten Gemeinden. Hier vernehme ich in der Schrift Töne, die ich von unsern Kanzeln her einfach nicht höre. Hier jubelt einer über das neue Sein der Gemeinde. Und ich meine, dies sei das erste, was wir mit Paulus tun können, mit ihm zu jubeln darüber, dass es Neuschöpfung Gottes gibt auf der Erde, dass wir einmal aufhören, das alte Lied zu singen nach der Melodie: »Der schilt die sündige Seele aus ...« Dass wir vielmehr das neue Lied anstimmen, wissend, dass durch die Predigt Neuschöpfung geschieht.

Wir Prediger werden dann mit ausgestreckten Hälsen von der Kanzel heruntersteigen, neugierig auf das, was Gott durch die Predigt neu schafft, denn wir predigen ja nicht darum, dass ein Kirchentum gewahrt werde. Wir predigen ja darum, dass Kirche und Welt neu werde. Was Walter Freytag von der Missionspredigt in Afrika und Asien sagt, gilt darum auch für uns: »Alle Verkündigung ist ein Schritt auf ein Neues zu. – Unter der Verkündigung entsteht immer ein Neues. – Wir machen uns Illusionen, wenn wir meinen, draußen würde genau dieselbe Kirche, wie wir sie haben. Es wird immer andere Kirche.«[30] Wir machen uns ebenso Illusionen, wenn wir meinen, unsere Kirche würde genau dieselbe Kirche bleiben, wie sie war. Unsere Pfarrbrüder predigen also auf ein Neues hin. Neue Gaben, neue Gnaden sollen geschenkt werden; auf Grund der Predigt vom Glauben wird der Herr Wunderkräfte bewirken (Gal 2,5). Der Weg zur Erneuerung der Gemeinde geht über eine Erneuerung der Predigt.

6. Die Gemeinde Jesu Christi und also die nach Gottes Wort reformierte Gemeinde lebt vom Ereignis des Wortes und bleibt in der Lehre der Apostel. Unsere Gemeinden leben weithin vom Predigtturnus und nicht vom Worte selber. Wir haben darum umzukehren aus einem pharisäischen Formalismus zur Freiheit des Wortes.

Wir müssen den Weg, der zur charismatischen Gemeinde führt und Predigt heißt, näher beschreiben.

In der Theorie wissen wir ja alle sehr wohl, dass die Gemeinde vom Wort lebt, dass es zum Wesen der Predigt gehört, den vergesslichen Menschen immer wieder neu an Gottes Taten zu erinnern. Die Predigt braucht die Wiederholung genauso, wie das Gebet eine bestimmte Regelmäßigkeit nötig hat. – Jesus aber warnt vor einem Viele-Worte-Machen, vor einem Glauben an die Quantität des Wortes, es warnt vor einer Automatisierung des Gebets, vor dem unnützen Wort (Mt 6,7). Wir müssen daher fragen, ob nicht die Predigt automatisiert wird, ob sich nicht fromme Selbstgerechtigkeit als feiner Film über unser Predigen gelegt habe, die den Turnus wichtiger nähme als das Ereignis des Wortes. Für viele Presbyterien ist wichtiger, dass gepredigt wird, als was gepredigt wird. Die Institution der Predigt ist den Gemeinden oft wichtiger als das Evangelium. Dann aber wird die Predigt zum unnützen Wort. Sie wirkt

---

30 Zitiert nach Margull, aaO 157.

automatisch wie die römische Messe, die der Heidelberger eine »vermaledeite Abgötterei« nennt.

Und so predigt und plappert und klappert es dann auf vielen Kanzeln. Die Tibetaner haben Gebetsmühlen und wir Predigtmühlen.

Wenn allerhand liturgische Modeschöpfer das Ungenügen der Predigt betonen, dann wäre echt reformierte Antwort nicht ein stures Festhalten an einer möglichst langen und langweiligen Predigt, sondern das Ernstnehmen dessen, dass auch das gepredigte Gotteswort ein je einmaliges Ereignis ist.

Gerade der Umstand, dass um jeden Preis allsonntäglich eine neue Predigt gehalten wird, streicht sehr oft die Predigt vom Vorsonntag durch. Der Prediger wischt sein eigenes Wort so oft damit aus, dass er etwas Neues sagt! Durch immer neues Reden kann die Verbindlichkeit des Wortes schwinden! Der Turnus relativiert das Wort, zerredet das Wort. Das Bleiben in der Apostel Lehre wird dann zu einem bloß formalen Festhalten am Predigtturnus, nicht aber am Wort.

Die Presbyterien müssten darum den Mut haben, nach einer Predigt, die die Gemeinde anredet und fordert, am nächsten Sonntag statt einer neuen Predigt eine Besprechung der gehaltenen Predigt anzusetzen. Dies wäre gerade ein Weg, dem Laien das Wort zu erteilen im Gottesdienst.

Das beständige Bleiben in der Lehre der Apostel schließt auch in sich, dass eine Gemeinde auch einmal an *einer* Predigt bleibt. – Paulus schrieb nicht allsonntäglich nach Rom. Die Gemeinde hat an seinem Brief zu kauen bis zum heutigen Tag. Und wenn der Pfarrer auch kein Paulus ist, geschieht es hoffentlich, dass er gelegentlich Dinge sagen darf, über die die Gemeinde nicht einfach weggehen darf, bei denen sie stehenbleiben muss. Eine »Purification des Gottesdienstes« würde also in sich schließen, dass der Predigtplan dem Rechnung trägt und Raum schafft, dass Gottes Wort Ereignis wird. Es wäre manches anders in unsern Gemeinden, wenn sie einmal bei einer Predigt stehenbleiben würden.

Ich komme zum Schluss! Wir hatten hinter unsern Gemeinden ein Fragezeichen gesehen, ob sie nicht mehr oder noch nicht Gemeinde Jesu Christi seien. Beidemal hat sich daraus die Aufforderung zu Gebet und Umkehr ergeben. An den sechs Punkten mag es deutlich geworden sein, dass wir noch nicht nach Gottes Wort reformiert sind. Aber wir haben Verheißung, wir haben Zusage, dass er in unserer Mitte wandelt, dass er uns begaben will. Dann aber verwandelt sich das Fragezeichen in ein Ausrufezeichen. Im Dank und Freude. Und wir haben etwas zu tun. Wir haben viel zu tun. Wir haben nach der Mahnung Zwinglis um Gottes Willen etwas Tapferes zu tun.

Und nun möchte ich anhangsweise noch etwas sagen zur Frage der Union, die unter uns neu aufgebrochen ist, weil im Wuppertal eine Gemeinde vor dieser Frage steht. Wenn wir als Reformierter Bund nur den Bekenntnisstand wahren würden, wenn wir bleiben wollen, was wir jetzt sind, dann ist das Reformiertsein völlig uninteressant und letztlich überflüssig. Dann können wir mit dem Priester von Fenouille sagen: »Ihr seid frei, meine Freunde ...«

Wenn es uns nur darum geht, den Bekenntnisstand zu wahren, dann unterscheiden wir uns rein äußerlich vor allem darin, dass wir einiges nicht haben, was die anderen haben. Das genügt den Gemeinden aber auf die Dauer nicht, reformiert zu bleiben, mit Recht! So aber wird die Union keine echte sein, sondern ein Abfall vom Weg der Väter. Wenn wir aber die Intentionen der reformierten Väter aufnehmen, wenn wir den Titel »nach Gottes Wort reformiert« als Verpflichtung verstehen, dann haben wir vorerst gar keine Zeit zu einer Union. Sind wir aber unterwegs zu einer Reformation nach Gottes Wort, dann sind wir ganz von selber unterwegs zu Union und Ökumene.[31]

Darum meine ich, heute müsste nicht Union, sondern Reformation unser erstes Anliegen sein – wir tun der Einheit der Kirche Jesu Christi damit einen größeren Dienst! Oder besser gesagt: Gerade um der Einheit in der Wahrheit willen kann jetzt nur Reformation unser Thema sein. Wir werden unsern lutherischen Brüdern viel mehr nützen, wenn wir in aller Offenheit, Freundschaft und Liebe zu ihnen endlich einmal reformiert werden, nach Gottes Wort reformiert. Dann werden wir für unsere lutherischen Brüder mehr wert sein, als wenn wir heute die Union um einige halbwarme und halbkalte Gemeinden bereichern. – Ich meine, so langweilig und müde, wie wir jetzt sind, bleibt die Union nichts anderes als eine Müdigkeitserscheinung. Gerade weil wir die Einheit der Kirche suchen, dürfen wir uns nicht zufriedengeben mit vorschnellem Unieren. – Union verpflichtet, Union verlangt »Purification«: denn Union verlangt, dass wir etwas seien für den andern. Wie die Ehe verlangt die Union eine gewisse Reife, Tauglichkeit und Gesundheit; ein Schwerkranker soll vorerst nicht heiraten, er soll zunächst wieder genesen. Wir werden die interessanteren Partner, wenn wir zuerst einmal nach Gottes Wort reformiert werden. Die Einheit entsteht im Einander-Dienen mit den empfangenen Gaben. Wir haben den lutherischen Brüdern einen Dienst zu tun, den wir nur tun können, wenn wir werden, was wir dem Namen nach schon sind. Gerade um des Ganzen willen, der Kirche Jesu Christi auf Erden, ist unsere Aufgabe, »nach Gottes Wort reformiert« zu werden.

Und nun fragt es sich, ob wir an einem Ende sind oder vor einem Anfang. Sucht der Reformierte Bund sein Leben und sein Kirchentum zu erhalten, werden wir todsicher das Leben verlieren. Wagen wir aber in der Hinwendung zur Schrift unser Leben, werden wir es gewinnen. Und ich meine, dies sei die große Chance, die Gott uns heute anbietet, mit Gottes Wort neu anzufangen in der Purification der Gotteshäuser und der Gottesdienste, damit wir hinter unsere Gemeinden das Zeichen des Ausrufs setzen dürfen, das Zeichen des Dankes und der Freude über das, was Gott gibt und tut.

Wir stehen nicht an einer verlorenen, sondern an einer kommenden Sache. Darum »tut um Gottes Willen etwas Tapferes«.

Aus: folgen, S. 147–168

---

31 Vgl. W. Nijenhuis, Die Aufgabe der Reformierten Kirchen in der ökumenischen Bewegung, Calvin-Studien 1959, 1960, 62ff.

erinnerung an georg picht

noch seh ich
sein gesicht
aus dem auge
lachend ein blitz

er ist tot
und denkt nicht mehr

oder doch
erst recht

Aus: heimatkunst

Lehre und Praxis der Kirchen in der industriellen Gesellschaft

Georg Picht hat von Schelling her gefragt, ob Theologie »jenes ›höher Geschichtliche‹ so zu erzählen und zu verkünden vermag, dass das ›gemein Geschichtliche‹ in seinem Lichte transparent wird«. Verstehe ich recht, stellt Picht damit an uns die Frage nach dem Erweis des Geistes und der Kraft: Ist Theologie geistesgegenwärtig genug, dass sie die Zeit versteht – und so geisteskräftig, dass sie den Menschen der Gegenwart die Zukunft anzusagen weiß?

Von dem mir aufgegebenen Thema her interpretiert sich das »gemein Geschichtliche« unserer Gegenwart als »industrielle Gesellschaft«. Diese Bestimmung unserer Gegenwart stellt allerdings nur eine von möglichen Bestimmungen der Gesellschaft dar, eine Qualifizierung, die ihre gesellschaftspolitischen Implikationen hat: Die Kennzeichnung »industriell« meint eine die östlichen und westlichen Gesellschaftssysteme übergreifende Grundstruktur. – Die Frage, was Theologie sei, darf nicht abstrahieren von den Bedingungen, unter denen sie sich stellt.

Eine Charakteristik, die bis vor kurzem Optimismus verbreitete, indem sie den Progress versprach, verbreitet mittlerweile einigen Schrecken, erinnert sie doch an die »technisch industrielle Revolution«, die, wie Picht dargelegt hat, »das Überleben der Gattung Mensch« bedroht. »Der Mensch hat das Dominium Terrae in einer unerwarteten Form errungen. Er besitzt heute eine *negative* Verfügungsgewalt über seine eigene Geschichte: Er kann durch ABC-Waffen und meteorologische Kriegführung oder durch unbedachte Eingriffe in unsere Biosphäre der Geschichte des Menschen auf der Erde ein Ende setzen. Aber die *positive* Herrschaft über die Natur und seine eigene Geschichte besitzt er nicht. Er macht vielmehr die Erfahrung, dass er mit Hilfe der modernen Wissenschaft Biosysteme zerstören, aber nicht aufbauen kann«.

Damit hat Picht in der Tat nicht weniger behauptet als das, dass man heute über Theologie nicht reden könne, »wenn man nicht weiß oder nicht wissen will dass wir uns in einer geschichtlichen Krise befinden, die sich qualitativ von allen Krisen der bisherigen Geschichte unterscheidet«. Diese Krise »wurde ausgelöst durch die moderne Wissenschaft und ihre Anwendung in Technik und industrieller Produktion«.

Die Frage, was denn Theologie sei, könnte demnach nicht abstrahieren vom »gemein Geschichtlichen« dieser Krise; wie denn auch »Lehre und Praxis der Kirchen« nicht aus dem Rahmen dieser Krise herausgelöst werden können.

Ich gestehe, dass ich mich zunächst gegen die Pichtsche Behauptung gefühlsmäßig gewehrt habe. Sehe ich recht, standen die meisten der bisherigen Beiträge ebenfalls im Zeichen des Sich-Wehrens, dergestalt, dass sie sich auf die Provokation nicht einließen, die Picht uns gestellt hat. Die Frage Pichts bleibt vorerst unbeantwortet. Wir überhören gerne, was wir nur ungern hören, aber auch die Verdrängung der Wahrheit aus Angst vor der Wahrheit gerät zu einem Geschäft mit der Angst: Wer will schon gern von einer Krise hören, die uns in eine historisch unvergleichliche Enge führt? Könnte sich da unsere theologische Vornehmheit, welche die Rede von der Krise wie etwas beinahe Unanständiges überhört, als eine Verdrängung herausstellen?

Die apokalyptische Perspektive, die der Philosoph Picht mit der Feststellung der negativen Verfügungsgewalt aufreißt, muss umso bedrohlicher wirken, je enger wir Theologen sie von Paulus her begreifen: Der Mensch, unter die Sünde verkauft, erkennt nicht, was er vollbringt: »Ich tue eben nicht, was ich will, sondern das tue ich, was ich hasse ... Denn nicht das Gute, das ich will, tue ich, sondern das Böse tue ich, was ich nicht will« (Röm 7,15-19 nach Käsemann). Verständlich, dass angesichts solch erschreckend nahe liegender Abgründe bei uns Theologen Abwehrmechanismen mit Selbstschutzfunktion gleichsam automatisch in Gang kommen.

Henri Marrou sagt vom heiligen Augustin, er lehre uns durch sein Beispiel die Kunst, in einer Zeit der Katastrophen zu leben (Augustinus, rm 8, 1958, 8). Uns wird heute kaum eine geringere Aufgabe vorgelegt, Auge in Auge mit einer qualitativ einmaligen bedrohlichen Zukunft die Gegenwart zu bestehen und das für sie Notwendige zu lehren und zu tun: Die Gegenwart können wir nur bestehen, wenn wir sie begreifen. Und wir begreifen sie nur, wenn wir Gott selbst verstehen, wenn wir die Gegenwart im Gegenwärtigen und den Gegenwärtigen in der Gegenwart verstehen.

Über »Lehre und Praxis der Kirchen in der industriellen Gesellschaft« nachdenken heißt fragen, was denn von Gott her heute in der und mit der industriellen Gesellschaft geschieht, was denn heute von ihm her zu lehren und zu praktizieren sei.

I. Die Frage nach der Gegenwart des Gegenwärtigen

Die veränderte historische Lage zwingt uns, in veränderter Weise Gott zu denken, nötigt uns, Gottes Wirken in Schöpfung und Neuschöpfung in der Weise zu reflektieren, dass wir nach Gott dem Heiligen Geist fragen. Von Gott als dem Ganzen in einer bestimmten Perspektive reden heißt heute, von Gott dem Heiligen Geist reden. – Die traditionellen, von der Christologie geprägten Denkmuster reichen nicht aus, um die Gegenwart im Gegenwärtigen zu verstehen. Die Sprachlosigkeit der Theologie, unser Unvermögen, das »gemein Geschichtliche« unserer Gegenwart verbindlich auf Zukunft hin zu deuten, beruht offenkundig auf einem Mangel an Gotteserkenntnis.

Das Defizit an Erkenntnis des Heiligen Geistes, das Defizit an Geist selbst wird offenbar ebenso verdrängt wie die Nachricht von der qualitativ neuen Krise, in der wir stehen. Eines bedingt das andere, und daran, glaube ich, leiden wir. Ich kann hier nur einige Richtungen angeben, in denen nach dem Heiligen Geist zu fragen und um ihn zu bitten ist:

1. Vom Heiligen Geist her gewinnen wir ein neues Verhältnis zur Schöpfung, lernen wir die *Schöpfung* des Anfangs verstehen als Schöpfung in unserer Gegenwart. Gott ist der lebendige, der im Geiste schaffende Schöpfer. – Schöpfung

und Geschichte können unter pneumatologischem Gesichtspunkt nicht getrennt werden. Da das Thema der Schöpfung in unserer Reihe noch thematisiert wird, begnüge ich mich mit einem Hinweis: Claus Westermann unterscheidet zwischen dem segnenden und dem rettenden Handeln Gottes im Alten Testament: »Das segnende Handeln Gottes geht niemals ganz in seinem rettenden Handeln auf, das rettende niemals ganz im segnenden. Beide sind vielfältig miteinander verbunden und ineinander verflochten, aber sie sind immer voneinander zu unterscheiden. Deshalb ist es nicht möglich, das dem Menschen zugewandte Handeln Gottes im Alten Testament auf *einen* Begriff zu bringen«.

Der Umstand, dass Retten und Segnen nicht auf einen Begriff gebracht werden können, verweist auf die Einheit von Schöpfung und Geschichte, also darauf, dass in und neben dem Retter der Schöpfer handelt, dass in und neben dem Schöpfer der Geist wirkt. Die Werke des Dreieinigen dürfen nicht voneinander getrennt, müssen aber gleichwohl unterschieden werden; wir nehmen diese Werke je unter anderem Aspekte wahr! – Ich meine, die Bedeutung des Segens, die Westermann herausgearbeitet hat, kommt da zu Ehren, wo wir den Segen vom Heiligen Geist her verstehen.

Für »Lehre und Praxis der Kirchen« bedeutet der nur eben angedeutete Sachverhalt eine hier nur andeutbare Konsequenz: Distanz zur industriellen Gesellschaft bis hin zur Verweigerung dort, wo diese Gesellschaft die Schöpfung verwüstet. Dies aussprechen und für »Lehre und Praxis der Kirchen« Konflikte heraufbeschwören ist ein und dasselbe.

Das Wahrnehmen selbst aber stellt sich uns als erstes und vordringliches Problem: Die Angst vor natürlicher Theologie, die Isolierung theologischen Denkens, sein Rückzug in die keimfreie Umgebung der »Ontologie« und die damit verbundene Ohnmacht der als Eigengesetzlichkeit verstandenen, fortschreitenden Technisierung gegenüber machen uns gleicherweise schöpfungs- wie geschichtsblind. Wir haben die Sensibilität für die Schöpfung verloren. Darum tragen wir blindlings und gewissenlos zu ihrer Verwüstung bei. Wir haben die Sensibilität für die Geschichte verloren. Darum lassen wir sie ebenso blindlings und gewissenlos wie eine Naturkatastrophe geschehen.

2. Im Glauben an den Heiligen Geist wächst der Unglaube an Grenzen. Auf den Heiligen Geist warten heißt auf Überraschungen gefasst sein. Im Kommen des Geistes kommt Gott anders zur Welt als in Jesus von Nazareth. In Jesus von Nazareth wurde das Wort Fleisch. Nun aber hat Gott angefangen, seinen Geist auszugießen über alles Fleisch. Ging Gott ein in die Begrenzung von Raum und Zeit, begrenzt er sich in der Erniedrigung des Sohnes, so durchbricht er nun im Kommen des Geistes alle Grenzen von Raum und Zeit und weht, wo er will. Nach der Begrenzung die Entgrenzung ohnegleichen.

Zugleich setzt er die Erniedrigung fort und geht ins Detail: Der Geist schreit den Schrei Jesu am Kreuz in den Gläubigen und lässt sich austeilen durch das Auflegen der Hände, ja er geht hinein in die Materie, manifestiert sich nicht nur in Personen, sondern auch in der Materie. Die Apostelgeschichte drückt beide Bewegungen aus: Sie spricht vom Raptus des Geistes, der den Philippus entrückt (8,39f). Sie spricht von der Infizierung der Materie durch den Geist, der die apostolische Leibwäsche durchtränkt, sie heilkräftig macht (19,11f).

Wir domestizieren den Geist ins Milieu der betonierten Vierecke unserer Vorstädte, wenn wir das durch und durch Befremdliche seines Tuns akademisch salonfähig machen wollen. Wo Gott sich offenbart, geht es nicht ohne Veränderungen, auch nicht ohne Erschrecken, und die Angst des Bürgers vor dem Chaos ist nicht weit. Nach einem Referat von Klaus Müller (Die Identität des Menschen und die Identität der wissenschaftlich-technischen Welt, in: A. M. Klaus Müller [Hg.], Zukunftsperspektiven, Stuttgart 1976) drängt sich die Frage auf, ob nicht die traditionelle Theologie, mehr als sie weiß, vom Weltbild der klassischen Physik geprägt wird; dann würde der Wandel von der klassischen Physik zur Quantentheorie eine Art Analogon bilden zum Übergang vom christologischen zum pneumatologischen Denken.

3. Das Befremdliche am Kommen des Geistes, der Schrecken, den der Geist bringt, ist das Neue als Gericht über das Alte. Das Johannesevangelium sagt den Geist an auch und gerade als Richter. Geistesgegenwart ist eine kritische Gegenwart. Sie nimmt uns nicht nur hinein in die Bewegung des rettenden und segnenden Handelns, sondern kann uns auch begegnen als Negation.

Die Bibel redet von kommendem Gericht, wie vom Anfang so vom Ende der Welt. So wie wir geneigt sind, die Krise zu verdrängen, in der wir stehen, so sind wir geneigt, die Krisis zu verdrängen. Solche Verdrängung hat unter uns wohl zwei Gründe: Einerseits leben wir als Nutznießer und Privilegierte eines westlichen Gesellschaftssystems im Wohlstand: »Nur wer im Wohlstand lebt, lebt angenehm.« Die Rede vom Gericht passt darum nicht ins Milieu einer theologischen Fakultät. Sie passt ebenso wenig hinein wie die Rede vom Heiligen Geist, der in die Wahrheit leitet und damit auch ins Gericht.

Auf der andern Seite haben wir in den Gemeinden eine Rede von der Endzeit und vom Gericht, die unsere Verantwortung für die Schöpfung überspielt und uns der Krise entzieht, weil sie diese nicht wahrhaben will als unsere Krise und sie als Krisis nicht wahrnimmt.

Offensichtlich haben wir zum Gericht ein ähnlich schiefes Verhältnis wie zur Schöpfung; in unserem Verhältnis zum Gericht manifestiert sich unser Missverhältnis zur Geschichte. Wie wir über die Schöpfung des Anfangs den Schöpfer vergessen, der jetzt in der Schöpfung wirkt, so vergessen wir über dem Richter, der – wie wir allsonntäglich bekennen – »kommen wird zu richten die Lebenden und die Toten«, das Gericht, das der Geist jetzt schon wirkt: Im Binden und Lösen kommt jetzt Endzeitliches zum Vorschein.

Gott als Geist verstehen, als Gegenwart in der Zeit, heißt sein Gericht erkennen: das Gericht, in dem wir heute stehen. Die Verschuldung wächst mit jeder Tasse Kaffee, die wir trinken, mit jedem Autokilometer, den wir machen, sie wächst auch ohne Kaffee und Auto. – Wir leben als akademische Bürger von Steuermitteln der industriellen Gesellschaft, hängen drin im Verhängnis und sind nicht Münchhausen, der sich am eigenen Schopf herausziehen kann.

Verhängnis, das ist die Sünde der Väter, in deren Sukzession wir stehen. Sie hat sich im soundsovielten Glied ins Unermessliche vermehrt, dass sie nun, gemessen an der Sünde der Väter, eine historisch unvergleichliche Qualität gewonnen hat. – Hier stellt sich die Frage, warum die Schriftsteller über Schuld und

Gericht deutlicher zu reden wissen als die Prediger? – Ich denke beispielsweise an die Stücke von Friedrich Dürrenmatt. – Sind wir gottesblind, dass wir immer neue Systeme entwickeln und die Stunde nicht zu deuten wissen, die heute über dem Mittag der Welt steht?

Der Geist, der uns die Zeit klärt, wird die Augen öffnen, dass wir uns und unsere Gesellschaft als in der Krisis des Geistes stehend erkennen. Und das Erkennen des Gerichts wird die Stunde der Freiheit sein.

4. Mit dem Heiligen Geist werden wir auch die Kirche erkennen; wir werden gewahr: Der Schrecken, den das Kommen des Geistes verbreitet, ist der Schrecken neuer Geburt. Im Kommen des Geistes kommt die Welt in die Wehen, kommt Kirche als neue Schöpfung zur Welt. Als Geschöpf des Geistes ist die Kirche schon »jenes höher Geschichtliche«. Im Begaben des Geistes lebt der Sohn nun in den Söhnen, existiert Jesus von Nazareth nun als Gemeinde. Der Geist bleibt so lange ungedacht, als die Kirche ungedacht bleibt.

Würde mein Thema lauten »Lehre und Praxis *der Kirche* in der industriellen Gesellschaft«, sähe ich mich vor die Aufgabe gestellt, die Kirche als ein »höher Geschichtliches« in der industriellen Gesellschaft zu erzählen und zu verkünden: Kirche als Versichtbarung des Heiligen Geistes stellt eine Gegengesellschaft dar. Kirche als Gegengesellschaft ist eine Gesellschaft des Sonntages.

Wenn Israel den Sabbat feiert und der Vollendung des Schöpferwerks am siebten Tag gedenkt, so wird Kirche sichtbar in ihrer sonntäglichen Versammlung. In der Feier der Wiederkehr des Herrentages allwöchentlich schaut sie aus nach dem Tag des Herrn, auf den hin sie ihre Tage lebt. So wird der Sonntag zum revolutionären Zeichen auf das Reich Gottes hin. Im Sonntag ist der Schöpfung ihr Ziel gesetzt, die Ruhe. Der Sonntag signalisiert eine neue Ordnung, das Ende der Unterdrückung, die Aufhebung des Elends.

Als Sonntagsgesellschaft ist die Kirche eines nicht: Sie ist nicht »industriell«. Sie produziert keine Gebrauchsartikel. Sie kommt nicht zum Backen und Keltern zusammen; aber sie verzehrt Brot und Wein und empfängt damit die Zeichen der Präsenz. Sie hat ihr Wesen im Empfangen. Ihr Symbol ist die Frau.

Kirche als Versichtbarung des Geistes bringt Früchte hervor. Der Werke, mit denen sich die industrielle Gesellschaft selbst rechtfertigen muss, bedarf sie nicht. Früchte genügen ihr. Kirche wird als Empfangende fruchtbar; nicht so sehr als Werktätige, vielmehr als Hörende erwählt sie das bessere Teil, erwählt zu sein und den Geist zu empfangen. Martha ist sehr fleißig, aber Maria kommt zu mehr.

Im Hören empfängt die Kirche den Geist. Im Hören wächst ihr die Zeit zu, die die industrielle Gesellschaft verloren hat: die Zeit der Gegenwart, in der die Vergangenheit lebendig wird und die Zukunft schon da ist.

Im Empfangen des Geistes setzt sich das »höher Geschichtliche« im »gemein Geschichtlichen« durch – nicht in der Weise, wie die alte Kirche sich Gott und Mensch in Christus dachte, sondern eben in der Weise des Gerichts. In der Weise des Leidens und Sterbens.

Wo die Kirche ins Imperium Romanum eintritt, wird sie verfolgt, weil in ihr das Imperium gerichtet ist: »Und der Drache ergrimmte über das Weib und ging hin, Krieg zu führen mit den übrigen ihrer Nachkommenschaft, die die Gebote Gottes befolgen und das Zeugnis über Jesus festhalten« (Offb 12,17).

Aber nun ist die Kirche in der industriellen Gesellschaft hierzulande nicht verfolgt, und mein Thema spricht boshafterweise nicht von der Kirche, sondern von *den Kirchen* und signalisiert damit einen Skandal, den des Schismas. Die Formulierung »Lehre und Praxis der Kirchen« verweist darauf, dass der Geist einer ist und der Kirchen sind viele. Die Kirchen versichtbaren nicht nur heiligen, sondern auch unheiligen Geist. Indem Lehre und Praxis der Kirche in den Kirchen und durch die Kirchen stattfinden, bilden sie »gemein geschichtliche« Phänomene und bedürfen selbst der Transparenz im Lichte jenes »höher Geschichtlichen«.

Das aber heißt: Unser Reden von Gott ist belastet dadurch, dass wir in der Tradition unserer Kirche nicht nur in der Sukzession von Geistesempfang und Segen stehen, sondern gleichzeitig in der Belastung durch die Sünde der Väter, die nicht zuletzt auch *das* ist, die Sünde der Zertrennung der einen Kirche.

Mit der Sünde der Zertrennung Hand in Hand geht die der Isolierung: die Gettoexistenz christlicher Kerngemeinden. Der Reduktion auf die Soteriologie entspricht eine Abtrennung weithin des Wohles vom Heil. Indem die Kirche für das Heil der Seele sorgt, wird das Wohl der Schöpfung übersehen. Indem man das Segnen Gottes nicht mehr erkennt, vernachlässigt man das Glück der Menschen. Die christliche Religion wird zu einer religio privata. Diese Entwicklung hat wohl schon früh begonnen. Wenn Augustin die Christen lehrte, im Untergang der Antike zu bestehen, so konnte er es nur tun in Gestalt einer großartigen Verinnerlichung und Reduktion auf Gott und die Seele und sonst nichts (Soliloquia I, 2 [7]). Es besteht für mich kein Zweifel, dass dieses augustinische Erbe mitgeholfen hat, die Krise heraufzuführen, in der wir heute stehen.

Wenn wir versuchen, das »gemein Geschichtliche« der Kirchen im Lichte des »höher Geschichtlichen« zu sehen, wird die Frage nach der Einheit vordringlich, und das ist zugleich die Frage nach der Offenheit. Die Frage nach der Einheit und Offenheit der Kirche ist zugleich die Frage nach ihrer Wahrheit.

Jürgen Moltmann hat in seinem neuen Buch »Kirche in der Kraft des Geistes« (1975) den Versuch gemacht, Kirche ökumenisch zu verstehen: »Der Weg der ökumenischen Bewegung ist relativ klar erkennbar: er führt schon *vom Anathema zum Dialog*. Er führte weiter *vom Dialog zur Kooperation* in der Praxis. Er wird von der Kooperation getrennter Kirchen zum Aushalten und Austragen der Differenzen in der Einen Kirche führen. Der Weg geht *von der Kooperation zum Konzil*« (28).

Ich meine, dies sei eins der verheißungsvollsten Zeichen von Geistesgegenwart, dass Christen verschiedener Konfessionen in ihren Begegnungen – anders als noch vor Jahrzehnten – nicht mehr aufeinander herunterblicken und wie Pfauen die Federn ihrer konfessionellen Prächtigkeit spreizen, sondern vielmehr sich zur gemeinsamen Armut durchmausern.

Aber gerade dann, wenn wir die Kirche als »gemein Geschichtliches« nach ihrem Geist fragen und prüfen, stoßen wir auf das Problem der Häresie in Lehre und Praxis, in Verkündigung und Struktur. Gewiss ist es gut, wenn die voreiligen Verketzerungen aufhören; aber das darf uns nicht dazu verführen, in einer ökumenischen Sphärenharmonie zu schwelgen und uns der Frage nach Wahrheit und Lüge der Kirche zu enthalten. Moltmann weiß, dass es in der Kraft des

Heiligen Geistes nicht nur zu Unterscheidungen, sondern auch zu Scheidungen kommen muss. Aber so wie er die Probleme der Kirche vor Ort weithin überspielt, so wird die Frage nach der wahren Kirche vom Wohlklang ökumenischer Orchestrierung übertönt.

Ich frage mich, ob die Faszination, die vom Referat Konrad Raisers ausgeht, aus einer ähnlichen Tonlage stammt.

Unsere Leidensscheu bringt es mit sich, dass wir den Streit um die Wahrheit kaum mehr wagen und Einheit zum Mythos machen. Diese Leidensscheu hat ihre industriell-gesellschaftliche Dimension. Konflikte werden in der Regel nicht ausgetragen, sondern kaschiert. Dies geschieht aus Gründen der Opportunität; nur so vermeint man, die tiefgreifenden Antagonismen verdeckt halten zu können.

Ich spreche von der Schöpfung, von der Entgrenzung, vom Gericht und von der Kirche, und damit mag deutlich werden, wie sehr uns fehlt, was uns lehrt, die Zeit zu verstehen und die Gegenwart zu deuten. Das aber heißt: Das »höher Geschichtliche« muss schon selbst geschehen und uns Theologen die gottesblinden Augen öffnen. Wo wir aber selbst hineingenommen werden in das Wirken des Geistes, werden wir den Vorschein der Schönheit Gottes in seinen Werken entdecken und darüber ins Staunen, Stammeln und Loben kommen.

II. Die Praxis der Lehre

Der johanneische Christus kennzeichnet das Tun des Parakleten auch als Lehrgeschehen. Wo der Geist lehrt, verbindet er nach rückwärts an ein Perfektum und verbindet nach vorn an ein Futurum. Der Geist ist als Lehrer der Erinnerer: Er »wird euch alles lehren und euch an alles erinnern, was ich euch gesagt habe« (14,26). – Der Geist eröffnet als Lehrer die Zukunft der ganzen Wahrheit: »Der Geist der Wahrheit wird euch in alle Wahrheit leiten«, und dazu gehört das Verkündigen des Zukünftigen (16,13). So wird Geistesgegenwart Schlüssel der Geschichte, im Geist wird die Geschichte Jesu Christi gegenwärtig.

Ich meine, wir verstehen das Lehren des Heiligen Geistes nicht, wenn wir nicht sehen, dass der Geist, der lehrt, *ein* Geist ist mit dem, der kreatorisch in der Schöpfung wirkt und in all dem, was das Menschengeschlecht Gutes schafft. Dieses kreatorische Wirken geht über den Tod hinaus; der Heilige Geist, der die Kirche lehrt, ist der Geist, der die Toten auferweckt. Im Lehren wirkt der Heilige Geist kreatorisch vom Anfang her auf die Vollendung hin. Lehre als Werk des Heiligen Geistes ist nicht zu trennen von Leben, ist Anleitung zum »Welterneuerungsfest« (Novalis). Im Leben wirkt *der* Geist schöpferisch, der der Schöpfer ist.

Damit ist jenes »höher Geschichtliche« genannt, das im Gemeingeschichtlichen kirchlicher Lehrvorgänge manifest wird, zuerst für uns greifbar *im Kanon der Heiligen Schrift*. Darum bildet die Schrift das Medium für das Wirken des Geistes. So sagt Luther für damals und heute: »Der Geist kann nirgend gegenwärtiger und lebendiger gefunden werden als in seinen eigenen heiligen Schriften, die er selbst geschrieben hat« (WA 7, 97). Das »gemein Geschichtliche« der Bibel, ihr historisches Zustandekommen wird durch eine solche Sicht nicht geleugnet.

– Wohl aber erweist sich ein geistloser Umgang mit der Schrift als eine contradictio in adjecto. Der »unauflösliche Begleiter der heiligen Schrift ist der Heilige Geist«, sagt Luther in einer Tischrede (WA TR 5 Nr. 5904). Dieser Heilige Geist lehrt im Begleiten der Bibel. Er macht die Vergangenheit der Geschichte Israels und des Juden Jesus lebendig für uns, verbindet uns mit der Kirchengeschichte und der Ökumene und nimmt uns hinein in die Zukunft der Neuschöpfung. – Zwischen der aufgeschlagenen Bibel und unseren Augen der Heilige Geist!

Daraus folgt: Ohne Heiligen Geist ist die Bibel nicht heilige Schrift, und ohne Heilige Schrift ist Geist kein Heiliger Geist. – Nicht soll mit einem solchen Satz der Geist domestiziert werden in die Gefangenschaft des Papiers; nicht er, sondern wir sind auf die Schrift angewiesen. Das zeigt schon die Pfingstgeschichte: Petrus braucht die Schrift, um das Wirken des Geistes zu verdeutlichen. Nicht einmal im Saus und Braus, im Lodern und Flammen von Pfingsten kann auf das Interpretament von der Schrift her verzichtet werden. – Wie sollten wir heute das Wirken des Geistes in Natur, Kultur und Geschichte namhaft machen können ohne die Schrift? Wenn wir als Theologen der Frage Pichts standhalten wollen, kann das nur so geschehen, dass wir die Stunde, die heute über der Welt steht, im Lichte der Bibel verstehen, die wir lesen lernen im Hören auf deren »unauflöslichen Begleiter«, den Heiligen Geist.

In diesem Sinne kann es keine rechte Theologie geben, die nicht biblische Theologie ist, und alles theologische Lehren wird geistlos, wenn es den Bezug zum Ganzen der Schrift verliert; ich sage zum Ganzen, denn zum Wesen des Geistes gehört die Vielfalt. Und darum ist die Theologie, wenn sie nicht geistlos werden will, ans Ganze der Schrift gebunden. – Darin bestand beispielsweise die Kraft der Ausführungen Westermanns, dass er sich nicht auf das Alte Testament beschränkte, sondern Übergriffe auf das Neue Testament und auf kirchliche Praxis wagte. – Wird das Lehren der Kirche geistlos, ohne Bezug zum Ganzen der Schrift, muss man auch das andere sagen: Bibelauslegung wird geistlos, wo sie die Texte von ihrem Begleiter, dem Heiligen Geist, losreißt und im Gemeingeschichtlichen ihrer Entstehung isoliert. Exegese pervertiert zur Bibelindustrie, die in Ausscheidungsprozessen die Bibel zerkleinert und verarbeitet, Kirchengeschichte verarbeitet vergangene, Praktische Theologie aktuelle Kirche und die Dogmatik theologische Gedanken zu Systemen.

Damit ist die Problematik des Lehrens in der industriellen Gesellschaft schon angedeutet. Fragen wir, wie kirchliche Lehre zu praktizieren sei, so kann sie sich im Lehrvorgang nicht den gesellschaftlichen Gegebenheiten entziehen. Weil der Heilige Geist sich menschenfreundlich je und je der menschlichen Gesellschaft akkommodiert, steht nicht in Frage, ob das Lehren der Kirche sich im Industriezeitalter industrieller Methoden bedienen dürfe. In Frage steht aber, ob der Heilige Geist in der Übernahme solcher Methoden der Lehrer bleibt, oder ob diese Methoden eine Eigengesetzlichkeit entwickeln, die umso verheerender wirkt, als sie nicht reflektiert wird. In Frage stehen auch wir, die Lehrenden, und der Standpunkt, von dem aus wir lehren.

Bedingt durch die negative Verfügungsgewalt des Menschen ist der Standpunkt, von dem her wir lehren, ein sehr unsicherer. Andererseits ist unser Standpunkt der eines Beamten auf Lebenszeit, eines Menschen also, dem keiner was kann. Unser Reden von Gott kostet nichts. Es trägt ein – und die Altersversorgung ist sichergestellt.

Dieses Einerseits – Andrerseits, in dem wir uns befinden, dieses Zugleich von Schleudersitz und staatlich geschütztem Betonsockel, ist kein sehr guter Standpunkt für die theologische Arbeit. Er führt unter anderem dazu, dass unsere Sprache durch dieses Einerseits – Andrerseits geprägt ist, so dass ihr die Eindeutigkeit fehlt. Ich denke, dass dieses Zugleich von Schleudersitz und Betonsockel uns erschwert oder hindert, der Provokation von Georg Picht Rede und Antwort zu stehen.

Die Liebe zum Beton feiert nicht nur in den Kleingärten der Vorstädte ihre Feste, indem sie übersieht, dass da, wo die ganze Welt ins Schleudern kommt, auch Betonsockel keine Sicherheit mehr bieten, im Gegenteil. Das Resultat der angedeuteten Ambivalenz von Unsicherheit und Sicherung schlägt sich nieder in einer Mischung von Arroganz und Ängstlichkeit. Der materiellen Sicherung entspricht ein sicherndes Wissen und der globalen Krise ein globaler Kleinglaube.

Unser Defizit an Gotteserkenntnis hat hierzulande möglicherweise zu tun mit dem Standort der Theologie an der Universität. Die materielle Basis akademischer Theologie wird durch Steuermittel aufgebracht. Die Universität und mit ihr die universitäre Theologie hat die Kirche nicht nötig. Die Theologie selbst ist ihrerseits im Chor der Wissenschaften kaum gefragt. Theologie verantwortet sich infolgedessen vor dem Forum der Wissenschaft eher als vor dem Forum der Gemeinde. Theologische Arbeit, die wir mit dem Prädikat »unwissenschaftlich« abstempeln, wird damit disqualifiziert. Die Abwehrmechanismen sind schon ritualisiert, um uns vor Überraschungen und allem Prophetischen zu bewahren, und fragen wir nach dem Nutzen theologischer Arbeit für die Gemeinde, werden wir bald einmal des Banausentums verdächtigt. So kommt es, dass wir die Problematik wissenschaftlicher Theologie – wie Wolfgang Huber gezeigt hat – ebenso konstant wie fatal auf der Höhe des Mittelalters halten.

Albrecht Peters hat von »latenter Häresie« gesprochen. Es ist zu fragen, ob die Häresie nicht schon in den Strukturen sich versteckt, in denen wir Theologie treiben. Theologie wird überall da häretisch, wo sie mit dem Horizont der Kirche den des Geistes vergisst. Wo sie diesen Horizont vergisst, verliert sie die Sprache. Auf den Erweis des Geistes und der Kraft ist sie nicht mehr aus. Die Selbstrechtfertigung als Wissenschaft genügt ihr vollauf.

Ich sehe darum die Aufgabe der Theologie darin, mit den Vätern der Bekennenden Kirche die Theologie als *kirchliche* Theologie zu verstehen, wobei es in veränderter historischer Situation darum geht, die Vokabel »kirchlich« neu zu buchstabieren. Liest man etwa die Düsseldorfer Thesen von 1933 zur Gestalt der Kirche, dann blenden diese Thesen die Schöpfung völlig aus. Die Kirche vergewissert sich in diesen Thesen ihrer selbst. Die Eschatologie bleibt im Hintergrund. Vom Heiligen Geist wird geredet im Sinne des Testimonium Spiritus sancti internum: Jesus Christus lebt durch Seinen Geist »in einem jeden« (Niesel, Bekenntnisschriften, 327). Es dürfte klar sein, dass angesichts der Lage heute auch die Vokabel »kirchlich« neu zu buchstabieren ist in Richtung Schöpfung, Neuschöpfung, Geistesgegenwart. Indem wir an den Heiligen Geist und damit an die Kirche glauben, wird Kirche als ein »höher Geschichtliches« verstanden, wird »kirchlich« zum kritischen Begriff, an dem Lehre und Praxis der Kirchen zu messen sind.

Ich möchte in diesem Sinne versuchen, Strukturen unseres theologischen Lehrens im Kontext unserer Industriegesellschaft zu sehen. Ich nenne einige Punkte, die sicherlich zu ergänzen sind.

1. Wenn einerseits die Kirche zertrennt und die Gemeinden isoliert sind, dann böte eine theologische Fakultät in ihrer Unabhängigkeit von den etablierten Kirchen die Chance, auf Einheit und Offenheit hin zu arbeiten. Die Versuchung zur Häresie, die schon in der heutigen Fakultätsstruktur liegen mag, wäre mit solcher Zielrichtung der theologischen Arbeit behoben. Nun aber ist das theologische Lehren parallel der Entwicklung der industriellen Gesellschaft arbeitsteilig geworden. Der spezialisierten Fachkraft in der Automobilindustrie, die auf eine Tätigkeit spezialisiert ist, entspricht die Spezialisierung in der Theologie: Von der Höhle von Qumran bis zum Selbstmord gibt es theologische Spezialisten für alles und jedes.

Schleiermacher war Pfarrer an der Dreifaltigkeitskirche, las als Dozent in sämtlichen Disziplinen, wobei er – bezeichnend genug – das Alte Testament ausließ. – Noch Karl Barth hat eine exegetische Vorlesung gehalten und ein homiletisches Seminar.

Man muss sich die Entwicklung, die der theologische Lehrbetrieb seit Schleiermacher durchmachte, vor Augen führen, um sich zu verdeutlichen, wie sehr die Industrialisierung in Form des Spezialistentums Fortschritte gemacht hat. Diese Spezialisierung brachte verfeinerte Methoden in der theologischen Forschung einerseits, während andrerseits die schon latent innewohnende Häresie als Stückwerk – sagen wir als Stückarbeit – die Sicht des Ganzen verstellt.

Indem die theologische Lehrpraxis sich der industriellen Gesellschaft anglich in der Weise, dass sie sich spezialisierte, unterließ sie es, ihre Praxis zu reflektieren. Die Folge solcher mangelnden Reflexion: Man unterließ zu bedenken, dass Arbeitsteilung ein Management erforderlich macht, dass Lehrpraxis notwendigerweise die Kybernese, die Steuermannskunst, braucht. Auch diese Kunst ist nach Paulus eine gute Gabe des Heiligen Geistes.

Georg Picht hat es mit dieser Lehrveranstaltung unternommen, ein Stück Management zu übernehmen, und ich meine, dass er hier ein Modell schafft, das für die Lehrpraxis von Theologie zukunftsweisend sein kann.

2. Einer weiteren Folge kommen wir auf die Spur, sobald wir die Problematik von Produktion, Verteilung und Konsumption in der industriellen Gesellschaft wenigstens kurz belichten. Kritiker unserer industriellen Gesellschaft weisen seit langem darauf hin, dass unsere Industrie nicht nur zur Befriedigung entstehender Bedürfnisse Güter produziert, sondern, um Güter produzieren zu können, immer zwangsläufiger Bedürfnisse produzieren muss, und dies ohne Rücksicht auf die wahren oder notwendigen Bedürfnisse der Menschen. Beispielsweise kann man fragen, ob die Automobilindustrie sich einem wahren Bedürfnis verdankt oder einer Manipulation durch Bedürfniserweckung dergestalt, dass der Ausbau und die Modernisierung öffentlicher Verkehrsmittel verzögert bzw. verhindert wurde.

Betrachten wir unsere Reihe einmal in Analogie zu dem hier ausgesprochenen Sachverhalt, so erscheint es frappant, dass – in ihrer Mehrzahl – die Referenten Theologie kaum als eine Praxis von der Kirche her und auf Kirche hin bedacht haben. Auch hier ist die Lehrstruktur der Theologie latent häretisch, insofern der staatlich finanzierte Betrieb die Theologie weiterhin der Frage enthebt, welchen Nutzen die Gemeinde und die Menschen von heute von der theologischen Arbeit haben. Die Fragen der Gemeinde werden weithin ausgeblendet oder dann auf Anfrage hin dem Praktischen Theologen zugeschoben. Auf diese Weise wird der Freiraum, den die theologische Fakultät hat, die Chance, für die in der Zertrennung und Isolierung lebende Gemeinde da zu sein, vertan. Die theologische Forschung und Lehre produziert auf fremde Rechnung und scheinbar autonom. Sie verkennt, dass der Heilige Geist wie der Begleiter der Schrift unauflöslich der Begleiter der Gemeinde ist.

Wenn die Theologie der Lehrpraxis der Kirche dienen will, braucht sie in ihrem Vollzug das Gespräch mit der Gemeinde, das Gespräch mit dem sogenannten Laien. Zu diesem Gespräch mit dem Laien gehört auch das Gespräch mit Vertretern anderer Wissenschaften. Aber Theologie darf sich nicht mit einem innerakademischen Gespräch begnügen, wenn sie ihrer Aufgabe gerecht werden will. Meine Frage an Sie, meine Damen und Herren, und nicht zuletzt auch an den Steuermann dieser Lehrveranstaltung: Wo und wie lässt sich die Institutionalisierung des notwendigen Gesprächs mit der Gemeinde durchsetzen, um die notwendigen, die wahren Bedürfnisse der Gemeinde zu erkennen und sie zur Voraussetzung der Theologie zu machen? Theologie muss nicht nur auf die Gemeinde hin, sie muss ebenso von der Gemeinde her betrieben werden, wenn anders sie ihren Sinn nicht verfehlen soll. Theologie und Rezeption der Theologie stehen im engsten wechselseitigen Wirkungszusammenhang.

Im Gespräch mit der Gemeinde – von der Gemeinde her und auf die Gemeinde hin – ist der Geist der Bedürfnisse zu prüfen: Was ist heute in der Theologie vordringlich? Was ist jetzt von der gegebenen Lage her zu lehren nötig? – Den Geist der Bedürfnisse prüfen heißt unterscheiden zwischen dem, was marktgerecht sich vermarkten lässt, und dem, was der ständige Begleiter der Bibel jetzt zu lehren gebietet. Zu unterscheiden ist zwischen dem Notwendigen und dem Marktgerechten, dem bloß Vermarktbaren. Die Bedürfnisse sind zu prüfen auf das Ganze hin, vom Anfang her auf das Ende. Sie sind zu messen an dem Auftrag, den wir haben. (Der Begriff korreliert mit dem der Verantwortung im einleitenden Referat.) Betrachten wir einmal die Struktur der schon zitierten Düsseldorfer Erklärung und die beiden Barmer Erklärungen: Diese Erklärungen gehen allemal von der historisch bedingten Lage aus, die wahren Bedürfnisse der Gemeinde werden ernst genommen. Ich meine, dieser Vorgang, den die Struktur der genannten Erklärungen widerspiegelt, sei paradigmatisch für die kirchliche Lehrpraxis. Das Barmer Bekenntnis geht aus von der Gefährdung der evangelischen Kirche: Die Frage ist nun, was in der ganz anderen Gefährdung, in der wir heute stehen, zu bekennen und zu lehren ist. – Picht hat in seinem einführenden Referat geleistet, was jene Erklärungen zum Eingang leisten. Nur habe ich nicht den Eindruck, dass wir Theologen der Lage gerecht geworden sind noch ihr vorerst gerecht werden können.

Bei der Frage nach dem Notwendigen und dem bloß Marktgerechten stoßen wir auf das theologische Buch. Im Buch wird Theologie augenscheinlich zur Ware. Theologische Bücher kommen wie alle anderen Bücher auf die Buchmesse. Sie werden vermarktet wie andere Bücher auch. Die Vermarktung dieser Bücher wirkt auf den Lehrbetrieb insofern zurück, als unter dem Aspekt des wechselseitigen Wirkungsverhältnisses von Literatur-Produktion und -Rezeption die Rezipienten in einem bestimmten Sinne die Produktion von Theologie bestimmen. Man sollte nun nicht einen Theologen schon deshalb verdächtigen, weil er als Schriftsteller Erfolg hat. Aber es wäre zu fragen, inwieweit theologische Erfolgsautoren notwendig oder nur marktgerecht schreiben, inwiefern ihr Erfolg Rückwirkung hat auf das theologische Denken.

Erscheint der Theologe schließlich in den Massenmedien, weil er als Vertreter einer gesellschaftlich relevanten Gruppe gefragt oder, um der Diktatur der Ausgewogenheit willen, auch nur gelitten ist, erweist er sich als Mitproduzent der einer industriellen Gesellschaft angemessenen Bewusstseins-Industrie. Die Rückwirkung solcher Einordnung auf das theologische Denken in einem scheinbar wohlverstandenen Interesse auszuloten, haben wir bezeichnenderweise noch kaum begonnen. Ich vermute, dass die Massenmedien und die durch sie betriebene Bewusstseinsindustrie für die Theologie eine analoge Bedeutung jetzt schon haben und in Zukunft noch stärker haben werden als die antike Rhetorik. Deren Aufnahme war notwendig für die christliche Theologie, und sie setzt gleichzeitig die Theologie selbst aufs Spiel. In der Hauptsache beschneidet sie ihr den ihr möglichen, aber nicht genutzten Freiraum: Zwischen Lottozahlen und Krimi kommt das Wort zum Sonntag. – Die Frage erhebt sich, welche industriell-gesellschaftlichen Bedürfnisse hier befriedigt werden können oder müssen und ob und in welchem Maße sich die akademische Theologie, ohne es wahrzunehmen, schon auf das Wort zum Sonntag eingependelt hat. Diese Frage kann ich hier nur stellen. Sie bedürfte einer besonderen Thematisierung und einer Untersuchung vor allem durch die systematische Theologie.

Das Fehlen einer einheitlichen Planung theologischer Lehrpraxis, der in seinen Steuerungsmechanismen weitgehend noch unerkannte, von den Bedürfnissen der Gemeinden fast durchgehend unabhängige Produktions- bzw. Reproduktionszwang bringen es mit sich, dass die einzelnen Fachgebiete, voneinander isoliert und nach dem Ganzen kaum fragend, jeweils ihre Spezialartikel fertigen. Was aus ihnen wird, steht außerhalb ihrer Verantwortung. Der Student, isoliert auch er, hat vielfach keine Möglichkeit, die Halbfertigware zusammenzusetzen zu einem Wagen des Worts; in der Regel stellt sich heraus, dass die einzelnen Teile, weil ohne Gesamtkonzept gefertigt, zu einem Ganzen sich nicht sinnvoll fügen lassen. Auf diese Weise kann theologische Erkenntnis oder theologisches Wissen, hier als Einheit verstanden, kaum zu Praxis vermitteln und für die Praxis selten und immer nur partiell relevant werden.

Theologie als »Herrschaftswissen« bleibt so lange zur Ohnmacht verurteilt, als die theologischen Herrschaften in einer splendid isolation verharren. Theologie verfehlt in ihrer Spezialisierung sich selbst, ihren Sinn, wenn sie nicht eine Organisation findet, die ihr auf dem Boden der Gemeinde als ihrer Basis eine sinnvolle Koordination und eine mehr als nur administrative Einheit ermöglicht.

Wie in der Industrie Herstellung und Vertrieb getrennt werden, so könnte man sagen: Die akademische Theologie produziert, die Theologen in der Praxis vertreiben die Produktion. Da Theologie beinahe staatlich monopolisiert ist, bleiben wir von der Frage weitgehend entbunden, was aus unserer theologischen Arbeit wird.

Nur unter diesem Betracht, scheint mir, erklärt sich dann auch das Phänomen, dass Theologie sich selbst reproduziert in der Produktion von Doktoranden und Habilitanden. Es liegt auf der Hand und spricht für sich selbst, dass die Promotions- und Habilitationsverfahren von der Frage nach den Bedürfnissen der Gemeinde so gut wie unangefochten durchgeführt werden. (Das einzige kirchliche Steuerungssystem theologischer Produktion bildet das Examen.) Aufs Ganze gesehen scheinen wir weit mehr am Zustandekommen von Theologie interessiert zu sein als an ihrer Wirkung.

III. Die Lehre der Praxis

Mit welcher Praxis antworten die Kirchen auf die Herausforderung der Stunde?

Die technisch-industrielle Revolution brachte den Kirchen finanzielle Mittel ungeahnten Ausmaßes und damit die Möglichkeit zu einer Expansion kirchlicher Praxis ungeahnten Ausmaßes, begleitet freilich von einer Aushöhlung des herkömmlichen Parochialsystems:

Der Soziologe Dietrich Goldschmidt vermutet, dass in der BRD ca. zwei bis drei Millionen – also etwa 5 Prozent – »direkt oder über ihre Familie mit einer der beiden Kirchen oder mit einem ihnen verbundenen Betrieb durch ein besoldetes Arbeitsverhältnis verknüpft sind« (Evangelische Kirchen im westlichen Deutschland, Struktur und öffentliches Wirken, in: Jenseits vom Nullpunkt, hg. v. R. Weckerling u.a., 1972, 26). Die Zahl der regelmäßigen Gottesdienstbesucher beträgt ebenfalls 5 Prozent. Blickt man nur auf die Statistik, so drängt sich die Frage auf, ob die Kirche ihre Gottesdienstbesucher auch noch besolde? – So unsinnig eine solche Frage auch erscheinen mag, sie zeigt immerhin, dass zwischen gottesdienstlicher und nebenherlaufender Praxis offensichtlich ein groteskes Missverhältnis entstanden ist. Zwischen versammelter Gemeinde und den zahlreichen neu eröffneten Praxisfeldern klafft weithin ein Hiatus, der beiden Teilen nicht gut tut.

Die herkömmliche Gemeindestruktur zeigte sich der Entwicklung nicht gewachsen. Da die Kirche über genügend finanzielle Mittel verfügte, konnte sie unabhängig von den Gemeinden nach dem Vorbild monopolistischer Konzerne immer neue Betriebe aufnehmen, ohne dass das herkömmliche Parochialsystem verändert werden musste. Auf diese Weise wurden Kirchenwesen und Christentum stabilisiert, das Kirchesein versammelter Gemeinde verkümmerte.

Die Entwicklung, hier nur anzudeuten, zeigt, dass die Kirche auf die Herausforderung der Zeit immer nur partiell reagiert hat, etwa mit der immer neuen Einrichtung von Sonderpfarrämtern. Man begegnete der Entwicklung nach dem Vorbild staatlicher Bürokratie additiv und antwortete auf Bedürfnisse in der Regel ohne kritische Prüfung derselben. Wie in der akademischen Theologie wurde

Einheit begründet in der Administration. Eine Reform der Gemeindestrukturen blieb aus – und die Hochhäuser wuchsen ungetröstet über die Kirchtürme. Welche Rolle nun übernahm die Theologie insgesamt in dieser Lage? Können wir von einer Rolle überhaupt noch sprechen, nachdem andere Wissenschaften eigentümlich theologische Funktionen abgelöst hatten? Ich meine, es müsse jedem Betrachter klar sein, dass die Fülle kirchlicher Aktivitäten nur die Kehrseite ist einer Sprachlosigkeit, in der das Wort Gottes wie in Elis Zeiten rar geworden ist.

Der Expansion kirchlicher Praxis auf der einen entsprach auf der andern Seite die Verkümmerung der Gottesdienste, entsprach eine Predigt, die das Evangelium durch den Appell ersetzte. Das Evangelium pervertierte zum Gesetz und das Gesetz zur Gesetzlichkeit. »Wir Prediger haben Angst vor dem Evangelium«, so hat kürzlich ein Pfarrer bekannt.

Wir haben uns zu fragen, ob das Bewusstsein industrieller Gesellschaft unser Bewusstsein verdunkelt, den Heiligen Geist unterdrückt und die Praxis der Kirche verfälscht habe. Ob die Praxis der Kirchen nicht heillos den Zwängen oder der sogenannten Eigengesetzlichkeit der industriellen Erfolgsgesellschaft unterworfen ist. Nur der Geist kann hier freimachen.

Wenn Picht eine Generalrevision der gesamten Traditionen des europäischen Denkens postuliert, dann impliziert eine solche Forderung eine Überprüfung der traditionellen kirchlichen Praxis, sowohl der aus dem Mittelalter und der Reformationszeit stammenden Praxis wie auch all der neuen Traditionen, die sich nach dem Zweiten Weltkrieg ausgebildet haben.

Die ökologische Krise, potenziert durch die Waffensysteme, versetzt uns in eine neue Lage, in eine kritische Lage. Alles eilfertige Handeln und alles agile Reagieren und Manövrieren gerät zum Spott. Das ist das eine. Und das andere: Gerade diese Krise erfordert ein Handeln, und zwar ein gemeinsames Handeln aller Kirchen zusammen mit allen Menschen guten Willens. Wie können wir dieses Handeln erkennen und bestimmen, da die Menschheit global und mit vereinten Kräften das Gute, das zu tun wäre, nicht zustande bringt, sondern in aller Bedächtigkeit und Zwanghaftigkeit das Böse tut, das sie hasst?

Als die Gemeinde, von der Lukas erzählt, sich vor eine neue Lage gestellt sah, indem die hellenistischen Witwen zu versorgen waren, erklärten die Zwölf – und das ist für unser sozial-fortschrittlich getrimmtes Über-Ich ärgerlich genug: »Es ist nicht angemessen, dass wir das Wort Gottes vernachlässigen und bei den Tischen Dienst tun« (Apg 6,2). Die Einsetzung von Witwenpflegern soll die Zwölf freisetzen: »Wir aber wollen beim Gebet und beim Dienst des Wortes verharren« (6,4). Sie haben unterschieden zwischen den Bedürfnissen, die an sie herangetragen wurden, und dem Auftrag, den sie hatten. Die Bedürfnisse nahmen sie ernst, dem Auftrag blieben sie treu. Indem sie sich zu beschränken wussten, zeigte sich ihr Meister: »Und das Wort Gottes wuchs ...« (6,7). – Die Apostel haben die Welt verändert, indem sie gerade nicht das taten, was wir zunächst von ihnen erwarten würden.

Ich meine, dass uns der lukanische Bericht helfen kann zu einer Generalrevision der Praxis auch da, wo die ganze Schöpfung sozusagen eine hellenistische Witwe geworden ist. Reduktion auf den Dienst am Wort. Beschränkung auf das Beten und Predigen. – Eine solche Reduktion kann sehr billig sein, wenn man das Plappern wie die Heiden für Gebet hält und den Dienst am Wort bürokratisiert.

Eine solche Reduktion wirkt in dem Moment reaktionär, in dem sie die Tradition des Predigens und Betens aus der Generalrevision der Praxis ausnimmt. Sie wird dann zur Selbstrechtfertigung des Predigers durch das Predigen und zur Selbstrechtfertigung des Betrachters durch das Beten. Sie wird aber zur entscheidenden Hilfe werden, wenn das Gebet einer gefolterten Schöpfung Stimme gibt und für eine in der Sprachlosigkeit versinkende Gesellschaft nach dem lösenden Wort fragt, nach dem Wort, das der Geist spricht, der der Tröster ist. – Das Beten wird da zur Hilfe, wo es unsere industrielle Gesellschaft und ihre Gefährdung vor Gott aushält. Das Predigen wird da zur Hilfe, wo es das Wort der Schrift in dieser Welt durchhält. Solches Beten und solches Predigen kann nur geschehen in der unauflöslichen Begleitung des Heiligen Geistes.

In der ersten Vorlesung wurde auf Luther verwiesen, der nach nichts fragte als nach dem gnädigen Gott und damit Geschichte machte.

Dem Dienst am Wort ist aufgetragen, jenes »höher Geschichtliche« im »gemein Geschichtlichen« unserer Gegenwart namhaft zu machen. Da wird die Krise, von der der Philosoph sprach, als Gericht erkannt, das anfangen muss am Hause Gottes. Eine Reduktion auf den Dienst am Wort und Gebet wird dann nicht zur faulen Ausrede und zur frommen Flucht, wo sie ein Akt der Umkehr darstellt zu dem Reich, dessen Kommen Jesus von Nazareth gepredigt hat und das in der Gegenwart des Geistes schon mitten unter uns ist.

Aus: Georg Picht / Enno Rudolph (Hg.), Theologie, was ist das? Stuttgart 1977, S. 415–433

Jetzt treiben auch noch
deine wolken herr
die bauern zur eile
machen ihnen den rücken krumm

warum liegt ihr land
an falscher hanglage
warum haben sie nicht profitiert
vom allgemeinen boom

warum nimmt die trunksucht zu
bei den burschen im tal

warum wird immer reicher der wirt
und ärmer der
fürs tägliche brot sorgt

warum bringen
die bauern hier
nichts ans trockene
als heu und
manchmal nicht
einmal das

warum bist du ein fremder
geworden und fern

warum ist heimat
geworden zur fremde

warum jagen deine wolken
die elenden
warum kommst du nicht selbst
auf den wolken

Aus: weiterbeten, S. 43

Vierte Seligpreisung

Selig, die hungern und dürsten nach Gerechtigkeit; denn sie werden gesättigt werden (Matthäus 5,6).

Ein Augusttag in Genf. Ein Park an leichtem Hügel, exotische Bäume, jahrhundertealt. Die schwere Pracht von Blumenbeeten als Farbflecke im gepflegten Rasen, und dann in strahlendem Weiß eine Villa, Rokoko, von Buschhecken umgeben, französische Eleganz, und vom See herauf grüßen Segelboote: »Trink, o Auge, was die Wimper hält, von dem goldnen Überfluss der Welt.« – Ich gehe herum, staune und freue mich an all dem Schönen und erfahre, dass Villa und Park von einem Genfer erstellt wurde, der sein Geld im Sklavenhandel gemacht hatte. Also: ich habe gestaunt, mich gefreut, ich ging herum und war entzückt, weil Menschen geraubt, verfrachtet, gepeitscht, ausgebeutet wurden. Die Schönheit, die ich sah, war auf lauter Unrecht und Grausamkeit gewachsen!

Und ich frage: Gibt es Freude, Glück, Schönheit für uns nur darum, weil wir blind und taub sind für das Weinen, die Gewalttat, das Hässliche, von dem wir profitieren? Im Park des Sklavenhändlers ist mir etwas davon aufgegangen, wie sehr wir Menschen heimlich zusammenhängen im Unrecht, wie sehr wir davon leben, dass vor uns und um uns Unrecht geschah. Wohl kann ich den Park in Genf fluchtartig verlassen, aber ich bleibe in der Welt, in der ich auf Kosten anderer lebe, und alles Lachen bezahlen andere mit Tränen.

Die meisten Menschen sehen dies freilich nicht. Sie fragen beispielsweise nicht nach dem Blut der Farbigen, das am Reichtum Europas klebt. Sie leben bieder und recht und vielleicht sogar fromm und merken nicht, wie sehr das Unrecht ein Sumpf ist, aus dem wir nicht herauskommen, auch wenn wir aus dem Park des Sklavenhändlers fliehen. Es ist heute mehr denn je so, dass wir am Unrecht der Welt teilhaben.

Kurt Marti zeigt uns dies etwa in seinem Gedicht:

dank – doch wer dankt

kapstadt ist fern
johannesburg
und der neger
den man vom bürgersteig stößt
(der bürgersteig ist nur für die weißen)
den man straflos ins gesicht schlägt
(das recht ist nur für die weißen)
den man fürchtet und hasst
(die liebe ist nur für die weißen)
kapstadt ist fern
johannesburg

und der neger
doch nahe genug für geschäftiges kapital
nahe genug um dividenden zu ernten
dank (doch wer dankt) der arbeit des negers
den man vom bürgersteig stößt
den man straflos ins gesicht schlägt
den man fürchtet und hasst

Auch wenn wir keinen Pfennig in Johannesburg investiert haben, profitieren wir doch alle heimlich am Unrecht, das am schwarzen Mann geschieht. Und Kapstadt ist fern und nur ein Beispiel, wie sehr uns alles Unrecht nah ist, das auf der Welt geschieht. Wir können ihm nicht entrinnen, wir stecken im Unrecht, sobald wir in der Welt sind. Und wollten wir aus der Welt fliehen, würden wir erst recht in den Schlamm geraten, denn das Unrecht geschieht durch uns meist nicht im Tun des Bösen, sondern im Nichttun des Guten. Gleichgültigkeit macht uns am meisten schuldig am Unrecht, das auf dieser Welt geschieht! O wie viel Unrechtes geschieht, weil wir es nicht sehen oder verschweigen, uns nicht um andere kümmern! Wie viel Unrecht geschieht, weil wir zu wenig tapfer sind, ihm zu wehren. Wir lassen es zu und werden daran schuldig. Nein, wir alle stecken persönlich viel tiefer drin, als wir meinen. Und wir können dem Unrecht nicht entrinnen.

Nicht einmal Gott selber konnte diesem Unrecht entrinnen, nur dass er nicht gleichgültig ihm gegenüberstand, nur dass er nicht heimlich am Unrecht profitierte. Er kam in Jesus auf die Welt und kam damit ins Unrecht: Jesus lässt sich taufen, »um alle Gerechtigkeit zu erfüllen«. Ihn stößt man vom Bürgersteig. Er findet keinen Platz in der Herberge. Straflos schlägt man ihn ins Gesicht. Er hungert in der Wüste und schreit am Kreuz vor Furcht. Er hat kein Recht. Er hat keine Liebe. Der Hass tötet ihn.

Drei Tage später aber wird er auferweckt von den Toten, und die frühern Christen singen: »Er ist als gerecht erwiesen im Geist.« – Der Vater holt den Sohn aus dem Grab und bestätigt, dass der Sohn dem Vater recht sei. Jesus bleibt nicht im Unrecht der Welt stecken, er wird herausgezogen, emporgeholt, und es wird deutlich, dass er als Gerechter verurteilt wurde. Es wird deutlich, dass er Gottes rechtmäßiger, einziger Sohn ist. Er ist als gerecht erwiesen im Geist!

Und dies ist für uns geschehen. So wie wir alle am Unrecht profitieren, so wie wir alle gewollt oder ungewollt im Sumpf der Ungerechtigkeit drin stecken, so profitieren wir noch einmal am Unrecht, das Jesus erduldete, und noch viel mehr profitieren wir an seiner Rechtfertigung im Geist. Wir sollen beteiligt werden an seinem Rechtsein. Wir sollen verbunden werden mit seiner Gerechtigkeit. Paulus sagt, Jesus sei auferweckt worden um unserer Gerechtigkeit willen. Und ein andermal betont er: »Er ist uns gemacht zur Gerechtigkeit.«

Indem also Jesus aus dem Grab steigt, kommt der Mensch der Gerechtigkeit aus der Erde. Der Mensch, der Gott recht ist, der Mensch, der erhöht wird. Es kommt der neue Mensch, der nicht mehr teilhat am Unrecht, sondern teilhat am Rechtsein Gottes. Und mit Jesus Christus, mit diesem neuen Menschen sind wir alle seit der Taufe verbunden, mit ihm haben wir Boden unter die Füße bekommen. Durch ihn gehören wir in das Reich, das nicht in Essen und Trinken besteht, sondern in Gerechtigkeit, Frieden und Freude, im Heiligen Geist.

Im Alten Testament wird Gerechtigkeit manchmal fast räumlich verstanden, als ein Kraftfeld, in das die Menschen hineingezogen werden zu besondern Taten: »Sie erheben sich in deiner Gerechtigkeit.« Die Gerechtigkeit ist das Gewand, in das sich der kommende Friedefürst kleiden wird. Gerechtigkeit ist der Regen, der vom Himmel kommt. In dieses Gewand müssen wir hinein, in diesen großen Regen!

Darum ist Christus auferstanden von den Toten. Und das hat seine Bedeutung für das Ganze der Natur. Sogar die Berge sollen ins Kraftfeld Gottes hineinkommen. Mit der Auferstehung Jesu hat also etwas angefangen, was für die ganze Menschheit, für die Erdenwelt kommen soll. Der erste Mensch wurde herausgezogen aus dem Unrecht, und das soll weitergehen! Alle auf und neben dem Bürgersteig in Kapstadt und Johannesburg werden es erfahren, dass die Gerechtigkeit aus ihrem Grab steigt und hervorkommt für alle Kreatur.

Und darum, liebe Gemeinde, können wir nicht länger es uns wohl sein lassen im Sumpf. Darum müssen wir uns ausstrecken und nur dies eine wollen für uns und die Welt, dass ein neuer Auferstehungsmorgen anbreche und alle Welt hineingezogen werde in das Kraftfeld der Gerechtigkeit. Wenn wir einmal entdeckt haben, was mit der Welt seit Jesu Auferstehung passiert ist und was mit der Welt noch geschehen soll, dann können wir doch nicht länger die Augen verschließen vor dem Unrecht, das um uns geschieht, an dem wir teilhaben. Wir können dann auch nicht selbstzufrieden in der besten aller Welten dahindämmern. Wir werden dann einen Eifer und ein Gelüsten bekommen nach der Gerechtigkeit, die Jesus gebracht hat: »Selig sind, die hungern und dürsten nach der Gerechtigkeit!«

Blicken wir auf Jesus Christus, der die Gerechtigkeit bringt, blicken wir auf die Welt, die die Gerechtigkeit nötig hat, so wird deutlich, dass hier nicht nur ein privater Hunger gemeint ist. Es genügt nicht, dass ich mich allein danach sehne, Gott recht zu sein. Solange nicht die Gottesgerechtigkeit hervorbricht für *alle* Welt, nützt das nicht sehr viel. – Die Zeitungen melden, dass in gewissen Teilen des Kongo ein pathologischer Hass gegen die Weißen die Bevölkerung ergriffen habe. Was soll da mein bisschen persönliche Gerechtigkeit, wenn das Unterdrücken und Vergelten nicht aufhört in der Welt? Und drum muss Gott selber Recht bekommen vor Schwarzen und Weißen, auch die Verhältnisse müssen ihm recht werden, und er muss den Menschen recht werden. Gott muss Gott werden in aller Welt. Er muss sich erweisen als der, der er ist, der Großzügige, der um seines Sohnes willen den Gottlosen gerecht spricht. »Selig sind, die hungern und dürsten nach der Gerechtigkeit.«

Hungern nach Gerechtigkeit heißt in das Kraftfeld der Auferstehung hineinwollen, heißt, das vor Augen haben, was Gott recht ist, heißt, das Recht Gottes als das Nötigste und Dringendste ansehen für die Welt. Hungern nach Gerechtigkeit heißt ihn, den Gerechten, herbeirufen. Selig sind, die hungern nach der Zukunft Gottes. Hungern nach Gerechtigkeit heißt die Gerechtigkeit essen wollen, dass sie zur Kraft des Lebens werde.

Und nun redet die Seligpreisung noch stärker. Sie redet nicht nur vom Hungern, sondern auch vom Dürsten. Dürsten nach Gerechtigkeit heißt: in allen Dingen daran denken, dass Gott zu seinem Recht komme.

Dürsten heißt wollen, dass Gottes Gerechtigkeit zu unserer Gerechtigkeit werde. Dürsten nach Gerechtigkeit heißt die Gerechtigkeit Gottes trinken, sich einverleiben wollen. Selig sind, die einen Gottesdurst haben! Die Bergpredigt wird nicht müde, auf dieses Hungern und Dürsten hinzuweisen. So fordert sie von den Jüngern eine bessere Gerechtigkeit als die der Pharisäer und Schriftgelehrten, sonst bleiben sie vom Himmelreich ausgeschlossen. Hört, hört! Es gilt, zuerst *Sein* Reich und *Seine* Gerechtigkeit zu suchen. Wer darnach hungert und dürstet, der sucht es. Darum suchet, suchet das Reich! Streckt euch aus darnach. Gebt euch doch nicht zufrieden mit dem Leben im Sumpf. Verliert euch nicht in der Gleichgültigkeit. Ihr müsst Gottes Reich wollen. Ihr müsst Gottes Gerechtigkeit wünschen. Denkt an das Gleichnis vom Schatz im Acker. Die Gerechtigkeit der Herrschaft Gottes ist diese Perle. Wertvoll genug, alles für ihren Besitz dranzugeben. Die Gerechtigkeit Gottes ist dieser Schatz, verborgen im Acker der Welt, der gehoben werden soll zum Profit für alle Welt. Selig sind, die hungern und dürsten nach der Gerechtigkeit.

Hungern und Dürsten hat also immer ein Tun zur Folge. Wer danach hungert, dass Gott zu seinem Recht komme bei den Menschen, wer danach dürstet, dass die Menschen zu ihrem Recht kommen bei Gott der wird etwas tun in Bezug auf dieses Recht. Er wird das Rechte tun, das tun, was Gott recht ist. Dabei wird er wissen, dass er es nur stückweise tun kann und dass nicht seine Gerechtigkeit, sondern die Gerechtigkeit Gottes hervorkommen soll Darum sagt die Bergpredigt: »Habet acht, dass ihr eure Gerechtigkeit nicht übt vor den Menschen« ... Nicht meine Gerechtigkeit, meine Perle, mein Schatz soll ans Tageslicht! Gottes Perle soll leuchten! Seine Schätze sollen sichtbar werden, dass alle Länder voll werden von Gerechtigkeit; weil das auf uns zukommt, weil das vor uns liegt, darum gilt es jetzt, nicht mehr am heimlichen Unrecht sich zu beteiligen, darum gilt es jetzt in aller Stille das Rechte zu tun. – Hunger und Durst machen rücksichtslos. Hunger und Durst wecken ungeahnte Kräfte im Menschen und geben ihm den Mut der Verzweiflung. Ach dass wir alle ein wenig mehr Rücksichtslosigkeit bekämen im Hungern und Dürsten nach der Gottesgerechtigkeit!

Ach dass wir den Wagemut des Perlenhändlers bekämen, der alles auf eine Karte setzt. Ach dass wir etwas mehr Mut bekämen, den Mut der Hungernden, den Mut der Verzweiflung, da wo es um die Gottesgerechtigkeit geht.

Wir suchen und graben nicht vergeblich. Wir sollen nicht die Hungerleider bleiben. Schon als Jesus zum erstenmal zur Welt kam, kam er, um Hungernde satt zu machen. »Ich bin gekommen, damit sie das Leben und volle Genüge haben sollen.«

Dieser Jesus wird ein zweites Mal kommen. Wenn er schon bei seiner ersten Ankunft in Niedrigkeit die Seinen satt machte, wieviel mehr wird er bei seinem zweiten Kommen in Herrlichkeit die Seinen und alle Welt satt machen! Wenn schon der schwache Jesus Tausende speist, wieviel mehr wird der Mächtige die Tausenden speisen mit dem, was wir nötig haben. Dann werden die nach Gerechtigkeit Hungernden satt werden. Der Ausdruck »Satt werden« wird im Griechischen auch gebraucht von der Viehfütterung. Alle hungernden Tierlein sollen einmal genug bekommen an Gottes Futterkrippe, und das heißt, sie sollen voll werden mit Gottes Wesen, überkleidet, eingekleidet werden in seine Eigenschaft, erfüllt werden mit ihm selber. Gottes Sein soll ausgeregnet werden über alles Land. An Pfingsten hat diese Zukunft schon begonnen; als Heiliger Geist die Jünger erfüllte, sind Dürstende schon getränkt worden, so sehr satt wurden sie, dass Außenstehende meinten, sie wären betrunken. Pfingsten weist uns auf das hin, was für alle Welt kommen wird. Der Heilige Geist soll ausgegossen werden auf alles Fleisch. Alles Fleisch soll also hineingenommen werden ins Gerechtsein Gottes. Dem gehen wir entgegen und darum gilt's: »Selig sind, die hungern und dürsten nach der Gerechtigkeit, denn sie werden gesättigt werden.«

Liebe Gemeinde, diese Seligpreisung öffnet uns aufs Neue die Tür zur Zukunft. Gott wird Recht bekommen in der Welt, und wir sollen recht werden. Das kommt jetzt auf uns zu. Jetzt ist noch die Zeit des Hungers. Jetzt sind wir noch auf der Durststrecke. Aber es kommt Brot für die Welt. Es wird eingeschenkt der Becher des Heils.

Vielleicht darf ich noch auf vier Menschen der Bibel hinweisen, an denen sich unsere Seligpreisung schon erfüllt hat.

Hiob verliert Kinder, Besitz, Gesundheit und rechtet mit seinem Gott. Wenn er sich demütigt und Gott Recht gibt, wird sein Reichtum wieder hergestellt. Salomo darf eine Bitte tun und bittet um ein verständiges Herz, Gottes Volk recht zu regieren und zu unterscheiden, was gut und böse ist. Gott aber schenkt ihm Ehre und Reichtum in Fülle dazu. Der verlorene Sohn bekennt seine Schuld. Ein Festkleid wird ihm gereicht, und reich wird das Mahl bereitet. Der arme Lazarus hungert nach den Abfällen des reichen Mannes und kommt in Abrahams Schoß. – Hiob, Salomo, der verlorene Sohn und der arme Lazarus, sie haben Gottes Sättigung erfahren. Du sollst sie auch erfahren, wir alle sollen sie erfahren.

Weh uns aber, wenn wir jetzt gleichgültig bleiben, uns nicht kümmern um Recht und Unrecht in der Welt. Weh uns, wenn wir uns selber satt machen. Wohl uns, wenn wir den Durst haben nach Gottes Recht. Wohl uns, wenn uns Kapstadt nicht mehr fern ist, Johannesburg und der Neger. Wohl uns, wenn wir tun, was Gott recht ist. Wohl uns, wenn wir für die Welt hungern und dürsten, leiden und schreien, denn die Gerechtigkeit kommt, Gott kommt. »Selig sind, die hungern und dürsten nach der Gerechtigkeit, denn sie werden gesättigt werden.«

Gebet
Herr Christus, lass uns das erkennen,
Durch deines Geistes Kraft mach uns klar:
Das Unrecht, in dem wir stecken,
Die Gerechtigkeit, die vor uns liegt,
Damit wir alle Gleichgültigkeit überwinden
Und dafür sorgen,
Dass du zu deinem Recht kommst.
Herr Christus, wir haben dein Wort gehört.
Lass es uns nicht zum Gericht werden.
Mach uns zu Tätern des Wortes. Amen.

Aus: Seligpreisungen, S. 81–89

communio sanctorum

vom unfreien willen der wurzeln
die tannen lassen sie an der oberfläche wachsen

und werden verwundbar
auf waldwegen zumal

offenbar verführten die steine sie
schlangengleich
zu windungen

preisgegeben den nagelschuhen und spazierstöcken
liegen offen ihre wunden

zwischen hügeln von harz und schmerz
verwittert ihr holz

schüttelt der wind ihre wipfel
halten sie den baum
bis er fällt

und die wurzeln mitnimmt
die heiligen der bäume

Aus: berge S. 81

Leibhafte Gemeinde

Denn wie der Leib *einer* ist und viele Glieder hat, alle Glieder des Leibes aber, obgleich es viele sind, *einen* Leib bilden, so ist es auch mit Christus. Denn auch wir sind in *einem* Geist alle zu *einem* Leib getauft worden, ob Juden, ob Griechen, ob Sklaven, ob Freie, und sind alle mit *einem* Geist getränkt worden. Denn auch der Leib ist nicht *ein* Glied, sondern viele. Wenn der Fuß sagt: Weil ich nicht Hand bin, gehöre ich nicht zum Leibe, so gehört er darum doch zum Leibe. Und wenn das Ohr sagt: Weil ich nicht Auge bin, gehöre ich nicht zum Leibe, so gehört es darum doch zum Leibe. Wenn der ganze Leib Auge wäre, wo bliebe das Gehör? Wenn er ganz Gehör wäre, wo bliebe der Geruch? Nun aber hat Gott den Gliedern eine Bestimmung gegeben, einem jeden von ihnen am Leibe, wie er gewollt hat. Wenn aber alle *ein* Glied wären, wo bliebe der Leib? Nun aber gibt es viele Glieder, doch nur *einen* Leib. Das Auge kann aber nicht zur Hand sagen: Ich bedarf deiner nicht, oder wiederum der Kopf zu den Füßen: Ich bedarf euer nicht; sondern vielmehr die Glieder des Leibes, die die schwächern zu sein scheinen, sind notwendig, und die uns die weniger ehrbaren am Leibe zu sein scheinen, die umgeben wir mit desto größerer Ehre, und die unanständigen an uns haben desto größere Wohlanständigkeit; die wohlanständigen an uns aber bedürfen es nicht. Aber *Gott* hat den Leib so zusammengefügt, dass er dem im Nachteil befindlichen Glied desto größere Ehre gab, damit keine Spaltung im Leibe wäre, sondern die Glieder die gleiche Sorge füreinander tragen sollten. Und wenn *ein* Glied leidet, so leiden alle Glieder mit; wenn *einem* Glied Herrliches zuteil wird, so freuen sich alle Glieder mit. Ihr aber seid Christi Leib und, als Teile betrachtet, Glieder (1. Kor 12,12-27).

Vom wahren Sein

Zwei Männer in weißen Kitteln halten einen Film gegen das Licht. Die beiden sehen auf dem Bild etwas, was gewöhnliche Augen nicht sehen: das Innere eines Menschen. Für den Patienten aber hängt alles daran, dass die Röntgen-Ärzte dieses Innere nicht nur auf dem Bild haben; man muss das Bild auch lesen können, man muss sich auf das Innere eines Menschen verstehen. Ungeschulte Augen können mit dem Bild wenig oder nichts anfangen.

Was wir soeben von Paulus gelesen haben, stellt gleichsam ein apostolisches Röntgenbild dar, zeigt eine Wirklichkeit, die gewöhnlichen Augen verborgen bleibt. Gewöhnliche Augen sehen hier eine bunt zusammengewürfelte Schar. Aber jetzt wird unser Unsichtbares hier sichtbar. So sehen wir als Gemeinde vor Gottes Augen aus: »Ihr seid Christi Leib und, als Teile betrachtet, Glieder.« Ihr hier. Ihr alle zusammen. Christi Leib: Erstaunlich genug. Wenn wir nur geschulte Augen hätten, um das apostolische Röntgenbild lesen zu können! Denn darauf kommt es jetzt an, daran hängt unser Heil, dass wir unsere Wirklichkeit vor Gott erkennen und nach dieser Wirklichkeit leben; »Ihr seid Christi Leib.« Buchstabieren wir: Ihr seid Teile des Jesus von Nazareth. Ihr gehört alle zu dem Juden, der unter Pontius Pilatus einem Justizmord zum Opfer fiel. Ihr gehört zu dem, den man ordentlich bestattete, und drei Tage später war das Grab leer. Jünger sahen ihn, aßen mit ihm, und dann war er nicht mehr da, und man sang von ihm: »Gott hat ihn über die Maßen erhöht und ihm einen Namen gegeben, der über alle Namen ist.« – »Ihr seid Christi Leib«, sagt das apostolische Bild, ihr gehört zu diesem über die Maßen Erhöhten. So sehen wir vor Gott aus: »als Teile betrachtet, Glieder«, Glieder des Christus.

Wenn wir dieses Röntgenbild richtig lesen wollen, müssen wir es gegen das Licht halten. Und das Licht heißt: Ostern ist geschehen. Ein Mensch ist aus dem Grab herausgekommen, den man nach allen Regeln der Kunst getötet und beerdigt hat. Das Naturgesetz ist durchbrochen. Und darum ist jetzt das Unglaubliche wahr: »Ihr seid Christi Leib.«

Gott hat den Menschen aus dem Tod ins Leben gerufen und das bedeutet: Jesus von Nazareth ist dem heiligen Gott in alle Ewigkeit recht. Darum gibt er ihm seine Macht, sein Leben, den höchsten Namen. Und was mit Jesus von Nazareth geschah an Karfreitag, Ostern und Himmelfahrt, das ist für uns alle geschehen, so sehr, dass wir uns selbst nie mehr ohne Jesus sehen sollen. »So sollt ihr euch als solche ansehen, die für die Sünde tot sind.« Gott sieht den Sohn nicht mehr ohne uns, und sieht er den Sohn gehorsam und gerecht, so sieht Gott nun auch jeden von uns als gerecht. Gottes Wort sagt: »Ihr seid Christi Leib.« Ihr seid es, weil Gott in uns allen nun den eingeborenen Sohn sieht.

Wenn es aber so ist, dass der Auferstandene nicht ohne uns und wir nicht ohne ihn vor dem Vater sind, dann lernen wir hier etwas über die Auferstehung Jesu. Er ist nicht in die Einsamkeit auferstanden, er ist in seinen Leib auferstanden, und wir alle sind mit hineingenommen in seinen Leib. Darum heißt es: »Ihr seid Christi Leib und, als Teile betrachtet, Glieder.«

So wie man in den zwanziger Jahren hier in Barmen und Elberfeld sich zum Wuppertal zusammengeschlossen hat, so ist durch Jesu Sterben und Auferstehen ein Zusammenschluss erfolgt; wir sind eingemeindet in die Stadt der Zukunft, eingegliedert in seinen Auferstehungsleib, das aber ist das Werk des Geistes.

So wie es ein Datum gibt für den Zusammenschluss der Ortschaften des Wuppertales zu einer Großstadt, so gibt es ein Datum oder sogar zwei, an denen dieser Zusammenschluss durch Jesu Tod und Auferstehung für uns aktuell wurde. Diese Daten heißen: Taufe und Abendmahl! »Denn auch wir sind durch einen Geist zu einem Leib getauft worden und sind alle mit einem Geist getränkt worden.« Da in den Zeichen wird es sichtbar: Auch du bist eingegliedert in einen Leib, der nicht mehr stirbt. Du wirst zwar möglicherweise einmal sterben, ganz sicher aber wirst du einmal sehen, was du jetzt hörst: »Ihr seid Christi Leib und, als Teile betrachtet, Glieder.«

So wie die verschiedenen Ortschaften hier herum 1929 eine Stadt bildeten, so bilden wir Christen alle miteinander eine Korporation, stehen jetzt unter einer einheitlichen Verwaltung, und diese Verwaltung ist der Heilige Geist. So wie die verschiedenen Glieder am Menschenleib verschiedene Funktionen haben, aber eine Einheit bilden, so bilden wir Christen eine Einheit. So wie alle Glieder des

Leibes einem Willen gehorchen, so gehorchen wir Christen alle einem Willen. Dazu sind wir ja auch hier beieinander, dass wir in diesem einen Willen gestärkt werden und für Gottes Sache auf der Welt existieren: Schau einmal deine Hände an! Es sind Hände für dich. Hände für deinen ganzen Leib. Und so wie deine Hände für deinen ganzen Leib da sind, so bist du für das Ganze da, für den ganzen Leib! Das ist deine Ehre und dein Ruhm, dass du etwas sein sollst für Gottes Sache in der Welt. Das ist die Chance deines Lebens, dass du nicht auf dich gestellt bleibst, sondern eingegliedert bist und bleibst in den Leib ohne Tod und Sünde. Und darum soll dein Leben nicht in wilden Zuckungen verenden: »Und es mög schön geordnet sein, zu ehren Gott den Schöpfer dein.«

Aber nun möchte jemand einwenden: Ich kann mich auf dem Röntgenbild nicht sehen. Was du da sagst, mag von einem Superchristen gelten, aber für mich? Nein. Gewiss mag Christus in einigen geistererfüllten Menschen leben, aber ich bin kein Pestalozzi und kein Albert Schweitzer. Für mich gilt diese Predigt nicht! – Paulus führt uns gegenüber solchen Einreden gleichsam einen Film vor: Der Fuß fängt an zu reden: Ich bin nur ein Fuß. So nützlich und gepflegt wie die Hand bin ich nicht. Ich bin nur ein unnützer Christ! Kaum hat der Fuß ausgeredet, ergreift das Ohr das Wort: Ich kann nicht sehen, ich bin nur ein blindes Ohr und kann nicht sehen, was du sagst. Ich bin nur ein unnützes Ohr, ich gehöre eigentlich nicht zum Leib. – Aber Fuß und Ohr mögen lange reden. Der Fuß kann nicht Fuß sein und das Ohr nicht Ohr, ohne zum Leib zu gehören. Und wenn du nur ein Fußchrist bist oder ein Ohrchrist, wenn du so ein untauglicher Christ bist, dass du dir sagen musst: ich gehöre nicht dazu, dann muss ich dir sagen: du irrst, gerade du gehörst zum Leib. Weil Jesus Christus auferstanden ist für dich, darum bist du hineingenommen in seinen Leib. So wie Hand und Fuß und Ohr und Auge hineingenommen sind in den Leib und je eine Funktion haben am Leib des Menschen, so hat jeder von uns Christen eine spezielle Funktion. Wer eingegliedert worden ist in den Leib, der hat damit einen Sonderauftrag: »Nun aber hat Gott den Gliedern eine Bestimmung gegeben, einem jeden von ihnen, wie er gewollt hat.« Auch dir hat er eine Bestimmung gegeben, auch du sollst einen ganz bestimmten Gotteswillen erfüllen auf dieser Erde. – Wie ist das eigentlich, mein Zuhörer, denkst du darüber nach, dass es einen hohen Willen gibt, der auch in deinem Leben geschehen soll? Das ist doch der Sinn deines Lebens, gemäß der Bestimmung des Schöpfers und Erlösers zu leben. »Denn ein Gebilde sind wir, erschaffen in Christus Jesus zu guten Werken, zu denen uns Gott zum Voraus bereitet hat, damit wir in ihnen wandeln sollten.« So steht es im Epheserbrief. So steht es auch über deinem Leben! – Und im Johannesevangelium sagt der Auferstandene: »Wie mich der Vater gesandt hat, sende ich euch!« Als Teil am Christus-Leib bist du ein Gesandter wie er, hast einen Auftrag fürs Ganze. Jesus hat sich geopfert, und auch du bist ein Teil seines geopferten Leibes. Wer sein Leben wirklich lebt, der lebt es im Opfer für das Ganze. Und da ist kein Leben zu gering!

Aber nun hat es nicht nur Glieder gegeben, die sich von der Gemeinde Jesu getrennt haben, weil sie sich zu unfromm, zu schlecht vorkamen. Es hat auch immer wieder Leute gegeben, die sich von der Gemeinde trennten, weil sie sich besonders fein dünkten: Hier sieht das Auge mitleidig auf die Hand. Was soll ich mit dir? »Ich blick in die Ferne, ich seh in die Näh.« Was brauch ich da die

Hand? Und der Kopf blickt von oben herab auf seine Füße und spricht: Ich bin ein denkender Kopf, aber euch da unten kann ich nicht brauchen. Mit meinen Gedanken komme ich weiter als mit meinen Füßen.

So hat es immer wieder Augenchristen gegeben, die wollten mehr sehen als andere, und Kopfchristen, die wollten mehr wissen als andere, und sie haben sich von der Gemeinde Gottes getrennt. Aber das ist eine völlige Unmöglichkeit. Keiner und keine kann sagen: Ich habe den Leib nicht nötig, ich mach es ohne die Gemeinde. Und wenn wir Professoren etwa Kopfchristen sein sollten, dann haben wir Hände nötig, die für uns sich falten. Wenn es in der Gemeinde einen Dienst gibt, der in Kopfarbeit und Denkarbeit besteht, dann gibt es auch Handarbeit, dann gibt es auch Läufer und Fußgänger. Und es gibt keinen und keine hier innen, der nicht den Dienst des anderen nötig hätte. Ein Lehrer der Kirche, sei er Pfarrer oder Professor, braucht zum Beispiel in besonderer Weise die Fürbitte der Gemeinde, damit sein Lehren nicht ins Leere geht, vielmehr der ganzen Gemeinde dient. Als Christ kann ich nicht leben ohne den Dienst der andern. Keiner ist so hoch, so fromm, so weise, so heilig, dass er nicht die Mahnung, den Trost eines Geringen nötig hätte.

Weil jedes Glied am Leib durch den Heiligen Geist im Leib lebt, darum würden wir den Heiligen Geist betrüben, wenn wir nicht gerade die Geringen ehren würden. Paulus sagt: »Und die uns die weniger ehrbaren zu sein scheinen, die umgeben wir mit desto größerer Ehre.« – Wie ist das eigentlich, sind wir hier »im Bild«? Leben wir so miteinander und füreinander, dass die weniger Ehrbaren in Gemarke zu besonderen Ehren kommen? Leben wir so miteinander, dass ein Fremder merkt: hier ist Gemeinde, und ich gehöre dazu. Darum sind wir Glieder an einem Leib, damit wir füreinander sorgen. Und unser Unglück kommt doch daher, dass jeder für sich selbst sorgt. Solange die Christen nur für sich selbst sorgen, verleugnen sie ihren Christus. Und solange die Völker nur für sich selbst sorgen, kann nicht Friede werden.

Wenn wir aber eingegliedert werden ins große Ganze, so haben wir fürs Ganze zu sorgen. Für die andern, nicht für uns selbst. So sorgt Christus für uns, dass wir anfangen, für andere zu sorgen. So wird aus dem Alltag ein Tag des Herrn, dass wir anfangen, gliedhaft zu existieren. So bekommt jeder verrinnende Tag Ewigkeitswert, dass wir anfangen, an andere zu denken, für andere zu denken.

Vielleicht dürfen wir die Mutter zum Beispiel nehmen: Was eine rechte Mutter ist, die ist einfach da für die andern. Ohne viel Wesens. Sie ist da. Präsent. Wach. Hier ist ein Knopf anzunähen und dort ein Trost zu spenden. Wofür ist eine Mutter nicht da? Und nun braucht es in der Familie Gottes Menschen, die ganz einfach da sind, da für die andern. Präsent. Wach. Und jetzt bist du hier ein Zuhörer, weil du dazu bestimmt und erwählt bist, ein Mensch für andere zu sein. Und darum verwirkliche deine Bestimmung!

Wir haben heute ein Röntgenbild gesehen. Wir sehen darauf, was wir wirklich sind, was wir vor den Augen der Wahrheit sind: Glieder des auferstandenen Christus. »Ihr seid Christi Leib und, als Teile betrachtet, Glieder.«

Wenn die zwei Männer im weißen Kittel die Röntgenaufnahme des Patienten gegen das Licht halten und den Krankheitsherd entdecken, dann wird das Röntgenbild beiseitegelegt, aber der Patient wird nun entsprechend seinem Röntgenbild behandelt. – Wir haben dieses apostolische Röntgenbild gesehen, damit wir nach dem handeln, was wir sonst nicht sehen. Dann wird sich die Gemeinde verändern, dann wird sie gesund werden. Darum kommt es jetzt nur darauf an, dass wir als Glieder funktionieren und tun, wozu wir bestimmt sind. Dazu aber brauchen wir den Heiligen Geist; denn als Glieder funktionieren können wir nicht von uns aus, das können wir nur vom Geist aus.

Herr Christus,
Wir haben hineingeschaut in das Wunder deines Lebens,
Wir erkennen in deinem Leben unser Leben.
Nun hilf, dass dein Wille mit einem jeden von uns
geschehe.

Aus: Geheimnis, S. 134–141

»Meine Seele erhebt den Herrn«

Immer fangen wir Menschen mit Gott etwas an. Solange ein Mensch lebt, macht er etwas mit Gott. – Ich möchte geradezu behaupten: der Mensch ist während seines ganzen Lebens ununterbrochen mit Gott beschäftigt. Er kann nichts machen, ohne dass er etwas mit Gott macht. Meist weiß er es nur nicht: Der Mensch kann Gott als Luft behandeln, tun, als ob er nicht wäre, ihn zu einem Nichts machen, etwas macht man eben mit ihm und aus ihm. Wo man erklärt, man könne nichts mit ihm anfangen, wo man sich nicht um ihn kümmert, ihn verdrängt, da fängt der Mensch an, sich selbst einen Gott zu machen.

So erklärt mir ein Mann von fünfzig Jahren in angesehener Stellung: »Nachts um 3 Uhr erwache ich, dann kommen die bösen Erinnerungen.« Erinnern ist eine menschliche Tätigkeit. Aber mit einem Mal können Erinnerungen Macht über uns bekommen, können zum Gott werden, vor allem böse Erinnerungen in schlafloser Nacht werden zu einem Gott, der allmächtig oder übermächtig den Menschen beherrscht.

Auch die Angst vor der Zukunft kann zu einem solchen Gott werden. Ein Beispiel: Von allen Seiten drängen Verpflichtungen auf mich ein, auf einmal verwandeln sich diese Verpflichtungen in Berge, die mich – wie Gott – von allen Seiten umgeben, mir immer näher rücken, mich zu erdrücken drohen. Verpflichtungen, Leistungen, Arbeiten können zu einem schrecklichen Gott werden. Zwar habe ich selbst sie irgendwann zum Gott gemacht, aber nun werde ich sie nicht mehr los.

Das dürfte deutlich sein: ein solcher Gott ist nicht der wahre. Der wahre Gott ist nämlich nicht ein Gott, mit dem wir etwas anfangen können, sondern ein Gott, der etwas mit uns anfangen kann. – Ich glaube und behaupte: immer schon hat er etwas mit uns angefangen. Auf der ganzen runden Welt gibt es keinen Menschen, mit dem und für den dieser Gott nicht schon etwas angefangen hat. Das ist wohl das Beste, was einem Menschen zustößt, dass er aufnimmt, was Gott mit ihm anfing. Wie soll das zugehen?

Diese Frage kann ich von mir aus nicht beantworten. Aber ich kann einem Menschen das Wort erteilen, bei dem etwas davon sichtbar und hörbar wird, was Gott angefangen hat mit uns. Es wird der Maria in den Mund gelegt:

»Meine Seele erhebt den Herrn,
und mein Geist frohlockt über Gott,
meinen Heiland« (Lk 1,46f).

Was hat Gott mit Maria angefangen, dass sie so reden kann? – Und was hat er mit uns angefangen, dass wir ein solches Wort auf die Lippen nehmen dürfen? – Ich blende zurück zum Bericht der Bibel: Die Geschichte, die Lukas erzählt, klingt phantastisch. Der Engel Gabriel habe Maria besucht, sie als Begnadete begrüßt und ihr angekündigt, der Heilige Geist werde auf sie kommen, sie werde den Gottessohn zur Welt bringen.

Ist der Gottessohn erst auf der Welt, verheißt er den Jüngern wiederum ähnliches. Auch über sie soll der Heilige Geist kommen. Wer Pfingsten miterlebt, hört Begeisterte die großen Taten Gottes erzählen. Mit solchem Erzählen »erheben« sie den Gott Israels. Ein Anklang an das Wort der Maria ist – im griechischen Urtext – unüberhörbar. Pfingsten macht deutlich: was Gott in Maria begann, ist der Anfang einer neuen Menschheit.

Darum bildet die Reaktion der Maria auf die unglaubliche Botschaft des Engels ein Modell für jeden Menschen, der etwas vom wahren Gott hört. Maria quittiert die märchenhafte Mitteilung des Engels damit, dass sie Gott Recht gibt. Sie wehrt sich nicht gegen das Kind. Sie wehrt sich nicht gegen das, was ihr gesagt wird. Sie tut nichts gegen das, was von Gott her in ihrem Leib wächst. Im Gegenteil. Sie tut zu all dem noch etwas hinzu: »Meine Seele erhebt den Herrn, und mein Geist frohlockt über Gott, meinen Heiland.«

Es ist im Grunde nicht sehr viel, was sie hinzutut. Gelehrte Schriftausleger meinten, das Lied der Maria wäre wenig originell. Ihr Lied ist montiert aus lauter Sätzen des Alten Testaments. Maria hat keine eigene Stimme. Sie wiederholt nur, was schon Israel auf Gottes Taten antwortete. – Dieser Mangel an Originalität, scheint mir, ist bedeutsam: mehr als Maria müssen auch wir nicht tun. Wir brauchen nur Gott Recht zu geben in dem, was er mit uns anfing und vorhat. Hierbei kann das Wort, das Maria braucht, für uns zu einem Fahrzeug werden, das uns in Gottes Zukunft fährt, wenn wir nur unser ganzes Wesen ins Wort geben.

Bevor wir uns in den einzelnen Worten umsehen, müssen wir kurz überlegen, wohin die Reise geht: es ist gut möglich, dass das Lied schon vor Maria gesungen wurde. Ein Ausleger meint, es sei ursprünglich ein Siegeslied nach gewonnener Schlacht gewesen, zuerst von Aufständischen gesungen. Und ein Prediger nennt es »das Lied einer großen Revolution der Hoffnung«. – In der Tat besingt Maria einen Umsturz. Denn sie erhebt, verändert die Machtverhältnisse auf Erden. Die Hohen stürzen, die Niedrigen werden aufgerichtet. Was Gott heimlich anfing, ist nichts anderes als eine Verwandlung dieser Welt, eine Umwälzung aller Verhältnisse, die alle bisherigen Umwälzungen der Menschheit überholt. Das hat angefangen und das wird weitergehen, und wer den Herrn erhebt, nimmt schon teil an der großen Veränderung. Wer mit Maria den Gott Israels als Herrn erhebt, erklärt damit, dass er der wahre Herr der Welt sei. ›Erheben‹ heißt: in die Höhe heben, aufrichten, befördern, applaudieren. Wer den Herrn erhebt, der fängt nun auch etwas an mit Gott. Er lässt den Gott, den die ganze Welt beiseiteschiebt, Gott sein. Wer den Herrn erhebt, behauptet ihn gegen alle Machthaber und Potentaten dieser Welt. Was zart begann, soll vor der Weltöffentlichkeit sichtbar werden:

»*Er hat Gewaltige von den Thronen gestoßen*
und Niedrige erhöht« *(Lk 1,52).*

Das Kind, das Maria zur Welt bringt, wird das Alte, die alte Welt, zu Ende bringen und alles neu machen. Daraufhin singt Maria ihr Lied. Dahin wird uns der Wagen ihrer Worte führen, wo Gott aller Menschen Gott wird.

»Meine Seele«, sagt Maria, und ich sage es ihr nach. – Meine Seele, das sind meine Erinnerungen, meine Ängste, das ist alles, was ich mir selber bin. Meine Seele soll jetzt tun, was Maria mir vorsagt; nichts kann mich hindern, das zu sagen und zu tun: »Meine Seele erhebt den Herrn.« – Wenn ich das sage, erhebe ich nicht mehr die Erinnerungen und die Ängste zu Gottheiten, ich verzichte grundsätzlich darauf, mir einen Gott zu machen, ich will nicht länger ein Schöpfer Gottes bleiben, sondern ein Geschöpf des Schöpfers sein. All dies, was ich bis jetzt zu meinem Gott machte, soll dazu dienen, den Gott dreifaltig zu erheben, der durch Maria zur Welt kam, der seit Pfingsten in Menschenherzen wohnt und der ein Schöpfer einer Erde ist, auf der im Verborgenen Blumen blühen und Liebende einander glücklich machen. – Wenn aber nachts böse Erinnerungen uns quälen, gibt uns Maria ein Schlüsselwort, das die Tür zur Freiheit öffnet. Die Seele lässt sich mit diesem Wort nicht von einem selbstgemachten Gott niederdrücken, sie lässt vielmehr den Gott Israels hochleben, der auch im Dunkeln wohnt. – Wenn mich tagsüber die Anforderungen und Geschäfte aufregen, gibt es in Aufregung und Hetze eine neue *Möglichkeit*: Meine Seele *erhebt* den Herrn, den Herrn, der die großen Veränderungen bringt. Das heißt: die Seele lässt sich nicht beengen durch unmögliche Anforderungen. Sie setzt den Gott Israels in Rechnung, dem alles Mögliche und Unmögliche möglich ist. – Den Erinnerungen und der Angst schreibe ich keine Macht mehr zu. Alle Macht traue ich dem Gott Israels zu. Ihn erhebt meine Seele, und wo eine Seele den Herrn erhebt, wird sie selbst erhoben, über sich emporgehoben. Sie bleibt nicht im Schatten sitzen, sie fliegt »zur Sonne, zur Freiheit«, sie wird frei von sich selbst und von den Verhältnissen einer schmutzigen Umwelt. Wer den Herrn erhebt, wird von ihm mitgerissen in eine Höhe, die für den Menschen sonst unerreichbar bleibt. Er ist nun bei dem, der die Welt umstürzt, so dass die Mächtigen vergehn und die Elenden kommen.

Das klingt sehr einfach und missverständlich. Den Herrn erheben hat zunächst andere Folgen. Für das Mädchen aus dem Vorderen Orient sind sie aktenkundig. Was wir den Evangelien entnehmen, sind Stationen von Schmerzen: eine Niederkunft im Stall, eine Flucht in ein fremdes Land und die Teilnahme an einer Hinrichtung. An Maria wird deutlich: Wer frei wird von sich selbst und seiner Umwelt, wird frei für das Leiden Gottes, der an den Verhältnissen der Menschen leidet. – Den Herrn erheben ist das Gegenteil von: den Herrn gering achten, ihn als Luft behandeln. Wer von uns anfängt, den Herrn zu erheben, der fängt an, Gott Recht zu geben. Er wird erfahren, wie schwer es ist, Gott Recht zu geben in einer Welt, die ihn negiert und tötet und nichts von ihm wissen will. Wer diesem Gott Recht gibt, wird wie Maria Stationen von Schmerzen durchlaufen. Möglicherweise wird sein Leben zu einer Karwoche werden, und er wird nichts haben als Jesu Wort, das selig spricht, die Leid tragen. Wer Gott Recht gibt, gibt dem gekreuzigten Gott Recht, und wer den Herrn erhebt, trägt mit am Schmerz Gottes, am Schmerz darüber, dass er von den Menschen wie Luft behandelt und verstoßen wird. Er trägt mit am Schmerz darüber, dass die Schöpfung dieses Gottes von den Menschen malträtiert wird und so viele menschliche Geschöpfe Gottes unmenschlich behandelt werden. Freilich kann diesen Schmerz Gottes kein Mensch anders tragen denn als eigenen Schmerz. Maria leidet, wenn sie gebiert, wenn sie flieht, wenn sie ihr Kind sterben sieht. Sie trägt den Schmerz Gottes als menschlichen, als eigenen – privaten – Schmerz.

Kein Mensch kann alles Leid der Welt, kein Mensch kann den Schmerz Gottes leiden. Auch wir können den Schmerz Gottes nur im Detail des eigenen Schmerzes tragen; nur wird dieses Detail anders, wo eines Menschen Seele wie Maria den Herrn erhebt. Wer Gott Recht gibt, hat schon etwas von ihm, hat etwas Neues von ihm, hat eine neue Gerechtigkeit, der fängt an, ein neuer Mensch zu sein, ein neuer Mensch für eine neue Erde.

Ein neuer Mensch hat auch – einen neuen Schmerz. Im Detail des eigenen Schmerzes leidet er daran, dass Gott immer noch nicht aller Menschen Gott ist. An Maria wird deutlich, wie dieser neue Schmerz aussieht. Was Maria als eigenen Schmerz erleidet, wird nicht Wehleidigkeit sein oder Selbstmitleid, sondern Schmerz des Karfreitags, der Schmerz des Menschen, der von sich selbst befreit ist für den andern und den einen. Dieser neue Schmerz aber weiß: der Gott, der Maria erhebt, macht alles, aber auch alles neu, und so kann dieser Schmerz übergehen in die Freude.

Ich denke, kein Mensch wird's der Maria im Ernst nachsprechen: »Meine Seele erhebt den Herrn«, der nicht auch sagen lernte: »Mein Geist frohlockt über Gott, meinen Heiland.« – »Mein Geist«, das ist – wie Luther sagt – »das Haus, da der Glaube und Gottes Wort innewohnt.« Dieses Haus ist jetzt bis in den letzten Winkel mit Freude erfüllt. Man kann auch sagen: Die Freude, das ist die Höhe, in die der gerät, der den Gott Israels erhebt. Und die Freude bleibt nicht stumm. Sie kann nicht schweigen. Sie muss sich äußern, sich mitteilen. Mit ihrem Geschrei begrüßt sie den kommenden Gott.

Aber wie soll das bei uns werden? Wie soll das zugehen, dass der Geist eines Menschen ein Haus wird und erfüllt mit den Rhythmen der Freude? Man bedenke: Gott hat angefangen, uns Freude zu machen, als er sprach: »es werde«, und es ward. Alles, was er gemacht hat, hat er sehr gut gemacht, hat er zu unserer Freude gemacht. – Gott hat angefangen, uns Freude zu machen, als er Israel erwählte unter den Völkern wie eine Braut, um mit Israel auch uns zu erwählen aus allen Völkern, uns bräutlich erwählte zu seiner Freude. – Gott hat angefangen, Freude zu machen, als der Engel zu Maria kam. Er hat angefangen, uns zu besuchen, er hat angefangen, bei uns zu wohnen, damit die Freude bei uns häuslich werde. – Aber die Menschen wollten diesen Besuch nicht. Er störte sie. Er musste weg. Er durfte nicht leben. – Gott hat angefangen, uns Freude zu machen, als er alles Leid der Welt in seinem Schrei sammelte, den er hinausschrie in die Nacht. – Gott hat angefangen, uns Freude zu machen, als er brauste vom Himmel her und niederfiel, pfingstlich auf die Apostel; was die Apostel erfuhren, soll die ganze Menschheit erfahren: alle Menschen werden von Gott begeistert sein. – Alles, was Gott anfängt, fängt er an, dass die Freude wachse in der Welt. Wie der Frühling die Felder begrünt, so wird die Freude Gottes die Erde begrünen. In Gottes Neuheit wird unser Schmerz neu, damit die Freude neu werde. – Wer das Wort der Mutter Maria wiederholt und nachspricht wie ein Kind, wird merken: bei ihm beginnt Gottes Zukunft, die Zukunft der Freude: »Meine Seele erhebt den Herrn, und mein Geist frohlockt über Gott, meinen Heiland.«

Ich habe einmal versucht, das Wort der Maria zu übersetzen und neu zu umschreiben. Vielleicht, dass es dem einen oder anderen hilft, sich dem Wort anzuvertrauen, das ihn in die neue Zeit mitnimmt.

Was unter meine haut ging
meine psyche die ausgebeutelte
sinnt und rühmt
hebt hoch
lässt hochleben
der mich überwältigt
und mein geist
das alte haus
gerät aus dem häuschen
summt und singt
pfeift
lärmt und demonstriert
des gottes wegen
der mein retter ist
mich in eine neue zeit reißt
zeit schenkt
mir neue

Aus: Trost, S. 22–29

III

Seelsorge aus der Zukunft Gottes

»ins ungesagte geh quer«

bergwanderung

quer zu den wegweisern
durchs weglose
durchs gras ungeknickt
übers moos ungedemütigt
ohne fußspuren im schlamm

quer zu den bächen
in die gräben
wage den sprung
geh durch die luft

quer durch den schattenrain
mit den novalisblumen
nimm dich in acht
verletz nicht
käfer und molch

quer zu den quellen
trink nicht aus dem brunnen
ein toter
hängt immer noch
in der wand

quer zwischen felsen und fluh
ins ungesagte geh
quer

Aus: heimatkunst, S. 51.

Gott tröstet!

»Der Herr ist nahe allen, die ihn anrufen, allen, die ihn mit Ernst anrufen.«
(Psalm 145,18)

Eingangsgebet

Das aber ist unsere Not,
dass wir dich nicht fürchten,
dass wir dich nicht Herr sein lassen
in allen Dingen.

Das ist unser Elend,
dass wir nicht auf dich hoffen,
und darum stehen wir
dürr wie die Birke im Wald
und rufen:
Herr, erbarme dich unser.

Lektion

»So sprach der Herr: Tretet an die Wege und sehet, forschet nach den Pfaden der Vorzeit, welches der Weg des Heils sei, den geht, so werdet ihr Ruhe finden für eure Seele. Sie aber sprachen: Wir wollen ihn nicht gehen! Oft bestellte ich Wächter über sie, zu rufen: Habt acht, wenn das Horn ertönt! Sie aber sprachen: Das wollen wir nicht! Darum höret, ihr Völker und ihr Hirten der Herden! Höre es, Erde: Siehe, Unheil, die Frucht ihres Abfalls, bringe ich über dieses Volk, denn auf meine Worte merkten sie nicht, und meine Weisung verachteten sie. Was soll mir der Weihrauch aus Saba, das Würzrohr aus fernem Lande? Eure Brandopfer gefallen mir nicht, und eure Schlachtopfer sind mir nicht angenehm. Darum spricht der Herr also: Siehe, ich lege diesem Volke Steine in den Weg, dass daran sich stoßen und straucheln die Väter mitsamt den Söhnen, ein Nachbar wird mit dem andern umkommen.« (Jer 6,16–21)

»Wer ist ein Gott wie du, der die Schuld verzeiht und die Sünde vergibt dem Rest seines Eigentums, der seinen Zorn nicht ewig festhält, sondern Freude daran hat, gnädig zu sein? Er wird sich wiederum unser Erbarmen, unsere Schuld unter die Füße treten. Du wirst all unsere Sünden in die Tiefe des Meeres versenken. Du wirst Jakob Treue erweisen und Abraham Güte, wie du unseren Vätern geschworen hast in den Tagen der Vorzeit.« (Mi 7,18–20)

Gebet vor der Predigt

*Schenk' uns deine Gegenwart,
ergreife die Macht über uns,
öffne uns für deine Zukunft,
damit wir für dein Reich kämpfen
und etwas werden zu deiner Ehre.*

Predigt

»*Gepriesen sei Gott, der Vater unseres Herrn Jesus Christus, der Vater des Erbarmens und Gott alles Trostes, der uns tröstet bei aller unserer Bedrängnis, damit wir die, welche in allerlei Bedrängnis sind, trösten können durch den Trost, durch den wir selbst von Gott getröstet werden.*« *(2. Kor 1,3–4)*

Von Gottes Trost will ich reden. Den Gott will ich euch rühmen, der tröstet. Gott tröstet. Keiner und keine soll ungetröstet aus dieser Kirche gehen. Was ich heute möchte, ist nur dies, Gottes Trost weitergeben – wie ich ihn erfahren habe. Ich kann diesen Trost nicht besser weitergeben als so, dass ich den Text auslege, mit dem Paulus seinen 2. Korintherbrief beginnt.

Gott tröstet, indem er uns seine Nähe spüren lässt. Er lässt uns seine Nähe spüren, indem er nicht stumm und verborgen bleibt. Er bleibt nicht stumm und verborgen, indem er sich zu erkennen gibt als der, der er ist. Gott tröstet, indem er unser Gott ist. Der Gott, der uns tröstet, ist unser Gott als »Vater unseres Herrn Jesus Christus«.

Und das heißt: Gott tröstet nicht obenhin, sondern mit seinem ganzen Gottsein. Sein Trost ist nicht irgendein Streicheltrost. Er kommt vielmehr aus blutigem Ernst. Ihm selbst ist das Trösten schwer geworden, sah er doch seinen Jesus Christus am Kreuz hängen, hörte er ihn doch verzweifelt schreien: »Warum hast du mich verlassen?« Gott tröstet als der, der den Jesus Christus trostlos leiden ließ. Gott tröstet als der, der selber litt, indem der Sohn litt. Gott, der Vater unseres Herrn Jesus Christus, ist der Gott im Schmerz. Wir können uns diesen Schmerz des Vaters um den sterbenden Sohn nicht vorstellen, können ihn nicht ausmessen, nicht wägen. Er ist uns zu groß; denn er ist Gottes eigener Schmerz. Und unser Schmerz vergeht vor seinem Schmerz, unsere Trauer schmilzt in seiner Trauer: »Gepriesen sei Gott, der Vater unseres Herrn Jesus Christus, der Gott im Schmerz des Karfreitags«, denn nach drei Tagen, da ist er gleichsam aufgewacht aus der Erstarrung, aus der Lähmung und Betäubung seiner Schmerzen um den Sohn und zeigt sich als »Vater des Erbarmens«, als »Gott alles Trostes«, indem er den Sohn nicht im Tod lässt, sondern ihn aus dem Grab holt. Gottes Trost ist das Ende eines Grabes: das Grab hat seine Funktion verloren. Es hat keinen Inhalt mehr.

Ich habe am Grab gestanden, habe gesehen, wie der Sarg versenkt wurde, der Sarg mit meiner Frau. Und da, in dem Moment, hat mich blitzartig der Gedanke durchzuckt: »Was da versinkt, wird wieder herauskommen. Was da verschlossen liegt, wird befreit werden. Einmal wird all das Sarg- und Grabwesen explodieren – eine Explosion ins Leben hinein.« – »Gepriesen sei Gott, der Vater unseres Herrn Jesus Christus, der Gott im Trost des Ostertages.«

Ich weiß nicht, wer von uns das nächste Mal an einem Grab steht und den Sarg mit einem geliebten Menschen versinken sieht. Aber das weiß ich, dass er dann denken darf, was ich gedacht habe: Sarg und Grab sind nicht endgültig. Christus kommt wieder und mit ihm eine Explosion ins Leben hinein, da alle Gräber und Särge ihre Funktion verlieren, weil die Toten auferstehen. – »Gepriesen sei Gott, der Vater unseres Herrn Jesus Christus, der Gott im Trost des Jüngsten Tages.«

Und nun spricht Paulus vom Trost Gottes »in aller unserer Bedrängnis«. Er weiß, dass wir Christen in »allerlei Bedrängnis« sind. – Die Trauer um einen Toten gehört sicherlich zu dieser Bedrängnis; aber diese Bedrängnis umfasst das ganze Christenleben. Solange unser Christus noch nicht sichtbar wiedergekommen ist, solange der Tod umgeht, gibt es Bedrängnis: Dürre der Felder, Unfälle, Schwermut, Verfolgung, Unterdrückung. Indem wir Menschen sind, nehmen wir teil an der Bedrängnis alles Lebendigen durch den Tod.

Die Christenmenschen aber erleiden noch eine besondere Bedrängnis. Indem sie sich zu Christus halten, nehmen sie teil am Leiden dessen, der am Karfreitag am Kreuz hing; sie gehen den Weg ihres Herrn, schreien irgendwo und irgendwann und irgendwie mit Christus am Kreuz: »Mein Gott, mein Gott, warum hast du mich verlassen?«

Es steht nirgends geschrieben, dass die Christen es besser haben sollen als ihr Herr: Wenn wir in unserem Brief weiterlesen, lesen wir, dass der Apostel eine Erfahrung mitteilt. Der Erfahrung des Trostes geht eine Erfahrung von Leiden voraus.

Da wir als Gemeinde hierzulande uns der Umwelt angepasst haben, haben wir wenig Erfahrung von der Art des Apostels, dass die Leiden Christi überaus reichlich über uns kamen. Eine laue und gleichgültige Gemeinde leidet nicht. Laue und gleichgültige Christen leiden kaum. Ich vergesse nicht, wie mir einmal ein Christ aus einer verfolgten Kirche sagte: »Ihr in Deutschland, ihr habt die Wissenschaft. Aber wir haben die Erfahrung.« Ich denke, er meinte die Erfahrung des Leidens und des Trostes. Die Gefahr aller Bedrängnis ist die, dass sie uns einredet, es gebe für uns keinen Ausweg mehr. Die Gefahr aller Bedrängnis ist die Resignation, die uns Gottes Nähe verdunkelt. Und die Trauer hat ihr Wesen darin, dass der Trauernde keine Zukunft mehr, sondern nur noch Vergangenheit hat. Aber nun sind wir hier als Gemeinde versammelt, damit »der Vater des Erbarmens« uns tröstet, uns einen Weg zeigt in der Bedrängnis und Trauernden die Zukunft öffnet.

Ich weiß nun nicht, in welche Bedrängnis wir als Christengemeinde noch hineinkommen. Ich weiß nicht, in welche Trauer und Trübsal jeder einzelne von uns hineingeführt wird. Aber das weiß ich, dass »der Vater des Erbarmens« gerade dort in Trauer und Trübsal »unser Vater« sein wird. Das weiß ich, dass in aller Bedrängnis der Gemeinde der »Gott alles Trostes« unser Gott sein wird, »der uns tröstet bei aller unserer Bedrängnis«.

Gott tröstet, indem er uns nahe ist, indem er sich uns zu erkennen gibt. Gott tröstet in und durch seine Gemeinde. – Für mich war das ein schönes Erleben, dass ich beim Tode meiner Frau spürte: ich bin nicht allein in dem, was mich betroffen hat. Wenn ich sage: ich habe in schwerem Leid Gottes Trost erfahren, dann kann ich auch sagen: Ich habe in meinem Leben als Pfarrer und als Professor wohl noch nie so stark erfahren, dass die Gemeinde Jesu Christi, die wir glauben, eine Wirklichkeit und eine Kraft ist. – Da kam einer, der hatte ein Psalm-Wort gehört und sagte es mir weiter, ein Wort, das mich aus der Erstarrung löste. Da schrieben und sagten mir Leute, dass sie für mich und die Meinen beteten, und es war beinahe körperlich zu spüren, dass das geschah. Gott hat mich in und durch die Gemeinde getröstet.

Von der Erfahrung her, die ich machte, möchte ich Gottes Trost auch so weitergeben, dass ich Ihnen allen als Gliedern der Gemeinde sage: Ihr habt ein Trostamt in dieser tristen Zeit. Trost wird euch mitgeteilt, damit ihr andere tröstet. Im Alten Testament lese ich den Satz: »Wie einen seine Mutter tröstet, so will ich euch trösten, ihr sollt in Jerusalem getröstet werden.« Wo Menschen Trost empfangen und weitergeben, ist Jerusalem. Da wandelt sich Dossenheim in einen Vorort von Jerusalem.

Noch etwas ist mir deutlich geworden, vor allem beim Lesen von Kondolenzbriefen. Da schrieben Menschen, die selber Leid und Trost erfahren hatten. Sie konnten selbsterlebten Trost weitergeben.

Wer darum in Zukunft Schweres und Schreckliches erlebt, soll wissen, dass er dies auch für andere erlebt. So sinnlos das Leid sein mag, es hat seinen Sinn darin, dass es, mit dem Leiden des Gekreuzigten zusammengebracht, anderen Menschen Nutzen bringen soll, »damit wir die, welche in allerlei Bedrängnis sind, trösten können durch den Trost, durch den wir selbst von Gott getröstet werden«.

Nun aber hat der Gott alles Trostes einen Widersacher, der möchte auch trösten. Auch der Teufel tröstet. Und er tröstet möglicherweise sogar mit frommen Worten, ist er doch auch ein Bibelkenner. In einer Welt, die betrogen sein will, läuft viel falscher Trost herum. – So ist es denn kein Zufall, dass in unserem Text so stark von Gott die Rede ist. Daran hängt eben alles, dass Gott selbst uns tröstet und nicht dessen Nachäffer.

Als wir die Frau und Mutter begraben hatten, sagte mir mein Jüngster: »Ich habe gespürt, dass Gott der Richtige ist.« Das möchte ich Ihnen allen wünschen, dass Sie das auch spüren. Das ist das Echo des wahren Trostes, dass wir mit dem Apostel auf unsere Weise sagen: »Gepriesen sei Gott, der Vater unseres Herrn Jesus Christus, der Vater des Erbarmens und der Gott alles Trostes.« Und nun wollen wir diesen Gott preisen mit dem Lied:

Sei Lob und Ehr dem höchsten Gut, dem Vater aller Güte, dem Gott, der alle Wunder tut, dem Gott, der mein Gemüte mit seinem reichen Trost erfüllt, dem Gott, der allen Jammer stillt. Gebt unserm Gott die Ehre.

Ich rief zum Herrn in meiner Not: Ach, Gott, vernimm mein Schreien! Da half mein Helfer mir vom Tod, ließ Trost mir angedeihen. Drum dank, mein Gott, drum dank ich dir, ach danket, danket Gott mit mir. Gebt unserm Gott die Ehre.

Der Herr ist noch und nimmer nicht von seinem Volk geschieden, er bleibet ihre Zuversicht, ihr Segen, Heil und Frieden. Mit Mutterhänden leitet er die Seinen stetig hin und her. Gebt unserm Gott die Ehre.

Aus: Trost, S. 64–70

schbaat

nah mitternacht
we den uufschdeischt
zun den buesspsalmen
mueschd ds wort heer
mid zween ärr uuschprächen

mueschd sägen was mu
nid chaan
schdraaf mi nid
in diim uwillen
briglemi nid in diiner teibi
bis mer gnädig ooh i
ferschmaachden

näbem ofen hocked
uf dr gwiissleten wand
en schwarzi schpinna
vergään ischt schwär
äs teend fascht
wie vergaan

numen zwei tipfeni
uber em a
die wäggen nid viel
aber uf die
chunnts aan

Aus: Orte, S. 47

Seelsorge – Trost der Seele oder Ruf zum Reich[1]

I. Die Seelsorge Gottes

Bevor wir über die Problematik unserer Seelsorge seufzen, wollen wir bedenken, dass es eine höhere, eine göttliche Seelsorge gibt. Gottes Absichten gehen zwar auf das Volk und die Völker, sein Heilsplan umschließt das ganze Universum. Er wird nicht als ein »Gott der Seele« bezeichnet. Ausdrücklich heißt er: »Herr des Himmels und der Erde« (Mt 11,25). Gerade als solcher, gerade mit diesen Absichten, mit diesem Plan müht und sorgt er sich um das Leben, um die Seele des Einzelnen, und der Einzelne ist dem »allmächtigen Schöpfer Himmels und der Erde« nicht zu wenig. Wollten wir diese göttliche Seelsorge darstellen, müssten wir von der ganzen Heilsgeschichte reden, angefangen bei der Erwählung vor aller Zeit bis hin zur Vollendung aller Zeit, da Gott alles in allem sein wird. – Hier wollen wir nur drei Punkte herausstellen, die für uns heute wichtig sind.

Solidarität und Torheit göttlicher Seelsorge

Wir erinnern zunächst an die Mitte der Zeit, in der wir die Mitte von Gottes Seelsorge erblicken: Gott kommt zu uns, schlägt sein Zelt unter uns auf, tritt aus dem Unsichtbaren ins Sichtbare, verlässt den Himmel, betritt die Erde; auf Hoheit verzichtend, wählt er die Niedrigkeit. Der wahre Gott wird wahrer Mensch, macht seinen Hausbesuch im Haus der Welt, wird Gast in seinem Eigentum.

Indem der eingeborene Sohn die Gestalt des Menschen annimmt, »an Gebärden als ein Mensch erfunden« wird, steht die Seelsorge Gottes unter dem Zeichen der Solidarität, so sehr, dass der wahre Gott im wahren Menschen Jesus von Nazareth die Seelsorgeanliegen jedes Menschen übernimmt. Darum wird er »in allem auf gleiche Weise versucht wie wir, doch ohne Sünde« (Hebr 4,15). Als Hausgenosse des Menschen wird er ein Genosse der Sünder und Zöllner. Im Gang nach Gethsemane und Golgatha begibt sich Gott selber an den Ort, wo er Seelsorge nötig hat. Die Passionsgeschichte zeigt deutlich die Seelsorge-Bedürftigkeit Jesu. Die Solidarität Gottes geht bis zur völligen Identifizierung, indem er selber an die Stelle des Menschen tritt, der um seiner Sünde willen Trost, Rettung nötig hat. – Das Lamm Gottes schreit aus seiner Gottferne heraus mit den Schafen, die abgemattet und zerstreut schreien, weil sie keinen Hirten haben. Auch er hat nun keinen Hirten mehr, einsam, von den Menschen verlassen, hängt er zwischen Himmel und Erde, »der Allerverachtetste und Unwerteste, voller Schmerzen und Krankheit«. Sehet, welch ein Mensch! Wie kein anderer ist

---

1 Vortrag, gehalten auf Boldern an einer Tagung von Pfarrern und Psychotherapeuten über Seelsorge, Frühjahr 1957.

er seelsorgebedürftig! – So sieht die Mitte von Gottes Seelsorge aus. Es ist keine Seelsorge von oben herab. Es ist Seelsorge ohne Macht und Kraft zunächst, völlige Entäußerung, nur Erniedrigung, totale Solidarität. Das Eingehen in die Hilflosigkeit, in die Verzweiflung und Schande des Menschen. Das Aufsichnehmen von Verfluchung und Verwerfung. Nicht mehr und nicht weniger. Zunächst auch völlig ohne praktischen Nutzen. Eine törichte, hilfsbedürftige Seelsorge. Das ist die Seelsorge Gottes. Wir knüpfen hier bereits zwei Fragen und eine Folgerung an im Blick auf unsere Seelsorge.

Es ist gut, wenn wir Seelsorger uns die Torheit und das Elend der göttlichen Seelsorge immer wieder so drastisch als möglich vor Augen stellen. Sollte unsere Seelsorge etwa weniger töricht, weniger elend sein als die göttliche Seelsorge? Weiter: können wir es uns leisten, stärker zu sein als der Meister? Können wir es uns erlauben, Seelsorge zu üben, ohne selber seelsorgebedürftig zu werden? Ist Seelsorge etwas anderes als ein Selberseelsorgebedürftig-Werden? Und liegt etwa darin die seelsorgerliche Unfähigkeit so vieler Pastoren, dass sie Seelsorge betreiben möchten, ohne diesen Weg der Entäußerung und Hilflosigkeit zu gehen? Liegt etwa hier der geheime Krankheitsherd unserer Seelsorge, dass sie segnen möchte, ohne Fluch auf sich zu nehmen?

Noch etwas ist hier zu sehen und zu glauben: seit der Menschwerdung Jesu und seiner Kreuzigung gibt es keine Menschennot, keine Qual und Verzweiflung, auch keine Gottesferne mehr, die Gott nicht zu seinem Anliegen gemacht hat. Kein Anliegen, das nicht ertragen und vollbracht wäre am Kreuz. Es wird gut sein, wenn wir Seelsorger dies nun auch nicht vergessen, dass die Seelsorge Gottes schon geübt worden ist, bevor wir anfangen, Seelsorge zu üben. Unsere Seelsorge kommt grundsätzlich hinterher. So gründet sie sich auf das Perfekt göttlicher Seelsorge. Sie muss sich darum nicht einbilden, sie könnte erfolgreicher sein als Jesus am Kreuz, sie darf aber auch nicht so tun, als wäre Jesus nicht für uns gestorben und auferstanden. Sie darf also beides in sich schließen: Erfolglosigkeit und Heiterkeit – im Blick auf die schon gewirkte Seelsorge Gottes.

Die Beschränkung und Vollendung göttlicher Seelsorge

Und nun gibt es nicht nur eine Mitte göttlicher Seelsorge, sondern auch eine Vollendung am Ende der Zeit, denn das Perfekt göttlicher Seelsorge in der Zeitmitte ist in mancher Hinsicht ein Imperfekt, zeitlich und auch räumlich beschränkt, indem der wahre Seelsorger nur gesandt ist »zu den verlorenen Schafen des Hauses Israel«. In Jericho muss er an einem Tag nur in einem Hause sein: Konzentration auf ein Volk und ein Haus, Beschränkung gnädiger Wahl! Gottes Seelsorge ist stückweise Seelsorge, Zeichen, Signal, Provisorium. Blinde sehen, Taube hören, Lahme gehen; aber Blindheit, Taubheit, Lahmheit hört mit dem Erscheinen Jesu nicht auf. Den Armen wird das Evangelium verkündet. Die Armut bleibt. Jesus ruft alle Mühseligen und Beladenen zu sich, aber die Tränen werden nicht alle getrocknet. Die Tochter des Jairus wird wieder sterben. Die Klageweiber haben nicht ausgeklagt. Sie werden wieder klagen. Weil Gottes Seelsorge in der Menschwerdung geschieht, weil sie in Jesus von Nazareth und seinen Jüngern geschieht, darum ist sie nicht radikal und universal, sondern vorläufig und punktuell, eine Seelsorge in der Beschränkung, kein automatisches Allheilmittel. Hineingebunden in die Menschlichkeit ist sie eine Seelsorge in der Beschränkung.

Wir fragen auch hier, ob nicht ein Schade in der kirchlichen Seelsorge darin liegen könnte, dass sie sich nicht zu beschränken weiß, dass sie heimlich Allheilmittel sein möchte und darum eine verborgene Unzufriedenheit an ihr nagt. Kann unsere Seelsorge grundsätzlich umfassender sein als Jesu Seelsorge? Kann sie uneingeschränkte und also schrankenlose Seelsorge sein? Noch einmal: könnten viele verdrossene Gesichter sogenannter Seelsorger nicht davon herstammen, dass sie unbewusst Gottes Seelsorge in der Menschwerdung ablehnen?

Die zeitliche und räumliche Beschränkung, der Stückwerkcharakter der Seelsorge Jesu trägt aber nun nicht den Stempel des Dilettantischen, Halbbatzigen, sondern vielmehr den Stempel der Hoffnung aufs Ewige, Allumfassende, Ganze hin. Ein Volk für die Völker. Ein Haus für die Häuser der Welt. Ein Blinder für alle Blinden. Ein Erquickter und Befreiter für alle Mühseligen und Beladenen. Ein Mägdlein von den Toten auferweckt für alle Toten, die erweckt werden. Jede Tat, jedes Wort göttlicher Seelsorge ist gezeichnet von der Absicht aufs Ganze und trägt die Marke der Hoffnung, ist Zeichen der Zukunft. Die Seelsorge Jesu ist darum konsequent eschatologische Seelsorge. Dieses Skandalon ist am Ende noch größer als das Skandalon des Kreuzes: die Armen, Hungernden, Weinenden, die um Jesu willen Geschmähten, Ausgeschlossenen und Gehassten werden auf die Zukunft verwiesen und darum seliggepriesen. Aber diese Zukunft ist nun nicht ein Jenseits oder ein St.-Nimmerleinstag, sondern das, was auf uns zukommt, so dass man sich danach richten kann: »Kehret um! Das Reich der Himmel ist genaht.« Dies ist die Zentralbotschaft Jesu, und dies verkündigt er in Wort und Tat. Das Reich ohne Tod, ohne Blinde, Lahme und Taube. Das Reich ohne Armut, Hunger, Tränen, die Welt ohne Sünde, die neue Welt ist im Kommen, ist schon nah. In dieser Welt wird die Seelsorge Gottes unbegrenzt und endgültig sein. Diese Welt bedeutet das Ende der Seelsorgebedürftigkeit. »Und Gott wird abwischen alle Tränen von ihren Augen, und der Tod wird nicht mehr sein, und kein Leid noch Geschrei noch Schmerz wird mehr sein« (Offb 21,1). – Das ist, was auf uns zukommt. Deshalb predigt, heilt Jesus. Deshalb wird er selber seelsorgebedürftig. Deshalb leidet, schreit und stirbt er. Deshalb steht er auf von den Toten, fährt in den Himmel, um wiederzukommen und die Seelsorge Gottes zu vollenden.

Wenn wir in der Fleischwerdung die Mitte und das Wesen göttlicher Seelsorge erblicken, so sehen wir im Reich das Ziel und die Vollendung aller Seelsorge. Jesus stellt den einzelnen vor das nahende Reich. Seine Seelsorge ist völlig bezogen auf dieses Reich. – Zwei Dinge sind hier deutlich zu machen.

Dieses Reich bedeutet einmal das Ende dieser Welt, das Ende nicht der Leiblichkeit, aber das Ende unserer fleischlichen Existenz. Dieses Reich bedeutet Weltuntergang, Weltende einerseits, Schöpfung einer neuen Erde und eines neuen Himmels andererseits. Das Ende des alten Menschen und die Vollendung des neuen Menschen. Und darum können Fleisch und Blut das Reich nicht ererben (1. Kor 15,50). Dieser welterneuernde Charakter des kommenden Reiches hat seine Konsequenz für die Seelsorge: weil die Heraufkunft des Reiches das vorläufige Ende aller Dinge bedeutet, darum ist die Seelsorge Jesu nicht Seelenpflege in dem Sinne, dass sie bloß seelische oder religiöse Bedürfnisse zu befriedigen sucht, denn die Welt der Seele gehört zu der Welt, die mit ihrer Lust und ihrem Weh vergeht. Darum finden wir bei Jesus so wenig seelsorgerlichen Takt: da ist der arme Kerl, der von seinem Bruder übervorteilt wird, da ist der junge Mensch, der Kindespietät an seinen Eltern üben möchte; sie führen einen ganzen Reigen an von Fordernden und Fragenden, die abgewiesen werden. Der wahre Seelsorger kann merkwürdig »unseelsorgerlich« mit den Menschen umgehen. Der gute Hirte verhält sich vollkommen »unpastoral«. – Seelsorge Jesu ist nicht Seelenbedienung, ist vielmehr Konfrontation des Menschen mit dem Reich Gottes.

Weiterhin gilt es zu beachten: dieses Reich, dieses Ende aller Dinge, diese Neuschöpfung Himmels und der Erde, Jesus sagt es ausdrücklich, ist *nahe* herbeigekommen! Das steht jetzt vor der Tür. Das Kommen völliger Gerechtigkeit, völligen Friedens, völliger Freude, ist nun nicht mehr fern, nicht auf übermorgen zu erwarten, sondern schon auf morgen. Die Wiederkunft Christi ist unmittelbar zu erwarten; »denn jetzt ist uns die Rettung näher als zu der Zeit, in der wir gläubig wurden« (Röm 13,11). Weil das Reich kommt, darum gibt es Seelsorge. Seelsorge ist Zeichen der Reichsnähe.

Und damit haben wir den Ort unserer Seelsorge umschrieben: unsere Seelsorge kommt erst, nachdem die Seelsorge Gottes in der Fleischwerdung schon geschehen ist. Sie geschieht daraufhin, dass Gott bald universale Seelsorge üben und alle Tränen abwischen wird. Sie kann darum nur vorläufige Seelsorge sein, eine Unterhaltung im Vorzimmer gleichsam mit angespanntem Blick, das baldige Öffnen der Tür erwartend. Unsere Seelsorge ist dadurch bestimmt, dass die Zukunft des Himmelreiches auf uns zukommt, uns schon nahegerückt ist. Unsere Seelsorge ist eine Gestalt der Hoffnung, ein brüderlicher Gang in Gottes Zukunft hinein. Rechte Seelsorge ist darum immer »reichsunmittelbar«.

Aktuelle Seelsorge als Vorwegnahme des Reiches

Gottes kommendes Reich ist im Heiligen Geist schon da, schon da mit seinem Frieden, seiner Freude, seiner Gerechtigkeit, schon da mit seinen Auferstehungskräften. Wo dieser Heilige Geist ausgegossen wird, hat Gott mit dem Trocknen der Tränen schon angefangen, da fallen die ersten Strahlen der aufgehenden Sonne auf die Gletscher und Felsen, ein Zeichen, dass der Tag anbricht. Vereiste und versteinte Herzen werden vom ersten Glanz des wiederkommenden Herrn beschienen und leuchten jetzt im Frühlicht des anbrechenden Tages. Da gibt es den Pfad der Gerechten der ist wie Morgenglanz, immer heller werdend bis an den vollen Tag (Spr 4,18). Es gibt eine Schar von Menschen, die »mit aufgedecktem Angesicht die Herrlichkeit des Herrn« widerspiegeln (2. Kor 3,18). Es gibt den Reflex von Gottes Licht in dieser Welt, der das Kommen des großen Tages ankündigt. Es gibt den Widerschein von Gottes aufgehender Sonne. Das sind die Seelsorger Gottes, die jetzt und hier Seelsorge üben und damit ein Zeichen sind, dass die Sonne wirklich im Aufgehen, das Himmelreich tatsächlich im Kommen ist. So gibt es Menschen, die im Licht Christi einen neuen Lebensraum gefunden haben, die eingetaucht sind in dieses Licht; sie leben »in Christus«, sind erleuchtet von seinem Licht. Christus lebt in ihnen. Der Kolosserbrief sagt, dass dies das Geheimnis unter den Heiden sei: »Christus in euch« (Kol 1,27). Dann ist dies das Geheimnis der Seelsorge Gottes auf Erden, jetzt und hier, dass es jetzt schon Menschen gibt, die erleuchtet sind von dem Licht, das alle Menschen erleuchten wird: das sind die Glieder an seinem auferstandenen Leib. Und die Seelsorge Jesu Christi ist heute eine Seelsorge in den Gliedern der Gemeinde. Indem Christus durch den Heiligen Geist in der Gemeinde wirkt und wohnt, wird die Gemeinde zur Seelsorgerin Gottes auf Erden. Das Wunder von Gottes Seelsorge heute ist das Wunder der Gemeinde als Wohnung Christi. Mit dem Sein der Gemeinde ist Seelsorge. Darin liegt die Vollmacht aller kirchlichen Seelsorge, dass sie nicht ihr eigenes Werk treibt, sondern Jesu Christi Werk. Das ist die Würde und Ehre kirchlicher Seelsorge, dass ihr der Herr die Vollmacht zu binden und zu lösen gibt, die Vollmacht über die Geister, die Vollmacht über Sünde und Tod. Sie lebt mit den Schlüsseln, sie öffnet die Zukunft Gottes, indem sie in der Zukünftigkeit lebt. So bricht in ihr die neue Welt an. Indem aber in ihr die neue Welt anbricht, überwindet sie die alte Welt. Im schon erfochtenen Sieg Christi über Tod und Teufel stehend, ist sie schon selber ein aktuelles Zeichen des kommenden Endsieges.

Dies also ist Gottes Seelsorge heute, die Seelsorge der geistbegabten Glieder der Gemeinde, die Seelsorge der Kirche Christi. Darum gibt es nur eine Freude und einen Stolz der kirchlichen Seelsorge, dass in ihr der kommende Gott gegenwärtig ist und handelt. Der Quell von Lebenswasser, aus dem Christus bei seiner Wiederkunft die Dürstenden tränkt (Offb 21,6), ist in den Leibern der Glaubenden durch den Heiligen Geist schon aufgebrochen und zum Strömen gebracht (Joh 7,38). So fließt der Heilige Geist als Strom der Seelsorge in die Welt. So üben die Seelsorger die Seelsorge Gottes. Die Gnade gibt Gnadengaben, und in den Gnadengaben der Gemeinde geschieht Gottes Seelsorge. Darum gilt für den Seelsorger auch das Wort Luthers vom Prediger: »Nu mag ich unnd eyn iglicher, der Christuswort redet, frey sich rhumen, das seyn mund Christus mund sey. Ich bynn yhe gewisz, das meyn wort nitt meyn, sondernn Christus wort sey, szo mus meyn mund auch des seyn, des wort ich rede.«[2] Wenn Luther recht hat, dann dürfen wir diesen Satz erweitern: der Arm, die Hand, welche dienen, sind Christi Arm und Hand. Der Fuß, der sich zur Seelsorge in Bewegung setzt zum andern hin, ist Christi Fuß. In der Seelsorge erweist sich der wiederkommende Herr als der schon gegenwärtige, wirkend in den lebendigen Gliedern seines lebendigen Leibes. Die Seelsorge Gottes heute ist die Seelsorge Jesu Christi in seinem Leib.

Wenn Christus nicht wirkt, nicht handelt, dann ist unsere Seelsorge eine taube Nuss, ein ausgesogenes Ei. Man braucht sie nicht, wirft sie weg. Hier liegt die Not unserer Seelsorge, dass sie so oft herrenlose, christuslose, geistlose Seelsorge ist. Hier liegt die Kraftlosigkeit und Ohnmacht unserer heutigen seelsorgerlichen Bemühung, die durch keine Psychologie und keine Methodik zu beheben ist. Damit stellt sich das Problem, wie unsere Seelsorge wieder Seelsorge Jesu Christi

---

2 WA 8, 683.

wird. – Ist Christus real präsent in unserer Seelsorge? Oder ist es so, dass unsere Seelsorge zwar noch von Jesus Christus redet, dass er selber aber nicht mehr in ihr redet und wirkt? – Es wird in Pfarrerkreisen oft Klage erhoben, dass der moderne Mensch von der kirchlichen Seelsorge abgewandert ist zum Psychiater, zum Graphologen, zum Briefkastenonkel, zum Pendler und Hellseher. Mit dieser Klage deuten wir einmal an, dass wir Pfarrer uns als die allein legitimen Seelsorger betrachten, verraten damit aber gleichzeitig, dass vorher im geheimen ein ganz anderer aus der kirchlichen Seelsorge abgewandert ist. – Und hier bricht nun die ganze Krisis unserer landeskirchlichen – und wohl auch freikirchlichen – Seelsorge auf. Ist das, was wir mit der Etikette »Seelsorge« überkleben, ist das Seelsorge Jesu Christi selber? Inwiefern ist unsere Seelsorge echt und also Seelsorge Jesu Christi? Ist unser Mund Christi Mund, unsere Hand Christi Hand, unser Fuß Christi Fuß? Hat Christus Gestalt angenommen in uns? Haben wir den Heiligen Geist? Ist das, was wir Gemeinde nennen, ist das Leib Christi? Ist unsere Seelsorge die Seelsorge Jesu Christi selber? Ist in unserer Seelsorge der am Werk und am Sprechen, der gekommen ist, die Mühseligen und Beladenen zu sich zu rufen, und der wiederkommen wird, alle Tränen abzuwischen? Ist unsere Seelsorge vollmächtig oder ohnmächtig?

II. Unsere empirische Seelsorge

Wenn wir nun unsere empirische Seelsorge an der Seelsorge Gottes messen, sehen wir, wo unsere Seelsorge nicht mehr Jesus gemäß ist, nicht auf das kommende Reich ausgerichtet, wir erkennen ihre Eigenmächtigkeit. Wir schauen darum unsere empirische Seelsorge an wie ein altes Kleid, halten es hoch und drehen es nach verschiedenen Seiten hin mit der Frage, ob wir dieses Kleid noch weiterhin tragen können.

Wir haben gesehen: die Seelsorge Jesu ist konsequent eschatologische Seelsorge, d.h. sie ist streng bezogen auf das nahe Reich. Unsere Seelsorge ist aber radikal enteschatologisiert, d.h. sie steht nicht mehr im magnetischen Kraftfeld des kommenden Reiches. Sie ist zutiefst hoffnungslos geworden. Wenn wir nun die Folgen solcher Hoffnungslosigkeit aufzuzeigen versuchen, so sind wir uns bewusst, dass wir hier sträflicherweise verkürzt reden.

Verengung auf das private Heil

Die universale Reichshoffnung wird verdünnt zum Trost der Seele. Jesus ruft ins Reich. In seinen Wundern kann er Zeichen der Reichsnähe aufrichten. Unsere Seelsorge dagegen stellt den einzelnen nicht mehr vor das kommende Reich, sondern müht sich um sein privates Seelenheil. Wird aber aus der Verkündigung der Reichsnähe nur eine Präparation aufs Jenseits, so ist die Seelsorge in ihrem eigentlichen Sinn eine Seelsorge zum Tode! Die Dynamik ist ihr genommen. So zeigt sich uns die kirchliche Seelsorge in der Welt von gestern. – Heute lebt der Mensch nicht mehr in der Angst um das Seelenheil. Das Jenseits ist kein Land, auf das man sich vorbereiten muss. Aufs Sterben müssen sich die meisten Menschen nicht mehr vorbereiten. Darum hat heute der Seelsorgerbesuch beim Kranken weithin den Charakter einer Pille. »Es tut ihm gut, er hat es gern. Herr Pfarrer, kommen Sie wieder.« – Die Seelsorge müht sich nicht einmal mehr um ein Jenseits, sie sucht den Wunsch des Publikums zu befriedigen, sucht zu beruhigen, darf unter keinen Umständen aufregen, missbraucht den 23. Psalm und andere Worte der Schrift, um auch noch eine geistliche Morphiumspritze zu geben.[3]

Abdrängung an den Lebensrand

Eine hoffnungslose Seelsorge muss ihre Trostlosigkeit damit übertünchen, dass sie die Lebensränder dekoriert. Gewiss strahlt das Evangelium auch auf den Lebensrand aus; es kann echte Seelsorge bei Trauung und Beerdigung geben. Es ist richtig und wichtig, dass auch am Lebensrand Gottes Wort von Mann zu Mann gesagt wird.

Der Missbrauch aber liegt darin, dass heute Gottes Wort zu Dekorationszwecken missbraucht wird. Schauen wir sie nur an, diese kirchlichen Dekorateure, schauen wir uns selber an! Smart lächeln wir bei der Taufe, verklären die Geburt. Feierlich vollziehen wir den Ritus der Mannbarkeit bei der Konfirmation. Hinter weißen Nelken stehend, segnen wir die Ehe ein, trösten am Grab, auch wenn niemand trauert, immer photogen, ernst oder lächelnd, immer im Schaufenster, Bibelsprüche an die Ränder des Lebens heftend, wie Blumen ins Knopfloch, servile Lakaien der Religion, bestrebt, dem Publikum zu dienen. Jesus Christus aber spricht: »Kehret um, das Reich der Himmel ist genaht!« Je mehr die Hoffnung schwindet, um so mehr wird Dekoration notwendig. Dabei ist festzustellen: die Seelsorge am Lebensrand kommt sozusagen immer post festum. Geburt, Mannbarkeit, Ehe, Tod, alles ist schon vollzogen, bevor der Seelsorger sich in Bewegung setzt. Seelsorge als Dekoration kommt immer zu spät und dokumentiert damit ihre Überflüssigkeit.[4]

Überforderung aus Menschendienst

Eine hoffnungslose Seelsorge trachtet nicht am ersten nach dem Reich Gottes und nach seiner Gerechtigkeit, sondern danach, den Menschen zu gefallen. Unsere Seelsorge bemüht sich, den Ansprüchen des Publikums gerecht zu werden. Wo die »Reichsfreiheit« der Seelsorge verlorengeht, kommt es zur Hörigkeit. Da-

---

3 Vgl. hierzu R. Bohren, Mission und Gemeinde. ThEx-NF 102, 1962. In dieser Schrift habe ich versucht, den theologischen Hintergrund solcher »Seelsorge« anzudeuten. Zum Problem der Privatisierung vgl. O. Weber, Das lösende Wort, Erwägungen über das seelsorgerliche Einzelgespräch, o.J.
4 Vgl. hierzu R. Bohren, Unsere Kasualpraxis – eine missionarische Gelegenheit? ThEx-NF 83, ²1961.

rum bewegt sich die pfarramtliche Seelsorge in der paradoxen Situation, dass die Massen wohl aus der kirchlichen Seelsorge ausgewandert sind, dass aber gleichzeitig das Verlangen nach Seelsorge ins Unermessliche gestiegen sind. Das gibt vielen Pfarrern einerseits Minderwertigkeitsgefühle, andererseits ein schlechtes Gewissen.

Reden wir zuerst vom schlechten Gewissen. Der Schrei nach Seelsorge erfordert Omnipräsenz und zerreißt den Pfarrer, zerstückelt seine Existenz. Was übrigbleibt, ist ein müder Funktionär. Da sind Hausbesuche, die wir nie machen. – Da kommen spezielle Seelsorgefälle: die Kranken, die Depressiven, die Alten, die Jungen, die Männer, die Frauen, dazu die Ehenöte. – Da kommen die Anliegen der Stände, der Bauern, der Arbeiter, der Intellektuellen und bald einmal der Astronauten. Da kommt die Kultur, die Schule, der Film, die Presse, das Fernsehen, der Straßenverkehr. Überall ist die Kirche gefordert, und die Kirche gibt es nur, wo der Pfarrer agiert. – Wir können in einem Pfarr-Verein oder in einer Synode ein Referat hören über den Film oder den Alkohol, über das Fernsehen oder über die Lage im Bauernstand, über Müttererholungsheime oder Automatisierung. Wir erleben immer dasselbe: unter immer heftigerem Umrühren wird uns zugeschrien, dass die Kirche versagt habe und dass es nun endlich gelte, dieses Problem zu lösen. Welches Weltproblem sollten wir eigentlich nicht lösen? – Kein Wunder, wenn der Pfarrerstand weiterhin seines Treibens unfroh ist – oder Witze macht und lacht, um das Elend zu übertönen. Eine Seelsorge, die den Anforderungen der Menschen entsprechen möchte, ist überforderte Seelsorge.

Eine Seelsorge, die nicht mehr mit der Nähe des Reiches rechnet und vergisst, dass Seelsorge immer nur ein Zeichen des kommenden Reiches sein kann, bleibt im schlechten Gewissen stecken, weil sie nie und nimmer den Anforderungen, die man an sie stellt, genügen kann. Hier offenbart sich der Sündenfall unserer Seelsorge, dass sie mehr sein möchte als ein Zeichen, dass sie sein möchte wie Gott, dass sie selber alle Tränen abwischen möchte. Weil sie sich damit etwas nimmt, was Gottes baldiges Werk ist, darum erschöpft sie sich in eitlem Gerenne. Sie versucht flächenhaft, frontal vorzugehen, während Jesus, der wahre Seelsorger, punktuell vorging. Wo die Hoffnung auf das Reich aus der Seelsorge auszieht, kehrt die Sucht nach Gründlichkeit ein, wehe, wenn es erst noch die deutsche Gründlichkeit ist! Die Seelsorge wird ein Pensum mit Fällen, das absolviert werden muss und nie völlig absolviert werden kann.

Verdünnung unserer Seelsorge zur Moral

Wo eine Seelsorge die Freude und den Schrecken vor dem nahenden Gottesreich verloren hat, wird sie moralisch, verbreitet einen säuerlichen Geruch abgestandener Bravheit um sich. In der Optik bodenständiger Landgemeinden ersetzt der Pfarrer die Sittenpolizei. Der patentierte Seelsorger ist der wandelnde Aufruf zum Bravsein. – Als Jesus, der wahre Seelsorger, sich in die Gesellschaft von Kana einführte und zugunsten einer offensichtlich angeheiterten Hochzeitsgesellschaft zwischen vier und sechseinhalb Hektoliter Wasser in Wein verwandelte, hat er seine Tischgenossen nicht veranlasst, brav zu sein, er hat es ihnen – horribile dictu – ermöglicht, weiterzutrinken.

Damit haben wir einen weitern Wesenszug unserer landeskirchlichen und pfarrherrlichen Seelsorge gewonnen: an Stelle der Solidarität mit dem Sünder ist die Moralität getreten. – Unsere Seelsorge zeichnet sich dadurch aus, dass sie an der Hochzeit von Kana ostentativ nicht teilnimmt. Erst wenn der Katzenjammer nach dem Fest eintritt, kommt meine Seelsorge in Fahrt, dann gehe ich mit ernster Miene von Haus zu Haus, das Büchlein zur Abstinenz-Verpflichtung als Dolch im Gewande! Das Skandalon von der Hochzeit zu Kana zeigt uns, wie sehr wir es verlernt haben, von der Inkarnation her zu denken. Wir betreiben die Rettung ohne Mitmenschlichkeit und übersehen, dass die Rettung nur durch die Menschenwerdung Jesu geschah. Nun kennt schon das Neue Testament Menschen, die die Rettung durch Christus zwar bejahen, seine Fleischwerdung aber praktisch leugnen. Sie werden als »Antichristen« bezeichnet. Wo unsere Seelsorge in die Moralität absinkt, wird sie antichristlich, auch wenn sie sich noch so fromm gibt.

Psychologisierung der Seelsorge

Zunächst ist festzustellen: Psychologie ist eine Gabe der Weisheit, eine Gabe des Heiligen Geistes. Es ist grundsätzlich nichts dagegen einzuwenden, wenn der Psychiater Seelsorgefunktionen des Pfarrers übernimmt, wie andrerseits der Pfarrer nie genug Psychologie kennen kann.

Fatal aber wird die Psychologie für uns da, wo wir die Gabe vom Geber trennen, wo die Gabe den Geber ersetzt, wo also die Psychologie zum Surrogat des Geistes wird. Wo wir Pfarrer das Geheimnis Gottes unter den Heiden vergessen und die Schlüssel verlieren, müssen wir einerseits Minderwertigkeitsgefühle und andrerseits einen gewissen Konkurrenzneid gegenüber den Psychiatern kultivieren. Solche Haltung zeigt, dass wir das Wort, das wir zu sagen haben, mit heimlichem Misstrauen begleiten. Wir versuchen dann, unsere sieche Seelsorge mit Psychologie etwas aufzupulvern, sie soll einem kraftlosen Evangelium aufhelfen. Der Pfarrer befindet sich dann der Psychiatrie gegenüber in der Rolle Wagners, der im Schlafrock und der Nachtmütze, eine Lampe in der Hand bei Faust anklopft:

Verzeiht, ich hör Euch deklamieren,
Ihr last gewiss ein griechisch Trauerspiel?
In dieser Kunst möcht ich was profitieren.
Denn heutzutage wirkt das viel.
Ich hab es öfters rühmen hören,
Ein Komödiant könnt einen Pfarrer lehren.

Hier sollen nicht mit Goethes Hilfe unsere verehrten Brüder von der Psychiatrie als Komödianten bezeichnet werden, ich möchte nur bitten, dass wir Pfarrer ihnen nicht in der Haltung Wagners im Schlafrock und Nachtmütze begegnen! Gewiss, wir können viel, sehr viel von ihnen lernen – stehen sie doch z.T. der Seelsorge Jesu Christi näher als wir Pfarrer. Aber wir müssen doch beachten, dass das Wesentliche der Seelsorge der Heilige Geist und nicht die Psychologie bleibt, gerade wenn wir wissen, dass Heiliger Geist und Psychologie grundsätzlich nicht Gegensätze darstellen. Gerade wenn Psychologie und Psychotherapie als Gaben der Weisheit ihre besondere Ehre haben, sollte man nicht aus ihnen ein Gesetz machen, das letztlich tötet. Wenn erst die Psychologie Macht hat, zur Seelsorge zu weihen, wenn die Psychologie zum Kanon wird, an dem allein die Seelsorge zu messen ist, dann pervertiert die Gabe der Weisheit. Die Psychologie verführt und verunmöglicht dann eine Seelsorge zum Reim.

Dies aber geschieht darum umso eher unter uns, weil der Dienst des Psychotherapeuten bis jetzt weithin nicht in die Gemeinde integriert worden ist. Wird nicht beachtet, dass die Seelsorge vom Ganzen der Gemeinde geübt wird und dass dem Therapeuten, der seinen Dienst als Glied der Gemeinde tut, ein besonderer Rang zukommt; bleibt also dem Psychotherapeuten die kirchliche Ehre versagt, so drängt sich Psychologie und Psychotherapie umso eher als Gesetz für alle Seelsorge auf.

Der Theologe beachtet dann nicht, dass er zwar ruhig »in dieser Kunst ... was profitieren« darf, dass er aber als Theologe eher nach Prophetie denn nach Psychologie zu eifern hat. Prophetie und Seelsorge, das ist das Problem! Eifern um Prophetie in der Seelsorge, das würde heißen, sich mühen zu hören und zu erfahren, was Gott über den Menschen sagt, der in die Seelsorge kommt. (Leider ist m.E. dieser Aspekt der Seelsorge noch viel zu wenig erarbeitet).

Klerikalisierung der Seelsorge

Wo eine Seelsorge die Fleischwerdung in Jesus von Nazareth und die Geistpräsenz in der Gliedhaftigkeit der Kirche vergisst, wird sie klerikal und unterstreicht damit ihre Hoffnungslosigkeit; denn da, wo die Gemeinde nicht mehr in »Reichsunmittelbarkeit« lebt, braucht sie umso mehr den Statthalter. In unserer landeskirchlichen Seelsorge hat sich darum weitgehend die Seelsorge auf den Pfarrer als Seelsorger reduziert. Das Bewusstsein, dass die Gemeinde Seelsorgerin ist, hat einem Mythos vom Seelsorger Platz gemacht. Wir Pfarrer hören es gern, wenn man uns als »Seelsorger« bezeichnet, auch wenn wir keine sind. Praktisch gerieren wir uns als Universal-Seelsorger der Gemeinde, springen da und dorthin, statt zu vertrauen, dass Christus, der wahre Seelsorger, in seinen Gliedern wirkt. Weil wir mehr an uns selber glauben als an den Leib Christi, darum sitzt in uns Pfarrern tief innen ein Misstrauen gegen die Seelsorge der Laien, sie könnten es nicht so gut machen wie wir. Sie könnten Irrlehren verkünden. Noch schlimmer: sie könnten es besser machen als wir. Das wäre für uns zunächst weit gefährlicher als Irrlehre! So berichtet die Gemeindeschwester einer Diasporagemeinde, dass ihr Pfarrer (nota bene reformierter Konfession!) ihr verboten habe, bei Kranken ein Schriftwort zu lesen. Das sei seines Amtes.

Der Widerstand gegen die Gemeinde als Seelsorgerin ist nicht nur in der Pfarrherrschaft vorhanden, sondern vielleicht noch mehr in der Gemeinde selber. – Immer wieder führen Laien, die etwa Hausbesuche machen, die bewegte Klage, dass man sie nicht schätze, man wünsche den Pfarrer. Auch wenn der

Pfarrer eine unästhetische Figur ist, dekoriert er kraft seines Amtes besser als ein Laie das religiöse Bedürfnis.

Wenn es uns ein Anliegen ist, dass Gott selber in Jesus Christus zur Seelsorge komme, dann können wir Pfarrer nichts Dringlicheres tun, als den Mythos vom pfarrherrlichen Seelsorger zu entmythologisieren und der Rolle des Seelsorgers so weit als möglich abzusagen. Gerade unser seelsorgerlicher Übereifer, unser Alles-selber-machen-Wollen hindert die Gemeinde daran, Seelsorgerin zu werden, Seelsorgerin zu sein. Somit wird der Pfarrer am besten Seelsorge üben können, der sich im Stand der Demission befindet, in der Demission zugunsten der Gemeinde; der Pfarrer muss »abnehmen«, damit die Gemeinde wachse.

Wir haben das Kleid unserer kirchlichen Seelsorge gleichsam an den Bügel gehängt, haben es hin und her gewendet, versucht, es im Licht der göttlichen Seelsorge zu sehen, und erkennen seine Schadhaftigkeit darin: sie ist nicht solidarisch, sondern moralisch. Ohne Hoffnung begnügt sie sich mit Seelentrost und Lebensrand. Sie ist nicht gliedhaft, sondern klerikal und nimmt sich viel zu wichtig. Empfängt ihren Impetus mehr von menschlichen Wünschen als von der Kraft des Heiligen Geistes, sucht mehr nach psychologischer Weisheit statt nach der Weisheit Gottes. Sie sinnt nicht, was göttlich, sondern was menschlich ist.
Jesus aber sagt zu dem, der aus menschlicher Gesinnung an ihm Seelsorge übt: »Hebe dich weg, Satan!« Und es ist zu fragen, ob nicht über viel seelsorgerlicher Bemühung unsererseits dies schreckliche Wort Jesu stehe.

III. Die Seelsorge Gottes in seinen Seelsorgern

Wir haben von Gottes Seelsorge gesprochen, haben unsere Seelsorge daran gemessen und gerichtet. Nun fragen wir, wie es geschehen kann, dass wir als Pfarrer und Gemeinde Seelsorge Gottes üben? Wie müsste das neue Kleid unserer Seelsorge aussehen? Wie geschieht es, dass unsere kirchliche Seelsorge wirklich Seelsorge Jesu Christi wird? Mit dieser Frage sind die Jünger einmal zu Jesu gekommen: »Was sollen wir tun, dass wir die Werke Gottes wirken?« Jesus antwortete und sprach zu ihnen: »Darin besteht das Werk Gottes, dass ihr an den glaubt, den jener gesandt hat« (Joh 6,29).

So geschieht also das Werk Gottes, das Werk der Seelsorge, dass wir glauben. Will unsere Seelsorge Seelsorge Jesu Christi sein, so muss sie Seelsorge sein im Glauben an Jesus Christus. Die in diesem Glauben durch die Gemeinde gewirkte Seelsorge ist die Seelsorge Jesu Christi selber. Die Problematik unserer kirchlichen Seelsorge ist also die Problematik unseres Glaubens. Die Problematik unseres Glaubens aber ist die Problematik der göttlichen Gegenwart in der Gemeinde, die Problematik des Heiligen Geistes und seiner Wirksamkeit. Wenn wir zu wenig oder nicht glauben, heißt das, dass Gott zu wenig oder nicht wirkt. Wir fragen darum: wie kommt es, dass Gott heute sein Werk tut? Dass er Glauben schenkt? Seelsorge wirkt?

Damit das Werk Gottes geschehe, braucht es rätselvollerweise das Schreien der geistlich Armen. Das Schreien der von Gott Verlassenen, die in den Schrei Jesu am Kreuz einstimmen: »Eli, eli, lama sabachthani!« Diesen geistlich Armen ist das Reich der Himmel und das heißt die reale Herrschaft und Aktion Gottes verheißen. So wird Seelsorge Gottes, dass Gottlose in ihrer Gottverlassenheit schreien um die Nähe des Reichs. Ist Jesus Christus aus unserer Seelsorge ausgewandert, so können wir ihn nur bitten wiederzukommen, ihn zum Handeln und Wirken mahnen! Ist das Kleid unserer kirchlichen Seelsorge nicht mehr tragbar, müssen wir den Herrn der Herrlichkeit bitten, er möchte unserer Seelsorge ein »Schmuck- und Ehrenkleid« anziehen.

Will unsere Seelsorge die Seelsorge Gottes sein, dann ist sie die Seelsorge der geistlich Armen, die nichts können als schreien, rufen, betteln. Sie ist Gebet. So wird unsere Seelsorge zur Seelsorge Jesu Christi selber, dass unser erstes und letztes Werk in der Seelsorge das Gebet ist. – Was heißt nun das: Seelsorge ist Gebet? Wir blicken hier in ein Geheimnis, ins Geheimnis des Bundes Gottes mit uns Menschen, der sich nach der Fleischwerdung fortsetzt im Kommen des Geistes. Wir schauen ins Geheimnis seiner Liebe, dass er, der freie und souveräne Herr, uns vor sich hinstellt. Und nun dürfen wir etwas sehr Kühnes und Vermessenes tun – wir können es nur zaghaft sagen –, wir dürfen gleichsam Seelsorge an allerhöchster Stelle üben. Das ist ein Wunder des Gebetes, dass Gott uns darin gleichsam zu »Seelsorgern« seiner selbst macht.[5]

Solche »Seelsorge« am himmlischen Herrn übt der Psalter. So etwa Psalm 21,14:

Erhebe dich, o Herr, in deiner Kraft,
so wollen wir singen und preisen deine Stärke!

Oder noch deutlicher Psalm 44,24–27:

Wach auf! Warum schläfst du, o Herr?
Erwache! Verstoße nicht ewig! Warum verbirgst du dein Angesicht,
vergissest unsres Elends und unsrer Drangsal?
Denn in den Staub ist gebeugt unsre Seele,
und unser Leib klebt an der Erde.
Mache dich auf, uns zu helfen,
und erlöse uns um deiner Gnade willen!

Der dritte Jesaja weiß um diesen »Seelsorgedienst«: »Über deine Mauern, Jerusalem, habe ich Wächter bestellt; den ganzen Tag und die ganze Nacht, nimmer sollen sie schweigen! Die ihr den Herrn an Zion erinnert, bleibet nicht ruhig und lasst auch ihm keine Ruhe, bis er Jerusalem aufrichtet und bis er es macht zum Ruhme auf Erden« (62,6f).

Dieses Wächteramt an Gott überträgt Jesus seinen Jüngern, wenn er sie im Unser-Vater die ersten drei großen Reichsbitten lehrt. Jesus umschreibt diese »seelsorgerliche« Funktion der betenden Kirche im Gleichnis von der bittenden Witwe, die den ungerechten Richter an seine Pflichten erinnert. So ist die Gemeinde – wenn man so sagen darf – die »Seelsorgerin« an Gott selber, indem sie

---

5 Theologische Kritiker möchten hier die Anführungszeichen beachten!

als Witwe vor dem Richter steht, damit er ihr Recht schafft in Bälde (Lk 18,1–8). Rätselvoll und wunderbar, dass der große Richter sich von diesem jammernden Weiblein in Kur nehmen lässt. Unfasslich, dass Gott »Seelsorger« einsetzt für sich selber. Eigenartig, dass er immer noch »seelsorgebedürftig« ist, dass er sich Menschen zu Wächtern setzt, dass er sich aus göttlichem Schlaf erwecken lässt. Ist er angewidert von menschlicher Undankbarkeit, gleichsam ein inaktiver, resignierter Seelsorger geworden, so stellt er Wächter auf die Mauern, die ihm das Wort Gottes sagen, die ihn gleichsam von Mann zu Mann an das erinnern, was er zu tun sich vorgenommen.

Bevor er uns braucht, seine Seelsorge auf Erden zu üben, stellt er uns gleichsam als Weckordonnanz seiner Majestät ein, macht uns zu »Seelsorgern« der allerhöchsten Person. Mehr kann er uns nicht anvertrauen! Wer hier verzagt ist darob, dass er so wenig brauchbar ist zur Seelsorge an Menschen, dem wird hier höchste Ehre zuteil: er ist berufen zur »Seelsorge« am höhern Ort. Bevor wir Seelsorger von Menschen sind, bevor wir Menschen Gottes Wort weitersagen, dürfen wir »Seelsorger« des Allerhöchsten sein, dürfen wir ihm sein Wort vorhalten. Dies ist das Präludium dafür, dass wir die Seelsorge Gottes auf Erden üben dürfen, dass wir gleichsam zur »Seelsorge« am dreieinigen Gott gerufen sind. – Und wenn Gott uns nur zu diesem Präludium brauchen wollte, wäre dies für uns Glücks genug!

Wir wollen nun versuchen, das neue Kleid unserer Seelsorge zu betrachten, indem wir fragen, was die drei Seiten der göttlichen Seelsorge für unsere Seelsorge zu bedeuten haben.

Seelsorge Gottes in der Solidarität

Steht unsere Seelsorge in der Hoffnung und in der Bitte um das kommende Reich, so kann sie nichts anderes sein als Seelsorge in der Solidarität. Sie ist eine doppelte: Verbundenheit mit dem Leben der Brüder, im Teilnehmen und Teilhaben-Lassen.

Seelsorge heißt Teilnahme, herzliche Teilnahme. Übernahme eines andern Lebens in mein Leben. Umhüllung eines fremden Lebens mit meinem Leben. Ich nehme teil am Leben des Bruders, erlebe sein Leben in meinem Leben. So höre ich mit ihm Gottes Wort, indem ich mit ihm seelsorgebedürftig werde. – Darum schreibt Paulus an die Philipper, dass er sie »im Herzen« trägt (1,7), während er den Korinthern sagen kann, dass sie »nicht engen Raum« in ihm haben (26,12). So ist Paulus Seelsorger einer Gemeinde, dass er das Leben der vielen in sich versammelt, das Leben der vielen lebt.

Andrerseits lässt er die Gemeinde an seinem Leben teilhaben, schenkt sein Leben in die Gemeinde hinein, verteilt sein Leben an die vielen, wie er das Wort an die vielen austeilt. »So waren wir voll herzlicher Zuneigung zu euch willig, euch nicht allein am Evangelium Gottes teilhaben zu lassen, sondern auch an unsern eignen Seelen« (1. Thess 2,8). Seelsorge heißt Teilnehmen-Lassen. Hingabe meines Lebens an das Leben der andern. Enthüllung des eignen Lebens für den andern. Ich lasse den andern mein Leben erleben. So höre ich mit ihm das Wort Gottes. So übt Seelsorge die »schenkende Tugend«.

Auf diesen Weg ist unsere Seelsorge gestellt: Entäußerung, Dahingabe eignen Lebens, Übernahme fremder Schuld, Identifikation mit einem entlaufenen Sklaven. Dieser Weg bedeutet für uns ein Weg des Sterbens, ein Weg zum Kreuz.

Seelsorge heißt also: Solidarität mit dem Frommen, Solidarität mit dem Bekehrten, Identifikation mit dem Menschen, dem ein Sklavengeschmäcklein anhaftet. Wenn Gott Mensch wird, dann begibt er sich in die Solidarität auch mit dem frommen Menschen. Er, der Freie, wird solidarisch mit dem Homo religiosus seiner Zeit. Er ist unter das Gesetz getan (Gal 4,4). Der einen neuen Tempel baut, bezahlt die Tempelsteuer. Jesu polemische Auseinandersetzung mit der Gesetzesreligion seines Volkes ist getragen von dieser Solidarität.

So geschieht die Seelsorge Jesu Christi heute in der Solidarität auch mit dem frommen Menschen. Sie ist keineswegs unkritisch, sie mag polemisch sein, sie wird aber zu fassen sein als Bemühung um die Einheit der Gemeinde. – Gerade dies fällt uns vielleicht am schwersten: Solidarität mit den Frommen, Solidarität mit Bekehrten, Eifrigen, denen Sklavenmoral anhaftet.

Verbundenheit mit der Kreatur

Indem die Seelsorge auf das Kommen des Reiches wartet, steht sie in der Solidarität mit aller Kreatur. Weil sie auf das Kommen einer neuen Erde wartet, weiß sie sich mit der Erde solidarisch. Sie beschränkt sich darum nicht auf die Getauften, auf die eigene Konfession. Sie ist darum nicht nur »Besorgung des Leibes Christi in seinen Gliedern«, wie Trillhaas definiert.[6] Was in der Gemeinde als Bruderschaft, als Solidarität gelernt und geübt wird, ist nach der Welt hin offen, ist bloß Paradigma für die Solidarität mit der Welt.

In der Nachfolge Jesu lebt die Gemeinde als Seelsorgerin nicht ein entrücktes Dasein, sondern kennt sich als ein wissendes Stück der versöhnten Welt, nimmt in der Nachfolge Jesu teil an der Lust und am Weh der Welt. Sie steht unter der Mahnung: »Freuet euch mit den Fröhlichen, weinet mit den Weinenden« (Röm 12,15). Die Gemeinde weiß zwar um die Kürze der Zeit, die das Lachen und Weinen relativiert (1. Kor 7,29f); aber sie wird deshalb nicht gemahnt, das laute Lachen der Welt zu temperieren. Sie wird ausdrücklich zuerst zum Mitlachen und dann auch zum Mitweinen aufgerufen, d.h. sie soll teilnehmen, herzlich teilnehmen an den Freuden und Leiden der Kreatur. Nur im Mitlachen und Mitweinen, im Mitfühlen mit den Weltkindern kann die Gemeinde ihr Amt der Seelsorge ausüben. Gerade dies haben wir in der Kirche weithin verlernt, dass es eine Seelsorge des Mitlachens gibt. »Schmunzeln ist auch eine Gnade, von der leider die Theologen nicht schreiben.«[7]

Man müsste einmal eine Theologie des Essens schreiben. Mit dem Essen eines Apfels fängt die Seelsorgebedürftigkeit des Menschen an. Mit dem Essen vom Hochzeitsmahl des Lammes hört die Seelsorgebedürftigkeit des Menschen auf.

---

6 Der Dienst der Kirche am Menschen, 1950, 112.
7 M. J. Metzger, ein römisch-katholischer Märtyrer im Dritten Reich, zit. nach G. Jacobi, Langeweile, Muße und Humor, 1952, 88.

Am Anfang und am Ende der Bibel ist vom Essen die Rede. Und in der Mitte der Bibel steht der Tisch, an dem der sitzt, den seine Feinde einen »Fresser und Weinsäufer« nennen. Er bricht das Brot: »Nehmet, esset!«

Am Anfang, am Ende und in der Mitte der Bibel wird betont vom Essen gesprochen. Die Bibel ist in dem Sinne ein Buch vom Essen. Die Seelsorge ist des Essens wegen notwendig geworden. Sie wird sich an einem Mahl vollenden. Alle Seelsorge ist darum letztlich Einladung zum Tisch, ist essende Seelsorge. Seelsorge geht durch den Magen.

Beachten wir einmal die genauen Anweisungen, die Jesus den Jüngern für das Essen gibt. Da sind Anweisungen, wer zu einem Festmahl eingeladen werden soll, neben Anweisungen darüber, wie sich die Jünger bei Einladungen zum Tisch benehmen, wo sie sitzen und was sie essen sollen. – Beachten wir, dass das erste kirchliche Amt, das neben dem Apostelamt entsteht, ein Amt ist für das Essen, das Amt der Witwenpfleger. Beachten wir Paulus, der in der höchsten Seenot das Brot bricht, dankt und zu essen anfängt. So übt er Seelsorge an Schiffbrüchigen, dass er ihnen vorißt und sie zum Essen ermuntert. Sollten wir anders Seelsorge an den Schiffbrüchigen unseres Säkulums üben können?

Beachten wir ferner, wie etwa ein Luther in seinen Tischreden Seelsorge übte oder welch große Rolle bei den beiden Blumhardt der Tisch und das Tischgespräch spielen,[8] dann dürfen wir erkennen, dass das Essen zum Hirtenamt gehört, zur schönen Seite des Hirtenamtes. Gott liebt seine essenden Kinder! Seine Seelsorge besteht darin, dass er uns den Tisch deckt im Angesicht unserer Feinde und den Becher voll einschenkt, dass er selber mit den Zöllnern und Sündern isst. – Sollten wir da unsern Tisch nicht auch decken? – Sollten wir da nicht auch anfangen, in der Nachfolge Jesu mit den Zöllnern und Sündern zu essen?

Jedes gemeinsame Mahl darf ein Zeichen sein des nahenden Reiches, das nicht in Essen und Trinken besteht, in dem aber doch ein Neutrinken stattfindet. Dann werden wir im Hoffen auf das Reich frei gemacht, uns an den Tisch des Sünders zu setzen, frei gemacht, den Sünder an unserem Tisch sitzen zu lassen. Wir müssen unsere Gemeinde wieder lehren, Gastfreundschaft um Christi willen zu pflegen, müssen sie in die Freiheit der Kinder Gottes führen, einzuladen und sich einladen zu lassen. Wir müssen lernen, unseren Tisch in der Perspektive des Abendmahlstisches und den Abendmahlstisch in der Perspektive unseres Tisches zu sehen.

Gerade hier wird dann deutlich, dass Seelsorge nicht getrennt werden kann von Leibsorge. Biblische Seelsorge kümmert sich um den Magen ebenso sehr wie um das sogenannte Seelenheil. Sie ist darum immer wieder auch Diakonie!

Die Seelsorge des Leibes Christi

Wenn das erkannt und bejaht ist, dass die Seelsorge Gottes heute die Seelsorge des Leibes Christi ist, dann können wir zur Entklerikalisierung der Seelsorge zweierlei tun: recht von der Gemeinde predigen und sie zur Seelsorge mahnen.

---

8 Vgl. den Aufsatz über »Die Hauskirche J.Ch. Blumhardts«. In: Dem Worte folgen, 1969, S. 125–146.

a) Rechte Predigt von der Gemeinde

Paulus muss die Seelsorger von Korinth zweimal fragen, ob sie vergessen haben, wer sie sind. »Wisset ihr nicht, dass ihr Gottes Tempel seid und dass der Geist Gottes in euch wohnt?« (1. Kor 3,16). Das könnte auch bei uns geschehen, dass die Gemeinde den Gast vergisst, der in ihrem Haus wohnt. Es könnte sein, dass die Seelsorger den wahren Seelsorger in ihnen vergessen, und dann käme der ganze Jammer unserer Seelsorge von diesem Vergessen her. Man müsste hier einmal bedenken, welche Wahrheiten in der glaubenden Existenz der Gemeinde einfach verlorengehen und von den Predigern notorisch verschwiegen werden; so spielt die Taufe, obwohl noch allzu fleißig geübt, im Vollzug glaubender Existenz und also für die Ausübung der Seelsorge keine Rolle. Was Absolution bedeutet, wird in den Gemeinden nicht gewusst; diese Ignoranz könnte ein Signal sein, dass das Evangelium selber in Vergessenheit geriet. – Man könnte hier noch vieles nennen, und man würde immer wieder sehen, dass die Gemeinde an einer ungeheuren Vergesslichkeit leidet. Indem sie aber Wahrheiten ihres Glaubens vergisst, vergisst sie den, der die Wahrheit selber ist.

Darum hat die Gemeinde eine Predigt nötig, die sie an die Wahrheit erinnert, an die von ihr übersehene Wirklichkeit des Glaubens. Christus lebt in der Gemeinde! Dies ist nicht eine Sache des Gefühls, sondern Botschaft, gegeben und gepredigt, um geglaubt zu werden. Welch ein Stolz, welch eine Freude und welch eine Demut kann uns das geben, wenn wir das Geheimnis der Einwohnung Christi in den Gliedern der Gemeinde wahr sein lassen, gelten lassen. Welch eine Freude zu jedem Gespräch, dass Christus reden wird! Welch eine Freude zu jedem Hausbesuch, dass er mitkommt! Welch eine Freude, dass er Gestalt annimmt in der Gemeinde! Wir verfallen beim Problem der Seelsorge in ohnmächtige Krämpfe, wenn wir das nicht glauben, wenn wir dem Wort Gottes nicht zutrauen, dass es wahr ist, durch Taufe und Abendmahl bestätigt: »Christus in Euch« (Kol 1,27). Der Erhöhte und Wiederkommende existiert jetzt in der Gemeinde auf Erden. Er wohnt und bleibt in den Gliedern seiner Gemeinde. Er handelt in ihnen als der wahre Seelsorger. Die reale Präsenz Christi in der Gemeinde ist Gottes Seelsorge auf der Welt. Und die muss gepredigt werden!

Wenn unsere Gemeinden heute schlechte Seelsorgerinnen sind, dann kommt das wohl daher, dass der in der Gemeinde wirksame Christus zu wenig kräftig verkündigt wird. Die homiletisch unterernährte Gemeinde ist zur Seelsorge unfähig. – Die Gemeinden haben tatsächlich vergessen, dass sie Gottes Tempel sind. Sie haben ihr Geheimnis vergessen! Darum müssen die Gemeinden kräftig an die Realpräsenz Christi in ihnen erinnert werden. Mit einem Wort: der Gekreuzigte ist als der Auferstandene zu verkündigen, der Auferstandene ist als der im Geist Gegenwärtige anzusagen.

Die Erkenntnis von der Seelsorge Gottes im Leib Christi befreit die Seelsorge nicht nur von der Klerikalisierung: sie befreit die Seelsorge auch von uns selber, lehrt uns lachen über unsere seelsorgerliche Autorität und Würde! »Somit ist weder der etwas, welcher pflanzt, noch der, welcher begießt, sondern Gott, der das Gedeihen gibt« (1. Kor 3,7). Paulus, Kephas, Apollos sind nichts. Was sie an Seelsorge üben mögen, ist nichts. Nur dass Gott das Gedeihen gibt, das ist etwas.

Wie lächerlich ist es, dass ich aufgeregt auf den Knopf einer Hausglocke drücke, weil ein wichtiges Gespräch bevorsteht: »Nein, das ist nichts.« – Wir können nicht gering genug von uns selber denken und von dem, was wir tun. Wir können nicht hoch genug von dem denken, der in uns und bei uns ist und der das Gedeihen gibt. Gerade das muss unser Stolz sein, das Gelächter über uns selbst. Das Staunen über den himmlischen Regen, das himmlische Wachstum. Das muss der Ruhm unserer Seelsorge sein, dass sie im Blick auf uns gar nichts, im Blick auf Gott sein Werk ist – in den Gliedern seines Leibes.

b) Mahnung der Gemeinde zur Seelsorge

Zur Predigt dieser Realpräsenz gehört nun auch der Aufruf der Gemeinde zur Seelsorge. Den Gliedern des Leibes wird zugerufen zu realisieren, was sie schon sind.

Die apostolischen Briefe sind voll solcher Mahnungen zu gegenseitiger Seelsorge: »Ermahnet einander und erbauet einer den andern, wie ihr auch tut« (1. Thess 5,11). – Die lebendigen Steine tragen und stützen sich gegenseitig, mahnen und trösten einander, sind aufeinander zugeordnet, einander zum Dienst gesetzt. »Wir aber, die Starken, sind verpflichtet, die Schwachheiten der Ungefestigten zu tragen und nicht uns selbst zu Gefallen zu leben. Jeder von uns lebe dem Nächsten zu Gefallen für das Gute, zu seiner Auferbauung« (Röm 15,1f). Die Glieder der Gemeinde werden also ermahnt, erbaulich zu sein, und dies ist nun nicht als seelische Tröstung zu verstehen, sondern im Sinne einer geistlichen Architektur. Der Nächste soll durch den Dienst des Bruders fest aufgebaut werden auf den Grund der Apostel und Propheten. – So werden die Epheser zu seelsorgerlichem Reden ermahnt: »Aus eurem Munde komme kein faules Wort, sondern eins, das gut ist zur Erbauung« (4,29). Durch das Reden der Gemeinde wird der Neubau Gottes in die untergehende Welt hineingebaut.

In dieser neuen Gemeinschaft wird einer für den andern verantwortlich gemacht. »Wir ermahnen euch aber, ihr Brüder; weiset die Unordentlichen zurecht, tröstet die Kleinmütigen, nehmet euch der Schwachen an, seid langmütig gegen alle! Sehet zu, dass keiner einem andern Böses mit Bösem vergelte, sondern jaget allezeit dem Guten nach gegeneinander und gegen jedermann« (1. Thess 5,14f).

Hier muss unsere Bemühung einsetzen, dass in unseren Gemeinden die Verantwortung der Glieder füreinander stark wird, dass einer für das Heil des andern sorgt, dass alle für das Heil der Welt sorgen und also nach dem Reiche Gottes und seiner Gerechtigkeit trachten, dass der Leib Christi wirklich Leib sei. Und da, meine ich, sollte eine Umschichtung und eine Akzentverlagerung in unseren seelsorgerlichen Bemühungen stattfinden. Unsere Seelsorge sollte weniger Betreuung als vielmehr Rekrutierung und Ausbildung von Bauleuten sein. Nicht Seelenpflege, sondern Ruf zum Reich! Ein wesentlicher Teil der Seelsorge von uns Pfarrern wird dann der sein, die Wirkungsweisen Christi in den Gliedern zu entdecken, die Gaben zu finden und zu wecken, die in der Gemeinde schlummern. – Wenn heute ein Pfarrer neu in eine Gemeinde kommt, kann es ihm geschehen, dass ihm der Vorgänger eine Liste von gebrechlichen Großmüttern in die Hand legt, die er besuchen möchte. Wunderbar, diese Großmütter, die für die Gemeinde beten. Wunderbar, der Besuch bei einer Witwe: er ist der reine unbefleckte Gottesdienst (Jak 1,27)! Muss ich aber den reinen und unbefleckten Gottesdienst unbedingt selber zelebrieren? Wäre es nicht wichtiger, ich würde die Gemeinde zu solchem Gottesdienst anleiten? Wäre es nicht besser, Hausgenossen oder Nachbarn eines Gebrechlichen anzuleiten, dem kranken oder alten Menschen ein Wort zu lesen und mit ihm zu beten? Es gibt an den Zollstätten und bei den Fischnetzen ganze Scharen, die darauf warten, von Jesus angesprochen zu werden! Viele Menschen sehnen sich danach, einen Dienst tun zu dürfen, sie sehnen sich danach, eingebaut zu werden in die Gemeinde. Gott aber will den Menschen bei sich haben, in seinem Dienst. Darum müsste hier das Schwergewicht unserer Seelsorge liegen: die einzelnen Glieder zum Funktionieren, zum Dienen zu bringen, Charismen aufzudecken, die Wirkungsweise Christi in den einzelnen Gliedern aufzuzeigen. – Damit haben wir versucht, einen Teilaspekt prophetischer Seelsorge anzudeuten.

c) Seelsorge im Anbruch des Reiches

Wir sind gefragt, ob wir es Jesus glauben, dass das Reich nahe ist, ob wir in der Seelsorge zu diesem Reich umkehren, ob die Seelsorge der Gemeinde und unsere Seelsorge aus der Reichsnähe kommt und in die Reichsnähe führt. Unsere Seelsorge ist auf alle Fälle die Konsequenz unserer Eschatologie. Nun fragt es sich, ob unsere Eschatologie konsequent ist. Wie muss unsere Seelsorge aussehen, wenn Jesus mit seiner Botschaft vom nahen Reich recht hat? Wir notieren hier nur einige Punkte, die im Einzelnen einer besonderen Entfaltung bedürften.

1. Die Seelsorge im Vorfeld des Himmelreiches ist eine Seelsorge in der *Furcht* des Herrn. Wie sollten wir uns nicht fürchten, wenn es gilt, Gottes Werk zu tun? Wie sollten wir uns nicht fürchten, wenn der Herr uns verantwortlich macht für den Tod des Sünders, der ohne unsere Mahnung stirbt? Die Seelsorge in der Reichsnähe ist bestimmt von der Furcht. Nicht Menschenfurcht, sondern Herrenfurcht. Die Apostelgeschichte beschreibt die Seelsorge übende Gemeinde als eine in der Furcht stehende: »So hatte nun die Gemeinde in ganz Judäa und Galiläa und Samarien Frieden, indem sie sich aufbaute und wandelte in der Furcht des Herrn; und sie mehrte sich durch den Zuspruch des Heiligen Geistes« (Apg 9,31). Man kann sagen, dass der »Wandel in der Furcht des Herrn« die Seelsorge begründet; vor dem kommenden Christus wissen sich die Glieder füreinander verantwortlich. Darum gibt es Seelsorge.

2. Ist das Reich ein Reich der Freiheit, ist im Angeld des Geistes Freiheit (vgl. 1. Kor 3,17), dann geschieht Seelsorge als Recht und Geschenk der *Freiheit*. Seelsorge kommt aus Freiheit und führt zur Freiheit. Sie besteht einerseits als Sorge um die Bewahrung und Bewährung der Freiheit der Glieder, andrerseits geschieht in ihr die Befreiung der Gebundenen.

3. Eine Seelsorge in der Nähe des Reiches ist getragen von der *Freude*. Die Freude am Herrn ist unsere Stärke in der Seelsorge. Seinen Seelsorgern ruft der Herr zu: »Freuet euch vielmehr, dass eure Namen in den Himmeln aufgeschrieben sind« (Lk 10,20). – »Dein Nam' stets vor ihm leuchtet, dass er dir Hilfe sendt.« – Ist die Seelsorge getragen von der Freude, dann ist auch das Ziel der Seelsorge Freude. Das Himmelreich ist ein Reich der Freude. Die Seelsorger sind Mitarbeiter an der Freude der Gemeinde (2. Kor 1,24).

4. Wird die Seelsorge geübt in einer Welt, deren Gestalt vergeht, in einer Zeit, da Christus bald kommt, dann wird die Seelsorge den *Mut zum Wort* haben, den Mut, das Bibelwort zu sagen. – Der Seelsorger ist Botschafter. Eine hoffnungslose Seelsorge schämt sich, den Mächtigen und Gebildeten das Wort zu sagen, und meint, ihnen gegenüber das Wort in einer besonderen Emulsion servieren zu müssen. O diese Emulsionen, diese plötzliche Scheu vor Doktortiteln und Industrieaktien! O diese Ritter von der traurigen Gestalt, die es im Männersaal nicht wagen, ein Wort zu sagen. Man beachte, wie feierlich und volltönend der 2. Timotheusbrief gegen diese falsche Scham kämpft: »Ich beschwöre dich vor Gott und Christus Jesus, der die Lebendigen und die Toten richten wird, und bei seiner Erscheinung und bei seinem Reich: Predige das Wort, tritt dafür ein zu gelegener und ungelegener Zeit, überführe, weise zurecht, ermahne, mit aller Langmut und Belehrung« (4,1–2). – Wenn das Reich kommt, muss gerade auch den Mächtigen das Wort gesagt werden! Darum appelliert ein Paulus an den Kaiser!

5. Eine Seelsorge, die den Mut zum Wort findet, wird den Mut haben zur *Berufung*. Markus berichtet, wie Jesus nach seiner Reichspredigt die ersten Jünger zu Menschenfischern beruft (1,16ff). Wie er eine bestimmte Anzahl zu sich auf den Berg bestellt, und zwar ausdrücklich die, »welche er wollte«, und wie er dann aus diesen Berufenen sich zwölf erwählt (8,13ff). Seelsorge zum Reich ist eine Seelsorge der Berufung zur Arbeit in der Ernte. Lukas berichtet, dass Jesus vor der Berufung der zwölf die Nacht im Gebet verharrte (6,12). Nun leidet unsere Kirche an Pfarrermangel, sie hat Mangel an Diakonissen, Evangelisten, und dieser Mangel weist auf die mangelnde seelsorgerliche Berufung. Und diese wieder auf das mangelnde Gebet. Wenn wir in die Nähe des Reiches umkehren, werden wir frei werden für dieses Gebet, frei in Furcht und Freude, die Berufung Gottes weiterzusagen.[9]

6. Eine Seelsorge der Berufung wird den Mut haben zur *kleinen Zahl*, sie bejaht die kleine Herde, der nach des Vaters Wohlgefallen das Reich gegeben wird. Sie weiß das Geheimnis der Gnadenwahl, wonach in Abraham alle Geschlechter der Erde gesegnet sind, so dass im Blick auf das kommende Reich gerade die Erwählung des Einzelnen besondere Bedeutung hat. So kämpft der Vater Blumhardt in Möttlingen um einen Menschen. Indem der eine Besessene zur Freiheit und zum Heil kommt, geschieht für ganz Möttlingen ein Durchbruch zum Heil. – Eine Seelsorge zum Reich kann sich Beschränkung leisten!

7. Gerade in dieser Freiheit zur Beschränkung ist die Seelsorge *nach allen Menschen hin offen*. Das Reich kommt für alle. Die Nähe des Reiches ist allgemein verbindlich. Wir »ermahnen jeden Menschen und lehren jeden Menschen in aller Weisheit, damit wir jeden Menschen vollkommen in Christus vor Gott hinstellen« (Kol 1,28). Jedem Menschen bin ich Gottes Wort und Gottes Liebe schuldig. Jedem Menschen bin ich mich selber schuldig. Die Seelsorge zum Reich ist grenzenlos, offen gegen jeden Menschen. Sie beschränkt sich nicht darauf, »kirchliche« Seelsorge zu sein.

---

9 Vgl. die Ausführungen über »Das Pfarramt in der Sicht des Theologiestudenten« in »Predigt und Gemeinde«, 196, 17ff.

8. Steht die Seelsorge im Kommen des Reiches, dann ist sie offen gegen den Himmel hin, d.h. sie ist begleitet vom *Zeichen*. Das Wunder ist dann das Natürliche. Sie fordert keine Zeichen, aber sie steht im Wunder; und dies ist eine stückweise Vorwegnahme dessen, was universal kommen wird.

9. Das Reich ist noch nicht da. Und darum heißt Seelsorge *Kampf.* Kampf nicht mit Menschen, sondern Kampf mit dem Reich Satans. Wohl ist der Sieg Jesu zu Karfreitag und Ostern komplett und universal. Wohl jubelt die Gemeinde mit Heinrich Vogel: »Herr Christ, du bist der Sieger, dein Werk ist schon vollbracht.« Wohl ist Jesus der Siegesheld. Aber noch liegt ihm nicht alle Welt zu Füßen. Darum ist noch Seelsorge nötig. Der Sieg muss behauptet und durchgesetzt werden gegen einen immer lauter sich gebärdenden Gegner: »Unser Ringkampf geht nicht wider Fleisch und Blut, sondern ... wider die Beherrscher dieser Welt der Finsternis, wider die Geisterwesen der Bosheit in den himmlischen Regionen« (Eph 6,12).

Betrachten wir die Seelsorge unter diesem Aspekt, so folgt daraus ein Zweifaches. Erstens: wo wir in der Seelsorge auf Widerstand stoßen, wo wir angefeindet werden, wo Menschen wider uns aufstehen, müssen wir nicht gegen die Menschen kämpfen, sondern gegen die Mächte. Mein Gegner ist dann nicht der mehr oder weniger einflussreiche Herr Sowieso, sondern die Macht hinter ihm. Wenn wir dies erkennen, werden wir vor Verbitterung bewahrt. Zweitens: ist Seelsorge im Anbruch des Reiches ein Stück Kampf, Kampf wider Geister, dann gibt es eine Spezialaufgabe in der Seelsorge: die Austreibung der Geister. Das Aufräumen auf dem Schlachtfeld der Menschenseele. Darum spielen die Berichte von Austreibungen der Dämonen in der Synopse eine so große Rolle. Hier finden Durchbruchsschlachten des Himmelreiches in das Reich der Finsternis statt. »Wenn ich dagegen durch den Finger Gottes die Dämonen austreibe, so ist ja das Reich Gottes zu euch gekommen« (Lk 11,20). Wenn er die Jünger aussendet, beauftragt er sie ausdrücklich zum Exorzismus: »treibet Dämonen aus« (Mt 10,8). Nach dem Schluss des Markusevangeliums wird dieses ein Zeichen sein, das die Gläubiggewordenen begleitet: »in meinem Namen werden sie Dämonen austreiben« (16,17). Der Sieg über die Dämonen wird hier als eine normale Form des Glaubens angesehen. Die Gelehrten sagen uns, dass der Markusschluss unecht sei, dann aber muss es eine Gemeinde gegeben haben, die diese Weissagungen als Tatsache vor Augen hatte. Die Austreibung der Dämonen war eine Frucht ihres Glaubens an den wiederkommenden Christus. – Was ist mit unserem Glauben los, dass diese normale Frage gerade das Außergewöhnliche ist? Warum bewegt sich Gottes Finger nicht?

10. Wenn wir so fragen, müssen wir etwas bedenken, das alles Vorhergesagte umschließt: Ist Seelsorge Kampf, dann stellt uns die Ausübung der Seelsorge ins *Leiden*. Der Seelsorger leidet mit dem andern und für den andern, weil das Reich zwar nahe, aber noch nicht da ist. Seelsorge in der Nähe des Reiches leidet für die Zukunft des andern.

Jesus leidet am Kreuz für die Zukunft der Welt. Die Gemeinde aber kann nur Seelsorgerin sein, indem sie dem Ruf in die Nachfolge des leidenden Jesus gehorcht. In diesem Gehorsam stehen die Glieder der Gemeinde bis zu Jesu Wiederkunft in einer Passionszeit, in der sie für die Zukunft der andern leiden. Diese

Passionszeit ist die Zeit der Seelsorge. – Man kann bei den großen Seelsorgern – etwa bei Jean-Baptiste-Marie Vianney, dem Pfarrer von Ars, oder bei Johann Christoph Blumhardt in Möttlingen – sehen, dass sie – um der Menschen willen – ohne Wehleidigkeit Leidende waren, in der Liebe für die Menschen Leidende. – Was bei Vianney und Blumhardt exemplarisch sichtbar wird, gilt grundsätzlich für alle Glieder der seelsorgeübenden Gemeinde. Seelsorge im Anbruch des Reiches ist Leidenschaft, Passion für den andern im Opfer der Liebe.

Unser Mangel an Vollmacht in der Seelsorge hängt offensichtlich mit unserer Leidensscheu zusammen, die sich nicht am Mitmenschen engagiert, weil sie weder liebt noch hofft. – Noch einmal: was ist mit uns, dass wir so wenig in Liebe zu leiden vermögen? Warum ist unsere Seelsorge so unpassioniert? Hat sie sich losgemacht vom Reich? – Hier gilt es noch einen letzten Punkt zu beachten.

11. Lebt die Gemeinde in Verbundenheit mit aller Kreatur, nimmt sie in der Nachfolge Jesu teil am Leiden für die Zukunft der Menschen und existiert also stellvertretend für die Welt, dann nimmt sie im Geist teil an der Zukunft Gottes und steht daher stellvertretend für ihn – im Namen Jesu – in der Welt, um den Menschen das Reich aufzuschließen. Die Gemeinde existiert als Seelsorgerin Gottes für die *Absolution*.

Ich kann hier nur wiederholend aufnehmen und skizzenhaft andeuten, was eingehender Erörterung bedürfte: Übt die Gemeinde Gottes Seelsorge in der Welt, ist der Kommende im Geist in der Gemeinde gegenwärtig und tätig; dann tut die Gemeinde alles, was sie als Seelsorgerin tut und nicht tut – sei es im Dienst der Liebe, sei es im Berufen oder sonst im Sagen des Wortes – mit den Schlüsseln. Noch mehr: Im Anbruch des Reiches lebt die Gemeinde im Binden und Lösen. Sie lebt die Schlüssel.

Es ist fatal, dass das Schlüsselamt immer wieder vorschnell mit der Beichte in Zusammenhang gebracht wird. Dadurch bekommen die Schlüssel den Charakter des Extraordinären, eine Möglichkeit, in unser freies Belieben gestellt oder ausschließlich zu liturgischem Gebrauch reserviert.

Durch diese falsche Sicht wird der Sachverhalt verdunkelt, dass die Gnade sich in Gnadengaben der Gemeinde mitteilt und dass diese nur im Mitteilen und Austeilen von Gnade bewahrt wird. Also hängt ihre eigene Zukunft an der Zukunft des Seelsorgebedürftigen. – Anders ausgedrückt: Ist der Gemeinde der Dienst der Versöhnung aufgetragen, so artikuliert das »absolvo te« unsere neue Existenz und bespricht mit der Zukunft des andern unsere eigene Zukunft. Geschieht aber dieser Dienst an der Versöhnung, in der Solidarität mit der Welt – und wie könnte er anders Dienst der Versöhnung sein? – so geschieht die Absolution in der Profanität. Und das heißt: die Gemeinde formuliert in ihrer ganzen Existenz das »absolvo te«. Sie lebt für die Absolution, gleichviel ob sie essende Seelsorge übt oder um einer Berufung willen fastet. Ist Christus real präsent in solcher Seelsorge, wird seine Vergebung real präsent, so ist der gemeinsame Dienst aller Gnadengaben auf Absolution gerichtet. So mag sie auch einmal ausdrücklich zur Sprache kommen in dem Satz der Hochsprache: »Dir sind deine Sünden vergeben.«

So ruft die Seelsorge zum Reich, indem sie unterwegs ist zur Absolution, selbst Absolution ist, zur Absolution anleitet und bevollmächtigt. Das ist die Seelsorge

Jesu Christi heute in den Gliedern seiner Gemeinde: ein Auftun des nahen Reiches für den einzelnen, dass der Mensch Gottes sei. Warum aber funktioniert die Absolution so schlecht? Warum geschieht so wenig Absolution um uns her? Warum lassen wir das Reich verschlossen?

Hier sind wir wieder bei dem Grundproblem aller Seelsorge, bei unserem Glauben, bei der Wirksamkeit des Heiligen Geistes. Hier wird auch deutlich, dass wir, die Seelsorger, heute die seelsorgebedürftigsten Leute sind, dass wir zuerst auf die Zentralbotschaft Jesu zu hören haben: »Kehret um, das Reich der Himmel ist genaht.«

Aus: folgen, S. 97–124

Wider die theologische Flachmalerei

Und sie bringen all eure Brüder von allen Völkern
als eine Opfergabe für Jahwe,
auf Rossen und auf Wagen und in Sänften
und auf Maultieren und auf Dromedaren
zu meinem heiligen Berg nach Jerusalem, spricht Jahwe,
wie die Kinder Israels die Opfergabe
in reinen Gefäßen zu dem Hause Jahwes bringen.
Denn wie der neue Himmel und die neue Erde,
die ich mache, bestehen vor mir, spricht Jahwe,
so wird bestehen euer Same und euer Name.
Und Neumond um Neumond, Sabbat um Sabbat
wird alles Fleisch kommen,
um niederzufallen vor mir, spricht Jahwe.
Und gehen sie hinaus,
so sehen sie die Leichen der Menschen an,
die sich gegen mich empört haben.
Denn ihr Wurm wird nicht sterben
und ihr Feuer nicht verlöschen,
und sie werden ein Abscheu sein für alles Fleisch.
Jesaja 66,20.22–24 (Übersetzung Claus Westermann)

Die Schwierigkeit, die wir beim Hören dieser Texte haben, ist die Schwierigkeit, die wir mit der Gottesfurcht haben, und die Schwierigkeit mit der Gottesfurcht ist unsere Schwierigkeit mit Gott selbst. Vielleicht kann eine kleine Geschichte deutlich machen, was ich meine: Im letzten Herbst nahm ich an einer theologischen Konferenz teil und hörte dort ein Referat über die Wirklichkeit Gottes. Nach dem Vortrag ging ich spazieren und sah Folgendes: Eine grüne Wiese und auf der Wiese ein Huhn. Das Huhn streckte mir seine Hinterseite zu und bewegte sich offensichtlich dem Walde zu, aus dem riesengroß der Fuchs kam, die rechte Vorderpfote hatte er schon zum Schlag erhoben. Zunächst erschrak ich; das Huhn pickte ruhig weiter dem Wald entgegen, aus dem der Fuchs kam. Wie kann es auch, das dumme Huhn, denke ich. Aber das Huhn ist an Volkskunst gewöhnt, ein Flachmaler hatte den Fuchs an eine Hauswand gemalt, und ich war im ersten Augenblick der Meinung, es wäre ein richtiger. Immerhin, der richtige Wald war auch nahe, und wer weiß, wann ein lebendiger Fuchs kommt.

Dies, liebe Gemeinde, habe ich gesehen, nachdem ich einen Vortrag über die Wirklichkeit Gottes gehört hatte.

Nun könnte es sein, dass uns eine theologische Volkskunst den kommenden Gott so harmlos an die Wand pinselt wie der Flachmaler den Fuchs. Ein gemalter Gott, ein gedachter Gott, ein vorgestellter Gott erschreckt niemanden, ihn brauchen wir nicht zu fürchten.

Es gibt zweierlei Weisen theologischer Flachmalerei: Man kann Gott so darstellen, dass er strafend, schrecklich kommt, kann mit Hochgenuss die zuletzt gelesenen Verse ausmalen – oder man kann erklären, diese letzten Verse zeigen eine überholte Anschauung, nach dem Neuen Testament sei Gott die Liebe. – Es könnte sein, dass wir uns beide Mal ein Bild machen, in das wir unseren Zorn, unsere Aggression oder unsere Unbedeutendheit hineinmalen. Das aber ist unsere Schwierigkeit, dass wir alle, jeder von uns, irgendwie uns Gott vorstellen; damit ist jeder von uns mit theologischer Flachmalerei beschäftigt. Immer wieder produzieren wir Gottesvorstellungen. Dies ist vielleicht unsere größte Schwierigkeit, auf Gott zu hören; denn ein bloß vorgestellter Gott bleibt stumm wie der Fuchs an der bayrischen Hauswand. – Darum möchte ich vorschlagen, wir versuchen einmal, unvoreingenommen auf das zu hören, was unser Prophet im Namen Gottes aussagt. Das ist nicht ganz leicht. Ein Ausleger macht darauf aufmerksam, dass die eben gelesenen Verse die vorangegangenen korrigieren. Wir haben das letzte Mal davon geredet, wie progressiv der Prophet hier redet: Gott greift nach fernsten Inseln und holt von dorther Priester und Leviten. Hier spricht er gleichsam konservativ; alles Interesse gilt hier dem Judenvolk und seinem Gottesdienst: Das zerstreute Israel kehrt heim zum Opferdienst auf dem heiligen Berg in Jerusalem. Der neue Himmel und die neue Erde bilden nur die Kulisse für diesen ewigen Gottesdienst der Juden; aber auf einmal ist das ganze Menschengeschlecht an diesem Gottesdienst beteiligt; »alles Fleisch« kommt »Neumond um Neumond« und »Sabbat um Sabbat«, um Gott anzubeten. – Wenn wir von diesem Schluss des Jesajabuches weiterlesen ins Neue Testament, dann wird das Neue Testament die Botschaft des Propheten unterstreichen: Gottes Absicht mit der Menschheit läuft auf einen Gottesdienst hinaus. So haben die ersten Christen davon gesungen, dass alle Knie im ganzen Universum sich vor Christus beugen. Und in Römer 9–11 beschreibt Paulus die Rolle Israels in der Endgeschichte. Ewiger Gottesdienst mit Juden soll das Ziel der Weltgeschichte sein? Zu einem ewigen Gottesdienst, an dem die Juden teilnehmen, werden Himmel und Erde neugeschaffen? – Es könnte nun einer sagen: Was geht mich das an? Was soll das? Das sind doch alles überholte Vorstellungen. – Ich weiß nicht, ob es klug ist, so zu argumentieren. Wollte man im Hühnerhof aus der Heimatkunst in Bayern den Schluss ziehen, es käme nie ein Fuchs, wäre dies vielleicht nicht sehr klug. Es ist doch merkwürdig, wie im natürlichen Menschen eine tiefe Abneigung gegen beides schlummert: Eine Abneigung gegen die Juden und gegen den Gottesdienst. Es ist noch nicht so lange her, als in Elberfeld ein Pfarrer an die Judenverfolgung in Deutschland erinnerte, da stand vorn in der Kirche ein Mann auf und verließ demonstrativ mit lautem Türenknallen die Kirche. Er hatte offenbar etwas gegen die Juden. Und gegen den Gottesdienst haben viele vieles – auch gute theologische Argumente. In der Tat, unsere Gottesdienste sind nicht über jede Kritik erhaben. – Aber wenn wir einmal von der berechtigten Kritik absehen, könnte es immerhin sein, dass Antisemitismus und Abneigung gegen den Gottesdienst eine gleiche Wurzel haben: die Feindschaft und die Empörung gegen den kommenden Gott. Aber diese Feindschaft und diese Empörung sind ohnmächtig; die Juden in der Zerstreuung können offensichtlich nichts dagegen tun, dass sie nach Jerusalem gebracht werden: auf

Rossen und auf Wagen, in Sänften, auf Maultieren und Dromedaren werden sie zum ewigen Gottesdienst getragen und gefahren. Ein unvorstellbarer Korso wird hier geschildert, eine Sternfahrt aus allen Völkern. Wer auf dem richtigen Ross sitzt, im rechten Wagen Platz genommen hat, mag sogar ein wenig gegen die Fahrt protestieren. Er kommt doch ans rechte Ziel. Diese Sternfahrt ohnegleichen hat längst begonnen, hat über die Juden hinausgegriffen. Da sind wir alle ja irgendwie dabei. Auch wenn wir noch so viel zu mäkeln haben. Einer zieht uns. Auch wenn wir uns vorläufig sperren, einer ist mächtig am Ziehen, zieht uns zum ewigen Gottesdienst mit den Juden. So spricht der Jude Jesus: »Und wenn ich von der Erde erhöht bin, werde ich alle zu mir ziehen.« Das geschieht heute. Es geschieht nicht mit Sänften, Wagen oder Reittieren – wohl aber durch seinen Geist und durch sein Wort. Diese lassen uns nicht los, sie erzeugen »zum Künftigen seltsame Lust«. Denn jeder Gottesdienst, zu dem wir uns aus Häusern und Straßen versammeln, signalisiert jenen künftigen aller Juden und Christen!

Aber jetzt steht diesem ewigen Gottesdienst gegenüber das ewige Gericht: Neben der ewigen Anbetung auf dem Berg Zion sieht der Prophet das Hinnom-Tal am Fuße des Zion. Nach der Anbetung auf dem himmlischen Berg beschauen die Diener Gottes die Leichen der Gottesfeinde im Tal, »ein Abscheu für alles Fleisch«. Aus diesem Hinnom-Tal kam es später zur Gehenna, zur Vorstellung von der Hölle, dem Ort der Qual. So endet das Jesajabuch mit einem grausigen Ausblick.

Schon die frühe Synagoge hat angeordnet, dass man nach diesem Vers nochmals den vom ewigen Gottesdienst lese. Man hielt die Grausamkeit dieses Textes nicht aus, aber die Evangelien verweisen selber mehrfach auf dieses schaurige Wort. So mahnt Jesus: »Fürchtet vielmehr den, der Leib und Seele verderben kann in der Hölle.« Wir denken auch hier immer zu schnell an eine gemalte Hölle, an irgendwelche Volkskunst. Das ist alles harmlos. – Johannes Calvin sagt zu unserer Stelle, man dürfe sich doch hier nicht Würmer aus der Erde phantasieren, die den Ungläubigen am Herzen nagen sollen. – In der Tat. Wenn wir uns ärgern, sagen wir: »Es wurmt mich.« Der Wurm ist das Böse. Es gibt offenbar eine Unsterblichkeit des Bösen. Calvin meint, das nagend böse Gewissen sei mit dem Wurm bezeichnet.

Aber nun hat der Mensch heute in der Regel kein böses, kein schlechtes Gewissen. Es könnte dies gerade ein Zeichen seiner Empörung wider Gott sein, dass er ein gutes Gewissen hat bei allem, was er tut. Es könnte das gute Gewissen ja ein Signal sein dafür, dass der Mensch von Gott nichts mehr weiß. In einem Brief an Milena schreibt Franz Kafka: »Die Höllenstrafe besteht darin, dass man sein Leben nochmals mit dem Blick der Erkenntnis durchnehmen muss, wobei das Schlimmste nicht die Durchsicht der offenbaren Kriterien ist, sondern jener Taten, die man einstmals für gut gehalten hat.«

Wir können das alles psychologisch verstehen, könnten darauf verweisen, dass Schuld gewissermaßen unsterblich ist. Wenn heute ein Teil der Jugend sich gewalttätig gibt, könnte man auf alle unbetrauerte Gewalttätigkeit der Väter hinweisen, die vielleicht jetzt wiederkehrt, wer weiß.

Aber hier geht es nicht um Psychologie, sondern um die Behauptung des Propheten, die neben einen ewigen Gottesdienst ein ewiges Gericht stellt. Es wäre die Predigt vom Kreuz, es wäre ja der Gottesdienst unnötig, wenn das Böse endlich und das Gericht Gottes begrenzt wären. Auch der Glaube wäre im Grunde überflüssig, wollte man diesen letzten Vers des Jesajabuches durchstreichen. Den gemalten und bloß gedachten Gott brauchen wir nicht zu fürchten. Er ist für unser Leben bedeutungslos wie der gemalte Fuchs fürs Huhn. Wo sich aber der wahre Gott zeigt, werden wir ihn fürchten, und das ist nach einem alten Wort der Weisheit Anfang.

Heiliger Gott,
Für dich selber müssen wir dich bitten,
Für dich in erster Linie.
Sei nicht sorglos,
Sei nicht gleichgültig
Gegenüber dem,
Was wir Menschen
Aus dir machen.

Zerschlage die Bilder,
Durchbrich die Vorstellungen,
Zeige, wer du bist,
Zeig, was du kannst.

Auch das, was wir Gottesdienst nennen,
Überlass es nicht unserer
Gedankenlosigkeit und Trägheit.
Du liebst nicht die Langeweile,
Darum gib uns Phantasie und Beweglichkeit,
Damit wir dich mit Neuem erfreuen.

Heiliger Gott,
Auch für dein Volk bitten wir.
Reiß es heraus aus seiner Gewohnheit.
Nimm ihm alle Selbstsicherheit,
Damit es aufhöre,
Sich selbst mit einem guten Gewissen zu betrügen.

Gib jedem von uns ein Quantum Gnade,
Damit jeder von uns dir diene.
Jetzt, hier und einmal
In der großen Versammlung
Deiner Ewigkeit.

Aus: Prophet, S. 176–182

du von erzengeln umgebener

du
von erzengeln
umgebener
umgibst mich
wie die vier wände
meines zimmers

du
bist da
und ich
da

komm
in mir wohnen
dreieiniger
dass ich eins werde
eins mit dir

lehre mich erkennen
wie du
wohnst in denen
die mit mir wohnen

in allen gläubigen
lehre mich
ehren
deine gegenwart

Aus: weiterbeten, S. 18

Vollmacht

*Der Himmel und die Erde werden vergehen, meine
Worte aber werden nicht vergehen.
Über jenen Tag aber oder jene Stunde weiß niemand
etwas, auch die Engel im Himmel nicht, auch
der Sohn nicht, sondern nur der Vater.
Sehet zu, wachet! Denn ihr wisst nicht, wann die
Zeit da ist.
Es ist wie bei einem Mann, der außer Landes reiste,
sein Haus verließ und seinen Knechten Vollmacht
gab, jedem sein Werk, und dem Türhüter befahl,
dass er wachen solle –
wachet also! denn ihr wisst nicht, wann der Herr des
Hauses kommt, ob am späten Abend oder um
Mitternacht oder um den Hahnenschrei oder am
frühen Morgen;
damit er nicht, wenn er auf einmal kommt, euch
schlafend finde.
Was ich aber euch sage, das sage ich allen: Wachet!*
(Markus 13,31–37)

Jesus sagt uns heute, was er aus uns macht und was er von uns will. Meine Predigt hat darum zwei Teile:

Zum ersten Teil eine Jugenderinnerung als Gleichnis: Es war ein sonniger Frühlings- oder Herbsttag, als ich – noch ein Gymnasiast – mit einigem Herzklopfen das »Schloss« von Interlaken betrat, um nach unbeholfenem Umhertasten in langen Korridoren vor den Regierungsstatthalter geführt zu werden. Der war ein großer Herr, stellte sich vor mich hin, sprach vom Geloben und verlas das abzulegende Gelübde. Ein Händedruck war amtlich, dann wurde mir eine Trägerkarte ausgehändigt. Mit dieser Karte konnte ich meinen Knabentraum verwirklichen und Bergführer werden. Vielleicht bin ich seither nie so stolz gewesen wie damals, als ich mit der Trägerkarte das Schloss verließ. Ich war ein anderer Mensch geworden: Nicht länger ein linkischer Gymnasiast, sondern eine Persönlichkeit mit Zukunft. Ich sah mich schon auf einem Viertausender stehen.

Nun erzähle ich Ihnen diese Episode, damit Sie heute stolz wie noch nie diese Kirche verlassen. Mit den Worten, die ich Ihnen vorsprach, bekommen Sie gleichsam eine Karte, die Sie zu anderen Menschen macht. Gleichgültig, wie Sie hierhergekommen sind: die Worte Jesu eröffnen Ihnen eine Zukunft, die alle Jugendträume übertrifft:

*»Es ist wie bei einem Mann,
der außer Landes reiste,
sein Haus verließ
und seinen Knechten Vollmacht gab,
jedem sein Werk
und dem Türhüter befahl,
dass er wachen solle.«*

Ach, dass ich begreiflich machen könnte, Euch allen und jedem einzelnen, was der Herr der Welt hier vorspricht! Vielleicht habt Ihr alle noch nichts begriffen von dem, was hier geschieht, was uns geschieht. Nein, das habt Ihr noch nicht begriffen, welche Zukunft Ihr habt, was Ihr für Persönlichkeiten seid, und ich hab's auch noch nicht begriffen! Uns wird hier eine Karte zu anderer Qualifikation in die Hand gedrückt als mir damals im Schloss. Da steht's doch schwarz auf weiß im Evangelium: Wir haben eine neue Identität, indem er uns seine Sache anvertraut, und seine Sache ist sein Wort.

Ach, wir Einfaltspinsel, wir Zweifaltspinsel, Vielfaltspinsel und Zwiespaltspinsel mit unseren Ausweisen, Zertifikaten und Diplomen, die noch vor Himmel und Erde vergehen: Ist es denn so schwer anzunehmen, was der Auferstandene sagt? Du und Du und Du, Ihr alle, alle, alle seid etwas anderes und unendlich mehr, als was auf Euren Scheinen, Ausweisen und Diplomen steht – auch wenn wir uns mehr oder weniger wie Analphabeten unserem Text gegenüber verhalten, wie solche, die nicht lesen können und infolgedessen nicht wissen, was ihnen geschieht. Aber es ist geschehen und gilt: »Es ist wie bei einem Mann, der seinen Knechten Vollmacht gab.« Also das, was er selbst hatte und ausübte: Macht, »Sünden zu vergeben«. Das heißt doch, Träger werden; das, was uns an andern weh tut oder lästig ist, über die Grenze bringen, zu dem hintragen, »der außer Landes reiste«. – »Vollmacht«, das geht bis ins Körperliche hinein, das heißt auch ein Machtwort haben, das einen Gelähmten auf die Beine stellt.

Ach, dass wir das packen, fassen, praktizieren, was uns hier übergeben wird! Nicht nur die Lizenz zum Bergsteigen, nein, vielmehr die Lizenz, einen Berg zu versetzen! Auch das gehört zur Vollmacht: »Wer zu diesem Berge sagt: ›Hebe dich empor und wirf dich ins Meer!‹ und in seinem Herzen nicht zweifelt, sondern glaubt, dass das, was er sagt, geschieht, dem wird es zuteilwerden.«

Berge, die sich vor uns auftürmen, kennen wir doch alle zur Genüge. Berge, bei denen wir keinen Bergführer brauchen, wohl aber einen Bergausreißer und Bergwegträger. Wo ein Mensch sich am Menschen verfehlt, so dass er dessen Lebensnerv trifft, wird das Vergeben schwerer als das Ausreißen und Wegtragen eines Berges. Ich kann mir denken, dass unter uns einige sind, vor denen sich die Schuld eines Mitmenschen auftürmt wie ein Berg. Woher die Kraft nehmen, einen solchen Viertausender auszureißen und wegzutragen? Das kann doch kein Mensch. Nein, aber das Wort kann's, die unvergänglichen Worte Jesu können's. Darum bekommen Jesu Jünger Vollmacht als Hörer seiner Worte. Auf diese Worte merken, sie nachsprechen, sie behalten, ihnen vertrauen aber heißt »wachen«. Jesu Worte haben mehr Kraft, mehr Gewalt und Gewicht als alle Hochgebirge unseres Planeten: »Himmel und Erde werden vergehen, meine Worte aber werden nicht vergehen.«

Dass Himmel und Erde vergehen, braucht man im gegenwärtigen Spätherbst unserer Welt nicht lange zu erklären, haben wir doch alle seit Hiroshima und Tschernobyl einen mehr oder weniger starken Zukunftsschock in den Knochen. Sich das Ende vorzustellen, braucht nicht einmal sehr viel Phantasie, dass aber Jesu Wort bleibt, erscheint beinahe unvorstellbar, dazu reicht meine Phantasie nicht aus. Darum muss jeden Sonntag Predigt sein.

»Und wenn's die Prediger vergraben, ach, das ist ein schwer Gericht ...« Und wir Prediger haben's vergraben, das gute Evangelium vom Hausherrn, der seine Knechte und Mägde auf Dauer nicht allein lässt, sondern aufs Neue kommt, um Himmel und Erde neu zu schaffen. Darum stellt er in seiner Rede von der Endzeit die Gemeinde als Türhüterin an den Rand der Zeit und der Welt.

Und damit bin ich schon beim zweiten Teil meiner Predigt, bei dem, was Jesus von uns will: »Sehet zu, wachet! Denn ihr wisst nicht, wann die Zeit da ist ..., wachet also, denn ihr wisst nicht, wann der Herr des Hauses kommt, ob am späten Abend oder um Mitternacht oder um den Hahnenschrei oder am frühen Morgen, damit er nicht, wenn er auf einmal kommt, euch schlafend finde.«

Wer schläft, überlässt die Zukunft dem nächsten Morgen. Wer schläft, ist nutzlos und schadet niemand. Der Schläfer tut nichts Böses; er liegt wehrlos und machtlos da. Darum ist der natürliche Schlaf gesund und etwas Schönes. Der geistliche Schlaf aber ist ungesund und unschön. Das Notwendige bleibt ungetan, die Kräfte des Auferstandenen bleiben ungenutzt, da lässt man in der Nacht alle Katzen grau sein, da wächst der Rost, der Moder, der Zerfall, das Vergehen. Darum die Sorge Jesu, die Seinen könnten ihre Vollmacht ungenützt lassen, sie könnten seine Worte vergessen, verdämmern, verschlafen. Darum das dreimalige »wachet«.

Wer wacht im Haus der Welt, übernimmt Verantwortung; wacht daraufhin, dass der Hausherr komme, und drängt darauf, dass das bald geschehe. In diesem Sinne haben die Wächter eine wichtige Bedeutung für das neue Kommen Jesu. Sie holen Gottes Zukunft herbei: Sie rufen seinen Sohn vom Himmel auf die Erde herab. Indem Jesus seine Gemeinde ins Wächteramt einsetzt, lässt er sie den Tag und die Stunde mitbestimmen, die niemand kennt. Wenn wir das ganze 13. Kapitel lesen, stoßen wir dort auf die Aussage, dass um der Auserwählten willen die Schrecken der Zukunft »verkürzt« werden, und im Gleichnis von der bittenden Witwe wird er den Auserwählten, die Tag und Nacht zu ihm schreien, Recht schaffen »in Bälde«. Darum das dreimalige »wachet!«

Der Heilige Geist lässt uns mit diesem dreimaligen Befehl einen Blick tun ins Mysterium der Zeit, lässt uns am Geheimnis der Zukunft teilhaben. Die Zeit ist nicht bloß Strecke, sie beruht auf einer Art Ballspiel im Unsichtbaren: Jesus verweist auf den Vater, der allein um Zeit und Stunde wisse. Und jetzt wirft er den Seinen den Ball zu, indem er befiehlt, eben auf jene Stunde hin zu wachen; da wird das, was dem Vater allein zusteht, der Gemeinde anvertraut.

»Und ihr, die ihr den Herrn an Zion erinnert, bleibet nicht ruhig, bis er Jerusalem aufrichtet und bis er es macht zum Ruhme auf Erden.« So haben wir es am letzten Sonntag in der Predigt und heute wieder in der Lesung gehört. Und das kleine Wörtlein »bis« ist auch heute das wichtigste Wörtlein in diesem Prophetenspruch; der Neuschöpfer von Himmel und Erde wird auch die Stadt Gottes neu machen. Ach, vielleicht rede ich als Zwiespaltspinsel wie ein Blinder von der Farbe. Bei der Vorbereitung der Predigt ist mir aufgegangen, dass für mich das Wiederkommen Jesu eher Postulat ist als Sehnsucht. Ich glaube, dass er wiederkommt. Ich kann's dem apostolischen Glaubensbekenntnis nachsprechen, aber beim Zeitunglesen zum Beispiel habe ich's schon wieder vergessen. Gegen unsere Vergesslichkeit nun ruft uns Jesus ins Ohr: »Wachet!«

Vom alten Blumhardt wird überliefert, dass er in seiner Remise eine Droschke stehen hatte, um dem wiederkommenden Heiland entgegenzufahren. Wir mögen vielleicht über solche Schwabeneinfalt lächeln; aber damit sind wir noch lange nicht über das Geheimnis der Zeit aufgeklärt. Blumhardt war im 19. Jahrhundert einer der wenigen Wächter. Er hat einen Einblick getan ins Geheimnis der Zeit, den wir nicht haben, und er machte Gebrauch von der Vollmacht, die Jesus uns gab. Er brauchte sie, um Sünden zu vergeben und Kranke zu heilen.

Nein, wir sind nicht aufgeklärt. Wären wir aufgeklärt, würden sich unsere Werte ändern, wären wir nicht länger dumm. Aufgeklärt werden wir schon eher, wenn wir auf unser eigenes Sterben blicken, das für die Wächter nur ein vorläufiges sein kann. Im eigenen Sterben wird uns anschaulich, dass wir schon vor dem Himmel und der Erde vergehen. Da kommt er zwar noch nicht wieder, aber wir kommen zu ihm.

In der vergangenen Woche erhielt ich aus Bern den Rundbrief eines Bekannten, der war Pfarrer, Bestsellerautor, bekleidete später ein angesehenes politisches Amt, war nachher ein beliebter Kommentator am Rundfunk – kurz eine Nachrufpersönlichkeit. Er schreibt nun, er werde »in sehr absehbarer Frist« ohne sein Zutun »das Zeitliche segnen«, denn vor zwei Tagen fand sich endlich »der große, maligne und inoperable Tumor«, der es ihm ermögliche, »den Arzt nur noch um eine begleitende Hilfe zum Sterben« zu bitten. Folgende Sätze deuten auf eine neue Perspektive beim bevorstehenden Segnen des Zeitlichen: »Besonders wertvoll ist mir geworden, erfahren zu haben, wie absolut nichtig die sogenannten Würden sind. Was zählen schon Erfolge oder markante Misserfolge, wo man an die Lebensschwelle gerät. Müsste ich noch ein Büchlein schreiben, so wäre es eine Warnung vor dem Streben nach Dingen, die Ehre und saftige Nachrufe einbringen. Das alles ist Chutzenmist« – eine Nichtigkeit also. »Wie viel wichtiger wäre es, hie und da ein Kindlein erfreut, einem Besorgten zum Lachen verholfen oder einen Beladenen entlastet zu haben, – und was solch heiliger Dinge mehr sind. Und genau an diesen wichtigsten Lebensinhalten erkenne ich mich als armer Schlucker. Doch abgesehen davon, war das Leben samt seinen mannigfachen Ängsten ein lange dauerndes Fest, das mich dankbar abtreten lässt.« Wer in solcher Weise seinem Sterben entgegensieht, der wird auch dann wachen, wenn der Arzt mit der Morphiumspritze kommt. Ich denke, die Worte eines Sterbenden machen uns anschaulich, worum es im Wachen geht – um das selbstverständliche Tun »der heiligen Dinge«, um die Nonchalance allen Ehren dieser Welt und auch dem Tod gegenüber; denn Jesu Kommen wird ein Fest des Lebens werden, unvorstellbar in alle Ewigkeit.

Ich möchte noch ein Letztes sagen: vor einiger Zeit hab' ich in irgendeiner Schublade meine Trägerkarte wiedergesehen. Sie war etwas vergilbt, und ich muss gestehen: Ich war nie auf einem Viertausender, und die Würde eines Bergführers habe ich nie erlangt. Das bedrückt mich nicht. Ich zähl's zum »Chutzenmist«. Es ist nicht schlimm, wenn sich ein Jugendtraum nicht erfüllt. Schlimm aber ist, sich dagegen zu sperren, was Jesus aus uns macht, sich dem zu verschließen, was er mit uns vorhat, auf guten Befehl nicht zu hören, seinen Gaben zu misstrauen, seine Vollmacht nicht zu brauchen und nicht stolz zu sein darauf, dass wir in ihm und mit ihm eine Zukunft haben, die so groß und schön ist, dass unser Herz und unser Verstand es noch nicht fassen kann: »Was ich aber euch sage, das sage ich allen: Wachet!«

Gebet nach der Predigt

Wir bitten dich um das Größte, was wir bitten können – um dich selbst. Du schenkst dich uns, indem du zu uns sprichst. Lass uns nicht vergessen, was wir heute gehört, nimm uns hinein in dein Wachen. Wir sind nicht in der Lage, deinem Befehl zu folgen. Du weißt selbst, wie kurzatmig unser guter Wille ist. So mach uns demütig im Blick auf das, was wir tun können, und stolz im Blick auf das, was du an uns getan hast, tust und tun wirst. Rüttle und schüttle und schrecke uns, dass wir aufmerken auf die Kraft und Macht, die du uns gibst. Du schenkst dich uns spürbar in den Zeichen von Brot und Wein: du wirst Teil von unserem Leib, und wir werden Teil von deinem Leib.

Du hast dich erniedrigt, um uns zu erhöhen, und nimmst uns hinein in deine Niedrigkeit und in deine Hoheit, du entnimmst uns der Vergänglichkeit und machst uns zu Teilhabern deiner Ewigkeit, auch wenn das, was du an uns tust, zu hoch ist, als dass wir's fassen können – wie sollten wir auch, haben wir doch nur sterbliche Leiber und einen kleinen, beschränkten Verstand. Lehre uns darum die Vergänglichkeit alles Irdischen verstehen, entnimm uns dem Jahrmarkt der Eitelkeiten. Lehre uns auf dein Wort merken angesichts der Erfolge und Misserfolge, die wir haben, und mach uns dankbar in allen Dingen. Und wenn wir sterben müssen, bevor du wiederkommst, lass uns heiter bleiben und das Zeitliche nicht verfluchen, sondern segnen. Wir bitten dich in dieser Stunde für alle, die Angst haben vor dem Sterben, insbesondere für die, die Angst haben vor Krebs. Wir bitten dich auch für die, die ihre Ängste verleugnen. Wir bitten dich für die, die einsam und isoliert in ihren Spitalbetten liegen, für die, die auf den Intensivstationen in Apparaturen hängen, auch für unsern kranken Bruder in Bern: Verkürze du uns allen die Tage der Schmerzen und komme du, wie du versprochen hast! Unsere Leiber gehören ja dir, darum komm, um sie vom Tod zu befreien.

Ja, komm, Herr Jesus Christus, auch wenn wir nicht recht begreifen, um was wir bitten. Komm, Herr Jesus Christus. Komm, damit es ein Ende hat mit der Sterberei. Komm, damit es ein Ende hat mit aller Quälerei. Komm, mache alles neu und fang jetzt mit uns an. Komm, damit alle Welt sieht, wer du bist.

Aus: Ungeist, S. 132–137

löwenzahn

nach dem letzten   schnee
salat geben
das blut reinigen

gold in die wiese tragen
das auch schattenhalb leuchtet
die augen erfreuen

im verblühen   erst recht
zum wunder   werden
ein weltall   von fallschirmen

im sterben   ohne tod
mit tausend sternen wiederum
die wiese zum blühen bringen

im wind davon fliegen
zu neuem leben
löwenzahn sein

Aus: berge S. 72

Gemeinde und Seelsorge

Das »und« in der Überschrift stellt die Seelsorge neben die Gemeinde und die Gemeinde neben die Seelsorge. Gemeinde und Seelsorge werden einander zugeordnet. Sie fallen nicht zusammen: Das »und« spiegelt offensichtlich einen Tatbestand kirchlicher Praxis.

Es würde wenig nutzen, die Empirie eines eben nur angedeuteten Tatbestandes zu beschreiben und die Zuordnung von Gemeinde und Seelsorge zu erörtern. Wir würden nur einen problematischen kirchlichen Usus fort- und festschreiben. Darum möchte ich zunächst einmal die kopulative Konjunktion »und« in unserem Thema streichen und die These aufstellen: *Die Gemeinde ist Seelsorge.* Seelsorge wird damit nicht mehr verstanden als ein der Gemeinde Zugeordnetes, sondern als ein Prädikat der Gemeinde. Seelsorge macht eine Aussage darüber, was Gemeinde ist. Zum Sein der Gemeinde gehört Seelsorge. Gemeinde ist, indem sie wird, Seelsorge.

Mit solcher Aussage formuliere ich einen Glaubenssatz, den ich dem Tatbestand entgegenhalte, nach dem Gemeinde und Seelsorge nebeneinander gestellt werden. Der Glaubenssatz signalisiert die Möglichkeit neuer Empirie: Noch Unerfahrenes soll in Erfahrung gebracht, noch Unerhörtes soll zu Gehör kommen, noch Unbekanntes ist zu erkennen: Die Gemeinde, die wir glauben, deren Glieder wir als Glaubende sind, *ist* Seelsorge.

Es dürfte von vorneherein klar sein, dass ein solcher Satz ein anderes Verständnis sowohl von Gemeinde als auch von Seelsorge in sich birgt als die traditionelle Zu- und Nebenordnung von Gemeinde und Seelsorge. So legt sich nahe, die These in einem ersten Gedankengang im Gespräch mit der Tradition evangelischer Seelsorge an Hand ausgewählter Beispiele zu konturieren und in Beziehung zu setzen zu einem im Schwange gehenden Verständnis von Seelsorge, um in einem zweiten Denkweg die These in biblischen Zusammenhang zu stellen, während ein dritter Teil nach praktischen Konsequenzen Ausschau hält, also die Möglichkeiten neuer Empirie abtastet und nach praktischer Erfahrung fragt, die eine neue Theoriebildung ermöglicht.

Der Satz »Die Gemeinde ist Seelsorge« wird keineswegs aus der Luft gegriffen. Die Seelsorgeliteratur hat ihn schon vorformuliert. Es dürfte lehrreich sein, solche Vorformulierungen an drei Beispielen zu zitieren. Zugleich soll an diesen Beispielen eine Fesselung und Hemmung der Seelsorge erörtert werden.

I. Die babylonische Gefangenschaft der Seelsorge in doppelter Hinsicht

1. Der Schleiermacherschüler Alexander Schweizer geht im Vorwort zu seiner »Pastoraltheorie«[1] davon aus, dass viele die pfarramtliche Seelsorge für veraltet erklären und betont demgegenüber:

»Je besser wir die evangelische Seelsorge innerhalb des gemeinsamen Priesterthums aller Christen verstehen als den Liebeserweis, welcher aus gegenseitiger Theilnahme am innern Leben eines jeden hervorgeht: desto berechtigter und segensreicher erscheint sie für alle Zukunft, ob immerhin die Formen jeweilig gemäß den Veränderungen der christlichen Kulturzustände sich umgestalten.«

Schweizer setzt also dem Vorwurf antiquierter pfarramtlicher Seelsorge »die evangelische Seelsorge ... aller Christen« als bleibend und zukunftsträchtig gegenüber; er plädiert für ein Seelsorgeverständnis innerhalb des Priestertums aller Gläubigen. Nach ihm soll die amtliche Seelsorge des Pfarrers darauf hinzielen, dass er »überall die seelsorgerliche Thätigkeit der Gemeindeglieder an einander fördere und ihnen als Vorbild vorangehe«. Man wird fragen, warum ein solches Seelsorgeprogramm seit über hundert Jahren in den Bibliotheken verstaubte und kaum oder nur in Ansätzen zur Durchführung gelangte. Schaut man aber das Register in Schweizers Pastorallehre daraufhin an, wird die seelsorgerliche »Thätigkeit der Gemeindeglieder aneinander« freilich nirgends thematisiert: Die Amtskirche bleibt nach Schweizers Pastorallehre offensichtlich Amtskirche.

2. *Heinrich Adolf Köstlin* bezeichnet in seiner »Lehre von der Seelsorge« die Gemeinde als Organ der Seelsorge[2]:

»Die Gemeinde ist Seelsorgegemeinde, sofern sie sich als das lebendige Organ der erlösenden Tätigkeit des Herrn, als Gemeinschaft am Evangelium und als Gemeinschaft der Gläubigen weiß und bewährt« (96). Später heißt es: *»Seelsorgegemeinde ist die Gemeinde in dem Maß, als sie Glaubensgemeinde ist«* (126).

Schweizer setzt seine Sicht gegen eine »mit hierarchischen oder gar polizeilichen Machtelementen vermischte(e)« Seelsorge. Köstlin sieht die Entwicklungen der Großstädte, die Massenmedien vor sich; die Seelsorgegemeinde soll die toten Massen in der Gemeinde wieder beleben (111f).

Diese Sicht erscheint vielleicht illusionär, weil sie vom konstantinischen corpus Christianum her denkend die Gemeinde überfordert; sie hat ihr Recht aber darin, dass eine neue Lage der Volkskirche auch eine neue Konzeption von Gemeinde und Seelsorge erheischt. – Köstlin handelt nach der Gemeinde von der »seelsorgerlichen Persönlichkeit« als einem Organ der Seelsorge, das praktisch die Seelsorge ausübt. Damit wird die Gemeinde als Organ abgelöst und ersetzt durch die Persönlichkeit als Organ. Was mir zunächst als wichtig erscheint, ist dies:

---

[1] A. Schweizer, Pastoraltheorie oder die Lehre von der Seelsorge des evangelischen Pfarrers, 1875.
[2] H. A. Köstlin, Lehre von der Seelsorge, 1895, 1907; Seitenangabe erfolgt jeweils im Text.

Beide Autoren rufen nach der Seelsorge durch die Gemeinde angesichts einer Infragestellung pastoraler Seelsorge. Ich meine, die Signale, die hier gesetzt wurden, sollten in ihrer Bedeutung für unsere Zeit erkannt und genutzt werden.

3. Von einer Infragestellung pastoraler Seelsorge – wie sie uns bei Schweizer und Köstlin begegnet – merkt man beim dritten Autor, den ich hier nennen möchte, erstaunlicherweise recht wenig.

Im Vergleich mit den beiden Autoren des 19. Jahrhunderts scheint die pastorale Seelsorge bei *Eduard Thurneysen* in seiner »Lehre von der Seelsorge«[3] relativ unangefochten. – Zwei Erklärungen für diesen Sachverhalt bieten sich an: Thurneysens »Lehre von der Seelsorge« ist herausgewachsen ›aus dem Erleben des Kampfes der Bekennenden Kirche einerseits, aus dem Erleben des zweiten Weltkriegs andererseits. Solche Zeiten sind nicht dazu angetan, überkommene Institutionen in Frage zu stellen‹.

Das ist eine Erklärungsmöglichkeit. Die andere ist von mehr persönlicher Art. Thurneysen war ein überaus geschätzter und auch von außerhalb seiner Gemeinde häufig aufgesuchter Seelsorger, der ein so hohes Maß von Anerkennung in seiner Stadt fand, dass er keinerlei Anlass hatte, zu problematisieren, was im Segen geschah. – Vermutlich werden sowohl der zeitgeschichtliche wie der biographische Hintergrund zu dem Eindruck erstaunlicher Unangefochtenheit pastoraler Seelsorge bei Thurneysen beigetragen haben.

Es hat den Anschein, als ob Thurneysen die Seelsorge von der Gemeinde her begründen möchte, dass ihm das aber nicht recht gelingen will. Im § 2 fasst er »Seelsorge als Kirchenzucht« (27ff), wobei er Kirchenzucht als den übergreifenden Begriff fasst (43). Thurneysen setzt nun für den Begriff »Kirchenzucht« den Begriff »Seelsorge« ein. Kirchenzucht könnte ein Stichwort sein dafür, dass die Gemeinde Seelsorgerin ist.

Auffälliger Weise aber fasst Thurneysen im Leitsatz zum Paragraphen über die Kirchenzucht die Gemeinde passivisch. Er spricht von einem »Akt der Heiligung und der Zucht, durch den die Gemeinde in ihrer sichtbaren Gestalt erbaut und lebendig erhalten … wird« (27). – Kirchenzucht hat ihren Ort »sozusagen unterhalb von Wort und Sakrament« (34), ist vornehmlich Sache des bestellten Dieners am Wort (vgl. 40). Bezeichnenderweise greift Thurneysen in seinen Auslassungen vor allem auf die Reformatoren zurück, das Neue Testament kommt nur im Blick auf Mt 18,15ff zur Sprache. Soweit ich sehe, hat die Rede von der Kirchenzucht primär die Funktion der Rechtfertigung der Seelsorge aus reformatorischer Tradition.

So liegt der Paragraph über die Kirchenzucht wie ein erratischer Block in Thurneysens Seelsorgeentwurf; ein Findling aus der Reformationszeit, quer in der Landschaft liegend, ein Dekorum oder eine Störung in dieser Landschaft – wie man will – wesentlich, bestimmend ist er nicht. Er könnte fehlen.

Immer wieder betont Thurneysen, dass Seelsorge so gut wie vom Pfarrer von einem Glied der Gemeinde geübt werden könne, wie denn auch alle Seelsorge zur Gemeinde führen soll. »In der evangelischen Kirche, die die Kirche des allge-

---

[3] E. Thurneysen, Lehre von der Seelsorge, 1946; Seitenangabe erfolgt jeweils im Text.

meinen Priestertums ist, kann jedermann zum Seelsorger werden« (313). Allein eine solche Aussage hat eher den Charakter einer Selbstkorrektur als den eines grundlegenden Satzes:

Im Leitsatz zum § 16 »Der Seelsorger« heißt es: »Der Seelsorger ... muss selber im Wort und in der Gemeinde wurzeln« (313). Später ist in diesem Zusammenhang von der Ehe des Pfarrers, des Seelsorgers, die Rede. »Jedermann« ist offensichtlich nicht jede Frau. Offensichtlich bildet das evangelische Pfarrhaus die Basis der Seelsorge.

Wenn Thurneysen von der Seelsorge eines Gemeindegliedes am andern spricht, tut er es meist additiv, er zählt die Seelsorge des Laien zur Seelsorge des Pfarrers hinzu.

Dass die Glieder der Gemeinde Seelsorge üben, das ist nach Ausweis der ganzen »Lehre von der Seelsorge« praktisch eher eine Möglichkeit am Rand.

Ich sehe bei den drei Autoren Ansätze zu einem biblisch theologisch zu begründenden Verständnis von Seelsorge. Über diese Ansätze kommen sie nicht hinaus, die Macht des Faktischen verhindert hier eine konsequente Theoriebildung und damit eine Veränderung des Faktischen. Allerdings verstehe ich meinen Satz in Fortführung der drei genannten Autoren und meine, er müsse zu einem konsequenten Überholen des bisher nur in Ansätzen Gesehenen führen.

Ich sehe in den drei angeführten Entwürfen die Rede vom »gemeinsamen Priestertum aller Christen«, von der Seelsorgegemeinde und von der Kirchenzucht eine ähnliche Struktur: Sie steht zwar an hervorgehobener Stelle, vermag aber den Entwurf der Seelsorgetheorie nicht zu bestimmen: Bestimmt werden diese drei Entwürfe vor allem vom Gewordenen, einer vom Pfarrer her bestimmten Kirche.

Thurneysens Versicherung, dass jedermann zum Seelsorger werden kann, wirkt nicht recht glaubhaft, weil sein Buch nicht Anleitung zur Seelsorge für jedermann ist und weil er auch den Pfarrer nicht ausdrücklich anleitet, nun seinerseits die Gemeinde zur Seelsorge zu befähigen. Ein berufsspezifisches, ein ständisches Interesse überlagert offensichtlich die theologische Erkenntnis. Was aber deckt solche Überlagerung auf?

Es ist allemal die Seelsorge des Pfarrers, zu der die drei genannten Bücher anleiten, der die Autoren dienen wollen. Ich frage mich, was bedeutet die hier zu vermutende Struktur? Man erinnert sich einer evangelischen Wahrheit, aber man liefert sich dieser Wahrheit nicht aus. Die Wahrheit kommt nicht zum Tragen. Das Interesse am Dienst des Pfarrers verdrängt das Interesse an der Gemeinde.

Indem der Pfarrer Adressat der Lehre von der Seelsorge bleibt, bleibt Seelsorge-Theorie eben »Pastoraltheorie«. Alexander Schweizer gibt seinem Buch den Untertitel: »Die Lehre von der Seelsorge des evangelischen Pfarrers«. Dieser Untertitel stellt das im Vorwort angegebene Ziel in Frage:

Kann »die seelsorgerliche Thätigkeit der Gemeindeglieder an einander« »überall« gefördert werden, solange alle Theorie auf den Pastor bezogen bleibt? Muss da nicht der Pastor als Zentralfigur in der Seelsorge geradezu zum Hindernis der Seelsorge aller an allen werden, solange er eben Pastor bleibt und in dieser Eigenschaft sozusagen Monarch der Gemeinde und nicht Hirt in einem Volk der Hirten?

Der Pfarrer erscheint als das seelsorgerliche Übel, von dem seine Tätigkeit die Gemeinde befreien sollte: Es gibt die Erfahrung, dass Gemeinden, die einen guten Pfarrer hatten, in Zeiten der Vakanz besondere seelsorgerliche Aktivitäten entfalteten, die nach der Rückkehr des Pfarrers oder nach Wiederbesetzung der Stelle wieder einschliefen. Was passiert in solchen Fällen? Was besagen solche Erfahrungen?

Nach dem Wörterbuch der Gebrüder Grimm bedeutet Seelsorge die »gewöhnliche bezeichnung für die thätigkeit des geistlichen«. So bezeichnet man den Pfarrer eher als »Seelsorger« denn als »Prediger«. Seelsorger wird dann zur Amtsbezeichnung, sie verrät einen heimlichen Absolutismus des Amtsträgers über die Seelen: »l'etat c'est moi«. Die Seelsorge bin ich. Seelsorge, das spricht die Sprache aus, hat es immer mit Macht zu tun. Der Seelsorger »hat« so und so viele Seelen, er »betreut« die Seelen. Der Satz »Gemeinde ist Seelsorge« schrumpft auf den Pfarrer zusammen: der ist Seelsorge. In diesem Fall spiegelt die Struktur der drei zitierten Werke genau die kirchliche Praxis. Seelsorge bleibt in der Gefangenschaft des Amtes; die Monopolstellung des einen Amtes hemmt die Entfaltung der Gaben. Aber nun hat – von Amerika herkommend – eine Seelsorgebewegung in einem breiten Spektrum von Argumenten gegen eine autoritäre Seelsorge Stellung bezogen. Man spricht von »Partnerschaft ... auf größere Freiheit hin« – so *Dietrich Stollberg* unter dem vielsagenden Titel: »Mein Auftrag – Deine Freiheit«[4] – und übernimmt von Rogers die Methode nicht-direktiver Beratung. Man spürt, dass in der traditionellen Seelsorge Entscheidendes fehlt, will das »kommunizierte Evangelium« (Tacke) und entdeckt die Gruppe als Ort der Seelsorge. Gelingt es dem CPT, die Seelsorge aus der Gefangenschaft des Amtes zu befreien?

Und jetzt müssen wir unterscheiden, was die Brüder vom CPT erklärtermaßen wollen und was sie praktisch tun: Das Pathos der modernen Seelsorgebewegung liegt in der Aufnahme psychologischer Methoden. Was man erklärtermaßen damit will, ist die Ausbildung von Seelsorgern, die sich nicht als autoritäre Beichtväter gebärden, sondern brüderlich Beraterdienst tun, durch ihre psychologischen Einsichten befähigt, Kommunikationshindernisse abzubauen. Das Defizit kirchlicher Seelsorge soll behoben werden. – Die Frage ist nur, ob die Herrschaftsstruktur kirchlicher Seelsorge dadurch verändert wird, dass der Theologe – nachdem er den Schwarzrock des Beichtvaters längst abgelegt hat – sich nun den weißen Mantel des Therapeuten überzieht. – Psychologie bedeutet ein Wissen um die Seele. Und Wissen ist Macht allemal. Mit Hilfe klinischer Ausbildung wächst dem Pfarrer aufs Neue Macht zu über die Seele. Zusätzliche psychologische Ausbildung renoviert die Seelsorge, die schon vor hundert Jahren für altmodisch gehalten wurde. So wird noch einmal verhindert, dass Gemeinde Seelsorge ist und wird.

Der Pfarrer bleibt allemal der Macht-Haber in der Gemeinde. Er hat das Sagen nicht nur am Sonntagmorgen. Ihm eignet Macht, kraft seiner Ausbildung als Theologe, kraft seiner mysteriösen Kenntnis der alten Sprachen. Wenn er sich

---

[4] 1972, These 7.1.

nun zusätzlich psychologisch ausbilden lässt, gewinnt er einen Machtzuwachs; er gewinnt in gewisser Weise zurück, was verloren ging: Macht über die Seelen. Kein Wunder, dass diese Art von Seelsorgeausbildung sich hierzulande großer Beliebtheit erfreut. Auch hier verrät die Sprache einiges.

Auf einmal geht die Rede vom »Klienten« um: Der Klient im Alten Rom ist der Hörige, der vom Patron Abhängige, der seinem Herrn Treue und Gefolgschaft schuldet, während der Patron seinen Klienten vor Gericht vertritt. – Die mittelalterliche Herrschaftsstruktur zwischen Beichtvater und Beichtkind wird wohl variiert, aber trotz gegenteiliger Versicherung keineswegs aufgehoben, wenn der psychologisch Geschulte als Patron, als Seelsorger nun einem Klienten gegenübersitzt. – In diesem Betracht verrät ein Titel wie Dietrich Stollbergs »Mein Auftrag – Deine Freiheit« vielleicht mehr, als dem Autor lieb ist. Beim Wort genommen und auf seine Bedeutung befragt, subordiniert das Vorangestellte »Mein« sich das »Dein«. Der Buchtitel verrät die gleiche Sprachstruktur wie die Rede vom »Klienten«, mit dem Unterschied, dass diese den »Patron« verschweigt, während sich der Autor als »Patron« vorstellt: »Mein Auftrag«! Wer so formuliert, hat schon die Freiheit des anderen von sich abhängig gemacht.

Was hier als Wortklauberei erscheinen mag, ließe sich an einer Analyse der ganzen Schrift zeigen: ein Selbstwiderspruch, indem das Sprechen des Autors gegen von ihm Gemeintes spricht. – Ich hoffe, eine solche Analyse gelegentlich vorlegen zu können. Worauf es mir hier ankommt: Die zitierten sprachlichen Signale deuten an, dass eine Seelsorge, die sich durch Psychologie und Psychotherapie qualifiziert, erst recht und aufs neue klerikal wird und verhindert, dass Gemeinde Seelsorge ist.

Es ist zu fragen, welcher Preis gezahlt wird für den Machtzuwachs, den er sich durch psychologische Schulung erwirbt. Ich meine, die Seelsorge gerät in eine babylonische Gefangenschaft diesmal der Psychologie – ohne dass sie die des tradierten Amtes zu überwinden vermag. Vielleicht wird das Elend an den Wassern Babylons erst recht deutlich, wenn wir nun die Seelsorge in den Rahmen neutestamentlicher Theologie stellen.

II. Seelsorge in der Geistesgegenwart

Haben wir den Satz »Gemeinde ist Seelsorge« im Überholen der Tradition konturiert und im Gegensatz zur zeitgenössischen Seelsorgetheorie und -praxis formuliert, so soll er jetzt im Horizont der Ekklesiologie und als Glaubenssatz ausgelegt werden.

Indem ich an den Heiligen Geist glaube, glaube ich an den Gegenwärtigen als den in der Gemeinde und Welt Handelnden. Die große Sache der Theologie ist es nun, zur Wahrnehmung dieses Handelns anzuleiten, helle Augen zu bekommen für das, was Gott tut – insbesondere – wir reden jetzt über Seelsorge – dafür, was er jetzt in der Gemeinde tut und durch die Gemeinde tut.

Helle Augen bekommen wir im Licht der neuen Welt Gottes: Helle Augen bekommen wir durch den Heiligen Geist, der den Blick klärt, helle Augen bekommen wir, indem wir mit Hilfe der Schrift erkennen, was unsere Gemeinde im Unverborgenen vor Gott ist. Mit hellem Auge erkennen wir die Wirklichkeit dieser Welt unverstellt. Helle Augen, das sind Augen, die sehen in der Gegenwart des Geistes.

Ich meine, die Metaphorik des Neuen Testaments helfe uns, den Satz »Gemeinde ist Seelsorge« zu verstehen, gleichzeitig expliziere sie die Basis in der Geistesgegenwart. Eine Bildrede soll ins Bild setzen über etwas, das noch unbegriffen ist, soll ein Stück verborgener Welt enthüllen, ein Geheimnis ans Licht bringen. Wenn von Gemeinde in einer Bildrede gesprochen wird, heißt das, dass Gemeinde für uns eine immer noch unentdeckte Welt darstellt, die erst noch aufzufinden, zu entdecken und zu begreifen ist, insofern nämlich die Gemeinde Gegenstand des Glaubens ist und also ein Unanschauliches, das auf Anschauung drängt. Ich beschränke mich im Folgenden auf zwei Bildreden:

1. Die paulinische Rede vom *Leib des Christus* hilft uns das verborgene Sein der Gemeinde zu entdecken und also aus der Verborgenheit ins Sichtbare zu bringen. Sie setzt uns ins Bild darüber, was Gemeinde wirklich und in Wahrheit ist.

Im Bilde sein heißt hier, in einem Prozess sich befinden; der Leib Christi der Ort, an dem Gott schön wird, während Seelsorge solchem Schönwerden dient. – Gott darf nicht verborgen bleiben, darf nicht der fremde, verborgene bleiben, er muss hervorkommen, zum Vorschein kommen. Und er kommt zum Vorschein in mancherlei Anmut, die er der Gemeinde schenkt. Die Anmut, von der ich spreche, ist die Gestalt der Gnade in der Gemeinde, die dem Ganzen gegeben wird und in der Einzelbegabung sich repräsentiert. Sie strahlt in der Zumutung, die jedem eine Berufung gibt. Sie wird nicht Eigentum und Eigenschaft des einzelnen. Sie bleibt Gabe, Charisma, immer bezogen aufs Ganze (vgl. Röm 12).

Im Bilde sein heißt, die Zumutung jener Anmut aushalten, die keinen und keine unbegabt lässt. Seelsorge bekommt die Aufgabe, die der Gemeinde geschenkten Gaben am einzelnen wahrzunehmen, sie dem einzelnen zu entdecken, ihm zu helfen, seiner Berufung zu leben. Auch die therapeutische Seelsorge hat keine andere Aufgabe. Heilungsbedürftig wird ein Glied der Gemeinde in dem Moment, wo es seiner Bestimmung und Berufung nicht nachkommen kann, wo die Berufung nicht wahrgenommen werden kann in der doppelten Bedeutung des Begriffs »wahrnehmen« – im Wahrnehmen der Berufung soll Gott schön werden. Wer in der Seelsorge Heilung erfährt, wird Mitwirker zum Heil.

Ich verweise auf die Rolle der Gottliebin Dittus in Bad Boll. Ihr, der Befreiten und Geheilten, vertraute man das kostbarste Gut an, die Kinder. – Ich erinnere an den Slogan des Blauen Kreuzes »Gerettet sein wirkt Rettersinn.« Damit war angedeutet: Der von seiner Sucht Befreite sollte seine Befreiung nicht als Isolierung erfahren, sondern eben als Zumutung der Anmut, hier als »Rettersinn« bezeichnet.

Die Aufgabe der Seelsorge, dem einzelnen zu der ihm zugeteilten Gabe zu verhelfen, ihm also seinen konkreten Beruf als Christ zu verdeutlichen, überholt ein Gesetz säkularer Seelsorge, die dem Menschen auferlegt, sich selbst zu finden, sich selbst zu verwirklichen. Ein Gesetz, das den Menschen überfordert und krank macht, wird damit außer Kraft gesetzt. Ich brauche Seelsorge nicht, um mich selbst zu finden. Ich finde mich jeden Morgen vor als Glied des Leibes. Ich brauche Seelsorge nicht, um mich zu verwirklichen. Aber ich brauche Seelsorge, damit der lebendige Christus sich in mir verwirklicht, dann wird aus dem inneren Monolog ein Dialog; das neue Ich tritt aus dem alten heraus: »ich lebe, aber nicht mehr ich, sondern Christus lebt in mir« (Gal 2,20).

In diesem Betracht ist Seelsorge Hilfe zu neuer Geburt. Seelsorge soll dem einzelnen helfen, zu sein, was er ist, und zu leben, was er wird: »Ist jemand in Christus, so ist er ein neues Geschöpf« (2. Kor 5,17). Als neues Geschöpf nimmt der Christ teil an den Gaben, die der Präsente der Gemeinde schenkt. Er steht nicht mehr unter dem Gesetz der Selbstfindung und Selbstverwirklichung, denn er ist als Glied der Gemeinde schon ins neue Sein versetzt, das er aber vielleicht noch gar nicht wahrgenommen hat. Mein Selbst, das zu finden und zu verwirklichen der Geist der Zeit von mir fordert, ist von vornherein antiquiert und meine Sorge nicht: »Das Alte ist vergangen, siehe, es ist neu geworden« (2. Kor 5,17). – Seelsorge beinhaltet die Sorge um das neue Sein. Das neue Sein ist im Werden, indem es seinerseits Seelsorge ist.

2. Der Satz »Gemeinde ist Seelsorge« ist im Horizont der johanneischen Bildrede vom *wahren Weinstock* zu verstehen: Der Gemeinde ist zugesprochen: »Wer in mir bleibt und ich in ihm, der trägt viel Frucht« (Joh 15,5). In der Communio cum Christo wird die Existenz der Gemeinde fruchtbar, und Seelsorge erwächst als Frucht aus dem Bleiben in Christus!

Man muss hier die Materie betrachten, um die Bildrede recht zu verstehen: Weinstock und Reben bedürfen in besonderer Weise der Pflege; was aus den Früchten gewonnen wird, erfreut des Menschen Herz und ist wie kein anderes Naturprodukt Gegenstand von Gesang und Poesie, Anlass auch zu Fest und Feier, wie denn auch der Wein zu Fest und Feier gehört. So besagt das Wort des Christus Jesus: »Wer in mir bleibt und ich in ihm, den behänge ich mit meiner Anmut. Wer in mir bleibt und ich in ihm, dem wächst von mir als dem schönsten der Menschenkinder etwas zu, das rund ist und süß wie die Trauben am Weinstock.«

Die Bildrede vom wahren Weinstock setzt uns ins Bild darüber, wie Seelsorge geschieht, sie setzt uns ins Bild über den Prozess, in dem wir uns befinden. Sind wir im Bild über die Seelsorge, verstehen wir Seelsorge nicht länger als Werk, sondern als Frucht. Seelsorge braucht nicht extra »ausgeübt«, nicht extra »getrieben« zu werden. Sie ist kein Extra, sondern eine Existenzweise. Seelsorge erwächst als Frucht aus dem Bleiben in Christus; das Problem evangelischer Seelsorge ist das Problem dieses Bleibens. Nicht die Frucht, nicht deren Süße und Rundung, nicht der Erfolg kann meine Sorge sein, sondern mein Bleiben in dem, den das Lied als schönsten Herrn Jesus ansingt. Seelsorge ist Frucht des Verwachsenseins mit Christus, sie ist als Frucht nie eigene Leistung.

Wo aber Seelsorge »getrieben« wird – sei es nach der Väter Weise im Zuspruch des Wortes – sei es nach einiger Brüder Weise nach psychologischer Methode –, da wird der Seelsorgebedürftige zum Objekt gemacht. Ich spüre dann den guten Willen, den ich mit dankbarem Respekt quittiere, und spüre gleichzeitig mit Befremden, wie ich zum Gegenstand der Seelsorge gemacht werde. Was bleibt, ist eine seltsame Mischung von Dank und Widerwillen; aber Trost wird auf diese Weise einem nicht zuteil. Zurück zur Bildrede:

Mit der Betonung des Bleibens wird das vegetative Bild aus statischem Missverständnis herausgelöst: An der Verbindung mit dem Wurzelstock hängen das Wachstum und die Fruchtbarkeit. Im Bleiben am Wurzelstock wird die Rebe schön. Das Bleiben will bewährt sein. Es ist somit nichts Selbstverständliches, es wird bedroht von einer unmöglichen Möglichkeit: der Verselbständigung in gottlose Autonomie. Die Bildrede signalisiert dann auch – grauenhaft – das Gericht als Ende der Seelsorge: »Wenn jemand nicht in mir bleibt, wird er weggeworfen wie das Schoß und verdorrt« (Joh 15,6). – Bei jedem Gang durch die Weinberge im Frühjahr sehe ich diese abgeschnittenen Schoße, zerschnippelt oder gebündelt, je nachdem.

Von der johanneischen Bildrede ins Bild gesetzt, wird die These »Gemeinde ist Seelsorge« zum performativen Satz. Der Ausdruck »performativ« stammt aus dem Englischen »to perform«: »vollziehen«[5]. Der Satz spricht der Gemeinde ein Sein zu, das sie im Vollzug des Zuspruchs hat, benennt eine Funktion, in die sie im Zuspruch eingewiesen wird. Der Satz: »Gemeinde ist Seelsorge« fängt im Aussprechen an und geht im Hören und Gehorchen in Erfüllung. Er fängt da an, wo unser gemeinsames Hören anfängt. So verstanden, befreit der Satz die Seelsorge aus der zwiefachen Gefangenschaft sowohl des Amtes wie der Psychologie. Sie ist dann nicht so sehr eine Kunst oder gar Wissenschaft, sondern eine Lebensäußerung der Gemeinde im Alltag der Welt sowie in der Versammlung der Gemeinde. Die Psychologisierung der Seelsorge heute scheint mir insofern vom Übel zu sein, als sie die Genuss- und Leistungsfähigkeit des Menschen in einer Gesellschaft intendiert, die im Begriff ist, sich selbst mit der ganzen Schöpfung zu zerstören. So eignet der Psychologie selbst indirekt ein Moment des Zerstörerischen, sie ist eine Art und Weise, die Welt, die betrogen sein will, zu betrügen: Das Reden von Selbstverwirklichung erweist sich auch darin als illusionär, als es mir den Blick verstellt dafür, in welcher Lage sich mein Selbst befindet: Mitteninne von drei Atomkraftwerken im Umkreis von 25 bis 35 km soll ich selbst zum Gegenstand meines Interesses werden: genussfähig, leistungsfähig. Ich frage, wozu?

Die Konzentration auf das Innerseelische wird dann zum Fluchtweg, wenn die Konzentration auf die Leiden im Innern die ökonomischen und ökologischen Probleme verdeckt, die eben diese Leiden mit verursachen.

Die Kasernierung der Seelsorge im Ghetto des Pfarramtes aber überfordert den Pfarrer und lässt die Gemeinde allein.

Wird der Satz »Gemeinde ist Seelsorge« erst einmal verstanden, wird auch die Rolle des Pfarrers zu reflektieren sein; die Zielrichtung, die Alexander Schweizer angab, ist neu aufzunehmen. Wie kann der Pfarrer die Seelsorge aller Glieder der Gemeinde aneinander fördern? Wie kann er in diesem Betracht vorbildlich wirken, ohne mit seiner Person die Seelsorge der Gemeinde zu versperren? – Voraussetzung solchen Fragens ist die Zuversicht zur Gemeinde, das Vertrauen in ihre Seelsorgefähigkeit.

Hier kommt tatsächlich alles auf die Optik an: Wenn ich die Gemeinde von ihrem Christus trenne, betrachte ich sie abstrakt. Nur wenn ich sie in der Geis-

---

5 Vgl. J. L. Austin, Zur Theorie der Sprechakte, 1972, 27f.

tesgegenwart sehe, sie also daraufhin ansehe, dass sie im Auferstandenen ihr Wesen hat, nur dann, wenn ich die Gemeinde daraufhin ansehe, dass sie in Christus schön ist, kann ich ihr als Pastor auch in der Seelsorge dazu helfen, zu werden, was sie ist. Das wird aber zur Folge haben, dass ich neben mir andere Pastoren entdecke, die bis jetzt meiner Monarchie wegen sich nicht entfalten konnten.

Wir sehen heute viele junge Pfarrer darunter leiden, dass sie in der Gemeinde nicht brauchen können, was sie an Hochschule und Universität gelernt haben. Nehmen wir an, sie hätten neben allerhand Antiquiertem auch etwas Rechtes und Richtiges sich in ihrem Studium angeeignet, dann werden sie den Seelsorgern in der Gemeinde dienen können und werden als theologische Berater alle Hände voll zu tun haben. Ihre Theologie wird so der Seelsorge dienen.

III. Seelsorge alltäglich und sonntäglich

Ich möchte im Folgenden nur zwei Probleme anschneiden, die in der modernen Seelsorgebewegung allzu sehr verdeckt werden:

1. Die Ökologie ist sozusagen das Problem unserer Tage, und sie ist das Problem auch der Seelsorge heute. Hiroshima hat ein neues weltgeschichtliches Datum gesetzt. Wyhl und Brokdorf sind Folgeerscheinungen, Symptome einer umfassenden Bedrohung. Hier stellt sich m.E. die Bekenntnisfrage für uns heute wie in der Judenfrage während tausend unseliger Jahre. Und ich habe den Eindruck, dass wir heute wie damals nicht wissen wollen, was wir eigentlich wissen und wissen müssen.

Angesichts der ökologischen Frage wird eine letzte Ohnmacht der Menschen sichtbar: die Offenbarung des Zornes Gottes, der die Menschen an ihren Wachstums- und Fortschrittswahn dahingibt, hat eine neue Epoche eingeleitet, und wenn es einen Garten gibt, noch unvergiftet, ist es der von Gethsemane. Wir stehen in der Stunde großer Versuchung, und die Angst kennt keine Grenzen des Wachstums.

Ein Pfarrer erzählt von einer Frau, die unter der Furcht vor einem kommenden Atomkrieg litt, so sehr, dass sie handlungsunfähig wurde. Man kann eine solche Frau sicherlich klinisch klassifizieren, und wie man unschön und treffend sagt, auch »behandeln«. Aber irgendwo und irgendwie symbolisiert eine solche Kranke unser aller Krankheit: eine Handlungsunfähigkeit angesichts des Schocks von Zukunft, eine Handlungsunfähigkeit, die auch die Form hektischer Beschäftigung annehmen kann. Mit einer Brutalität sondergleichen wird heute das Wort Jesu beleuchtet: »Ohne mich könnt ihr nichts tun« (Joh 15,5).

In einer Zeit der Versuchung und wachsenden Angst, in einer Stunde der Lähmung wie der Betäubung durch Vielgeschäftigkeit bedarf die Gemeinde erst selbst der Seelsorge und also des Trostes. In solcher Lage ist die Erfahrung des Paulus neu zu gewinnen, dass der Gott des Trostes dem unmittelbar Trost zukommen lässt, der tröstet (2. Kor 1,3-5):

Wer den Verschreckten und Verängstigten tröstet, dem wird Schrecken und Angst genommen. In diesem Betracht wird uns jeder zur Tröstung, für den wir tröstlich existieren dürfen. Mit den Geängstigten in der Gemeinde die Angst teilen heißt, bei Troste sein, heißt, in der Stunde von Gethsemane mit Jesus wachen. Und wo wir mit Jesus wachen, ist der Engel nicht weit.

Ich habe die atomare Bedrohung genannt. Ein Mann, der aktiv in einer Bewegung von Kernkraftgegnern mitmacht, sagte mir: »Ich stehe in einer Zerreißprobe drin.« Die Kämpfe, die den Christen hier bevorstehen, rufen nach Stärkung, Stützung und Ermutigung derer, die sich engagieren.

Der Gemeinde ist die Fürbitte für die Regierenden aufgetragen. Fürbitte heißt Proexistenz, heißt für den da sein, für den man betet. Ich denke, dass die Politiker heute in besonderer Weise Fürbitte nötig haben, damit sie den Mut bekommen, der ihnen fehlt, damit sie aufhören mit dem Volksbetrug und nicht ständig so tun, als ginge das Wachstum permanent weiter, als wären die Probleme zu lösen dadurch, dass man ad infinitum die Produktion steigert ohne viel Rücksicht auf Gottes gute Schöpfung. Vielleicht haben die Teilhaber der Macht noch mehr Angst als wir Ohnmächtigen. Und es erfüllt sich an ihnen die Prophetie von Henry Michaux:

»Wenn die Autos denken werden, werden die Rolls-Royce viel mehr Angst haben als die Taxis.«

Fürbitte für die Regierenden impliziert Seelsorge an ihnen. Diese Seelsorge kann mancherlei Gestalt annehmen. Während des Zweiten Weltkrieges wurde – nach meiner Erinnerung – eine unmenschliche Flüchtlingspolitik der Schweiz dadurch geändert, dass eine engagierte Christin den zuständigen Bundesrat ins Gebet nahm, ihm auf die Bude stieg und ihm ins Gewissen redete. Sie hat dadurch eine Kursänderung der Flüchtlingspolitik bewirkt und hat bewirkt, was die Pfarrer und Theologen nicht zu bewirken vermochten.

Die Macht ist auch darin böse, dass sie den Mächtigen einsam macht. Die Gemeinde wird in der Freiheit des Geistes darum immer wieder die Isolierung der Mächtigen überholen.

Wachsende Angst lässt das Irrationale wachsen. Sehe ich recht, verhärten sich die Fronten in unserem Land, und in solchen Verhärtungen versteinern die Herzen. Wenn da und dort plötzlich ein bürgerkriegsähnlicher Zustand ausbricht, wird explosiv sichtbar, was längst vorhanden war. Der Satz: »die Gemeinde ist Seelsorge« muss dann heißen: Sie vertuscht nicht die Gegensätze in sich selber; aber sie glaubt nicht an den latenten Bürgerkrieg. Sie pflegt daher das Gespräch über den Gartenzaun, sie verteufelt nicht den Gegner, sie segnet ihn.

2. Sonntägliche Seelsorge heißt last not least, die im Namen Jesu Christi versammelte Gemeinde ist Seelsorge. – Ich notiere im Folgenden drei Aspekte solcher Seelsorge, wobei ich in keiner Weise auf Vollständigkeit Wert lege, sondern subjektiv benenne, was mir heute dringlich erscheint. Zuerst muss *das Zusammenkommen* selbst reflektiert werden: Ich entsinne mich eines Gespräches mit einem jungen Maschineningenieur, der mir bei einem Krankenbesuch erklärte: »Das Wichtigste am Gottesdienst ist der Kirchgang, der Weg zum Gottesdienst«, und das sagte er mir, einem jungen Pfarrer im Vollbewusstsein seiner guten Predigten! – Ich denke, der Ingenieur hat in der Weise Recht, dass die Zusammenkommenden einander Seelsorger sind, dass ihr Begegnen unterwegs Freude ist. Bei Origenes lese ich den Satz, der wie der des Ingenieurs eine relative Wahrheit enthält: »Siehst du deinen Bruder, so siehst du deinen Gott.«

Für den Kirchgang gilt die Verheißung des Wallfahrtsliedes insbesondere: »Er kann deinen Fuß nicht gleiten lassen; der dich behütet, kann nicht schlummern« (Ps 121,3). Das Sich-Versammeln der Gemeinde ist eine Bewegung und Konzentration der Hoffnung, da blüht die Schönheit neuer Kreatur auf: »Siehe, wie fein und lieblich ist es, wenn Brüder einträchtig beieinander wohnen« (Ps 133,1).

Ich rede vom Kirchgang, um darzutun, wie der Satz »Gemeinde ist Seelsorge« Möglichkeiten der Seelsorge aufdeckt, die wir, verblendet vom Massenwahn unserer Zeit, in der Regel nicht sehen. Das einfältige Zusammenkommen von zwei oder drei an einem Ort hat die Verheißung höherer Gegenwart und wird in Erfüllung dieser Verheißung zur Seelsorge.

Hier mag noch einmal deutlich werden, wie nötig wir die Bildrede haben, wie notwendig Metaphern und Gleichnisse für uns sind. Wir gehen zur Kirche, wir versammeln uns und nehmen nicht wahr, was geschieht. Wir sehen unsern Bruder, ohne dass wir in ihm unsern Gott wahrnehmen. – Die Reden vom Leib des Christus, vom wahren Weinstock enthüllen uns ein Verborgenes, lassen uns im Banalen das Geheimnis entdecken, im Gewohnten ein noch Unentdecktes, ein Geheimes, das ans Licht will.

Als zweites ist zu sehen: Die Gemeinde ist Seelsorge, indem ihre Glieder miteinander und füreinander beten. Ein Kollege erzählte mir von einem Gottesdienst der charismatischen Bewegung in Zürich, in dem der Vorbeter Abgründe seiner Existenz mit einem Wort aufgedeckt und vor Gott gebracht habe in einer von ihm noch nie erfahrenen Art und Weise. Er hätte in jenem Gebet mehr über sich selbst erfahren, als er je in einer Psychoanalyse hätte erfahren können. »Meinst du, Zürich sei eine besondere Stadt?« Das Berichtete soll nicht Anlass zu Skepsis oder resignierender Nostalgie sein, sondern Merkzeichen der Hoffnung, dass Gott selbst unsere versteinerten Gottesdienste aufbreche: »Wenn ihr in mir bleibt und meine Worte in euch bleiben, so bittet um die Erneuerung eurer Gottesdienste, und sie wird euch zuteilwerden.« Was in der Christenheit geschieht, geschieht immer für das Ganze: denn der Leib ist einer, und ich meine, die Erfahrung meines Kollegen signalisiere eine Zukunft des für uns Erlebbaren.

Fürbitte und Fürdank setzen ein gemeinsames Gespräch voraus, ein gegenseitiges Einander-Teilhaben-Lassen an den Freuden und Leiden. – Ich habe als Pfarrer immer wieder erfahren, dass die Gemeinde darin wuchs, wenn es mir gelang, sie in die Fürbitte einzuweisen, etwa im Sinne von Eph 6: »Mit allem Gebet und Flehen betet zu jeder Zeit im Geiste, und seid hierzu wach mit aller Beharrlichkeit und Fürbitte für alle Heiligen, auch für mich, damit mir das Wort verliehen werde mit unerschrockenem Auftun meines Mundes, mit Freimütigkeit das Geheimnis des Evangeliums kundzutun« (Eph 6,18f).

Als ich zur Zeit meiner ersten Gehversuche als Pfarrer in einen schweren Kampf verwickelt wurde, hat ein Mann aus der Gemeinde eine geplante Skitour abgesagt, weil er bei der Gemeindeversammlung dabei sein wollte, nicht um da zu reden, sondern um für die anwesenden Heiligen zu beten, auch für mich. Dieser Mann war mir Seelsorge. Ich erzähle dies, um anzudeuten, dass der Satz »Gemeinde ist Seelsorge« auf ein Verborgenes hinweist, auch auf verborgenes Tun. In der Fürbitte sorgen die Reben füreinander, in der Fürbitte besorgen wir einander das Bleiben in Christus, helfen wir einander zur Frucht. Die Fürbitte bewahrt die Gemeinde vor Banalität und Langeweile.

Ein Letztes möchte ich notieren: Die Gemeinde ist Seelsorge, indem sie miteinander isst. Sie kann dies auf mancherlei Weise tun: Zuerst in der Weise der Gastfreundschaft, allemal gegen die wachsende Angst. Wer mich an seinen Tisch lädt, tut mir wohl, teilt Lebenswichtiges mit mir. Er lässt mich leben, und dies ist sehr viel in einer bedrohlichen Welt. Wer eingeladen wird, bringt sich ein und als Blume die Anmut der Gnade, die er empfing.

Man weiß oft nicht so recht, wer wen beschenkt und bereichert. Auch Gastfreundschaft ist zu sehn im Bilde vom wahren Weinstock oder besser: in der Bildrede vom wahren Weinstock werden wir auch über die Gastfreundschaft ins Bild gesetzt. – Beachten Sie einmal, welch große Rolle Gastfreundschaft und Hausbesuch in den Evangelien spielen, und fragen Sie sich, welche Impulse hier vom Neuen Testament ausgehen.

Die Gemeinde ist Seelsorge, indem sie miteinander isst. So ist sie Leib des Christus, indem sie das Brot bricht: »Nehmet, esset. Das ist mein Leib.« Das Abendmahl ist der Quellort der Gemeinde und damit der Seelsorge. Freilich fehlt unseren Abendmahlsfeiern vielfach die Festfreude. Die Feier der Erlösung ist vielen zur Anfechtung oder zur Last geworden. Noch unentdeckt ist weithin das Abendmahl als Mittel der Seelsorge. Aber auch hier gilt Jesu Verheißung, dass denen, die in ihm bleiben, die Bitte um ein neues Abendmahl erfüllt wird, dass es ein Abendmahl des Schenkens wird im Vorschein der Zukunft Christi.

Die Aufzählung könnte fortgesetzt werden. Ich halte hier inne und blende zurück. Die drei Stichworte der drei Autoren: allgemeines Priestertum, Seelsorgegemeinde, Kirchenzucht intendieren eine Seelsorge, die aus der Gemeinde kommt. Eine Seelsorge nicht von Spezialisten, sondern eine Seelsorge des Volkes Gottes. – Die Bildreden vom Leib und vom Weinstock setzen uns ins Bild über eine aus zwiefacher Gefangenschaft, aus der Fremdherrschaft des Amtes und der Psychologie befreite Seelsorge, eine Seelsorge, die die Dimension des Politischen nicht scheut und sich des Sonntags freut. Lassen wir darum das fatale »und« im Titel durchgestrichen. *Gemeinde ist Seelsorge.* Ich habe bei der Auslegung dieses Satzes bekannte, gewohnte Dinge genannt, meinend, dass gerade im Bekannten das Neue zu entdecken, im Gewohnten das Aufregende, Belebende zu finden ist.

Um was es hier geht, soll noch an einem Vergleich verdeutlicht werden. Wir erleben es in der Kunstgeschichte, wie vorhandene Kunst übersehen, vergessen und plötzlich neu entdeckt wird. In jüngster Zeit hat man z.B. den Jugendstil, der unbeachtet vor aller Augen lag, neu entdeckt. – Ich meine, die Gemeinde Christi, wie sie sichtbar sich versammelt, sei bis jetzt verkannt worden wie der Jugendstil. Die Stunde ist da, sie neu zu entdecken. Entdeckt man die Gemeinde neu, wird man sie auch im Blick auf ihr Prädikat neu erkennen.

Damit, meine Damen und Herren, bin ich am Ende meiner Vorlesung, und wir alle hoffentlich am Anfang neuen Nachdenkens über das merkwürdige Wort »Seelsorge«.

Aus: Gericht, S. 129–142

ich werde nie ohne brüder sein

ich werde nie
ohne brüder sein
nie ohne schwestern
ich werde nie
ohne liebe sein

auch wenn brüder
mich verraten
und schwestern
mich verachten

und den tod
ich einsam sterbe

nie werde ich
ohne liebe sein

Aus: weiterbeten, S. 120

Die Unterscheidungsgabe

»Der Abbas Ammonas sagte: Da verbringt einer seine ganze Zeit damit, eine Axt herumzutragen, und kann keinen Baum fällen. Ein anderer versteht sich aufs Fällen und legt mit wenigen Streichen den Baum um! Und er erklärte, dass die Axt die Unterscheidungsgabe bedeute«[1]

Gemeinde ist Seelsorge, indem sie die Bäume zu fällen weiß, die unserer Zeit das Licht nehmen. Ergreift sie das Wort, das trifft, schlägt sie eine Lichtung, in der neues Leben blüht. In der Seelsorge kommt es allemal auf das treffende Wort an. Die damals Seelsorge suchten, gingen zu den Einsiedlern: »Vater, sag mir ein Wort.« Da lebte offenbar eine Gemeinde in der Wüste, die mit einem oder mehreren Streichen einen Baum zu fällen wusste.

So abgelegen diese Seelsorger uns Heutigen vorkommen mögen, in und durch Christus sind sie auch unsere Väter, die auch für uns gelebt und gelitten haben. Wir sind ihre Erben, und ihr Reichtum soll uns zufallen; aber der Weg zu ihnen ist weit und allemal ein Weg in die Wüste. Vielleicht lohnt es trotzdem, aufgrund biblischer Theologie und reformatorischer Erkenntnis zu erwerben, was sie uns hinterlassen haben.

Angesichts einer Gemeinde, die in ihren Gliedern weitgehend stumm geworden ist, stellt sich die Frage, wie sie zum treffenden Wort komme. Gehen wir zu unseren Vätern in die Wüste, führt der Weg durch das Gebiet der Dekapolis, damit der Auferstandene die Taubstummen beiseite nehme, seine Finger in ihre Ohren lege, ihre Zungen mit Speichel berühre und weltweit sein *Ephatha* wiederhole (Mk 7,31–37), nun nicht mehr als Seufzer, sondern als Schöpfungswort, das alles neu macht. Wo er seinen Geist aussendet aber, wird schon das *Ephatha* laut, und wir sprechen es mit.

I. Die Gabe im Angebot

Die Gemeinde lebt aus dem Geist, und wo sie nicht aus dem Geist lebt, bleibt sie tot. Wo sie tot ist, bedarf sie des Wortes, das sie zum Leben erweckt. – Wir wenden uns 1. Kor 12 zu – einem Angebot zum Leben allemal, das der Geist schafft: Da lehrt der Apostel die Gemeinde gleich am Anfang religionskritisch das Unterscheiden und am Schluss erst recht (2f und 31). Im Katalog der Charismen nennt er die Unterscheidungsgabe nach der Prophetie und vor der Zungenrede. Die

---

[1] Weisung der Väter. Apophthegmata Patrum, auch Gerontikon oder Alphabeticum genannt. Übersetzt von Bonifaz Miller, Freiburg ⁴1998, 626 (die genannte Zahl bezieht sich hier wie bei den weiteren Nachweisen aus diesem Buch nicht auf die Paginierung des Bandes, sondern die Nummerierung der Sprüche). Vgl. die Einführung von Manfred Seitz in: Christian Möller (Hg.), Die Geschichte der Seelsorge in Einzelportraits, Bd. I, Göttingen 1994, 81ff, bes. 87f.

abschließende Mahnung, nach den »höheren« Gaben zu eifern (31a) lässt auf eine Hierarchie der Charismen schließen, wie denn etwa in 14,1 und 39 die Prophetie besonders hervorgehoben wird.

Die Sprachstruktur des Kapitels unterstreicht also das Gewicht der Unterscheidungsgabe, um es gleichzeitig zu relativieren: Die Gabe ist nicht mit dem Geber zu verwechseln. Der Geber muss im Begabten wirken, sonst läuft einer vergeblich mit seiner Axt herum. Die Gabe hängt in ihrem Vollzug am Geber und am Ensemble mit den anderen Gaben. Die Unterscheidungsgabe wird am Schluss des Kapitels nicht nochmals erwähnt; auch ist sie nur eine unter vielen Gaben und ihr Gebrauch nur ein Vorspiel zum Hohenlied der Liebe. Die Charismen sind vorläufig – Dienerinnen der Liebe, die bleibt:

»Es gibt aber Verschiedenheiten in der Zuteilung von Gnadengaben, doch nur einen und denselben Geist, und es gibt Verschiedenheiten in der Zuteilung von Diensten und nur einen und denselben Herrn; und es gibt Verschiedenheiten in der Zuteilung von Kraftwirkungen, doch nur einen und denselben Gott, der alles in allem wirkt« (12,4–6).

Ein Geist, ein Herr, ein Gott entfaltet sich dreieinig in der einen Gemeinde, wogegen der klerikale Atheismus darin real wird, dass er weder Gaben noch Energien wahrnimmt, die verheißen sind; damit werden auch die Dienste in den Sog des Gesetzlichen gerückt. Durch die Fülle pastoraler Aktivitäten hindert der klerikale Atheismus den Geist, die Fülle seiner Gaben zu entfalten. Ein Glied steht für alle anderen Glieder mit der Tendenz, diese in seine Person zu inkorporieren oder aber beiseite liegen zu lassen: »Wenn aber alle ein Glied wären, wo bliebe der Leib?« (19). In der Abwehr der Dominanz eines Gliedes über die Gemeinde hat Paulus prophetisch die Fatalität unserer heutigen Pfarrerkirche vorausgesehen, in der das Wohl und Wehe einer Gemeinde am Pfarrer hängt; da reduziert sich die Einheit auf eine Person, und die Gemeinde gleicht dem Stummen aus der Dekapolis.

Indem ein Geist, ein Herr, ein Gott in den unterschiedlichen Gaben, Diensten und Energien manifest wird, vollzieht die Gemeinde Seelsorge, wird und ist sie Seelsorge in der gegenseitigen Sorgfalt aller: »Jedem aber wird die Versichtbarung des Geistes gegeben zum Nutzen des Ganzen« (12,7)[2].

Wenn Paulus die Galater fragt, ob sie den Geist aus Werken des Gesetzes oder aus der Predigt vom Glauben empfingen (Gal 3,2), ist der Geist zur Erfah-

---

[2] Vgl. Georg Eichholz, Was heißt charismatische Gemeinde? (ThExNF 77), München 1960, 17 u. 19. In der Übersetzung von φανέρωσις mit »Versichtbarung« folgt er Adolf Schlatter. Im ThWB übersetzen Rudolf Bultmann / Dieter Lührmann mit »Offenbarung«, die in den Charismen besteht. Damit aber leisten sie einem spiritualistischen Missverständnis Vorschub. Die Arbeit ist auch deshalb wichtig, als ihr Erscheinen zusammentrifft mit dem Datum »der plötzlichen explosionsartigen Verbreitung« der Charismatiker in Lateinamerika. Vgl. Jean Pierre Bastian, Nach der Jahrtausendwende: Pfingstbewegung und soziale Veränderung Lateinamerikas, in: EvTh 59/1999, (444–457) 447.

rung geworden. Er hat sich bemerkbar gemacht. *Eduard Schweizer* meint in einer schönen Altersarbeit: »Den Geist empfängt man ... offenbar so, dass man das merkt, also in bestimmten Zeichen erfährt«[3]. Zeichen sind sichtbar, auf alle Fälle sinnlich wahrnehmbar[4]. Der Geist als Gabe hat sogar ein Empfangsdatum, das Hören der Predigt, die sich im Katechismus verdichtet.

Zur Zeit der Wüstenväter war der Geist sichtbar. So genügte es, die Geistträger der Wüste aufzusuchen, um sie zu sehen. So kommen drei Väter alljährlich zu Antonius. Zwei befragen ihn. Der dritte schweigt. Nach Jahr und Tag zur Rede gestellt, meint er: »Es genügt mir schon, dich zu sehen, Vater«.[5]

Damit Geist sichtbar wird, genügt die Auskunft nicht, der Geist wehe, wo er wolle. Das wäre in diesem Zusammenhang eine tote Richtigkeit, die das Angebot des Apostels nicht anzunehmen gewillt ist. Wollen wir aber das Angebot be- und ergreifen, hilft uns noch eine Unterscheidung des Apostels weiter. Er spricht den »Gliedern des Leibes, die die schwächeren zu sein scheinen«, höchsten hierarchischen Rang zu. Wir haben sie nötig und die uns die weniger ehrbaren am Leibe zu sein scheinen, die umgeben wir mit umso größerer Ehre und die unanständigen an uns haben desto größere Wohlanständigkeit« (1. Kor 12,22f). Da wendet er unseren erstarrten Blick vom Sichtbaren zum Unsichtbaren (2. Kor 4,18). Das Entdecken der Gaben beginnt im Feiern der Unbegabten. Wer die Gaben des Geistes entdecken will, braucht nicht nach Geistreichen zu fahnden; er muss die Geistlosen ehren. Sichtbar wird die zur Seelsorge befähigte Gemeinde nur im Schauen auf das Unsichtbare.

Fangen wir an zu verstehen, dass Gemeinde in der Sichtbarkeit der Gaben Seelsorge ist, wird sich einiges an unseren pastoralen Seelsorgekonzeptionen ändern. Die Pfarrer werden vom neurotischen Zwang befreit, sie müssten Seelsorger sein: Sie sind schon Seelsorger, insofern sie Glieder der Gemeinde sind. Jeder Mangel an Begabung eines Pfarrers dient der Gemeinde, wenn er seinen Mangel nur einsieht und darum nach den Gaben der anderen Ausschau hält. Im Unterscheiden der Geister werden wir kritisch gegenüber unserem eigenen von Haus aus immer klerikalen Seelsorgeverständnis, das praktisch gegen bessere Theorie als Einbahnstraße benutzt wird und das die Entfaltung der Charismen verhindert. Vor allem werden wir befreit vom klerikalen Fall-Denken, das zu einer Verengung der Seelsorge geführt hat. Ist die Gemeinde Seelsorge und ihre Existenz Seelsorge, wird ungefähr alles zum Fall der Seelsorge, was der Fall ist. Vornehmste Aufgabe wird dann die Entdeckung und Förderung der in der Gemeinde ausgestreuten Charismata. Ich meine, wir entdecken die Gaben am besten an den Unbegabten, im Ehren der weniger Ehrbaren: »Gott hat den Leib so

---

[3] Eduard Schweizer, »Der Geist ist's der lebendig macht« – Geist und Geisterfahrung im neuen Testament, in: Hans Dürr / Christoph Ramstein (Hg.), Basileia (FS E. Buess), Basel / Lörrach 1997, 406.
[4] Ebd., 411.
[5] Weisung der Väter (Anm. 1), 27.

zusammengefügt, dass er dem im Nachteil befindlichen Glied desto größere Ehre gab, damit keine Spaltung im Leibe wäre, sondern die Glieder die gleiche Sorge füreinander tragen sollten« (1. Kor 12,25). Damit wird unsere herkömmliche Seelsorge in Frage gestellt. Wollten wir aus der Frage eine Alternative machen, würden wir diese gerade nicht ernst nehmen! Nur habe ich den fatalen Eindruck, da verbringe einer seine Zeit damit, eine Axt herumzutragen und könne doch keinen Baum fällen. Darum die Grundsatzfrage: Warum erst warten, bis die Seelen kaputtgehen, warum nicht dafür sorgen, dass die Gemeinde wird, was sie ist, Licht der Welt, das auch der Untergang der Welt nicht zu löschen vermag. Warum nicht dafür sorgen, dass die Seelen nicht erst kaputtgehen, sondern gerettet werden?

Angesichts der zunehmenden Vereinsamung des Menschen und seiner Unfähigkeit zu lieben, wie sie sich etwa in den literarischen Angeboten der Saison spiegelt, zeichnet 1. Kor 12 die Umrisse einer Gegengesellschaft, sozusagen ein therapeutisches Rezept.

Sehe ich recht, ist die neuere Geschichte der Seelsorge eine Geschichte zunehmender Spezialisierung und Individualisierung, nicht etwa erst seit dem Clinical Pastoral Training. Haben die älteren Seelsorgelehren unterschieden zwischen einer cura animarum generalis und einer cura animarum specialis, so ist die Seelsorge etwa bei *Eduard Thurneysen* schon vorwiegend cura specialis. Die Seelsorge an der Gesellschaft tritt in den Hintergrund.

Wenn wir anfangen, die Versichtbarungen des Geistes zu entdecken, werden wir vielleicht auch geputzte Augen bekommen nicht nur für den klerikalen, sondern auch für den real existierenden Atheismus in unseren Kirchen und Gemeinden, der sich eben auch in der Zentrierung der Seelsorge aufs Pfarramt manifestiert. Wenden wir uns der Manifestation des Geistes zu, fängt schon die Unterscheidung der Geister an, denn in der Scheinheiligkeit und Heuchelei wird Ungeist manifest.

Als Charisma ist die Unterscheidungsgabe nicht jedermanns Ding, obwohl sie der ganzen Gemeinde zugemutet wird: Wenn zwei oder drei Propheten reden, sollen die anderen die Prophetie beurteilen (1. Kor 14,29). Da wird der ganzen Gemeinde Urteilsfähigkeit zugesprochen. Am Schluss des Thessalonicherbriefs begegnen wir einer gleichen Struktur, da werden die Propheten und die Unterscheidungsgabe einander wieder zugeordnet, und wieder ist es die Gemeinde, die das letzte Wort hat: »Den Geist löscht nicht aus, Reden aus Eingebung verachtet nicht! Alles aber prüft ...« (1. Thess 5,19). *Traugott Holtz* bemerkt zum ganzen Abschnitt, es gelte »für alles christliche Leben«.[6]

Als Charisma ist die Unterscheidungsgabe nicht jedermanns Ding. En miniature aber gehört sie zu einer vernünftigen Organisation des eigenen Daseins. So steht jeder Christ im Schatten der Unterscheidungsgabe. *Johannes Calvin* etwa lehrt im Anschluss an Mt 1,20 beim Träumen zu unterscheiden, ob sie von

---

6 Traugott Holtz, Der erste Brief an die Thessalonicher (EKK IX), Zürich ²1990, 268.

uns aus oder von Gott kommen. – Die Gabe gehört zur Selbstbeurteilung, zur Seelsorge an der eigenen Seele. Ihr eignet nicht nur für die pastorale Existenz – aber da in ausgezeichnetem Maße – besondere Relevanz: In der Trennung des Wichtigen vom Unwichtigen, in der Frage, ob es gilt zu streiten oder zu dulden, ob es gilt, Pause zu machen oder Überstunden. Die Unterscheidungsgabe hat eine alltägliche Dimension, die beachtet sein will, damit der Baum an den Wasserbächen Frucht bringe: »Wir müssen unsere Seele mit Unterscheidungsgabe leiten«, meint die Amma Synkletika[7].

II. Ihre Notwendigkeit

Sie ergibt sich primär aus der Art und Weise, wie der Geist sichtbar wird. Er vermischt sich mit dem Menschlichen. Soweit ich sehe, blieb die Kategorie der Vermischung unseren theologischen Vätern fremd. Aber gerade die Vermischung der Geister mit dem Fleisch ruft nach der Diakrisis: Der Heilige Geist soll ausgegossen werden über alles Fleisch (Apg 2,17ff), und Fleisch ist das Geschaffene im Widerspruch und Streit mit dem Geist – und also mit dem Schöpfer selbst (Gal 5,17f). Weil Gott sich nach Pfingsten vielfach und auf vielerlei Weise ins Menschliche hineinsenkt, legen sich Verwechslungen nahe. Im Kampf gegen die natürliche Theologie wurde die Pneumatologie unserer Lehrer widersprüchlich und unterlag möglicherweise ungewollt einem spiritualistischen Drive.

Georg Eichholz unterscheidet zwischen Charisma und natürlicher Begabung: »Charisma ist *etwas anderes* als das, was wir säkulare *Begabung* nennen. Man ›hat‹ das Charisma nicht so, wie man eine Begabung ›hat‹ oder nicht hat.«[8] Dann räumt er ein, dass Gott »selbstverständlich den Menschen mit allen seinen Möglichkeiten« in seinen Dienst nimmt[9]. Natürlich ›hat‹ niemand ein Charisma wie jemand eine Nase hat. Auf die eigene Nase braucht keiner den anderen hinzuweisen. Mein Charisma entdecke ich nicht im Spiegel: das müssen mir andere zusprechen, evident machen. Eine solche Nachordnung der geschöpflichen Begabung, wie sie Eichholz vornimmt, übersieht, dass das Werk des Vollenders mit dem des Schöpfers ein Werk ist und hindert geradezu das Wahrnehmen der Charismen.

Eduard Schweizer hat recht: »Es gibt keinen Unterschied zwischen natürlichen und übernatürlichen Geistesgaben.«[10] Die menschlichen Begabungen und Möglichkeiten bilden den Mutterboden für die Gaben der Charis. Andererseits kann gerade mein Mangel an Begabung die Gaben anderer aktivieren, die ich um Hilfe bitte. »Auch eine kleine Blume ist der Zeder nah.« – Der Sämann braucht einen Acker, und Begabungen sind Erdschollen. Auf dem Asphalt blüht kein Weizen. Aber gerade die Kategorie der Vermischung ruft nach der Unterscheidungsgabe!

---

7 Weisung der Väter (Anm. 1), 908.
8 G. Eichholz (Anm. 2), 16.
9 Ebd., 17.
10 E. Schweizer (Anm. 3), 409.

Diese wird noch aus einem anderen Grund erforderlich, nämlich in der praktischen Unterscheidung von Evangelium und Gesetz oder Gesetz und Evangelium, die nach *Luther* »im Gebrauch im Leben, im Affekt selbst die allerschwierigste ist«[11]. Die Wüstenväter haben nicht theoretisiert, sondern praktiziert:

Da setzt sich der Altvater Ammonas im Kellion eines übelbeleumdeten Mönchs auf ein Fass, in dem der Mönch eine Frau versteckt hatte. Das war so gekommen: Als die Dorfbewohner vom Damenbesuch erfuhren, rotteten sie sich zusammen, um den Mönch zu vertreiben. Da ruchbar wurde, Bischof Ammonas sei im Ort, forderte man ihn auf mitzukommen. Geistträger wissen mehr und Ammonas wusste, was los war, »doch um Gottes willen verdeckte er die Sache«, setzte sich aufs Fass und ordnete eine Durchsuchung des Kellions an; allein die Dame blieb unauffindbar. »Da sagte der Altvater Ammonas: ›Was ist das? Gott soll euch vergeben!‹ (dass ihr den Bruder verleumdet habt!) Er ließ ein Gebet verrichten und hieß alle hinausgehen. Dann nahm er den Bruder bei der Hand und ermahnte ihn: ›Gib auf dich acht, Bruder!‹ Nach diesen Worten ging er weg.«[12] Ammonas hat hier unterschieden zwischen dem dörflichen Richtgeist und dem Fehltritt des Mönchs.

Aus der Heils- und Unheils-Geschichte, in der wir in Kirche und Welt involviert sind, erwächst eine weitere Nötigung, nach dem Charisma der Unterscheidung zu eifern: Die Geschichte, in der wir leben, stellt uns immer wieder vor neue Situationen, die bewältigt werden wollen. Die Unterscheidungsgabe wird nötig in dem Maße, wie wir dem Neuen begegnen: Aber vielleicht macht uns das gute alte blind für das gefährliche Neue, das uns begegnet. Es begegnet uns heute in der Problematisierung herkömmlicher Werte, Normen und Institutionen. Die cura generalis wie die cura specialis – also die generelle Seelsorge an der Gesellschaft, die Kulturbedeutung der Kirche wie die spezielle Seelsorge am einzelnen – konfrontieren mich immer wieder mit Situationen, denen ich nicht auf Anhieb gewachsen bin. Da genügt ein Hinweis auf den Buchstaben der Schrift nicht, da muss die Schrift neu ausgelegt werden. Das kann nur so geschehen, dass die Situation im Gespräch mit der Schrift und den Vätern und Brüdern analysiert wird. In dieser Prüfung hat die Gemeinde sowohl ihre Freiheit vom Zeitgeist wie vom Buchstaben zu bewähren. Darum setzt die Prüfung der Geister *Selbstprüfung* voraus, denn die neue Situation stellt das Selbst des einzelnen wie der Gemeinde in Frage und verlangt Unbefangenheit; da wäre auch Routine eine Gefangenschaft. In der Unterscheidungsgabe bewährt die Gemeinde ihre Freiheit.

Solche Prüfung wird zeitkritisch sein und kann nicht daran vorbeigehen, dass unsere Gesellschaft – und die Kirche mit ihr – sich in rasanter Weise verändert. Vielleicht war die Nazizeit beinahe harmlos gegenüber der globalen Bedrohung, in der der Mensch seine Seele heute verliert. Mir ist unvergesslich, wie *Hans Iwand* uns nach dem Krieg in Aarau einen Vortrag über den Heiligen Geist hielt und erzählte, wie sie einmal, mit der neuen Situation des Dritten Reiches konfrontiert und von ihr angefochten, diskutiert hätten, wie schwer das Predigen

---

11 WA 401,251.
12 Weisung der Väter (Anm. 1), 122.

geworden sei und wie dann ein Superintendent sie trösten wollte: »Ich predige, was in der Bibel steht und da passiert nichts.« Da hat einer offensichtlich den Buchstaben der Schrift vermittelt, nicht aber ihren Geist, und da passiert eben nichts. Ich weiß nicht, was schlimmer ist für die Seelsorge, die unverbindliche Bibellosigkeit oder die gesetzliche Buchstabelei; beide Mal stehe ich der neuen Situation ohnmächtig gegenüber. Wenn wir uns nicht durch die Situation anfechten lassen, regiert uns eher der Zeitgeist als der Paraklet. Darum kann von vielen Frommen kein Licht in die Welt ausgehen, weil sie sich durch keine schwarzen Kassen anfechten lassen.

Zur cura animarum specialis wähle ich ein autobiographisches Exempel:

Es war in meinem ersten Amtsjahr. Da fuhr ich mit meiner Frau zu einer Pfarrerrüste. Wir wurden privat einquartiert. Als ich das Haus betrat, kroch mir ein unangenehmes Gefühl über den Rücken herauf. Dann kam der Hausherr und überfiel mich mit der Frage: »Glauben Sie an Wunder?« Etwas zögerlich antwortete ich: »Ja.« »Hier geschehen Wunder.« Dann erzählte er mir von der Krankheit seiner Frau, der die Ärzte nicht helfen konnten, bis er mit ihr zu einem Wundertäter nach Einsiedeln fuhr, der sie heilte und ihm sagte, was er könne, das könne mein Gastgeber auch. Was sie mit Hilfe des Pendels machten, wäre das, was Jesus mit den Kranken auch machte. Seit er pendle, gehe er auch zur Kirche. Und nun wollte er wissen, was ich als Theologe dazu sage.

Da stand ich nun hilflos im Hauseingang mit meiner theologischen Axt, und hatte kein treffendes Wort. Das Pendel kam in meinem Studium nicht vor, aber ich fühlte instinktiv: »Auf das Pendeln lässt du dich nicht ein.«

Sofort fragte ich den Kreis der Kollegen um Rat. Da bekam ich zwei Antworten: *Fritz Blanke*, Kirchenhistoriker in Zürich, meinte, das Pendel sei etwas Natürliches. So hatte ich es bei meinen Vater kennengelernt, der in unserem Garten seine Sackuhr baumeln ließ, die über einer Wasserader ausschlug. Dann las ich einen Traktat von einem Missionar *Tischhauser*, der das Pendel als Zaubermittel darstellt; seine Beispiele überzeugten mich. Beide Antworten hatten also etwas für sich. Der Ortspfarrer war glücklich über einen neuen Kirchgänger, und ich denke, das sei beispielhaft für die Konfrontation mit dem Neuen, dass sie uns zwischen zwei theologische Urteile stellt.

Als ich meinen Gastgeber später zu einem Vortrag eines Mediziners über unser Thema einlud, schrieb er mir, so wie der Doktor X das Pendeln auffasse, interessiere es ihn nicht. Da war ein Mensch völlig seinem Pendel verfallen. Wird das Natürliche im Wirken der Gnade zum Charisma, wird's dämonisch, wenn es sich verabsolutiert und den Menschen versklavt.

Vielleicht lässt sich am Beispiel ›Radiästhesie‹, für die Unterscheidungsgabe noch einiges deutlich machen: Als erstes war da eine körpersprachliche Reaktion, die Wahrnehmung einer für mich unheimlichen Atmosphäre. Unsere Predigtanalyse hat m.E. auch etwas mit der Gabe der Unterscheidung zu tun. Da fangen wir immer beim ersten Eindruck an.

Hans Wulf SJ charakterisiert die Unterscheidungsgabe als »gleichsam instinkthafte« Erkenntnis, »ob das so oder so Vorgestellte und den Willen Antreibende auf der Linie jener Dynamik, die die Unmittelbarkeit zu Gott meint, liegt oder diese pervertiert«[13]. Es gibt einen theologischen Instinkt, dem ich folge, dem ich aber nicht traue oder genauer, der zu einem theologischen Urteil nicht ausreicht. – Auch wenn man die Charismenliste in 1. Kor 12 nicht pressen darf, ist es doch bedeutsam, dass sie mit Erkenntnis- und Weisheitsrede beginnt und dass die Unterscheidungsgabe der Prophetie folgt, das heißt: Zur Prüfung der Geister brauche ich das Gespräch, brauche ich die anderen. Darum frage ich die Kollegen und lade einen Mediziner ein.

Allemal aber geht es um die Macht über die Geister, und die ist schon perdu, wo ich die Situation als neue gar nicht erst wahrnehme, sie vielmehr mit Routine nach konventionellem Muster meistere; da wird Trauer beispielsweise zum Trauerfall. Routine transportiert Vergangenheit und verkennt nur zu leicht das je Neue des Augenblicks, das jede Wiederholung mit sich bringt. Zur Unterscheidungsgabe gehört auch die Einsicht, was jetzt den Seelen zu besorgen ist.

III. Der rechte Gebrauch

Die Unterscheidungsgabe hat ihr Wesen in der Nachfolge und *befreit zum Verbotenen*; darin bewährt sie ihre Freiheit. So umschließt sie ein Element der Lebenserhaltung wie der Lebensbedrohung. Wer die Geister prüft, urteilt; wer urteilt, richtet. Mahnt der Bergprediger die Seinen: »Richtet nicht, damit ihr nicht gerichtet werdet« (Mt 7,1), sekundiert der Apostel: »Richtet nichts vor der Zeit, ehe der Herr kommt« (1. Kor 4,5). So rückt das Charisma der Diakrisis die Heiligen schon jetzt in die Zukunft, in der sie die Welt und sogar die Engel richten werden (1. Kor 6,2f). Am Charisma beginnt die Zukunft, in der wir offenbar und »ihm gleich sein werden« (1. Joh 3,2).

So wie der Geist die Vergangenheit des Gottesvolkes vergegenwärtigt, so erweist sich der Geist als Angeld der Zukunft, dass er im Unterscheiden Gericht vorwegnimmt. Das ist das Wagnis der Unterscheidung, das in ihr schon Jüngstes Gericht zur Welt kommt. Der da urteilt aber ist nicht der Richter, sondern steht und fällt selbst seinem Herrn.

»Gerade die *hohe* Gabe wird in der Hand des Beschenkten zur Gefahr. Der Begabte bleibt der Versuchte«[14], zunächst darin, den Geist zu verscheuchen, um es den Leuten recht zu machen und konfliktlos bequem zu leben. Bequemlichkeit (acedia) ist vielleicht die erste Sünde der Gemeinde. Sie züchtet jene Feigheit, der die Apokalypse den zweiten Tod androht. Wo Gemeinden den Mut verlieren, verlieren sie die Gabe der Unterscheidung und werden unfähig zur Seelsorge. Da ist es bequemer blind zu bleiben und im alten Trott weiterzumachen.

Die Krisis, die mit der Gabe auf die Gemeinde zukommt, kann sich auch darin äußern, dass die Gemeinde ihr Richteramt selbst in die Hände nimmt, es usurpiert. Der acedia steht die superbia gegenüber, die Trägheit und Bequemlichkeit wird durch Hochmut abgelöst, und die Existenz wird säuerlich. Statt des

---

[13] Hans Wulf, Art. Unterscheidung der Geister, LThK X, 534.
[14] G. Eichholz (Anm. 2), 16.

Geistes der Freiheit regiert ein Geist der Enge, der den Seelen ebenso schadet wie die Lauheit und Lässigkeit. Wo Gemeinden sich in ihrem Milieu überheben, verlieren sie die Gabe der Unterscheidung und werden unfähig zur Seelsorge. Sie mögen ständig zu sich einladen und ihre Offenheit betonen, um mit der Seelsorge auch jede missionarische Kraft zu verlieren.

Man muss nur seine Nase in den Wind halten, der einem aus verschiedenen Gemeinden entgegenweht, um zu erkennen, wie acedia und superbia in verschiedenen Windstärken wehen, um zu merken, wie sehr unsere Gemeinden und wir mit ihnen den Geist nötig haben, der uns zurechtrückt. Die Unterscheidungsgabe aber nimmt die Gemeinde wie den einzelnen in die Krisis des Geistes. Es wäre der geistliche Tod des einzelnen wie der Gemeinde, wollte man sich selbst aus dem Gericht herausnehmen.

Wie schon zur Zeit der Wüstenväter haben wir in der Kirche heute eine Zweiklassengesellschaft, eine Klasse der Frommen, die sich als Gläubige von der Welt trennen, und daneben die Kirchensteuerzahler mit den gelegentlichen oder regelmäßigen Kirchgängern und ihrem akademischen Theologen.

Ein Beispiel als Problemanzeige: Im Sinne von 1. Kor 12 ermahnt ein biedermeierlicher Wüstenvater – der alte *Johann Christoph Blumhardt* – seine beiden Theologensöhne: »Leget euren Degout vor den Frommen und Pietisten ab. Ich will nicht, dass ihr sein sollt wie sie; aber eure Sache ist nichts, wenn ihr die, welche fromm seyn wollen, degoutiert.«[15]

Im Degoutieren der andern paaren sich superbia und acedia. Um sie zu überwinden, bedarf es einer Askese. *Fairy von Lilienfeld* meint von den Wüstenvätern, ihre Askese wäre »sozusagen die Kehrseite ihres Charismatiker-, ihres Pneumatikertums«, in dem das gelebte Leben die rechte Lehre ausweist. »Askese ist in diesem Zusammenhang Trennung vom alten Leben dieser Welt, um dem ›ich aber sage euch ...‹ Jesu gerecht zu werden.«[16]

In unserer Wegwerfgesellschaft, die unsere Existenz gefährdet und einen Großteil der Menschheit dem Elend überlässt, wird die Askese zu einer Frage auf Leben und Tod. Stellen wir uns dieser Frage, merken wir, dass es Erkenntnis und Weisheit braucht, das heute Gebotene zu erkennen. »Im Zeitalter der Lebensgefahr muss sich die Kirche auf ihre militanten Traditionen besinnen«, schreibt *Manfred Josuttis*.[17]

Unsere Väter in der Wüste stellen uns die Frage, wie wir es mit der Nachfolge halten. Sie machen uns das Antworten nicht leicht, waren sie doch nicht unbeeinflusst vom Zeitgeist, vom spätantiken Dualismus, der die Leiblichkeit als gute Schöpfung Gottes kaum zu ehren vermochte. Was heißt dann Askese, wenn ich meine Leiblichkeit bejahe und gleichzeitig sehe, dass Fleisch und Geist miteinander im Streit liegen?

---

15 Johann Christoph Blumhardt, GW, Reihe 3: Briefe, Bd. 5: Bad Boller Briefe 1852–1880, Texte, Göttingen 1999, 312.
16 Fairy von Lilienfeld, Spiritualität des frühen Wüstenmönchtums, Erlangen 1983, 63f.
17 Manfred Josuttis, Der Kampf des Glaubens im Zeitalter der Lebensgefahr, München 1987, 9.

Vielleicht hilft uns die Wortgeschichte: *Homer* gebraucht das Wort Askese »nur im Sinne des technischen Verzierens und künstlichen Bearbeitens«[18]. Sehe ich recht, eignet der Askese eine ästhetische Dimension; auch wenn sie im Vollzug konträr zum Schönen erscheint, geht es um den Schmuck mit einem unvergänglichen Kranz: nach 1. Kor 9,24–27[19] boxt er darum seinen Leib k.o.!

Auch wenn die Väter über der Neuschöpfung durch den Geist die Leiblichkeit missachtet haben, sollte das uns nicht hindern, von ihnen zu lernen, wie der vornehme Hofmann Arsenios, der von sich sagen konnte: »Die römische und griechische Bildung beherrsche ich«, um dann hinzuzufügen: »von diesen Ungebildeten (den Mönchen, R. B.) habe ich nicht einmal das Alphabet gelernt«[20]. Vielleicht haben wir alle von den Vätern – und von den Gemeinden, in denen wir leben – noch nicht einmal das Alphabet gelernt. So exzessiv und skurril uns Heutigen ihre Askese oft anmuten mag, so bleibt sie nicht ohne kritische Bedeutung.

Schon Antonios moniert, viele hätten ihren Leib durch Bußübungen aufgerieben. »Da sie die Unterscheidungsgabe nicht hatten, haben sie sich von Gott sehr weit entfernt«[21]: Buße ja, aber nicht eigenmächtig! Einem Jäger, der sich ärgert, dass der Heilige mit den Brüdern Kurzweil treibt, befiehlt er, seinen Bogen zu spannen, dann »noch mehr« und zum dritten Mal »spanne«. Der Jäger: »... dann bricht der Bogen«. »Da belehrte ihn der Greis: ›So ist es auch mit dem Werk Gottes‹ (der Askese, R. B.). Wenn wir die Brüder übers Maß anstrengen, versagen sie schnell. Man muss also den Brüdern ab und zu entgegenkommen«[22]. Ist die Askese Kehrseite ihres Charismatiker- und Pneumatikertums, hilft sie zum Empfang der Charis; so benötigt sie ihrerseits das Charisma der Unterscheidung.

Die Unterscheidungsgabe steuert die Askese

Wenn der Bischof Epiphanios dem Altvater Hilarion die Aufforderung schickt, einander noch einmal vor ihrem Sterben zu sehen und der Bischof beim Essen Geflügel anbietet, meint Hilarion: »Verzeihe mir, seit ich das Mönchsgewand trage, habe ich nichts Geschlachtetes mehr gegessen.« – »Und ich, seit ich das Mönchsgewand genommen habe, ließ ich keinen einschlafen, der etwas gegen mich hatte, und auch ich selber legte mich nicht zur Ruhe, wenn ich gegen jemand etwas hatte.« – »Verzeihe mir, deine Lebensweise ist besser als die meine.«[23] Ein Asket, der viel fastete und den Namen »der Faster« bekam, wird zum Altvater Zenon bestellt, aber der Altvater arbeitet und spricht nicht. Als es dem

---

18 Hans Windisch, ἀσκέω, ThWB I, 492.
19 Vgl. ebd., 493.
20 Weisung der Väter (Anm. 1), 14.
21 Ebd., 6.
22 Ebd., 13.
23 Ebd., 199.

Faster ungemütlich wird, entlässt ihn Zenon: »Speise von jetzt an um die neunte Stunde, und wenn du etwas tust, dann tue es im Verborgenen.«[24]

Fangen wir an zu buchstabieren, wird die ›theonome Reziprozität‹ wichtig im Geflecht von Gabe, Dienst und Kraft, und schon ist Unterscheidung von Nöten, um das Boot zwischen Skylla und Charybdis von Eigenmächtigkeit (superbia) und Verzagtheit (acedia) durchzusteuern. Zur Alphabetisierung gehört das tägliche Sterben (1. Kor 15,31), ohne dass jedes Charisma verdirbt und die Gabe pervertiert oder verschwindet: »Und Jakob nannte die Stätte Pniel. Ich habe Gott von Angesicht zu Angesicht geschaut und bin am Leben geblieben. Und als er an Pniel vorüber war, ging die Sonne auf; er hinkte aber an der Hüfte« (Gen 32,30f). Jakob, dieser Schrägling, erweist sich vor seinem Sterben als Seelsorger: »Und er segnete sie; einen jeden segnete er mit einem besonderen Segen« (49,28b). Der stirbt selig, der den Seinen einen Segen zurücklässt, wie denn auch Seelsorge wohl immer ein Sterben bedeutet.

Ich möchte mich in diesem Zusammenhang mit zwei Hinweisen begnügen. Einmal: Da die Institution Ehe bröckelt und die Kinder für zerbrochene Ehen bezahlen, wird es wohl Zeit, dass wir in der Gesellschaft der Ehelosen die Ehe neu entdecken, die als Minigemeinde nur so Seelsorge sein kann, dass einer für den andern ein Opfer bringt und beide miteinander da sind für andere – ein königliches Priestertum.

Thomas Mann hat das Asketische einer solchen Ehe im letzten Satz seines Romans »Königliche Hoheit« zum Ausdruck gebracht: Nach der Hochzeit von Prinz Heinrich mit Imma Spoelmann zeigen sich die beiden am Fenster dem jubelnden Volk. Er sagt zu ihr: »Das soll fortan unsere Sache sein: beides, Hoheit und Liebe, – ein strenges Glück.«

Wird die Sexualität ins allgemeine Konsumverhalten nivelliert, gerinnt möglicherweise die Ehe selbst zu einem Wegwerfartikel und das Hohe Lied der Liebe zur Banalität. Andersherum: Wenn die Gemeinde Seelsorge ist, wird auch die Ehe Seelsorge, und das soll fortan ihre Sache sein: beides, Hoheit und Liebe, – ein strenges Glück. Autobiographisch kann ich sagen, dass für mich als Gymnasiast und Student zwei kinderlose Ehepaare wegweisend wurden: Der Studentenpfarrer *Emil Blum* mit seiner Frau und der Judenchrist *Otto Salomon* mit seiner Frau. Ich besuchte den Mann, und die Frau war da, beide brachten mich dem Himmel näher.

Vielleicht hat auch Psychotherapie mit Seelsorge zu tun. Ein schönes Beispiel dafür gibt *Christian Müller* in seinem Bericht »Psychotherapie bei einem chronischen Schizophrenen«, wobei der Herausgeber darauf hinweist, dass der Geheilte, »behütet von allen Müllers, der ganzen Familie in ihrem Heim« als Hundewärter »ein still besinnliches, lebenswertes Leben« führen konnte[25]. Dass im Heilungsprozess der Psychiater selbst zum Asketen wurde, lässt sich unschwer zwischen den Zeilen des Berichts herauslesen. Gleichzeitig wird in dem Bericht auch deutlich, wie die Frau und die Familie hier Seelsorger waren.

---

24 Ebd., 242.
25 Aron R. Bodenheimer (Hg.), Freuds Gegenwärtigkeit, Stuttgart 1989, 84f.

Zum andern: Ein menschliches Organ, das die vorzügliche Möglichkeit hat zur Seelsorge wie zur Antiseelsorge, ist zu nennen, das verziert und bearbeitet sein will, die Zunge: Wenn Jahwe über Tod und Leben bestimmt (Dt 30,15), so übertragen die Sprüche Salomos diese Macht einem menschlichen Organ: »Tod und Leben steht in der Macht der Zunge«. Und der Weise fügt hinzu: »Wer sie im Zaum hält, genießt ihre Frucht« (28,21). Damit wird die Zunge zum Objekt der Bändigung, um nicht zu sagen der Askese und diese steht letztlich im Dienst des Lebensgenusses im Jetzt und Einst, dass durch die Zunge Gott schön werde und der Mensch als sein Ebenbild zum Vorschein komme ...

Mit unserem Reden programmieren wir unsere Zukunft. Unser Reden ist die Apokalypse unserer selbst: »Denn nach deinen Worten wirst du gerecht gesprochen werden und nach deinen Worten wirst du verurteilt werden« (Mt 12,37). Beides, das Bekennen und Verleugnen Jesu ist auf seine Parusie angelegt (10,22f). Die Loggien haben die gleiche Struktur wie der Spruch Salomos.

Als ich die »Predigtlehre« schrieb, hat mich das Dilemma verfolgt, dass eine Sprachlehre des Glaubens für die Gemeinde nötig wäre; aber am nächsten Sonntag muss Predigt sein. »Predigen zum Weitersagen« macht damit ernst, dass jede Predigt Sprachlehre des Glaubens ist und die erweist darin ihre Macht, dass sie der Gemeinde Sprache gibt, dass mir etwas gesagt wird, das ich weitersagen kann, dass sie mich aus meiner Stummheit erlöst. Mit unserer Methode der Analyse möchten wir die Diener und Dienerinnen am Wort aufklären über das, was sie sagen. Ich würde mir wünschen, dass auch die Gemeinden sensibilisiert würden im Blick auf ihre Sprache. Angesichts wachsender Sprachlosigkeit wird Spracherziehung der Gemeinde zu einer vordringlichen Aufgabe. Sonst korrespondiert die Unfähigkeit, über seinen Glauben Rechenschaft zu geben, mit frommer Geschwätzigkeit von Bigotten, die ihre Zunge nicht im Zaum halten können. Der Bigotterie fehlt die Gottesfurcht ebenso wie der Lauheit.

Es braucht viel Übung, bis die Zunge zum Griffel eines gewandten Schreibers wird, auf dessen Lippen Demut wohnt. Übung nicht so sehr im Reden als im Schweigen. Ein Altvater meinte, jetzt wären es dreißig Jahre, seit er nicht mehr einer Sünde wegen zu Gott bete, er bitte aber den Herrn Jesus, dass er ihn vor seiner Zunge schütze – »und trotzdem falle ich täglich durch sie und sündige«[26].

Als ich *Karl Barth* nach der Askese fragte, sog er an seiner Pfeife und sagte: »Herr Pfarrer, für mich bedeutet die Askese nicht, dass ich weniger Pfeife rauche, sondern dass ich weniger rede.« – Der Altvater Besarion aber gibt einem, der mit anderen Brüdern zusammenwohnt, einen Rat, beherzigenswert auch für Pfarrerversammlungen und Sitzungen: »Schweige und miss dich nicht!« (mit anderen)[27].

---

26 Weisung der Väter (Anm. 1), 808.
27 Ebd., 165.

IV. Das Ziel der Unterscheidungsgabe

Die Gabe sorgt sich um die Geistesgegenwart der Gemeinde in ihren Gliedern, damit die Christen werden, was sie sind, eine schöne Bescherung für die Welt, eine Gemeinschaft der Heiligen, in der die Glieder sorgfältig miteinander umgehen, also: Eine schöne Bescherung im Doppelsinn des Wortes, ein Geschenk und ein Ärgernis – gleich einem Kunstwerk, in dem ein Neues zur Welt kommt, das ärgert und beglückt. Nur die wortförmige Gemeinde ist und wird schön. Nur so wird sie Seelsorge sein. Darum können Laien und Theologen nie genug die Schrift studieren, nie genug auf die Väter hören und fragen, was die heute zu bedeuten und zu sagen haben: Charismen sind erblich und schmücken den Leib: Ziel der Seelsorge muss sein, dass Gott zur Gemeinde reden kann wie der Liebhaber zu seiner Geliebten im Hohenlied: »Alles ist schön an dir, meine Freundin, an dir ist kein Fehl« (4,7).

Darum eifert der Apostel um die charismatische Gemeinde »mit Gottes Eifer; denn ich habe euch einem Manne verlobt, um euch als reine Jungfrau«, an der alles schön ist, »Gott zuzuführen« (2. Kor 11,2). So ist die Gemeinde und jeder einzelne versorgt. In diesem einen Vers steckt ein seelsorgerliches Programm: Wollen wir Pfarrer und Pfarrerinnen mit apostolischem Eifer unseren Dienst tun, wird eine erste Aufgabe darin bestehen, Gaben zu entdecken und zu fördern.

Könnte ich nochmals in einer Gemeinde anfangen, würde ich durch die Häuser gehen, ob ich bei Kirchentreuen und Kirchenfernen etwas zu sehen bekomme von den Phänomenen des Geistes; aber gerade da wäre die Unterscheidungsgabe vonnöten. Habe ich die nicht, hat sie ein anderer. Die Bitte um das Kommen des Geistes aber lässt uns nach den Gaben fragen und setzt neue Prioritäten für den Pfarrer und die Pfarrerin.

Der Glaube an den Heiligen Geist weckt zunächst die Neugier auf das, was wir von ihm zu *sehen* bekommen. Seelsorge heißt dann zuerst, Phänomene des Geistes entdecken. Zu solcher Entdeckung brauche ich geputzte helle Augen, und die bekomme ich selbst nur durch den Geist.

Wollen wir nicht blinde Blindenleiter bleiben, müssen wir das Sehen lernen, mit unserem schrägen Erzvater Jakob an Pniel vorübergehen, auch wenn wir lahmen. Und sehen lernen wir paradoxerweise im Hören: *Johann Georg Hamanns* »Rede, dass ich dich sehe!«[28], gilt erst recht für das Erkennen der Charismata. Seelsorge auf das Ziel hin, im Sinne des Paulus, allemal hochzeitlich, wird eine *Seelsorge der Berufung* sein. Warum also warten, bis die Seelen kaputt sind, warum nicht Gesunde zu Seelsorgern und Seelsorgerinnen berufen? Wer weiß, ob da einer nicht ins Blaue redet und dabei ins Schwarze trifft!

»... ich habe euch *einem* Manne verlobt, um euch als reine Jungfrau Gott zuzuführen«: Eine Braut hat Umrisse, eine Gestalt, eine Haut. Die Unterscheidungsgabe markiert *die Grenze der Gemeinde*. Jede Gemeinschaft muss eine Grenze haben, sonst wird sie zur amorphen Masse. Auch unsere sogenannten Volkskirchen haben Grenzen, keineswegs identische mit den ethnischen, wohl

---

28 Johann Georg Hamann, Aesthetica in nuce, SW 2, Wien 1950, 198.

aber bürokratisch festgelegte durch die Kirchensteuer. Die Grenze der Gemeinde liegt nicht ohne weiteres da, wo wir sie ziehen und wo die Unterscheidungsgabe fehlt, ziehen wir sie falsch. Aber die Kirche wird gestalt- und leblos, wo sie keine Grenze zieht!

Dietrich Bonhoeffer erklärte seinerzeit: »Wer sich wissentlich von der Bekennenden Kirche in Deutschland trennt, trennt sich vom Heil«[29]. Er wusste: »Die wahre Kirche stößt auf Grenzen«[30]. Die Bekennende Kirche ist Bonhoeffer nicht gefolgt. *Helmut Gollwitzer* hat ihm alsbald spiritualisierend widersprochen und ihm doch wohl Schwärmerei unterstellt[31]. Die Fragen, die Bonhoeffer nachher stellte[32], blieben unbeantwortet. Indem die Bekennende Kirche Bonhoeffer nicht folgte, versagte sie als Seelsorgerin. Eine Umkehr für alle Angebräunten war damit erschwert; wir tragen heute noch an der Erblast damaliger Fehlentscheidung.

Unabhängig davon, wie man den Vorgang beurteilt, bleibt er für unser Thema bedeutsam, und wir kommen einen Schritt weiter im Verstehen von 1. Kor 12: Nicht nur sind die Charismen gegeben zum Nutzen des Ganzen (12,7). Die Gemeinde ist darin Seelsorge, dass sie den Geist nicht dämpft, nicht löscht. Das aber macht die Gemeinde, die die Charismen nicht ehrt (1. Thess 5,19), anstatt sie auf den Leuchter zu stellen, und ich denke, da geht ein großes Betrüben des Geistes durch die Gemeinden. Offensichtlich hat seinerzeit die Gemeinde – vor allem die Theologen in ihr – das Charisma Bonhoeffers nicht genügend erkannt. So konnte sich auch die Unterscheidungsgabe *Karl Barths* nicht durchsetzen; er musste gehen[33].

Es ist natürlich gefährlich, an berühmten Namen ein Exempel zu statuieren für einen Vorgang, der ungezählte Male sich in den Gemeinden wiederholt. Nicht jede Kritik am Pfarrer, an der Pfarrerin, die in der Gemeinde laut wird, ist vom Heiligen Geist gewirkt. Nur tun wir gut daran, sie ernst zu nehmen. Die Charismen sind allemal unbequem – sei es in der Ortsgemeinde, sei es im Ganzen einer Kirche. Und es ist ein Zeichen des Gerichts, wenn Kritiker isoliert werden.

Ohne Grenze ist *Einheit* nicht möglich. Die Unterscheidungsgabe dient gerade da, wo sie an die Grenze stößt und diese markiert, der Einheit. Und 1. Kor 12 lehrt uns, dass diese in der Vielheit und Unterschiedlichkeit der Gaben besteht, im Miteinander von Begabten und Unbegabten, von Starken und Schwachen. In der weiträumigen Einheit der Gemeinde wohnt die Kraft ihrer Mission. Das Einssein der Heiligen hilft der Welt zum Glauben. In der Einheit schafft sich die Kirche Gehör bei Gott und Menschen.

Eine zerteilte Braut, die Reklame für sich macht wie jene Hure, die auch noch nötig hat, ihre Freier zu bezahlen, macht ihre Schmach öffentlich (Ez 16). Nur im Miteinander, im Ensemble aller Instrumente können wir die Musik machen,

---

29 Dietrich Bonhoeffer, GS 2, München 1959, 238.
30 Ebd., 240.
31 Ebd., 398ff.
32 Ebd., 405ff.
33 Vgl. Hans Prolingheuer, Der Fall Karl Barth. Chronographie einer Vertreibung 1934–1935, Neukirchen-Vluyn 1977.

die den Seelen wohltut. Das Elend aller klerikalen Seelsorge jedweder Couleur besteht doch darin, dass sie von Haus aus solistisch arbeitet, auch da, wo sie jemanden zum Notenumblättern engagiert. Ich wünsche Ihnen den Eifer Gottes, den apostolischen Eifer, der die Gemeinde zu Gott führt: »Den Geist löscht nicht aus, Reden aus Eingebung verachtet nicht! Alles aber prüfet!«

ahnenbild

mein vater konnte nicht
verbeugungen machen vor vorgesetzten
und in bücklingen blieb er ungeübt

mein vater konnte nicht
die hände reiben und lächeln
wo es nichts zu lachen gab

mein vater konnte nicht
mit schönen worten
eine lange rede halten
und nichts sagen

gerne möchte ich lernen
was mein vater nicht konnte

Aus: heimatkunst, S. 33

Das Schweigen

Unterwegs ist Schweigen die Art und Weise einer Begeisterung. Wer schweigt, hat gehört, wird bewegt von einem Wort, ist unterwegs zu einem Wort. In dieser Hinsicht hat das Schweigen den Charakter einer Antwort, ist es beredt, eine Sprachhandlung, ein Sprechakt sui generis. Eine Praxis, der gelingen soll, was den Alchimisten nicht gelang: »Schweigen ist Gold«, sagt man und meint seine besondere Effizienz.

Darin unterscheidet sich das Schweigen vom Verstummen, dass es nicht ohne Sprache ist. Das Schweigen gehört zum Wort, ist Echo des Wortes. Nur der Vernehmende kann schweigen, der Unvernünftige bleibt stumm oder redet daher. Ein Toter bleibt nur noch stumm.

Im Schweigen kann auch der Tod geistern. Wer schweigt, ist in diesem Fall unterwegs zu keinem Wort. Er ist in tödliches Schweigen verfallen. Im tödlichen Schweigen droht der Tod: eine Begeisterung des Schreckens.

So spricht das Schweigen vielstimmig viele Sprachen und stellt uns als Christen vor die Aufgabe, seinen Geist zu prüfen, zu fragen, wem es antworte, von wem oder von was es begeistert und wohin es unterwegs sei in eine Zukunft auf jeden Fall. – Welche Art des Schweigens ist heute an der Zeit und für die kirchliche Praxis zu bedenken und zu üben? So fragen heißt, nach dem Heiligen Geist fragen, der das Schweigen lehrt, das an der Zeit ist. Das wird kein Schweigen sein jenseits der Zeit, denn zu seiner Lebendigkeit gehört, dass ihm Zeit eignet. Da wir Gefangene des Zeitgeistes sind, kann der Geist uns nur so das Schweigen lehren, dass er im Zeitgeist geistet, ihn überweht, überholt, und damit eine neue Zeit schafft, und uns einen neuen Geist schenkt.

Ich lese zuerst einen Text, den man – und das ist schon bedeutsam – eigentlich nicht vorlesen kann, da er im Vorlesen schon interpretiert wird, der aber nach der Poetik des Autors ein »Gebrauchstext« sein will und jeder Deutung offen.

Eugen Gomringer nennt seine Texte »Konstellationen«. Er greift nach Worten wie nach Sternen und stellt sie zusammen wie Sternbilder.[1] So setzt er das Wort Schweigen in drei Kolumnen zu fünf Zeilen. In der mittleren Kolumne bleibt die dritte Zeile leer, da klafft eine Lücke, da gähnt ein Loch.

So umkreist das Wort Schweigen vierzehnmal einen ausgesparten Raum:

schweigen	schweigen	schweigen
schweigen	schweigen	schweigen
schweigen		schweigen
schweigen	schweigen	schweigen
schweigen	schweigen	schweigen

---

1 E. Gomringer, Worte sind Schatten, 1969; Seitenangabe erfolgt jeweils im Text.

Ich denke, wir werden dem Text Gomringers am ehesten gerecht, wenn wir ihn mit älteren Aussagen vergleichen. Steht bei Claudius der Wald »schwarz und schweiget«, schweigen bei Goethe »die Vöglein im Walde«, legte bei Jean Paul das Tal nach Sonnenuntergang »wie eine verwittibte Fürstin einen Schleier von weiszen Düften an und schwieg mit tausend Kehlen«, wurde da Schweigen erzählt, so schweigt Gomringer über das Schweigen. Dem Zeitalter der Weltraumfahrt eignet ein anderes Schweigen als dem Zeitalter der Postkutsche. – Das Schweigen wird gleichzeitig benannt und ausgespart, wird vieldeutig. Ich kann Claudius, Goethe, Jean Paul oder eine eigene Erfahrung in den Text hineinlesen, in seiner Mitte schweigt mich das Schweigen an. Es wird nicht mehr erzählt, es wird gesetzt, kalkuliert und plakatiert, umschließt das Nichts und alles. Da wird nichts zugeschrieben, da ist alles möglich. Der Text vollzieht in seiner Vieldeutigkeit das Schweigen. Es wird zelebriert, beschworen. »der dichter ist einer, der ein schweigen bricht, um ein neues schweigen zu beschwören«, kommentiert der Autor (293). Einerseits der Beliebigkeit des Lesers übereignet, gewinnt es andrerseits im mathematisch-technischen Dekor Archaisch-Magisches zurück. Das Wort umrandet das Wortlose: das Schweigen wird entbunden. Nicht mehr Wald und Vöglein im Walde, nicht mehr das Tal mit tausend Kehlen schweigt. Das Schweigen hat sich verselbständigt. Das Schweigen ist vom Schweigen begeistert und wird zu einem Geheimnis, sei es des Himmels oder der Hölle; im nächsten Text Gomringers von ähnlicher Anordnung wird das Geheimnis als schwarzes beschworen (vgl. 29ff). Im schwarzen Geheimnis löst sich das Schweigen auf in ein Verstummen. Dieser Hinweis nimmt den Text schon in Gebrauch, indem er das Schweigen festlegen möchte, was in Gomringers Text acht- oder neunmal notorisch nicht geschieht. – Geheimnis, Mysterium, Mystik: Die mathematisch kalkulierte Konstellation eines Wortes ist durchaus offen auch und gerade für eine mystische Meditation. »Die Konstellation ist eine Aufforderung« (282), nicht zuletzt zu mystischem Schweigen.

Was ich hier an Gomringer aufzeige, hat in der Dialektik von Präzision und Ambivalenz paradigmatischen Charakter und scheint mir auf seine Weise typisch für die zeitgenössische Literatur, wäre also auch nach einer anderen Poetik darstellbar, in der das Schweigen zum Stilmittel wird.

Man könnte etwa an einem Dramatiker wie Beckett zeigen, wie dichterischer Geist mit dem Schweigen beschäftigt ist. – Der Sachverhalt ist in seiner Komplexität oft besprochen, erscheint mir repräsentativ zu sein für den Geist der Zeit, der sich aus dem Wort zurückzieht, und sei es in der Weise der konkreten Poesie, die sich auf einzelne Worte beschränkt. Das Wort wird materialisiert; es verliert damit die Stimme.

Ich verwende den Text Gomringers als Ariadnefaden, um mich im Labyrinth vielfältiger Schweigsamkeit zurechtzufinden, wobei ich die Verwirrlichkeit in Kauf nehme, dass zu unterscheiden ist zwischen dem Text und seiner Poetik.

Zieht sich Gomringer auf das Wort zurück und nähert sich seine Lyrik der Graphik, so scheint sich das Wort aus den verschiedenen Wissenschaften zurückzuziehen, George Steiner hat dies angedeutet in seinem Essay »Der Rückzug aus dem Wort«². Es sei mir gestattet, darauf zu verweisen, dass solcher Rückzug aus dem Wort auch im Fach der Praktischen Theologie und in der Praxis der Kirche in vollem Gange ist: Ich möchte zunächst auf zwei Phänomene hinweisen:

1. In neueren Büchern zu Themen Praktischer Theologie findet der Leser Graphiken: Schaubilder, Tabellen, Diagramme, Figuren, Kurven und Pfeile treten an die Stelle von Sätzen. Eine Art konkreter Poesie auch hier, vielfach in der Dialektik von Präzision und Ambivalenz, manifestiert ein solches Vorgehen ein Misstrauen gegen die sprachliche Ausdrucksfähigkeit. An die Stelle der Aussage tritt das Ausgestellte. Wie Gomringer Wortmaterial zu einem Schaubild arrangiert, so gibt es in der Wissenschaft eine Tendenz, Wort und Zahlenmaterial in Schaubildern zu präsentieren. Diese Tendenz ist literarisch, sie wird fortgesetzt im nonverbalen Darstellen von Kurven, Tabellen und Figuren.

Es ist kein Zufall, dass die hier benannte Tendenz einhergeht mit einer Polemik gegen eine Theologie des Wortes, dass sich diese Richtung Praktischer Theologie von der Heiligen Schrift und ihrer Auslegung emanzipiert: Versucht man diesen Vorgang jenseits des theologischen Schulstreites als einen geistesgeschichtlichen zu begreifen, wird die Analogie zur konkreten Poesie einsichtig: Die Aussage geht in Aufstellung und Ausstellung über.

2. Wo man auf verbalen Ausdruck nicht verzichten kann, nimmt man Zuflucht zu den Fremdsprachen der Soziologie, Psychologie und Linguistik.

Als Beispiel für viele zwei Sätze über »Die Funktion des Gegensatzes in der Sprache der Predigt«: »Die aktantiellen Archilexeme eröffnen unter dem Konnotationsaspekt eine semantische Achse der negativen und positiven Rollenträger des betreffenden Aktanten. Das Archilexem bildet dabei die Klasse-Basis, während Euphorie und Dysphorie die klassematischen Kategorien liefern.«³

Solche Sätze schweigen für den Theologen ohne linguistische Vorkenntnisse. Ich frage mich, ob solche Sätze nicht eine ähnliche Tendenz ausdrücken wie die Graphiken. Man müht sich um größtmögliche Präzision und vermag sich sprachlich nicht mehr auszudrücken. Genauigkeit des Ausdrucks kippt in Sprachlosigkeit über. Die Darlehen, die der Theologe bei anderen Wissenschaften aufnimmt, vermag er sprachlich nicht mehr zu verzinsen. Wächst die Auslandsverschuldung ins Uferlose, kündet sich Staatsbankrott an: Der Theologe, der in Fremdsprachen redet, hat selbst nichts mehr zu sagen. Er verstummt, möglicherweise vielredend. Das schwarze Geheimnis ist nicht weit.

In den zwei ersten Signalen eines Rückzuges aus dem Wort notierten wir Phänomene der Wissenschaftspraxis, die ein Versiegen der Sprache signalisieren. Die Signale sind zweifellos bedrohlich: Die Welt wird inhuman, wenn sie wortlos wird, und wenn erst die Sprache schwindet, versiegt auch das Leben. Ich nehme zwei weitere Phänomene, eines der pastoralen Praxis und eines der Frömmigkeit.

3. Fragt man, welche Praxisfelder der Kirche durch wissenschaftliche Arbeiten besonders gepflegt werden, fällt das immense Interesse an der Seelsorge auf,

---

2 In: Sprache und Schweigen, 1973, 53ff.
3 O. Fuchs, Die Funktion des Gegensatzes in der Sprache der Predigt, Diss. Würzburg 1977, 124; jetzt in: Sprechen in Gegensätzen, 1978, 84.

während das Interesse an der Predigt seit den sechziger Jahren merklich zurückgetreten ist. Ob eine Verlagerung des Interesses von der Predigt zur Seelsorge als solche einen Rückzug aus dem Wort signalisiert, hängt am Verständnis der Seelsorge.

Ich zitiere die Äußerung eines 40-jährigen Pfarrers aus einem Kursgespräch über das Proprium der Seelsorge, eine Art Credo, das mir heute in vielen Variationen entgegentönt. ... »Wenn Gott Mensch wird und nicht ein Buch vom Himmel schickt, genügt es auch für uns nicht, nur verbal zu verkündigen; dann müssen wir den ganzen Menschen ernst nehmen.«[4]

Das Schweigen erscheint in diesem Credosatz unter einem doppelten Aspekt, einmal als Beschwörung des Schweigens, zum andern als Verschweigen: Signifikant scheint mir zunächst die Abwehr des Verbalen und darin verpackt das Postulat nonverbaler Verständigung. Wenn Gomringer seine Worte ums Wortlose herum setzt und das Nonverbale in seine Konstellation aufnimmt, so wird offensichtlich hier die nonverbale Kommunikation zu einem Kunstmittel der Verkündigung, Der Schluss legt sich nahe, dass den ganzen Menschen ernst nehmen auch heißt, nonverbal mit ihm kommunizieren. Das ist ein Gemeinplatz, eine Selbstverständlichkeit; denn ein Gespräch, das nur verbal geführt wird, ist nicht einmal per Telefon möglich, weil immer schon auch Ungesagtes übermittelt und zur Nachricht wird.

Erstaunlich ist nur die Inbrunst, mit der das Stichwort des Nonverbalen immer wieder aufgegriffen wird. Sie wird am zitierten Satz des 40-jährigen Pfarrers deutlich, indem sein Postulat mangelnde verbale Kommunikation enthüllt – gerade in dem, was es verschweigt. Verschwiegen wird im Karikieren, verschwiegen wird theologisches Denken im Setzen zweier Alternativen, die auf Fiktionen beruhen: Menschwerdung – Bibel als vom Himmel gefallenes Buch einerseits; nur verbale Verkündigung – Ernstnehmen des ganzen Menschen andrerseits. Kein Theologe, auch nicht der Fundamentalist, versteht die Bibel als vom Himmel gefallenes Buch. Kein Theologe beschränkt sich auf nur verbale Verkündigung, indem er die Diakonie negiert und das Sakrament leugnet. Offenbar ist Praxis anvisiert. Allein die Art der Aussage enthüllt schon die Unfähigkeit, das Postulierte zu praktizieren. Die karikierende Verkürzung zeigt eine Art alltäglichen Verschweigens: Schweigen als verkürzte Rede, die unbewusst zur Lüge wird oder zur Verleumdung. Der das Ernstnehmen des ganzen Menschen postuliert, verrät, was und wen er nicht ernst nimmt.

Die Reduktion vom Satz auf das Wort soll nach Gomringers Poetik der universellen Kommunikation dienen. Der Rückzug aus dem Wort in der zeitgenössischen Seelsorge hat – mit andern Mitteln – ein Interesse an zwischenmenschlicher Kommunikation. Beidemal, scheint mir, wird aus der Not eine Tugend gemacht.

4. Benannt sei als letztes der Umschlag von Rationalität in Mystik, wie er mir für die Spiritualität unserer Tage typisch zu sein scheint.

---

[4] D. Hoch, Offenbarungstheologie und Tiefenpsychologie in der neueren Seelsorge, ThEx 195, 1977, 29.

Ich nenne hier nur *Ernst Eggimann*, der als Lyriker der konkreten Lyrik Gomringers nahesteht. In seinem Traktat »Meditation mit offenen Augen« erinnert er an »die alte mystische Methode der negativen Theologie, die mit ausdauerndem Fleiß bemüht war, ein religiöses Schweigen herzustellen« (77)[5]. Eggimann meint, heute wäre es nicht mehr nötig, religiöses Menschenwerk und Vorurteile über Gott einzureißen. »Wir meinen nicht mehr, ihn zu besitzen und alles von ihm zu wissen. In diesem Schweigen über Gott vernehmen einige überraschend die Stimme, die aus dem Schweigen spricht« (78). Schon Ignatius von Antiochien spricht – wahrscheinlich gnostisches Gut aufnehmend – vom Logos, der aus dem Schweigen kam (IgnMagn 8,2).

Man kann nun zu Gomringer zurückfragen, ob das neue Schweigen, das der Dichter beschwört, ein Schweigen ist, das den Logos aufs Neue zur Welt bringt? Ist dieses Schweigen über Gott das Schweigen, das heute an der Zeit ist? Und worauf soll unser Schweigen antworten? Kann es nur ein Schweigen sein über einen, über den man nicht mehr reden kann?

Wenn wir die vier Stationen zeitgenössischen Schweigens durchgehen, kennzeichnen sie Gemeinsames: Sie signalisieren ein Ungenügen und intendieren Effizienz. Mangelnde Präzision der Sprache treibt zur Graphik, zu Anleihen bei anderen Fachsprachen, beschwört ein neues Schweigen; vielmehr droht der Verlust der eigenen Sprache. Das Betonen der nonverbalen Kommunikation zeigt, dass die sprachliche Verständigung versagt hat. Das Wiedererwachen der Mystik stellt den Kirchenglauben in Frage.

Dem an vier Stationen praktizierten Schweigen eignet eine weitere Gemeinsamkeit darin, dass es ausgeht von menschlichen Schwierigkeiten; es sind Bewältigungsversuche, die jeder für sich eine besondere Würdigung und Prüfung erforderte, sie versuchen, auf Fragen zu antworten, die die Zeit uns stellt.

In den vier Stationen zeitgenössischen Schweigens sehe ich als weiteres gemeinsames Moment die Bedrohung durch das Inhumane, von der auch die Mystik insofern betroffen ist, als der einzelne Gott in einer gewissen Isolierung elitär erfährt. Die Indienfahrt zu den Mystikern fährt an den Hungertoten *vorbei*.

Dem Ariadnefaden folgend, dem zeitgenössischen Schweigen nachgehend, geraten wir nur tiefer ins Labyrinth, in dem das Schweigen zum Verstummen wird. Das Schweigen wird zu einer Begeisterung unterwegs zum Tod, sein Sternbild verliert das Gold. Gomringers Konstellation erscheint als Symbol der Aporie, in der sich Wissenschaft und Kultur Theologie und Kirche befinden.

Das Schweigen zum Tode brechen die Beter, wissend, dass menschliches Verstummen nur ein Echo sein kann auf ein anderes Schweigen: Da klafft eine Lücke, da gähnt ein Loch und wird zum Grab. Darum ergreift der Psalmist das Wort. Gegen Gottes Schweigen erhebt er klagend die Stimme, indem er sich mit Gottes Rückzug aus dem Wort nicht abfinden kann:

»Dich rufe ich an, o Herr, mein Fels,
schweige; mir nicht;

---

[5] E. Eggimann, Meditation mit offenen Augen, 1974; Seitenangabe erfolgt jeweils im Text.

*denn bliebest du stille, so würde ich denen gleich,
die zur Grube fahren« (Ps 28,1).*

Angerufen wird, der verlorenging, dessen Schweigen deshalb tödlich wirkt, weil in ihm Gott selbst da ist wie ein Toter. So rufen die Beter nach dem Erwachen, nach dem Lebendigwerden Gottes, dass Gott für die Wissenschaft und in der Wissenschaft Gott werde, dass er dem Menschengeschlecht sich als der Lebendige zeige, indem Gottes Volk aus dem Grab der Sprachlosigkeit aufstehe. Was im Psalm noch individuell klingt, ist heute ins Universelle zu übersetzen. Das Reden von der Krise der Wissenschaft und der Krise der Kirche ist aufzuheben und aufzunehmen ins Gebet: »Dein Name werde geheiligt.« Das Gebet ist eine Aufforderung.

Die Beter brechen nicht nur ein Schweigen: Indem sie Gehör finden, beschwören sie ein neues Schweigen, das Schweigen, das an der Zeit ist, das vom Geist gelehrte Schweigen. Was ist das für ein Schweigen?

Wenn wir uns mit unseren Fragen und Schweigsamkeiten den Propheten zuwenden, stoßen wir auf einen Imperativ, der – lautmalerisch ähnlich unserem »bsst« – ein Schweigen befiehlt, das Angst macht und hoffen lässt, denn es ist in vielfältiger Brechung ein Imperativ im Gericht. Dem hier gebotenen Schweigen ist jede Beliebigkeit genommen. Dieses Schweigen ist nicht mehr Sprachspiel um ein Wortloses, auch nicht Zeichen eines Versiegens von Sprache. Dieses Schweigen schweigt in Erwartung und ist das Gebot der Stunde.

Allerdings können wir nicht sagen, dass es harmloser sei als das Verstummen im zeitgenössischen Schweigen. Das Umfeld, in dem dieses Schweigen geboten wird, erscheint archaisch grausam. Wir verstehen weder unsere Zeit noch das Tun des lebendigen Gottes, wenn wir solche Prophetie um ihrer grausamen Aussage willen im Abseits der Vergangenheit stehen lassen. Andrerseits verraten wir Unkenntnis Gottes, wenn wir ein Wort isolieren aus dem Gesamt biblischer Verheißung. Gehen wir dem prophetischen Imperativ nach!

Amos sagt dem Volk radikale Vernichtung an. Etwa im Bild vom Haus, in dem noch zehn übrigbleiben, »so sterben sie doch«. Wenn einer gezwungenermaßen die Leichen abtransportieren soll und fragt den, der im hintersten Winkel sitzt, ob noch einer da sei, so sagt der »keiner« und sagt »Still! denn man darf Jahwes Namen nicht nennen« (Am 6,8–11). Das Nennen Jahwes würde Unheil bringen, würde sein Richten und Vernichten anziehen. – In der Vision vom Erntekorb, bei der das Ende für Israel angesagt wird, das Heulen der Palastsängerinnen und viele Leiden, kommt nochmals ein imperiales »still«, »bsst« (Am 8,3).

Da tritt ein Zefanja auf, kündigt Menschheitsdämmerung an, dass Gott aufsteht und seinen Krieg führt, und da ruft er: »Stille vor Gott dem Herrn! Denn der Tag des Herrn ist nahe« (Zef 1,7).

Wo Gott aus dem Dunkel ins Licht tritt, wird ein Schweigen geboten, das vor Vernichtung bewahrt; denn der Tag Jahwes ist Gerichtstag. Ein Opfertag.

Der Prophet Habakuk begründet nach einer Gerichtsrede, die keineswegs mit Weherufen spart, einen ebensolchen Aufruf mit der Präsenz des Gottes Israels im Tempel: »Aber der Herr ist in seinem heiligen Tempel – stille vor ihm, alle Welt« (Hab 2,20)! Das mutet grotesk an: Ein nahezu Unbekannter eines nahezu unbekannten Volkes erhebt an alle Welt den Anspruch stille zu sein.

War bei Amos das Schweigen an der Zeit, weil Jahwe die Stadt – möglicherweise Samaria – zerstört, so spricht Sacharja von der Wiedererwählung Jerusalems. Gott wird in Zion Wohnung nehmen, und das wird gut sein für viele Völker.

Fordert Amos angesichts der Zerstörung und Vernichtung zum Schweigen auf, so ist der Aufruf des Sacharja ein Signal der Hoffnung – offensichtlich über das Gottesvolk hinaus: »Stille, alle Welt, vor dem Herrn! Denn schon erhebt er sich von seiner heiligen Stätte« (Sach 2,13). Wo Gott aufsteht und handelt, hat menschliches Reden keinen Platz mehr. Wo Gott aufsteht und handelt, hat er das Sagen, führt er das Wort, gebührt uns das Schweigen. Wo Gott nicht mehr stille hält, haben wir Stille zu halten.

Aus dem Vergleich der vier Stationen zeitgenössischen Schweigens mit dem Nacheinander des Aufrufs zum Schweigen ergibt sich eine umgekehrte Tendenz: Beim zeitgenössischen Schweigen die zum Inhumanen. Bei dem Schweigen, das die Propheten lehren einen Fortschritt in der Geschichte Gottes unterwegs zur Menschlichkeit.

Wenn nach der Apokalypse des Johannes das Lamm das siebte Siegel öffnet, entsteht eine Stille im Himmel, etwa eine halbe Stunde lang (Offb 8,1). Vor dem Beginn der Gerichts- und Heilszeit hält der Himmel den Atem an, da schweigt sogar der Himmel.

Das Schweigen im Himmel hat eine ähnliche Struktur wie das Schweigen, das die Propheten lehren. Das beginnt mit Gericht und Zerstörung und endet mit der Herabkunft des neuen Jerusalem, »und die Stadt ist reines Gold gleich reinem Glas« (Offb 21,18).

Ich glaube, dieses Schweigen ist heute an der Zeit. Ein Schweigen, das auch auf eine negative Theologie verzichten kann, weil es – von den Propheten aufgerufen und vom Seher im Himmel wahrgenommen – als Begeisterung für Gottes Zukunft unterwegs ist zum Aufstehn, zur Epiphanie. Ich glaube, dass Gott heute dies eine durch den Propheten der Kirche, der Theologie und der Welt ausrichten lässt: »Bsst vor Gott dem Herrn! Denn der Tag des Herrn ist nahe.«

Das ist ein Schweigen auf Zukunft hin, ein Schweigen, das um das Ende weiß, dass es Gericht sein wird, in dem die Gnade kommt, die wir wortreich verloren haben. Dieses Schweigen umgrenzt nicht einen leeren Raum, es korrespondiert vielmehr mit dem Schweigen im Himmel, das die letzte Zeit einleitet: Und das ist die Zeit, in der wir stehen. Wer mit offenen Augen diese Zeit und ihr Schweigen meditiert, wird dem zustimmen. In der Ausrichtung auf das Handeln des lebendigen Gottes wird Schweigen Gold.

Aus: Gericht, S. 188–195

IV

Vollendete Zukunft

»Dorthin, wo alles, was war und ist, Dank wird«

Zeit

Im Verrinnen schon Einfluss der Ewigkeit.
Unter neuem Himmel schon neue Erde.
Dies Glück kann nicht mehr brechen wie Glas,
es kommt, um zu bleiben.

Du, Herr Christus Jesus, schaffst, was noch nie da war –
auch mich neu. Unterwegs zum Unerfahrenen
nimmst du mich mit.

Noch ist dein Leben verborgen in mir;
aber stark wie der Tod wächst es aufwärts zu dir,
stirbt in den Dank.

Dorthin, wo alles, was war und ist, Dank wird.
Mehr und mehr Dank. Nur Dank –
und Anbetung.

Aus: Beten, S. 90.

Gebet

Du kommst,
Den Kosmos zu erfüllen,
Alles Sein heimzuholen in dein Sein;
Denn dein ist das Reich.
Du kommst,
Alle deine Feinde zu vernichten,
Den Tod aufzuheben.
Nichts kann dir widerstehen;
Denn dein ist die Kraft.
Du kommst
Zur großen Erleuchtung.
Es geht auf dein Glanz,
Uns zu überkleiden;
Denn dein ist die Herrlichkeit.
Du bist jetzt schon um uns mit allen Kräften und
Gaben deines Reiches.
Darum nimm alle falsche Sicherheit von uns, damit
wir ängstlich bemüht sind, deine Verheißungen nicht
zu verfehlen.
Rüttle du uns alle auf aus dem Schlaf und reiß uns aus
aller falschen Furcht.
Gib uns Freude und Liebe zu deinem Wort, dass wir es
nicht vergessen, vielmehr seine willigen Hörer bleiben.
Amen.

Aus: Seligpreisungen, S. 48

Das Wort Gottes und die Kirche

»Der junge Luther lehrt uns, seine Theologie in Bewegung, in eigenem unablässigem Werden zu sehen. Die Bewegung will fortgehen, nicht sollen die Resultate konserviert werden.« Diese Sätze von H. J. Iwand[1] nehme ich dankbar auf, um ihre Gültigkeit für einen Mann zu behaupten, der Anteil hatte, freilich noch nicht an einer Reformation, immerhin aber an einer theologischen Erneuerung, die in der Kirche auf ihre Art Geschichte machte und macht. Diese Geschichte geht weiter.

Der junge Thurneysen lehrt uns, Theologie in einer Bewegung zu sehen, die »fortgehen« will; nicht als Theologie unter vielen anderen Theologien, deren eine sie, als von Menschen gemachte, gewiss und fragwürdig genug auch ist, wohl aber als Teilhaberin der einen Theologie, die immer nur eine sein kann, indem sie einen Gott reflektiert, und indem sich Gott selbst in ihr reflektieren lässt. Theologie also in der Bewegung der Gnade, Theologie, in der Gott schön wurde und schön werden will. Theologie, in der das Heil Geschichte macht; Theologie also, die wir noch nicht kennen.

Theologie, die wir kennen, wird, indem wir sie kennen, immer schon zur Konserve in dem Maße, wie sie zu einem Wissensstoff gerinnt. Reflektieren wir dagegen eine Theologie, in der sich Gott selbst reflektiert, wird dies eine Theologie sein, die wir noch nicht haben, die wir erst noch entdecken, die sich uns entdeckt; in deren Werden wir selbst uns verändern auf ein Neues, noch Unbekanntes hin.

So versuche ich vom Beginn zu erzählen, an den Anfang zu erinnern, um nach dem Fortgang zu fragen: »Die Bewegung will fortgehen, nicht wollen die Resultate konserviert werden.« Der junge Thurneysen begegnet in Bad Boll Christoph Blumhardt. Unerfahren in Gott klagt er seinen Mangel dem Erfahrenen und wird gefragt, ob es etwas gebe, wofür er, der Junge, sich begeistern könne. Nach einigem Zögern vielleicht: ja, Musik, Literatur, Schiller. Die Antwort kommt überraschend und unorthodox: »Da, in dem, was Dich begeistert, da ist Gott.«[2]

Am Anfang stehen Klage und Frage. Von dieser Klage und Frage her wird eine neue Bewegung in die Theologie hineinkommen. Ich kann auch sagen: In der Begegnung mit Blumhardt erfährt er Seelsorge, die ihn zum Seelsorger machen wird. Allein, mit dem Stichwort Seelsorge ist noch nicht ausgemacht, was nun beginnt.

In Zürich hat der junge Theologe Umgang mit einem Mann, der wie kaum ein anderer Theologe seiner Zeit an der Kirche und an der Gesellschaft leidet. Bei H. Kutter liest er den Satz: »Ein Innenleben, das nicht mehr an die Überwindung

---
1 H. J. Iwand, Luthers Theologie, 1974, 31.
2 Zum Erleben Gottes vgl. auch K. Barth / E. Thurneysen, Briefwechsel, 2 Bde., 1973f, II,412. Im Folgenden nur mit Bandangabe zitiert.

der Welt durch das Evangelium glaubt, ist keines.«[3] Ein solcher Satz charakterisiert den Aufbruch des Anfanges.

Der Anfang einer Erneuerung der evangelischen Theologie liegt in diesen Begegnungen, die Thurneysen dann auch seinem Freund in Safenwil vermittelt[4]. Später schreibt er dem Freund: »Ich habe in letzter Zeit mit neuer Dankbarkeit an die Art denken müssen, in der Blumhardt und auch Kutter Seelsorge an mir geübt haben. Sie haben mich einfach sehr ernst genommen, Blumhardt insbesondere.«[5]

Wer ernst genommen wird, nimmt ernst. Der Pfarrer von Leutwil nimmt den Menschen, nimmt das Predigen ernst. Er nimmt Gott ernst. Dabei macht er die Erfahrung, dass das Evangelium, von dem er weiß, dass die Botschaft vom Reiche Gottes, die er von Boll her im Ohr hat, nicht recht über die Lippen will. So fängt er nicht mit Ja und Amen an – auch nicht mit einem Ja-aber oder einem Sowohl-als-auch, sondern mit Nein. Auf der Orgel wird nicht präludiert. Am Anfang dröhnen die Paukenschläge. Sie wollen das große »Es« ankündigen, das kommende Reich: »*das* ists nicht und *das* ists nicht – aber das *ists*«.

Aus Safenwil schreibt der Freund besorgt, er verstehe »den gewissen Fanatismus nicht, mit dem du alle diese *Nicht* betonst«[6]. Nicht jubelnd sei dieses Nicht, repliziert der Leutwiler, »sondern nur ein sehnsüchtiges Vorwärtsdrängen nach einem Ziel, das ich noch nicht erreicht habe«[7]. Die Paukenschläge intonieren vorläufig kein Preislied, sie signalisieren Sehnsucht, den Schmerz um das Wort. Nicht über die Sache möchte der Prediger in Leutwil reden, »sondern getragen von der Sache wie auf hoher Flut«[8]. Aber da trägt keine hohe Flut. Da wird Predigen jeremianisch zur Last, unentrinnbar. Das Pfarrersein in »dieser Kirche, die niemand ernst nimmt«[9], erscheint als »grundsätzlich verfehlter Beruf«[10]. So sagt er in dem Vortrag »Unsere Hoffnung und die Kirche«: »Es ist uns ernst mit Gott, aber die Welt ist so sehr daran gewöhnt, dies Reden nicht so ernst zu nehmen, dass alles Ernstmachen einfach nicht durchdringt … Versteht Ihr nun, dass ein rechter Pfarrer es nicht leicht hat im Dorf, dass er unter einer Last seufzt und an einer inneren Arbeit steht, die oft schwer und drückend auf ihm liegt. So dass ihn gelegentlich die Lust ankommen könnte, alles das unwahre Scheinwesen in der Kirche von heute hinter sich zu werfen und etwas anderes zu werden, Kaufmann oder Ingenieur oder Landwirt, alles lieber, als unter diesem Drucke weiter zu arbeiten.«[11] Den Wechsel von Leutwil nach Bruggen wird er als einen Wechsel von einem Krankenbett ins andere charakterisieren[12]. Aus Safenwil ruft

---

3 Wir Pfarrer, 1907, 166.
4 I, 16.
5 I, 108.
6 I, 32.
7 I, 35.
8 I, 128.
9 Suchet Gott, so werdet ihr leben, ²1928, 169.
10 I, 90.
11 Suchet Gott, 169.
12 I, 374.

ihm der Freund zu: »Nur keine ›gesegnete Wirksamkeit‹! sondern Pech, Schwefel und Rauchdampf in diesem wohlfrisierten Kirchenhimmel.«[13] Das Pfarrersein wird hier nicht verteidigt, es wird erlitten, aber es wird ausgehalten. Von Bad Boll her hat Thurneysen den Satz im Ohr: »Die Kirche braucht gerade Pfarrer, die für sie und die Welt noch etwas hoffen.«[14] Im Hoffen wird die prophetische Last getragen.

Hoffnung wird in den Paukenschlägen laut, die nun aus St. Gallen kommen. 1921 formuliert er den programmatischen Satz: »Der Tod alles Menschlichen ist das Thema der Predigt.« Dann wird postuliert, und es klingt beinahe nach einer Vorwegnahme Maos, es tönt nach theologischer Kulturrevolution: »Nirgends sollte der Angriff auf die Welt, das in Frage stellen und Aushöhlen alles Menschlichen, des Persönlichen und des Gesellschaftlichen radikaler, umfassender und überlegener geschehen als dort, wo man von nichts anderem zeugen will als von der kommenden, der *hereinbrechenden, der ganz und gar anderen, neuen Welt Gottes.*«[15]

Die welt-kriegerische Sprache der Briefe geht zwischen den beiden Aargauer Pfarrhäusern hin und her; sie entspricht dem Postulat jenes Angriffes. Da gibt es kaum einen Brief ohne militärische Aktion. Im Angreifen und im leidenschaftlichen Verneinen liegt die Sehnsucht nach der neuen Erde.

Die Briefschreiber haben sich später fast entschuldigt ob ihrer gar martialischen Schreibweise. Diese Sprache bedeutet m.E. mehr, als was sie vordergründig sagt. Sie signalisiert, dass hier in der Tat Schlachten geschlagen werden, dass im neutralen Helvetien ein Krieg geführt wird, in einer anderen Dimension, ein Weltkrieg nicht minder, ein Krieg um Gott und die Welt. Wie bedeutsam diese Schlachten waren, wird erst am Ende der Geschichte sichtbar werden.

Nicht Kirchlichkeit wird intendiert, sondern Gerechtigkeit. So kann er sich beklagen, dass in Leutwil seine früheren Konfirmanden bestenfalls in der Zigarrenfabrik ein Kirchenlied singen, »statt um mehr Lohn zu kämpfen«[16]. Er, der sich leidenschaftlich um die Predigt müht, lässt sich – auch das eine Predigtfrucht – in die Steuerkommission wählen, um den Reichen auf die Finger zu sehen[17] und initiiert die Gründung einer Tabak-Arbeiter-Gewerkschaft[18]. Er weiß: »Das isolierte kirchliche Predigen allein tuts eben nicht.«[19] Aber die Politik tut's auch nicht; denn das politische Engagement könnte immer noch ein Scheinfechten um Scheinziele sein.

So ist das Nein, das der junge Thurneysen vor uns aufrichtet, steil wie eine Fahne, ein Signal der Sehnsucht und der Hoffnung: Es ist – wie er es später im

---

13 I, 364.
14 Suchet Gott, 170.
15 Die Aufgabe der Predigt, in: Pastoralblätter 63, 1921ff; vgl. jetzt: E. Thurneysen, Das Wort Gottes und die Kirche (ThB 44), 103f.
16 I, 213.
17 I, 261f.
18 I, 391.
19 I, 355.

Blick auf Dostojewskij und Kutter ausdrückt – »ein Drang nach etwas *Realem*, ein Griff über alle Fernen hinweg«[20]. Dieser Drang nach dem Realen macht ihn in Leutwil zum »Rüttler und Schüttler«[21]. Dieser Drang nach dem Realen entlarvt das Bestehende. In Bruggen postuliert er: »Es muss zu einem Anfang kommen, der wirklich ein *neuer* Anfang ist. Darum muss allem neuen Beginnen ein klares, ganzes, radikales Nein vorausgehen, ja ständig innewohnen; ein Nein! allem gegenüber, was wir bisher gedacht, getan und für Recht und genügend gehalten haben.«[22] Thurneysens Nein ist kein Resultat, das als solches zu wiederholen wäre. Es lässt sich nicht systematisieren und erst recht nicht konservieren, nur predigen, und nur als Ja zu »der kommenden, der hereinbrechenden, der ganz und gar andern, neuen Welt Gottes«. Im Nein kündigt sich schon das Ja an, der neue Anfang, auf den der junge Thurneysen wartet, ist schon da in der »kleinen Herde«, die »für alle Anderen das Reich Gottes versteht und vertritt und die ganze Welt dafür in Anspruch nimmt. Ja, darin hat sie ihre eigentliche Aufgabe. Sie rechnet die Welt zu Gott und nimmt sie für ihn in Beschlag allem gegenteiligen Schein zum Trotz. Das ist ihr inneres Tun, dieses prinzipielle Behaupten des Sieges der Gottesherrschaft.« Solche Sicht der Gemeinde beinhaltet noch einmal eine doppelte Negation. Das »Abrücken von der Welt«, »die falsche Apokalyptik«. Die doppelte Negation gründet in einer Position: »Ich habe das Bedürfnis, den Universalismus des göttlichen Handelns hervorzustellen, das sich auf Alle richtet und Alle erfasst.«[23]

Die kleine Herde hat eine besondere Funktion. Sie leidet mit dem Prediger, steht mit ihm unter dem gleichen Druck. Aber Gottes Zukunft wird in ihre Hände gelegt. Sie wird mit seinem Kommen konfrontiert, wird an seinem Kommen beteiligt, für sein Kommen verantwortlich gemacht: »Warum soll Gott die Türen auftun, wenn keine Menschen davor stehen und anklopfen? Gott macht seine Türen nicht ins Leere hin auf … Gott redet nicht gern in den Wind … er wartet, bis wir auf *ihn* warten«, heißt es in der ersten Predigt von »Suchet Gott, so werdet ihr leben«[24]. Gott wartet auch heute, macht seine Türen auch heute nicht ins Leere hinauf. Ich halte hier inne. Ich habe versucht, den Anfang zu erzählen, habe Sätze des jungen Thurneysen hergerufen, um den Anfang jener Bewegung zu markieren, die »fortgehen« will. Was aber hat dieser Anfang für die Praktische Theologie heute zu bedeuten?

Nimmt Praktische Theologie teil am Warten der Gemeinde auf Gott, ist es ihre Aufgabe, nach dem Auftun der Tür zu fragen, den Drang nach etwas Realem wachzuhalten und zum »Griff über alle Fernen hinweg« zu ermuntern. Praktische Theologie kann darum nichts anderes sein als ausgeführte Pneumatologie. Die Grundfrage Praktischer Theologie ist die nach dem Praktisch-Werden Gottes. Die Frage nach dem Praktisch-Werden Gottes stellt sich als Frage nach

---

20 I, 481.
21 I, 132.
22 Der Heilige Geist, in: Das neue Werk 2, 1920/21, 158f.
23 I, 38.
24 Suchet Gott, 10f.

theonomer Reziprozität. Damit habe ich den Predigtsatz des jungen Thurneysen auf den Begriff gebracht: »Er wartet, bis wir auf ihn warten.«

Die Frage nach unserer kirchlichen Praxis heute wird damit zur Frage nach dem Praktisch-Werden Gottes in uns und durch uns. Die Frage nach kirchlicher Praxis ist die Frage nach der Übereinstimmung oder Divergenz von Gottes Handeln und unserem Handeln, und dies ist die Frage, ob die Theologie und Kirche Gott heute wahrzunehmen vermögen. Wahrnehmen im doppelten Sinn des Wortes, als Sehen des Glaubens und als Erfüllung eines Auftrages: Darum versuche ich, Praktische Theologie als theologische Ästhetik zu verstehen. Gottes Handeln, Gottes Praktisch-Werden, will wahrgenommen werden in diesem doppelten Sinn. Von einem wahrnehmenden Erkennen und von einem Wahrnehmen des Auftrages.

Thurneysen stellt uns Johannes den Täufer vor Augen: »Was ihn von allen anderen Menschen unterscheidet, ist, dass er Ohren hat, die hören, und Augen, die sehen.«[25] Der Täufer hat den Sinn des Gottes erkannt, der kommen will und auf die wartet, die an den verschlossenen Himmel klopfen. Wer aber anklopft, dem wird aufgetan. Aber wer hat schon die Augen und Ohren des Täufers? Wer vermag schon wahrzunehmen? Wer kann durchdringen von den Zeitungsnachrichten zu den Informationen des neuen Bundes[26]? Thurneysen postuliert: »Wir müssen aufwachen für Gott. Wir müssen Augen bekommen für seine, Gottes, Anliegen …«[27]

Im Lehrstück über den Heiligen Geist heißt es dann in der »Christlichen Unterweisung«: »Wir bekommen Augen für Gott«[28], bekommen Augen dafür, »dass Gott für die Welt der Menschen wirklich ein neuer ist«[29]. Wo Gott selbst, wo Jesus selbst uns gegenwärtig wird, kommt es zum Sehen des Glaubens, zum Erfahren Gottes, das schon nicht mehr Erfahren *Gottes* sein kann, wenn es ein bloß subjektives bleibt: »Mit sogenanntem Glaubensleben sind wir noch nicht beim Heiligen Geist.«[30] Es ist kein Zufall, dass Thurneysen im Katechismus nicht sagt: Wir bekommen Ohren für Gott, sondern hier – ich möchte sagen – johanneisch von Augen spricht: Wer glaubt, bekommt ein neues Augenmaß. In einem Brief wird das Naturschöne herangezogen, um den Heiligen Geist in seinem Wirken zu beschreiben »als ein Wetterleuchten, welches das dunkle Menschenland plötzlich erhellen kann und uns Kunde gibt von uns leider noch fernen Kraftentladungen Gottes«[31].

So wird später auch die Theologie im Gleichnis beschrieben, das Naturschönes aufnimmt: »Eben hat es geblitzt an einer bestimmten Stelle des Himmels. Dorthin zeigen wir nun. Es ist freilich nichts zu sehen als eine dunkle Wolken-

---

25 Suchet Gott, 9.
26 Vgl. I, 300.
27 Komm Schöpfer Geist, 1924, 104.
28 Christliche Unterweisung, ²1948, 44.
29 Suchet Gott, 77.
30 Der Heilige Geist, 155.
31 I, 202

wand, aber wir wissen, im nächsten Augenblick kann der Blitz wieder über sie niederzucken.« Die Theologie kann diesen Blitz freilich nicht hervorbringen; »aber sie kann dafür sorgen, dass die Blicke nicht anderswohin und überallhin schweifen, sondern dorthin, wo sich Gott wirklich zu erkennen geben will«[32].

Die Aufgabe, die Thurneysen der Theologie zuweist, kann angemessen nur pneumatologisch gedacht werden, denn Gott der Heilige Geist allein vermag unsere Blicke dorthin zu lenken, wo Gott erkennbar wird. Als Heiliger Geist ist Gott der schlechthin Faszinierende. Und der Geist lässt nicht nur uns nach der neuen Schöpfung Ausschau halten, lässt uns vielmehr auch in der alten Schöpfung das Neue schon neuer Schöpfung erkennen und lässt uns an der neuen Schöpfung teilhaben. Der Geist versetzt uns in das neue Sein des neuen Menschen.

Thurneysens Perspektive ist auch da, wo er pneumatologisch denkt, von der Christologie bestimmt. Er versteht den Geist als »Fortsetzung Jesu Christi«[33]. Thurneysens steiles Entweder-Oder lebt von diesem christologischen Denken des Geistes. Insofern der Heilige Geist von Christus nicht zu trennen ist, können wir nicht anders denken. Solches Denken reicht aber nicht aus, es wird dem Personsein des Heiligen Geistes kaum gerecht. Ein Denken vom Heiligen Geist her aber verläuft in anderem Horizont als ein Denken von Christus her, ohne dass es diesen Horizont negieren würde. Es überholt ihn. So will beachtet sein, dass »die Exklusivität Gottes, Gottes Unvermischtsein mit allem Menschlichen«[34], von Gott selbst aufgegeben wird, indem er sich als creator spiritus nicht nur mit allem Menschlichen, sondern mit allem Geschöpflichen mischt.

Thurneysen hat das in der Linie des jüngeren Blumhardt gesehen. Das zeigt sich etwa in den Predigten, in denen Thurneysen sich zur russischen Revolution äußert, die er pfingstlich sieht als Signal, »dass Gott uns wieder mehr und Größeres geben will«[35].

Ist Gott in der Geschichte und auch in der Kirche anders als in Christus nicht unvermischt am Werk, erhöht sich die Dringlichkeit und die Schwierigkeit, nein zu sagen. Prophetische Predigt bedarf der Prüfung der Geister, und eine Theologie im Horizont des Heiligen Geistes bedarf einer anderen Wissenschaftspraxis als der bisher geübten.

In Theologie und Kirche, im Gespräch über Gott geht es um das Wahrnehmen, um das Wahrnehmen Gottes selbst. Und immer ist es der Dreieinige, der wie ein Blitz einschlägt, aber auch sanft im Säuseln des Windes vorübergeht, der sich heute anders als zur Zeit Jesu kundtut; dann aber wird Theologie zu einem Problem der Ästhetik:

Theologie kommt von der Wahrnehmung her und bereitet Wahrnehmung vor. Eine Theologie des Wortes kann sich nicht mit Semantik – wie auch immer – begnügen, und sie kann historische Theologie nur sein im Blick nach vorn in die Richtung, in der das Wetterleuchten zu erwarten ist. Ich denke, das Un-

---

32 Die Aufgabe der Theologie, in: ThB 44, 79.
33 Der Heilige Geist, 158f.
34 ZZ 1923, H. IV, 6.
35 Suchet Gott, 93.

genügen an der akademischen Theologie, das immer wieder empfunden wird, beruhe letztlich auf einem Mangel an Ästhetik. Ästhetik nicht im Sinn des 19. Jahrhunderts, salonfähig, als Lehre nur vom Kunstschönen; Ästhetik verstanden in einer zerstörten Umwelt. Ästhetik verstanden als Wahrnehmung und Gestaltung des Schönen, wobei das Schöne von Gott her, von seiner Herrlichkeit her, heilsgeschichtlich, vom Anfang und Ende her verstanden wird: vom »Siehe, es war gut« her und auf den Vorschein kommender Herrlichkeit hin, die nach dem Apokalyptiker urban erscheint. Gott wird schön, indem sein Wort hörbar und seine Kirche sichtbar wird. In diesem Sinne möchte ich aufnehmen, was Thurneysen in der Mitte seines Lebens über einen Aufsatzband schrieb: »Das Wort Gottes und die Kirche.« Das heißt heute: Theologische Ästhetik soll helfen, das Wort wahrzunehmen, und das Wort macht die Wahrnehmung eindeutig.

Kirche aber ist von einer theologischen Ästhetik her zu begreifen als Ort, an dem Gott schön werden will und schön wird: Kirche als Vorschein endzeitlicher Urbanität! »Schönheit wird die Welt erlösen«, hat Dostojewskij geschrieben, und Thurneysen hält den Satz fest, wenn er über den Russen schreibt; denn der Satz nimmt auf, was Thurneysen in Boll hört: »In dem, was Dich begeistert, da ist Gott.« »Schönheit wird die Welt erlösen.«[36]

Das ist kein christologischer, das ist ein pneumatologischer Satz; er spricht Futurum aus, kennzeichnet das Ziel, dem theologischer Progress entgegenläuft. Christologisch muss man perfektisch reden: Der keine Gestalt noch Schöne hatte, der Hässliche von Golgatha, hat die Welt erlöst; die Gottlosen, die Gott nicht sehen mag, kommen ins Ansehen bei Gott; die keine Gestalt und keine Schöne haben, bekommen eine neue Gestalt, werden schön. Schön ist das Ansehnliche; das Wort »schön« hängt mit »Scheinen« oder mit »Schauen« zusammen. Was in Jesus von Nazareth zum Vorschein kam, will anschaulich werden in allem, insofern Gott sein wird alles in allem: Von der Schöpfung her scheint das Schöne, und am Ende der Zeit wird das Schöne schaubar, das noch kein Auge sah und zwischen Anfang und Ende ein Wort und ein Volk, ein Vorschein jetzt des Heiligen Geistes. Im Heiligen Geist und durch ihn kommt die Schönheit im Volke Gottes zum Vorschein, die die Welt erlösen wird.

Pneumatologisch kann man hier nicht perfektisch reden. Was zum Vorschein kommt, ist noch nicht, was sein wird. Der Anfang des Schönen liegt im Chaos. Darum haften an der Schönheit des Gottesvolkes Momente des Chaotischen. Auch die ältesten biblischen Zeugnisse vom Heiligen Geist sind nicht frei von diesen chaotischen Momenten. Nicht verwunderlich, dass mit »der Angst des Bürgers vor dem Chaos« (J. Schumacher) eine verbürgerlichte Theologie Angst hat vor pneumatologischem Denken! Umso mehr als pneumatologisches Denken – das zeigen die Paukenschläge aus Leutwil und St. Gallen – nicht fragt, wie stabil die Kirche sei, sondern weiß, dass sterben muss, was leben will. Nur im Sterben wird die Kirche schön, wird sie ein Vorschein »der kommenden, der hereinbrechenden, der ganz und gar anderen Welt Gottes«. »Schönheit wird die Welt erlösen.« Zwischen Leutwil und Safenwil ist Gott schön geworden; da leuchtet

---

36 Dostojewski, 1921, 29.

etwas auf vom Wetterleuchten, das Thurneysen meint. Da geschieht etwas Irreversibles, hinter das wir nicht zurück können. Da geschieht etwas, was von uns Heutigen und von einer kommenden Generation erst noch einzuholen ist: Was damals geschah, ist ins Heute und ins Morgen zu übersetzen, will »fortgehen«.

Wenn theologische Ästhetik das Praktisch- und Schön-Werden Gottes reflektiert, dann auch die theologische Praxis, die Praxis theologischen Arbeitens. Dieser Praxis möchte ich mich nun zuwenden:

Verwunderlicherweise haben die beiden Freunde im Aargau ihre Praxis theologischer Arbeit, soweit ich sehe, nicht reflektiert. Es war ihnen wohl kaum bewusst, dass ihre Praxis möglicherweise besser war als ihre Theorie: hier am Anfang geschah etwas, was unablösbar zum Irreversiblen der einen Theologie gehört: Theologie ist Sache der Gemeinde; die *eine* Theologie kann nur dann betrieben werden, wenn sie zur gemeinsamen Sache wird, wenn gemeinsame Sache gemacht wird. Und dieses Gemeinsame-Sache-Machen gehört zum theologischen Durchbruch dieser Jahre. Hier wird etwas deutlich von der Praxis theologischer Arbeit, die all unserem Reden über Reform des Studiums und der Theologie um Jahrzehnte vorausliegt. Das Unakademische des Beginns ist gerade für die Theologie als Wissenschaft von höchster Bedeutung; dieses unakademische Beginnen signalisiert den Progress über die akademische Theologie hinaus – für die akademische Theologie! Das Unakademische des Beginns kann heute wegweisend gerade für die akademische Theologie sein. Was hier beginnt, beginnt mit einem »Wir«. Die Theologie, die hier wird, beginnt in einem Miteinander von zwei jungen Theologen. Hier gilt's nochmals zu erzählen:

Im Briefwechsel mit Barth haben wir ein document humaine von hohen Graden vor uns, das nicht nur die Profile der beiden Freunde deutlich werden, sondern auch am Entstehen einer Arbeitsgemeinschaft teilnehmen lässt, die in die Zukunft weist. Das hebt unscheinbar an mit einer Einladung zur Hochzeit; dann schreibt Thurneysen an Barth: »Ich kann nicht einmal finden, dass wir beide sehr gleichartig denken oder in unserer Methode zu arbeiten, einander berühren. Wir verstehen uns einfach und haben etwas vom Austausch miteinander.«[37]

Im Einander-Verstehen, Etwas-von-einander-Haben bildet sich eine charismatische Zweiermannschaft, eine Kommunität theologischer Existenz, eine Waffenbrüderschaft, in der entscheidende Schläge vorbereitet werden[38], in der einer den anderen aufrichtet, tröstet. Da werden immer wieder Predigten ausgetauscht, und da sagt einer dem anderen immer wieder, was er kann und was er hat. Der eine hebt den anderen, tröstet ihn, berät sich mit ihm. Da kommt es ganz natürlich auch zu dem, was jeder Freundschaft eignet: zu einer gegenseitigen Bewunderung. Einer rühmt den anderen, einer staunt über den anderen.

Im gegenseitigen Rühmen können sich Eitelkeit und Lüge zu Wort melden, und wo wäre ein Rühmen völlig ohne die geringste Beimischung von Eitelkeit und von Lüge, an der wir alle teilhaben? Aber es kann auch etwas ganz anderes zum Vorschein kommen, und ich meine, das geschieht hier: Im gegenseitigen

---

37 I, 15.
38 I, 149.

Rühmen kommt Gnade zum Vorschein, Charis als Anmut des Schönen. Im gegenseitigen Rühmen kann Charisma sich entfalten. Was der eine wird, wird er durch den anderen. Indem theologische Existenz zum Wir wird, macht jeder auf seine Weise in der Theologie Geschichte. Hier wohnen – nach Ps 133 – Brüder einträchtig beieinander, sie teilen das Erbe miteinander, und Aarons Öl fließt. Von Matthäus her möchte ich sagen: Da sind zwei in Seinem Namen versammelt, und Er ist mitten unter ihnen. Von Paulus her: Da beginnt Theologie als charismatische Gemeinde en miniature betrieben. Im gegenseitigen Rühmen steht ein Zuspruch, Charis, wird jeder er selbst und beide ein Wir. Die Briefe machen das immer wieder deutlich, dass hier der apostolischen Paränese gefolgt wird; in der Demut achte einer den anderen höher als sich selbst. In dieser Demut konnten sie den Hochmut des Glaubens leben und sich selbst dem Vorwurf des Hochmuts aussetzen.

Hier der Diener des Wortes, dort der Streiter; hier der johanneische Tröster, der das Departement des Äußeren verwaltet, dort der paulinische Angreifer; hier der Seelsorger und Unterweiser, dort der Aufrührer und Prophet. Hier derjenige, der die Stellung hält und nach gegnerischem Beschuss die Gräben wieder aufschüttet. Dort derjenige, der Ausfälle nach allen Seiten unternimmt, mit wechselndem Kaliber feuernd. Sie stellen einander in Frage. Das gegenseitige Rühmen macht nicht Komplimente, sondern prüft den anderen, befragt den anderen. So kommt von Barth die Frage, wie es denn in der individuellen Seelsorge klappen könne, während es ihrer Überzeugung nach in den sozialen Nöten noch nicht klappen könnte[39]. Und wenn später Thurneysen den Freund in Göttingen für die Nachfolge Kutters am Neumünster zu gewinnen sucht, stellt er dessen ganze akademische Existenz in Frage[40].

Immer und immer wieder erscheint Thurneysen als der Mann im Hintergrund, der Briefe und Vorträge durchzusehen und zu verbessern hat. Bei der Überarbeitung zur zweiten Auflage des Römerbriefes zeigt sich die Beteiligung Thurneysens besonders deutlich: »Sieh aber genau nach, ob alles in Ordnung ist: etwa wie die Wagenkontrolleure auf den Bahnhöfen, die mit langen Hämmern an jedes Rad klopfen, ob es nicht etwa einen Sprung habe! Ich war über deine letzten Anmerkungen wieder sehr froh und habe sie alle zu Ehren gezogen. Nur keine Umstände, wenn irgendwo ein Sprung ist.«[41] Und im Blick auf den Römerbrief schreibt Barth: »Du trägst dann ein *größtes* Stück Verantwortlichkeit oder Verdienst, wenn das Ding fertig ist.«[42] Später nennt er ihn den ersten Mitschuldigen am Römerbrief[43].

Thurneysen wird hier zum Episkopen ernannt; er bekommt von Barth die Aufgabe, ihn selbst zu vertreten. Barth befreit den Freund zur Kritik ihm gegenüber, damit wird er, Barth, frei zu weiterem Vorwärtsgehen. So kann Thurneysen

---

39 I, 44.
40 II, 346f.
41 I, 467; vgl. auch 494f.
42 I, 264.
43 I, 304.

Barth den theologischen Progress besorgen. Das Bild von Bahnhof und Eisenbahn spricht für sich.

»Aber dann sieh ja gut nach, ob kein Gelenk fehlt; ich bin so sehr froh über deine überprüfende Expertise; denn ich habe das Gefühl, du durchschaust die ganze Mechanik eigentlich besser als ich.«[44]

Hier vollzieht sich theologische Arbeit im Dual, und dieser Dual ist ein solcher im Prozess charismatischer Gemeinde. Der Episkop schaut besser durch als der Bahnbrecher. Und der Bahnbrecher braucht die Kontrolle des anderen. Es ist im Horizont dessen, was über den Heiligen Geist gesagt wird, der Augen für Gott schenkt, kein Zufall, dass Barth bei Thurneysen das Durchschauende wahrzunehmen glaubt. Ich unterstreiche einige Stellen. Bei der letzten Sendung des Römerbriefes schreibt Barth:

»Hier nun endlich die letzten Schüsse des großen Manövers, und nun ziehen die Truppen in die Quartiere. Korrigiere mir nur auch in das Vorwort hinein, was du für gut hältst, oder sags, wenn dir das Ganze missfällt. Du *übersiehst* die Lage in der Arena besser als ich.«[45]

Wenn Barth dann Bilanz zieht, sagt er Thurneysen, was er an ihm hatte. Da kommt nochmals eine Äußerung über das, was Thurneysen ihm gegenüber voraushat. Wenn er an anderen Briefstellen Thurneysens Gabe für Seelsorge und Unterricht rühmt, wird hier der weite Horizont Thurneysens gerühmt; das folgende Zitat zeigt sehr schön, wie sich Barth Thurneysen verdankt; in diesem gegenseitigen Verdanken liegt Zukunft:

»Immerhin möchte ich dir noch vorher *ganz* herzlich danken für die viele Mühe und Zeit, die du jetzt und während elf Monaten daran gewendet, das Ding zu strählen, ganz abgesehen davon, dass ich ohne dich wahrscheinlich heute noch missmutig bei Schleiermacher oder auch im Sozialismus drin steckte und weder den 1. noch den 2. Römerbrief geschrieben hätte und sicher nicht in die seltsame Lage gekommen wäre, nun auch noch den Professor zu machen. Eigentlich ist die Situation gar nicht gut; *denn du siehst nach wie vor irgendwie weiter als ich*, bist irgendwie der »Andere« in mir, der »Nächste«, auf den es eigentlich ankommt, und ich fürchte allen Ernstes, dass ich in Göttingen sein werde wie eine vertrocknete Zitrone, wenn wir uns im Jahr nur noch ein- oder zweimal sehen [...]«[46]

Indem Barth dem Freunde dankt, kommt es zur Klage; es ist, als ahne Barth hier etwas vom Unreflektierten in ihren Anfängen: »Eigentlich ist die Situation gar nicht gut.«

Ich meine, die Situation in Theologie und Kirche ist da nicht gut, wo der Kontrolleur fehlt, der Prüfer, ohne den Prophetie nicht möglich wird; und ohne Prophetie versinkt die Theologie im Akademismus, welcher Art auch immer.

Thurneysens letzter Abschiedsgruß vor dem Wechsel Barths nach Göttingen gilt »dem startbereiten Römerbriefschlachtschiff, und er gilt der Weggenossenschaft, die wir während der Zurüstung dieses Dreadnought haben durften, und

---

44 I, 481.
45 I, 519.
46 I, 520.

für die du mir wahrhaftig nicht zu danken hast. In was für einem muffigen Winkel säße ich heute ohne dich und das scharfe Tempo, das du angeschlagen hast und das mitzuhalten ich die Gnade hatte. Ich lebte und lebe von deinem Vorwärtsdrängen und Antreiben.«[47]

Thurneysen sieht sein Mithalten und Mitgehen als Gnade. Wenn Barth ihm seinen Progress verdankt, verdankt Thurneysen Barth den seinigen. Der eine wird, was er wird, durch den anderen. Und so verdankt sich denn auch nicht der eine dem anderen als Thurneysen und Barth oder umgekehrt, es verdankt sich Charisma dem Charisma, und so gewinnt der eine und der andere Profil. Charisma wird als Charisma gegen alles, was trennt und anders ist, erkannt, ausgesprochen und versprochen. Sie geben einander Anteil an dem, was jeweils dem andern als Vorschein der Charis zukommt. Dass in dieser Praxis sich eine Bewegung der Theologie reflektierte und umgekehrt, erscheint mir als das eigentlich Große und Verheißungsvolle des Anfangs. Dieses gegenseitige Sich-Verdanken ist schön: Nicht nur hilft einer dem anderen zur Kreativität; in der Einmütigkeit des Geistes kehrt Urchristliches wieder, eine geistige Gütergemeinschaft. So schreibt Barth zu seiner Exegese von Römer 13: »Ich habe mächtig mit deinem Kalbe gepflügt«[48], und den Aufsatz Thurneysens über »die Aufgabe der Predigt« nennt er zu nächst »ein erfreuliches Zeugnis von unsrer kommunistischen Geisteswirtschaft«[49].

Wenn Theologie kirchliche Wissenschaft ist, wird sie sich erlösen lassen von der Leistungsreligion, die sich fort und fort an unserer akademischen Theologensprache verrät, und sie wird mit und ohne Neomarxismus eine kommunistische Geisteswirtschaft praktizieren.

Das Erstaunliche dieser Arbeitsgemeinschaft aber ist die Einmütigkeit, die so weit geht, dass sie in ihrer Zweiermannschaft die Ergebnisse ihrer gemeinsamen Arbeit an der Predigt auch gemeinsam publizieren, dass sie unisono sagen: »Suchet Gott, so werdet ihr leben«, und unisono rufen: »Komm, Schöpfer Geist«. 1920 schreibt Barth, die Anonymität werde nur, wenn entscheidende Gründe vorlägen, aufgehoben[50].

Wer über die Methodik theologischer Arbeit nachdenkt, wird von daher fragen, ob nicht solche Anonymität auch und gerade für die Zukunft theologischer Arbeiten wegweisend sei.

Auf was es mir hier ankommt: Der entscheidende theologische Durchbruch unseres Jahrhunderts, die neue Epoche, die Barths Römerbrief einleitet, erfolgt auf der Basis eines Duals, und er geschieht außerhalb des universitären Raumes. Das muss nachdenklich machen, zum Fragmal werden für die akademische Theologie.

Gerade im Blick auf eine Methodik theologischen Arbeitens dürfen die Ränder, sozusagen des Duals, nicht vergessen werden: Wie wird da Freundschaft und Gastfreundschaft gepflegt, wie offen halten beide sich gemeinsam und jeder

---

47 I, 523.
48 I, 517.
49 I, 452.
50 I, 423.

für sich für neue Gesichter, andere Köpfe, wie gehen da die erlauchtesten und unscheinbarsten Zeitgenossen aus und ein, teilnehmend und teilgebend, gerufen oder auch sich selbst einladend. Dies alles, ohne die Grenzen zu verwischen.

Ein ganzes Netz von Kommunikation im Dual und mit der Gemeinde zuerst und dann mit Zeitgenossen verschiedener Herkunft macht aufs neue deutlich, dass das Werden und Weitergehen der *einen* Theologie im Gespräch von zweien und vielen stattfindet.

H. Kutter zugewandt, bezeichnet Thurneysen »das Gespräch über Gott« »zuletzt und zutiefst« als »Gehalt alles sinnvollen Redens von Generation zu Generation«[51]. Das Gespräch über Gott zwischen Vätern und Söhnen erweist sich als eine Art und Weise, etwas von Gott wahrzunehmen. Das hat sich schon in dem Gespräch des jungen Thurneysen mit Blumhardt erwiesen, und das erweist sich auch heute im Gespräch mit Thurneysen. Im Gespräch zwischen Vätern und Söhnen zeigt sich der Progress der *einen* Theologie dem kommenden Gott entgegen.

Nicht ist schon Progress die Entfernung der Söhne von den Vätern, wie er sich etwa auf dem Gebiet der Seelsorge mit besonderer Heftigkeit vollzogen hat. Sehe ich recht, führt beispielsweise in der modernen Seelsorgebewegung der Drang nach dem Realen zum Griff in die Nähe, der allzu leicht zu einem Griff nach dem Banalen pervertiert. Man hält sich an Resultate, statt dass man die Bewegung aufnimmt. Fortschritt der *einen* Theologie gibt es nur dort, wo die Söhne nicht nur die Väter fragen, sondern sich von den Vätern in Frage stellen lassen. Der Progress muss sich an den Vätern bewähren. Er inkludiert, dass es im Hin und Her zwischen theologischer Reflexion damals und heute zur Prüfung der Geister komme.

Beobachter sein genügt Thurneysen gegenüber nicht. Wer hier nur Kundschafter sein möchte, kann ihm nie und nimmer gerecht werden, erst recht nicht jenem Verborgenen, das im Damals und Heute ans Licht will. So kann nur parteilich im Sinne des Fortgangs der Bewegung gesprochen werden; was damals geschah, als irreversibel behauptend. So erweist sich die Zeit des Jungen Thurneysen als eine Zeit, die vor uns liegt, so gewiss unsere Zeit eine andere ist als die vor und nach 1920.

Freilich, die Väter, die von uns gingen, können sich nicht selbst wieder zu Worte melden. Aber sie sind nicht tot – »Ihm leben sie alle« – und der die Zeit in Händen hält, vermag die Ohren der Söhne zu wecken, so dass in den Paukenschlägen von gestern die Stimme laut wird, die morgen das Sagen hat.

Der aber von Pfarramt zu Pfarramt wechselte wie von einem Krankenbett ins andere, hat im hohen Alter nun das Zeitliche gesegnet, auch das Zeitliche seiner Jugend. Und dies in der ausnehmend schönen Weise, dass er uns die Briefe des Beginns und der Weggenossenschaft noch herausgab als Zeugnis jenes Duals. Im Segen einer solchen Hinterlassenschaft wird die Zeit seiner Jugend zu einer Zeit, die vor uns liegt. Der Versuch, seinen Anfang zu erzählen, impliziert schon dessen Deutung, und dessen Deutung ist der Versuch, den Segen aufzunehmen.

---

51 ZZ 1923, H. IV, 3f.

Die Frage nach dem Weitergehen der Bewegung im Blick darauf, dass Gott wartet, bis wir auf ihn warten, diese Frage schließt in sich die Annahme des Segens, den Thurneysen der Kirche und der Theologie hinterlassen hat, den Segen, dass es ein Weitergehen gibt. Und Weitergehen heißt, dass die Horizonte sich ändern. Progress in der Theologie ist theologisch zu verstehen als ein Segen der Väter. Im Gespräch aber über Gott zwischen Vätern und Söhnen geht der Segen weiter. Auch in der theologischen Arbeit gibt es Segen und Unsegen. »Der Junge Thurneysen lehrt uns, seine Theologie in der Bewegung, in eigenem unablässigem Werden zu sehen.«

Im Segen übersetzt sich das Werden, im Konservieren von Resultaten geht der Segen verloren, im Gespräch über Gott aber geht er weiter. »Die Bewegung will fortgehen, nicht wollen die Resultate konserviert werden.« Der Rüttler und Schüttler von Leutwil hat Zukunft – hoffentlich auch in Basel.

Aus: Gericht, S. 9–21

... und ihr Ende

Johannes berichtet:

»Und ich sah einen neuen Himmel und eine neue Erde; denn der erste Himmel und die erste Erde sind verschwunden, und das Meer ist nicht mehr. Und ich sah die Heilige Stadt, das neue Jerusalem, von Gott her aus dem Himmel herabkommen, gerüstet wie eine Braut, die für ihren Mann geschmückt ist. Und ich hörte eine laute Stimme vom Throne her sagen: Siehe da, die Hütte Gottes bei den Menschen; und ›er wird bei ihnen wohnen, und sie werden sein Volk sein, und Gott selbst wird bei ihnen sein. Und er wird alle Tränen abwischen von ihren Augen‹, und der Tod wird nicht mehr sein, und kein Leid noch Geschrei noch Schmerz wird mehr sein; denn das Erste ist vergangen. Und der auf dem Throne saß, sprach: Siehe, ich mache alles neu.« (Offb 21,1–5a)

Grace Bumbry sang gestern Abend ein Lied mit dem Refrain:

»*Befreite mein Herr nicht Daniel,*
Und warum nicht jedermann?«

Solange es Konflikte gibt, wird es diese Frage geben und diesen Schrei der Sehnsucht: Warum nicht jedermann? Warum gibt es noch Gefangene, Gefesselte, Unfreie? Warum noch Tränen? Warum gibt es noch versklavte Menschen? »Und warum nicht jedermann«?

Wenn wir auch nach dem Kirchentag noch mit Konflikten leben müssen in dieser Welt, so wird immer diese Frage über den Glaubenden stehen, und das macht den Christen aus, dass er diese Frage stellt:

»*Befreite mein Herr nicht Daniel,*
Und warum nicht jedermann?«

Was aber ist mit Gott, wenn er nicht jedermann befreite? Wo ist er, der Daniel befreite? Wo ist er, der »Durchbrecher aller Bande«? Wo ist die Wahrheit der Schrift Wirklichkeit für unser Leben?

Calov, ein orthodoxer Theologe formuliert: »Nomen Dei est Deus ipse«. – Der Name Gottes ist Gott selbst! – Dann ist Gott da, wo sein Name ist. Name und Wirklichkeit sind eins; Befreiung gibt es da, wo sein Name ist! Wir aber sind in diesem Namen versammelt – also in Gegenwart seiner selbst, dann muss es jetzt Befreiung geben, die Daniel widerfuhr. In seinem Namen sind wir zusammengekommen; nach ihm fragen wir, nach ihm selbst. »Nomen Dei est Deus ipse«. Und dies ist der Name der Befreiung für jedermann.

Wenn es aber in unsern Gottesdiensten und in unserer Kirche einen Konflikt gibt, so ist es dieser, den Namen zu haben ohne den, der den Namen trägt. – Der Name ist noch da; aber der Träger ist entschwunden – wir haben den Namen ohne die Wirklichkeit. »Gott ist tot«, rufen uns dann die Philosophen zu. Streicht seinen Namen durch! Werdet Realisten. Es ist nichts mit der Befreiung!

»Nomen Dei est Deus ipse.« Auch wenn ich nicht im geringsten an Gottes Existenz zweifle, so ist doch das immer wieder peinlich und blamabel, dass sein Name keine Kraft und Macht hat. Und ich frage: wo ist er, wo ist er selbst? Er, der Wirkliche und Wirkende, er, der eins ist mit seinem Namen? Wo ist er? Wo ist er als er selbst – nicht als der Schwache, nicht als der, von dem man sagen kann: er ist tot; sondern als der Starke, als der Siegende, als der Herr? Wo ist der, der nicht nur Daniel, sondern jedermann befreit?

Die Piscatorbibel deutet unsern Text auf den »glückseligen Zustand der kirchen und erden«. Darum nimmt Piscator die Rede von Himmel und Erde uneigentlich. »Die Antichristliche regierung, die sich als ein himmel über die erde hatte ausgebreitet, wird abgeschaffet seyn.« Das Meer aber, das nicht mehr ist, symbolisiert das verschwindende Heidentum. Gott lebt und wirkt hier offenbar in der Mitte seines Volkes. Piscator deutet um.

So können wir unsern Text heute nicht mehr verstehen. So hat ihn sicher der Seher Johannes auch nicht gemeint. Wir fragen weiter, wo ist Gott, der nicht nur Daniel befreit? Wo ist er selbst? – »Ich will Gott pur«, hat der fromme Tersteegen einmal gesagt. Wie aber ist dies möglich: Wo ist er? Wo kannst du ihn rein haben und warum hat ihn nicht jedermann »pur«?

Nun haben wir hier ein Wort gelesen, das uns sagt: Gott ist der Auf-uns-zu-Kommende. Gott ist Zukunft und in der Zukunft kommt er. »Und ich hörte eine laute Stimme vom Throne her sagen: ›Siehe da, die Hütte Gottes bei den Menschen‹.« Hier kann Tersteegen offenbar Gott »pur« haben, hier befreit er nicht nur Daniel. »Er wird bei ihnen wohnen, und sie werden sein Volk sein, und Gott selber wird bei ihnen sein.« Hier ist Gott offenbar nicht mehr verborgen, nicht mehr abwesend, nicht mehr schwach. Hier kann kein Philosoph mehr sagen: Gott ist tot. Hier ist er »pur«, rein. »Siehe da, die Hütte Gottes bei den Menschen.«

Darum sieht Johannes, was wir nicht sehen. Er sieht für uns alle, was wir alle noch zu sehen bekommen. »Siehe da«, heißt es, nachdem zweimal notiert wurde »und ich sah«. Es ist eigenartig, wie an entscheidenden Stellen der Schrift vom Sehen die Rede ist. Im Anschluss an das Sechs-Tage-Werk wird notiert, dass Gott alles Geschaffene ansah, … »und siehe, es war sehr gut«. – Bei Jesu Geburt und bei seiner Auferstehung ist vom Sehen die Rede. Die Magier, die Hirten, die Frauen, die Jünger sehen. Gott sah, sieht und wird sehen, und wir sind »zum Sehen geboren, zum Schauen bestellt«. Johannes macht hier eine Vorschau auf das, was wir alle sehen sollen. Darum lasst uns jetzt versuchen, ihm nachzublicken auf das, was auf uns zukommt, was unsere Zukunft ist; wir brauchen hierzu nicht nur Verstand, sondern auch ein Stück Phantasie.

Aber nun melden sich Bedenken: man findet es unangemessen, vom Unanschaulichen der Zukunft Gottes anschaulich zu reden. Man hat Angst vor der Schwärmerei. – Es könnte aber sein, dass es uns im Blick auf diese Dinge der Zukunft genau gleich geht wie bei der Vergebung: wenn mir gesagt wird: dir sind deine Sünden vergeben, dann sehe ich das nicht, und doch ist es Wirklichkeit. Die Wirklichkeit ist ja nicht angewiesen darauf, dass wir sie sehen und erkennen und angemessen von ihr reden. Wohl aber sind wir darauf angewiesen, dass wir die Wirklichkeit sehen und erkennen! – So ist die Zukunft Gottes eine Wirklichkeit, die ebenso unfasslich und fremd ist wie die Wirklichkeit der Vergebung. Wenn ich aber die Vergebung real nehme, ist das keineswegs Phantasterei, sondern das einzig Vernünftige. Nun spricht Johannes von der Wirklichkeit, die wir nicht sehen. Wenn wir nun versuchen, mit Hilfe von Phantasie mit Johannes zu sehen, was kommt, so ist auch das keineswegs Phantasterei, sondern Notwendigkeit. Denn Gottes Zukunft bestimmt unsere Gegenwart, und nur die Phantasterei der Toren kann es sich leisten zu leben, ohne an die Zukunft zu denken! Wenn wir also heute versuchen, auf das zu sehen, was Johannes sah, – dann erkennen wir das, was als Wirklichkeit vor uns liegt. – Also: wir bekommen hier nicht einen naturwissenschaftlichen Vortrag über die neue Erde. Hier wird uns das letzte Gleichnis vom Himmelreich erzählt. Und wem es gegeben ist, das Geheimnis des Himmelreiches zu erkennen, dem wird im Gleichnis das Verborgene selbst und eben die Wirklichkeit enthüllt. Also nicht Naturwissenschaft; aber mehr als ein Gedanke. Anschauungsunterricht.

Dieser betrifft das Kommen des dreieinigen Gottes: Vater, Sohn und Heiliger Geist, der Schöpfer, der Erlöser, der Tröster sind im Kommen. Der Deus ipse. Auf dieses Dreifache wollen wir nun achten.

I.

»Ich sah einen neuen Himmel und eine neue Erde, denn der erste Himmel und die erste Erde sind verschwunden, und das Meer ist nicht mehr«. Das Kommen Gottes ist die Zukunft der Schöpfung des Schöpfers. Gott der Kommende ist der *Schöpfer*. Der alles Geschaffene als sehr gut ansah, er hält an dieser seiner Weltanschauung fest. Damit unsere Erde sehr gut sei in seinen Augen, schafft er einen neuen Himmel und eine neue Erde. Hier gibt es kein Meer mehr, das Meer verstanden als Macht des Aufruhrs und der Dämonie. Die neue Erde ist wahrhaft gute Erde, die Erde ohne Fluch. Und dieser neuen Erde geht unsere alte Erde entgegen. Und diese neue Erde ist schön.

Martin Luther konnte etwa sagen: »Er wird einen Glanz mit sich bringen, der herrlich sein wird, also dass alle Kreaturen schöner sein werden, denn sie jetzt sind. Der Sonnen Schein wird siebenmal heller sein denn jetzt ... Bäume, Laub, Gras, Früchte und alles wird siebenmal schöner sein denn jetzt. Die Christen werden alsdann aus den Gräbern herausfahren und leuchten wie die schönsten glänzenden Sterne.« Und in einer Tischrede kann er die Erlöstheit der Kreatur mit dem Satz umschreiben: »Da werden Ameisen, Wanzen und alle unflätigen, stinkenden Tiere eitel Lust sein und aufs beste riechen«.

Ich weiß nicht, ob wir abgebrühten und tiefgekühlten Menschen des 20. Jahrhunderts genug ins Weite und Große denken können: einen neuen Himmel und eine neue Erde! Denk an die Stunde, da du einmal stauntest über die Schönheit des Geschaffenen und alles vergaßest, weil die Schönheit dieser Erde dich anrührte. Nun dieses Unsägliche unendlich schöner! Und nicht nur dies, sondern alles Irdische verwandelt in die Erde, die durch und durch schön ist in Gottes Augen. »Und ich sah einen neuen Himmel und eine neue Erde.« Sicher will uns diese Vorschau die Ehrfurcht vor allem Geschaffenen lehren und mit der Ehrfurcht die Freude an der Schönheit des Seins, in der Gottes Zukunft aufleuchtet. Dabei geht es um mehr als ein verklärtes Gartenglück. Dem Mann, der ins Weltall fliegt, und der Frau, die Sterne abstaubt, dem Menschen von heute, der wie nie zuvor Himmel und Erde in den Blick bekommen hat, auch ihm ist es gesagt: »Und ich sah einen neuen Himmel und eine neue Erde; denn der erste Himmel und die erste Erde sind verschwunden.«

Aber nun schreibt Johannes nicht zuerst für den Überflieger und Sternenwischer. Er schreibt seine Geschichte für eine verfolgte Gemeinde nieder, und der Vorblick auf die kommende Neuschöpfung will die Gemeinde lösen, frei machen, frei zum Zeugnis, zum Leiden und Sterben auf der alten Erde. Und wenn Gottes Geist unsere Gedanken und unsere Phantasie auf die schöne, neue Welt Gottes hinrichtet, dann nicht um uns billig auf ein Jenseits zu vertrösten, sondern um uns frei zu machen von der alten Erde, frei zum Leiden, frei zum Bezeugen des kommenden Herrn. Der Blick auf den neuen Himmel und die neue Erde will uns munter machen für den Dienst der Versöhnung jetzt. – Beim Kennedy-Besuch wurde das Brandenburger Tor für die Ostberliner verhängt. Der Blick in die Freiheit schien offenbar gefährlich. So verhängen wir immer wieder den Blick in die Freiheit, damit wir in unserem alten Wesen nicht gestört werden! Der Blick in die Freiheit zeigt uns, wie wir in Wahrheit dran sind, und verlangt nach Umgestaltung der Verhältnisse und des Lebens. Gleichgültig, ob einer seinen Garten jätet, die Sterne abstaubt, im Werk arbeitet oder Vorlesungen vorbereitet. Und nun blickt Johannes hier für uns, mit uns in die Freiheit! Es ist nicht der Blick auf einen Menschen, sondern auf das, was Gott der Allmächtige, der Schöpfer des Himmels und der Erde tut: »Und ich sah einen neuen Himmel und eine neue Erde.«

II.

Weil der Schöpfer eins ist mit dem *Erlöser*, wird hier nicht nur von kommender Neuschöpfung geredet, sondern zweitens von der Versichtbarung der Erlösten unseres Erlösers; denn Christus kommt nicht allein, er kommt mit den Seinen. Im Kolosser-Brief lesen wir: »Wenn Christus unser Leben offenbar werden wird, dann werdet auch ihr mit ihm offenbar werden in Herrlichkeit« (3,4). – Von daher müssen wir unsern Text weiterlesen: »Und ich sah die Heilige Stadt, das neue Jerusalem von Gott her aus dem Himmel herabkommen.«

Hatte Babylon einen Turm in den Himmel bauen wollen, so kommt jetzt vom Himmel die neue Stadt. Gottes Zukunft ist urban, städtisch, weil Gott kommt als Erlöser – als Erlöser seines Volkes, mit dem er lebt und das mit ihm lebt. War am Anfang der Garten, so kommt am Ende die Stadt! Sie wird ausführlich beschrieben. Sie braucht keine Kirchen und keine Straßenbeleuchtung, denn hier ist Gott »pur«. Lichtglanz Gottes erleuchtet sie.

Johannes reißt die Tücher, die uns die Zukunft verhüllen, herunter. Die verfolgte und gejagte Gemeinde schaut ihre Zukunft. Und weil sie in die Zukunft schaut, vermag sie die Gegenwart zu bestehen: »Und ich sah die Heilige Stadt ... aus dem

Himmel herabkommen.« – Darauf wartet im Grunde die Welt, dass die Erlösung sichtbar werde. Was Johannes hier sieht, ist die Erfüllung des Pauluswortes, wonach die Sehnsucht des Geschaffenen auf das Offenbarwerden der Söhne Gottes wartet (Röm 8,19). Sie werden in der heiligen Stadt offenbar. Daraufhin leidet die Gemeinde, für die Johannes schreibt. Und daraufhin sind auch wir in die Nachfolge des Gekreuzigten gerufen. Und das heißt: wir haben für den Namen zu leiden.

»Leben, als müsstest du heute noch als Märtyrer sterben«, so hat Charles de Foucauld in ein Notizbuch geschrieben, das er immer bei sich trug, bis er am 1. Dezember 1916 in der nordafrikanischen Wüste den Märtyrertod starb. – »Leben, als müsstest du heute noch als Märtyrer sterben.« – Ich frage dich, kannst du anders leben, wenn du einen Gekreuzigten zum Herrn hast? Ich frage, kannst du anders frei sein in dieser Welt als so? – »Leben, als müsstest du heute noch als Märtyrer sterben.« Ich frage, ist das nicht eine steile Unmöglichkeit, solange dein Glaube blind ist und nicht sieht, oder nicht sehen will, was Johannes sah. Das aber ist Gabe und Geschenk des Geistes, dass er uns die Lappen vom Tor reißt: »Das Zukünftige wird er euch verkündigen« (Joh 16,13).

III.

Wo Gott als Neuschöpfer und als Erlöser kommt, da wird er sich als *Tröster* offenbaren. Hier wird offenbar von der Zukunft aller Zukunft geredet: »Und er wird abwischen alle Tränen von ihren Augen, und der Tod wird nicht mehr sein, und kein Leid noch Geschrei noch Schmerz wird mehr sein.« Gott kommt als Schöpfer einer neuen Erde, als Erlöser mit Erlösten, um als Tröster zu wirken.

Und nun erleben wir immer wieder, dass wir nicht trösten können, dass wir ohnmächtig sind mit unserm Spürlein Glauben, dass die Frage nach dem Deus ipse uns quält – hoffentlich erleben wir dies, hoffentlich leiden wir an Gottes Abwesenheit! Hoffentlich sind wir nicht stumpf und herzlos, vermauert gegen das Leid der Welt. Hoffentlich brennt bei uns die Frage der Grace Bumbry:

»*Befreite der Herr nicht Daniel,
Und warum nicht jedermann?*«

Hoffentlich sind wir verwundbar, um mitzuleiden! Lasst uns Tränen, Tod, Gestöhn und Weh sehen als einen Ruf nach dem Tröster! Lasst uns für die rufen, die nicht sagen können, was sie leiden! »Und er wird abwischen alle Tränen.« Pass auf, es heißt nicht: deine Träne, die Tränen deines Nächsten. Es heißt: alle Tränen, alle und damit auch deine Träne und die deines Nächsten. Das einzelne Leid, dem wir begegnen, verweist auf den Trost, der für alle kommt! Und wenn uns um Trost sehr bange ist, dann lasst uns Ausschau halten nicht nach kleinen Tröstchen, sondern nach dem großen Trost, auf den alle Augen warten! Wer jetzt weint irgendwo in der Welt, der weint daraufhin, dass der komme, der allem Weinen ein Ende macht. Wer jetzt trauert irgendwo in der Welt, der trauert darauf hin, dass der Tröster komme. Wer jetzt schreit irgendwo in der Welt, schreit dem entgegen, der kommt, damit alles Schreien verstumme und das Lob anfange, der neue Gesang! »Selig sind die Trauernden; denn sie werden getröstet werden« (Mt 5,4).

Und nun sind wir heute um der Zukunft Gottes willen versammelt. Wir sind im Namen des Vaters, des Sohnes und des Heiligen Geistes versammelt, weil der Vater, der Sohn und der Geist zu uns kommen und weil es von Gott dem Kommenden gilt: Nomen Dei est Deus ipse.

Wir sind versammelt in seinem Namen, damit wir seiner Zukunft entgegengehen. Darum feiern wir denn heute auch das Mahl der Hoffnung und der Freude. Lasst es uns feiern im Blick auf das, was Johannes uns zeigt! Darum lasst uns dabei nicht stehen bleiben, dass Gottes Name unter uns so schwach erscheint. Seine Wirklichkeit ist nicht von unserem Erkennen abhängig! Wir aber dürfen mit Johannes in die Zukunft blicken, damit die Wahrheit uns freimache!

Vor deinem Kommen, Dreieiniger,
Ist zu gering unser Mut zum Denken,
Unsere Vorstellungskraft,
Unsere Leidensbereitschaft.
Darum kommen wir zu dir,
Der du alles neu machst,
Und bitten:
Stärke uns den Glauben
Im Festhalten an das gehörte Wort,
Stärke unser Hoffen
Im Feiern deines Mahles.
Stärke unser Lieben
Im Umgang miteinander.
Und lehre uns die Demut,
Damit aufleuchte in unserer Kleinheit
Deine Herrlichkeit.

Herr, wir danken dir,
Dass wir aus diesem Tag
Hineingehen in deinen Tag.

Aus: Konflikte, S. 60–72

Gebet: Du Herr Christus kehrst die Welt um

Du Herr Christus kehrst die Welt um,
Und alle unsere religiösen Vorstellungen
Zerbrichst du,
Setzest Fromme ins Unrecht,
Schenkst Ungerechten deine Herrlichkeit.
Du bist sehr groß und schenkst
Dein Reich den Fernen,
Du machst reich die Armen.
Und stürzest die Mächtigen.
Und wir,
Wir möchten wohl dem Nächsten dienen,
Uns aufgeben aber möchten wir nicht.
Dich möchten wir wohl lieben,
Deinetwegen leiden aber möchten wir nicht.
Das ist unsere Armut, die wir jetzt bringen:
Dass wir innere Ruhe und äußeren Wohlstand lieben.
Das ist unser Elend, dass wir nicht arm werden wollen.
Vergib, dass so wenig Hingabe und Opfer unter uns ist.
Vergib uns die schäbigen Kollekten, das Symbol unseres Geizes.
Und gib uns den Blick in dein Reich hinein.
Du liebst, die dich kreuzigen, beschenkst deine Henker mit deinem Mantel.
Und kreuzigst, die dich lieben, und beraubst deine Jünger.
Gib, dass wir nicht aufhören, dich zu lieben, wo wir sterben müssen.
Gib, dass wir nicht aufhören, dich zu loben, wo du uns nimmst, was wir so gerne halten möchten.
Denn du bist ein König der Armen, Beraubten, Gekreuzigten,
Und im Sterben gibst du uns dein Leben, in der Armut deinen Reichtum.
Amen.

Aus: Seligpreisungen, S. 65–66

Gegen den Tod predigen

I. Predigen zwischen zwei Unsichtbaren

Wer eine Kanzel betritt, hat einen für sich, den er nicht sieht und einen gegen sich, den er auch nicht sieht. Er hat einen Freund und hat einen Feind und beide halten sich bedeckt. Die Unsichtbarkeit von Freund und Feind bringt den Prediger in die Gefahr zu vergessen – den Auferstandenen wie den Tod. Vergesslichkeit ist die tödliche Gefahr des Predigers – nicht nur auf der Kanzel. Sie macht blind. Man redet dann über Gott und vergisst ihn, während man von ihm redet. Ohne zu wollen, redet man wie ein Blinder von der Farbe. Man wird langweilig. Die Langeweile entsteht da, wo man nicht mehr zwischen Freund und Feind zu unterscheiden vermag, wo Leben und Tod ihre Gegensätzlichkeit verlieren. Da sind Prediger nicht mehr »geschickt«, im Doppelsinn des deutschen Wortes »gesandt« und »tüchtig«. Man kann dann noch viel reden, hat aber nichts zu sagen! So wird man zum Kollaborateur des Todes.

Den Vätern in der ägyptischen Wüste galt die Unterscheidungsgabe als das wichtigste Geschenk des gegenwärtigen Geistes: Wie nie zuvor brauchen wir heute eine Gabe, die uns lehrt zwischen Leben und Tod, zwischen Lebenden und Toten zu unterscheiden, und diese Gabe haben wir verloren, ist doch unser Verhältnis zu Tod und Leben geprägt vom Biologismus unserer Tage, der nicht sieht, dass Totsein und Lebendigsein sich an der Beziehung zum Auferstandenen entscheidet und letztlich nicht an Geburts- und Totenscheinen hängt. Wir sind in dieser Beziehung viel zu schein-gläubig!

Die Unterscheidungsgabe wird praktisch im Wissen um die »rechte Zeit«, die man »u.U. geradezu mit ›Gelegenheit zu‹, ›Möglichkeit für‹ wiedergeben kann« (von Rad, Weisheit in Israel, 1970, 184 Anm. 4). »Wie gut ist ein Wort zur rechten Zeit« (Spr 15,23b).

Die Zeit wird dadurch qualifiziert, dass sie dem Wort Möglichkeiten und Gelegenheiten gegen den Tod bietet. Das Prüfen der Geister geht Hand in Hand mit dem Wissen darum, was die Stunde schlägt, welches Wort sie fordert. Das Wissen um die Zeit schützt vor Banalität, die Unterscheidungsgabe hilft zum notwendigen Satz, der in Beschlag nimmt, »fesselt«, wie z.B. ein Satz von Hans-Georg Geyer: »Der Tod kommt immer zu früh, aber Jesus kommt nie zu spät.« Ein solcher Satz sinkt sofort ab in falsche Erbaulichkeit, wenn man ihn zur allgemeinen Wahrheit degradiert und seine »rechte Zeit« vergisst, da fesselt er dann nicht mehr, sondern verliert seine Tiefe an die Langeweile. Ähnlich geht es mit den Worten der Bibel.

Sicher, Jesus kommt nie zu spät, weil er – johanneisch gesprochen – »die Auferstehung und das Leben« ist (11,25b), der Antitod in Person! Darum haben wir in seinem Namen das Leben, und im Glauben ergreifen wir den Antitod (20,31). Jesus kommt nie zu spät, aber vielleicht ist jetzt nicht die rechte Zeit, das zu sagen. Haben wir den Glauben nicht, haben wir das Leben nicht, haben wir das

Leben nicht, haben wir den Tod. Getrennt von unserem Vater wesen wir im Tod und wissen nicht um die rechte Zeit. Die Toten haben in diesem Horizont keine Zeit. Diesen Sachverhalt vergessen wir immer wieder in Predigt und Seelsorge und werden dadurch eben zu Kollaborateuren des Todes.

Das Neue Testament sieht den Wechsel vom Unglauben zum Glauben als Wechsel vom Tod zum Leben: »Ihr wart tot infolge eurer Verfehlungen und Sünden«. Die Todesgrenze verläuft in Eph 2,1 haarscharf zwischen einst und jetzt, zwischen Glaube und Unglaube, zwischen Gerechtigkeit und Sünde. Unsere Schwierigkeit ist nun, dass die Gemeinde heute ein corpus permixtum darstellt und wir damit in der Versuchung stehen, es den Leuten recht zu machen oder zu richten. Dabei müssen wir wissen: Durch die Sünde dringt der Tod ins Leben. Da wird die Existenz für den Tod fruchtbar (Röm 7,5). Dass mit den Sünden der Tod ins Haus steht, wird in unseren Predigten meist schamvoll verschwiegen. Aber dieses Haarscharfe, dieser Wechsel vom Tod zum Leben, muss sich in der Verkündigung vollziehen, um von der Gemeinde gelebt zu werden.

Calvin sah da klar, wenn er zu Eph 2,1 bemerkt: »Wir werden als Tote geboren und leben als Tote, bis wir des Lebens Christi teilhaftig gemacht werden.« Und das ist ein Leben im Verborgenen (Kol 3,3). Darum können wir nicht Richter über den Glauben sein, sondern sind als Zeugen des Glaubens »geschickt«. Als solche haben wir freilich zu unterscheiden und darum nach der Diakrisis zu eifern: Viele meinen zu leben und sind tot wie der verlorene Sohn (Lk 15,24), wie die Christen in Sardes (Offb 3,1). Da tut Aufklärung not, die Gabe der Unterscheidung eben, die pervertiert, wenn sie dem Richtgeist dient.

Indem wir mit Kopf und Herz ihm vertrauen, auf ihn die Zuversicht setzen, mit ihm rechnen, leben wir für den, der für uns lebt. Da ist auch die Gabe der Unterscheidung einzufordern. So leben wir im Aufstand gegen den Tod und treiben die Zeit voran, da die Toten auferstehen. Der Dienst am Wort ist Promotor der Zukunft oder Sabotage am Kommen Gottes. Ich habe mich als Kind vor dem Scheintod gefürchtet, vor dem Lebendig-begraben-Werden. Mehr zu fürchten ist das Scheinleben der Unbegrabenen. Bei normalem Puls tot sein! »Tot ist, wer zur vorigen Generation kein besseres Verhältnis hat, als sie zu begraben« (Friedrich-Wilhelm Marquardt, Was dürfen wir hoffen, wenn wir hoffen dürften 3, 1996, 120). Leben heißt auch, nicht ohne die sein, von denen wir herkommen. Wir leben im Erbe derer, die vor uns waren, sind Empfänger ihres Segens, Träger ihrer Schuld. Wir haben Väter und Mütter, die uns belasten und bereichern, bei Vorvätern und Urmüttern kennen wir vielleicht nicht einmal ihr Grab, aber wir bleiben in Sünde und Gnade ihre Erben, sie üben eine Mitbestimmung aus für unser Leben. Im Erbe leben heißt, unterscheiden, was wir von der vorigen Generation an Segen und was wir als Erblast übernehmen. Unser Verhältnis zu unserem Herkommen entscheidet mit über unser Leben, unseren Tod, vor dem Sterben.

Unterscheiden zwischen Leben und Tod: das können wir im spirituellen Sinne nicht ohne den Spiritus sanctus. Da braucht's schon eine Hand, die sich auf uns legt, wie einst auf den Ezechiel, der ihn auf die Ebene hinausführt, um ihm zu zeigen, wie sein Volk dran ist. Marquardt ist offenbar einer, der zu unterscheiden weiß: »Es überfällt mich je länger je mehr immer zehrendes Entsetzen über die Todesverfallenheit eines christlichen Glaubens, einer kirchlichen Predigt, einer evangelischen Theologie, die dagegen« – dass »die Ausrottung der *Juden* zugleich den Tod *Gottes* wollte« – »unempfindlich bleibt, wie in Todesstarre« (aaO., 2, 1994, 47).

So aber kann der Tod als Meister aus Deutschland ruhig »Meister« bleiben, seine Augen sind immer noch »blau«. Ich zitiere aus der Todesfuge von Paul Celan: »der Tod ist ein Meister aus Deutschland, sein Auge ist blau, er trifft dich mit bleierner Kugel, er trifft dich genau«. Hitler brauchte während des Krieges die Kirche, aber nach dem Sieg sollte es auch da zu einer Endlösung kommen. Gerade an der Stellung zu den Juden wird deutlich, wie sehr wir der Vergangenheit verhaftet sind. Im Mangel an Sensibilität west der Tod. Tote empfinden nicht; anders wären sie nicht tot. Bitte sagen Sie nicht, Judenmord wäre eine deutsche Angelegenheit. Ich hatte im Aargau einen Kirchenpfleger, der daran litt, dass er während der Grenzbesetzung Juden in den Tod treiben musste. Wer gegenüber dem Judenmord unempfindlich bleibt, wird auch gegenüber anderen Mordtaten unempfindlich bleiben und sich gegen die Herrschaft der Sünde nicht mehr wehren. Gleichgültigkeit ist da ebenso grausam wie Richterei. Wir werden dann unempfindlich nicht nur für Morde, auch für den Tod von Leuten, die wir kaum kennen, mit dem der landeskirchliche Pfarrer immer wieder konfrontiert wird. Vor vierzig Jahren gab es einen Aufruf zum Streik – auch auf den Friedhöfen (vgl. R. B., ThEx147). Allein auf den Friedhöfen herrscht Ruhe und wenn Kay Hoff zum Schluss seines Romans die Beerdigung seiner Heidin schildert, dann lässt seine Sprecherin den Pastor mindestens dreimal »labern«, der lässt offenbar den Tod in Ruhe, und wer den Tod in Ruhe lässt, kann nur »labern«. (Der Kopf in der Schlinge, 2000, 178ff.)

Nur: Der Tod lässt *uns* keine Ruhe, auch wenn wir ihn in Ruhe lassen. Und das ist doch das Fatale vieler Grabreden, dass sie den Tod in Ruhe lassen. Sie bitten um Einverständnis mit dem Tod, und dann wird getröstet, wo es vielleicht gar nichts zu trösten gibt. Evangelische Sätze gegen den Tod sind der Todverfallenheit auf der Spur, entlarven das Unerkannte – in Predigt, Gemeinde und auf Friedhöfen. Sie erkennen im Tod den Feind und im Evangelium den Sieg über den Feind. Unempfindlich bleiben in Todesstarre, das ist doch das Problem aller Berufströster, die schon vorformulierte Sätze bereithalten.

Ich habe diese Sätze vor dem 11. September geschrieben. Seit diesem Tag steht die USA nicht mehr hinter Israel, Israel steht hinter den USA. Wie sehr der Einsturz zweier Türme in New York die demokratische Welt trifft, wie sehr die pax americana verletzlich geworden ist, ist schrecklich genug. Das Furchtbare, dass es im Dschihad letztlich wiederum um die eine Endlösung Israels geht und braune Augen blau werden.

An deutschen Moscheen hängen Plakate islamischer Vereine. »Terrorismus hat keine Religionen«, ein solcher Satz unterstellt, dass Religion ihrem Wesen nach schon gut verschleiert, dass die Terroristen religionsmotiviert sind. Darum tut Religionskritik not.

Wir haben Zwinglis Unterscheidung zwischen wahrer und falscher Religion vergessen und nicht beachtet, dass in falscher Religion der Tod sein Anwesen hat. Gleichgültigkeit gegenüber der Wahrheit hat eine tödliche Langzeitwirkung. Wir hielten für Toleranz, was bloße Bequemlichkeit war, und waren unkritisch, nicht wachsam genug gegenüber der Okkupation der Religion durch den Tod.

II. Nicht der Tod – sein Überwinder ist zu fürchten

Was Todesangst ist, kann vielleicht ein Herzkranker sagen. Pfarrerinnen und Pfarrer haben bei normalem Herzschlag oft andere Ängste. Man ist im Vollzug seines Amtes von den Leuten abhängig, auf ihr Wohlwollen angewiesen. – In vielen Diskussionen über die Predigt musste ich immer wieder feststellen: Die auf den Kanzeln haben Angst vor denen unter der Kanzel. Darum haben einige eine panische Angst vor einem Predigtnachgespräch, eine Angst, die sie theologisch drapieren. Es soll vorkommen, dass man Theologie zur Selbstverteidigung studiert hat.

Da wird es nützlich sein, auf die matthäische Aussendungslehre zu hören. Mit der Sendung fängt alles an: »Diese Zwölf sandte Jesus aus« (10,5). Solange sich nicht etwas von dem wiederholt, gibt's keinen Aufwind. »Ich habe keinen Ruf«, schreibt mir ein Theologe, der als Pfarrer sehr erfolgreich wirkt. Seinerzeit im Aargau ging ich als Pfarrer durch die Häuser, um die Leute zum Gottesdienst einzuladen. Da ich damit einigen Erfolg hatte, dachte ich immer wieder, ich könnte viel mehr Besuche machen, wenn ich geschickt würde. Der Ruf, das Geschicktwerden, ist das A und O aller Pfarrerprobleme. Jesus muss uns senden, sonst bringen wir keinen Satz gegen den Tod zustande: Wie der Glaube aus der Predigt, so kommt die Predigt aus der Sendung (Röm 10,17). Es ist kein Zufall, dass die Aussendungsrede Jesu eingeleitet wird mit einem Aufruf zum Gebet: »Bittet den Herrn der Ernte, Arbeiter für seine Ernte auszusenden« (9,38). Johannes Piscator übersetzt: »… bittet den HERRN der ernde, dass er arbeiter in seine ernde ausstosse.«

Die Bitte um Arbeiter ist die hermeneutische Voraussetzung zum Hören und Verstehen der Aussendungsrede. Ob die Leute scharenweise oder nur tröpfelnd kommen, um uns zu hören, ist weniger wichtig, als dass ein »Ausstoß« von oben über Prediger und Predigerinnen komme. Jesus rechnet dabei nicht mit dem Goodwill der Leute: »Siehe, ich sende euch wie Schafe mitten unter die Wölfe« (10,16). Wird die Gemeinde selbst wölfisch, wird die Angst des Theologen vor der Gemeinde legitim, falls er nicht falsch sieht und in seiner Blindheit Lämmer mit Wölfen verwechselt. Auf die Optik kommt es an. Angst und Richtgeist aber verzerren die Optik: Ich vergesse nie, wie ich in einer kritischen Gemeindesituation im Dorf um eine Hausecke fuhr, wo eine Traube Halbwüchsiger stand. Als hinter meinem Rücken ein Lachschwall erscholl, wusste ich: Die lachen jetzt über mich. In Tat und Wahrheit wusste ich gar nichts und vielleicht bildete ich's mir nur ein: Verfolgungswahn »en miniature«. Andernfalls blick nicht zurück und lass sie lachen. Calvin mahnt hier zum Glauben:

»Wie grausam und blutrünstig Menschen auch sein mögen, der Herr kann ihre Wildheit besänftigen, wie er die grimmigsten Tiere zähmt und harmlos macht, so oft es ihm gefällt. Belässt er aber die Wölfe in ihrem wölfischen Wesen, so tut er das in der Absicht, um seine Diener zu üben.« Geraten wir ins Kreuzfeuer der Kritik, soll das unserer Ertüchtigung dienen. Was Jesus im matthäischen Bericht den Jüngern ankündigt, gilt in homöopathischen Dosen auch für die verbi divini ministri. Wir sind auch heute in eine gottfeindliche Umwelt gestoßen: »Hütet euch aber vor den Menschen! Denn sie werden euch den Gerichten überantworten …« (10,17). Gerichte sind schon die Urteile der Gemeindeglieder. Im Pfarramt steht man in der Kritik der Leute. Weiche ich der offenen Kritik aus, komme ich möglicherweise ins Gericht hinter meinem Rücken, und da wird's »tötelig«. Entweder kommt meine Sünde zur Sprache, oder die Leute werden mit ihrem Gerede schuldig, und ich bin der Verursacher von ihrem Schuldigwerden.

Hören wir die Aussendungsrede für uns, kann es geschehen, dass Ängste, die uns feige machen, schwinden und Gottesfurcht die Menschenfurcht schmilzt wie einen unzeitigen Schnee. Sie macht geschickte Prediger. Jesus spricht denen, die er schickt, Mut zu und im Heiligen Geist gibt er Mut. Er verheißt nicht Pensionsberechtigung, wohl aber, dass von ihm Besseres zu erwarten ist als von den Leuten.

»So fürchtet euch denn nicht vor ihnen. Denn es gibt nichts Verhülltes, das nicht offenbart werden wird; und nichts Verborgenes, das nicht bekannt werden wird. Was ich euch im Dunkeln sage, das sagt im Licht, und was ihr ins Ohr (geflüstert) hört, das verkündet von den Dächern. Und fürchtet euch nicht vor denen, die den Leib töten, die Seele aber nicht töten können« – die Seele bedeutet so viel wie Leben (Schniewind) – »fürchtet euch aber vielmehr vor dem, der Leib und Seele verderben kann zur Hölle« (10,26–28 nach Schniewind).

Jesus macht den Jüngern Mut, indem er ihnen versichert, dass seine Geschichte mit ihnen weitergeht. Die Offenbarung ist mit den Heilsdaten von Tod und Auferstehung nicht abgeschlossen, sondern erst recht eröffnet. »Wiedergeboren zu einer lebendigen Hoffnung« kommen wir neu zur Welt, um zu hören, was er heute und morgen sagt. Im Auslegen von Texten geht es darum, dass aus dem Sarg des Gedruckten das Wort für heute und morgen aufsteht, und das wird ein Wort sein gegen die Angst. »So fürchtet euch denn nicht vor den Wölfen! Horcht auf das, was er sagt.« Jesus verweist auf das künftige Wort in einem doppelten Parallelismus, der zu furchtlosen Entdeckungsreisen auffordert. Alles wird zum Vorschein kommen. Und diese Zuversicht setzt Jesus gegen das Fürchten und das Geheimnis der Bosheit. »Denn nichts ist verhüllt, was nicht enthüllt wird und nichts ist verborgen, was nicht bekannt wird.«

Im zweiten Parallelismus spricht Jesus vom prophetischen Wortempfang. Das ist die Quelle aller Sätze gegen den Tod: »Was ich euch im Dunkeln sage, davon redet am hellen Tage, und was man euch ins Ohr flüstert, das verkündet von den Dächern.«

Und nun kommt eine zweite Abwehr der Menschenfurcht: »Fürchtet euch nicht vor denen, die den Leib töten, die Seele aber nicht töten können, sondern fürchtet euch vor dem, der Seele und Leib ins Verderben der Hölle stürzen kann.« (10,28 Einheitsübersetzung).

Jesus befiehlt hier Furcht! Gottesfurcht inkludiert die Furcht vor einem endgültigen Aus. Ohne Gottesfurcht keine Offenbarung. Ein Gott, den man nicht zu fürchten braucht, ist ein Nichtgott. Wir haben die Hölle erfolgreich tabuisiert zur Vermehrung unserer Ängste. Ich hatte in der Predigtlehre einen Abschnitt über die »Perversion der Gerichtspredigt zur Höllenpredigt« (§ 15, II), habe dann in der Festschrift für Manfred Josuttis »die ungepredigte Hölle« anvisiert. (Vgl. RB, Die ungepredigte Hölle. Eine Frage an die Systematiker, in: C. Bizer u.a. [Hg.] Theologisches geschenkt, Festschrift für M. Josuttis 1996, 226–230).

Als Luther am 22. November 1526 einen Visitationsplan vorlegt, zeigt er sich besorgt über die Pfarrherren. »Da ist keine Furcht Gottes noch Zucht mehr ... und tät jedermann, was er nur will« (zit. nach H. Bornkamm, Luther, 1979, 433). Im »Praktischen Lexikon der Spiritualität« schreibt Annemarie Öhler: »... unsere Zeit braucht eine Lehre von der rechten Furcht« (1988, 556). Ist viel Schinluderei mit dem strafenden Gott getrieben worden und hatte ich nach Krankenbesuchen oft den Eindruck, Gott sei der Krankmacher par excellence, so entstammen die allermeisten Probleme, an denen heute Kirche und Gesellschaft leiden, einem Mangel an Gottesfurcht, die »der Weisheit Anfang« (Spr 9,10) immer bleiben wird. Wo die fehlt, kommt es zum Gottesmord. Der auf den Kanzeln bleibt in der Regel unaufgeklärt und ein pfiffiger Anwalt könnte auf Fahrlässigkeit plädieren, in unserem Fall auf theologische Gedankenlosigkeit, indes die Kriminalgeschichte zeigt, dass jeder Mord mit Gedankenlosigkeit zusammenhängt, die falsches Bewusstsein zeitigt. Jeder Satz gegen den Tod setzt ein entsprechendes Bewusstsein voraus.

Greifen wir zur Schrift, um die rechte Furcht zu lernen: In den Ladeerzählungen erscheint mir die vom unglücklichen Ussa homiletisch von besonderer Dringlichkeit. Wenn das dumme Vieh den Wagen mit der Lade umzukippen droht, greift Ussa nach der Lade, um sie zu retten:

»Da entbrannte der Zorn des Herrn wider Ussa und Gott schlug ihn dort ..., so dass er dort neben der Lade starb.« Es ist allemal ein Betrüben des Geistes, das dem Tod dient, wenn wir meinen, wir müssten Gottes Sache vor dem Umkippen retten. Kein Wunder, dass sich David fürchtete, die unheimliche Lade in seine Stadt zu überführen: Erst als man ihm nach einem Vierteljahr meldete, das Haus, in dem die Lade blieb, sei gesegnet, holte er die Lade Gottes »mit Freuden« (2. Sam 6).

Der Komplementarität von Furcht und Freude begegnen wir auch im Osterbericht; die Frauen eilen »voll Furcht und großer Freude« aus dem Grab, um den Jüngern »die Botschaft zu verkünden« (Mt 28,8). Man beachte: »voll Furcht« ist das erste: Das Heilsgeschehen erregt Furcht. »Große Freude« resultiert aus rechter Furcht.

Furcht und Freude ist das rechte Bewusstsein, das den Tod überwindet. Furcht und Freude unterwegs zur Kanzel, um dem Leben zu dienen! Dazu gehört die Liebe, die jeden Satz gegen den Tod auf den Punkt bringt, indem sie die Furcht aufhebt. »Furcht ist nicht in der Liebe, sondern die vollkommene Liebe treibt die Furcht aus« (1. Joh 4,18).

Solange die Liebe noch nicht vollkommen ist, tut Furcht not – Gottesfurcht, dass die Freude bleibe: Der Zweck des 1. Johannesbriefes ist die Freude. »Und dies schreiben wir, damit unsere Freude vollkommen sei« (1,4). Wenn wir dem Gottesmord auf den Kanzeln auf der Spur bleiben, gehen wir der Freude entgegen.

Jesus sagt nur einmal »Fürchtet euch«. Gottesfurcht macht weise, indem sie alle unnötigen Ängste austreibt. Darum ist die Mahnung zur Furcht vor dem Tod in der Hölle Mt 10,28 gerahmt mit einem doppelten »fürchtet euch nicht« in den Versen 26 und 31. Wird diese Mahnung zu Vers 2 begründet damit, dass die Apostel Gesprächspartner des Auferstandenen bleiben. Vers 31 wird Furchtlosigkeit aus dem Mehrwert gegenüber dem leicht aufflatternden Spatzenvolk postuliert. »Darum fürchtet euch nicht!! Ihr seid mehr wert als viele Sperlinge« (10,31). Piscator: »Darum fürchtet euch nicht, Ihr seyt besser denn viel Spätzlein«.

Der »Meister aus Deutschland« bleibt unser ständiger Begleiter. Aber weil das Versprechen gilt, dass einer ihn am Ende der Zeiten meistern wird (1. Kor 15,26), ist der Meister über den Tod allein zu fürchten. Reden wir ohne Furcht von Gott, dienen wir auf der Kanzel dem Tod und nicht dem Leben. Einen Kanzelgötzen braucht man nicht zu fürchten: Der Gott, der alle annimmt, nimmt niemanden an, haben ihn doch die Kanzelmänner und Kanzelfrauen längst zum Lakaien ihrer Bequemlichkeitsreligion entmündigt. Der Gott, der allen nahe ist, ist niemandem nahe – und er braucht erst recht nicht zu kommen! Der Gott, der alle annimmt, den gibt es nur in Reden, die vor dem Tod kapituliert haben. Gott ist Gott, indem wir ihn fürchten und indem wir ihn mehr und mehr fürchten, schwindet alle Ängstlichkeit, die nach Novalis vom Teufel ist. So wächst aus dem Zeitalter der Angst ein Zeitalter der Freude.

III. Wecket Tote auf!

So steht's geschrieben in Mt 10,7 und gehört zur Sendung der Jünger: »Genaht ist die Herrschaft des Himmels! Kranke heilt, Tote weckt auf, macht Aussätzige rein, treibt Dämonen aus.« (Schniewind) Es ist mit Händen zu greifen, Jesu Wort meint hier nicht die in Sünden Toten, sondern die Entschlafenen, werden diese doch aufgezählt zwischen Kranken und Aussätzigen und Besessenen, die nun der Herrschaft des Todes entnommen werden und die Himmelsherrschaft erfahren sollen. Wo der Himmel herrscht, kommt Leben. Darum gehört das zur Predigt vom Reich Gottes. Da soll die Probe aufs Exempel gemacht werden: »Heilt Kranke, weckt Tote auf, macht Aussätzige rein, treibt Dämonen aus!« (Einheitsübersetzung).

Es ist schon merkwürdig, dass wir in unserer Liturgie Formulare haben, um Tote zu beerdigen, aber keins, um Tote zu erwecken, dass wir Pfarrer als Fachleute fürs Bestatten gelten, aber nicht als Erwecker. Vielleicht erklärt sich das immer »zehrendere Entsetzen« Marquardts über die Todesverfallenheit »eines christlichen Glaubens, einer kirchlichen Predigt, einer evangelischen Theologie«, die gegenüber der Shoah »unempfindlich bleibt, wie in Todesstarre« aus einem Überhören der Reichspredigt Jesu, das die »Endlösung« erst ermöglichte und posthum Unempfindlichkeit bewirkt.

Gewiss fällt es mir leicht, Mt 10,7 so auszulegen, dass der Tod auf unseren Friedhöfen weiterhin ruhig Hof halten kann. Aber vielleicht dienen wir dem Leben, wenn wir uns dem Gebot der Sendung stellen und es wörtlich zu nehmen versuchen; es nicht zu unserer Selbstrechtfertigung wegexegesieren, rückt doch Jesus den uns unmöglich scheinenden Befehl an den Ort und die Zeit, die seine Verwirklichung ermöglichen soll: »Das Reich der Himmel ist genaht«. Was folgt, ist Konsequenz der Nähe, auch die Heilungen und Totenerweckungen.

Wir würden aber die Nähe des Himmelreiches zur Ferne machen, wollten wir jetzt die Heilungen und damit die Totenerweckungen zum Merkmal des wahren Glaubens erklären. Da würde Jesu Wort zum tötenden Gesetz – wie andersherum Jesu Wort vor schamloser Rede nicht nur am Grab bewahrt. Schamlos wird ein Reden, das nichts weiß vom Befehl Jesu den Toten gegenüber, um leichtsinnig die Auferstehung Jesu zu behaupten. Unsere westliche Gesellschaft hat die Scham verloren, und da sind wir Prediger in Gefahr, unsererseits schamlos zu werden, was am besten gelingt, wenn wir uns mit Orthodoxie drapieren. Wie aber sollen wir mit Jesu Befehl umgehen, wenn er nicht als Gesetz, sondern als Evangelium zu hören ist?

Walter Lüthi hat mir seinerzeit erzählt, er hätte einen Ruf bekommen an die Kirchliche Hochschule Wuppertal, habe aber abgelehnt, Lehren sei nicht sein Amt. Er hätte auch sagen können, das sei nicht sein Charisma. Ich hatte kurz vorher ein Referat von ihm gehört, das mich als junger Pfarrer reich belehrte, und begriff erst mit den Jahren: »Da gäbs feine Unterschiede, was man dürfe und nicht dürfe, die wollten beachtet sein«.

Rudolf Landau hat in den Göttinger Predigt-Meditationen, die Auferweckung des Jünglings von Nain (Lk 7,11–16) ausgelegt und vor »Nachahmungstätern« gewarnt (55. H. 4, 2001, 196), indem er die Perikope mit literarischen Beispielen verglich, die u.a. noch mit dem »Wort« von Kay Munk zu ergänzen wären. Diese Warnung hat ihr Recht darin, dass der homo naturalis wundersüchtig und allemal versucht bleibt, zu sein wie Gott, was aber Jesu Konsequenz aus der Nähe des Reichs nicht aufheben kann. Den Wundersüchtigen könnte es ergehen wie Simon, der sich Vollmacht kaufen wollte (Apg 8,9–25). Nachahmungstäter könnten nur zu leicht Prügel empfangen wie die Skeuassöhne (19,13–20). Aber es gilt, »abusus non tollit usum«. Der Befehl Jesu darf unter uns nicht stumm bleiben.

Der Idealismus, der uns alle mehr oder weniger imprägniert, hilft uns, Jesu Wort sofort zu spiritualisieren. Demgegenüber ist festzuhalten: Der seinen Leib für uns zerbricht, nimmt unsere Leiber in Beschlag. In Korinth hat man bis zum heutigen Tag nicht begriffen, dass Christus Herr ist über den Leib, dass Christus im Leib zur Herrschaft kommt, dass er unseren Leib will, wie er sich unseren Leibern schenkt »Der Leib ist für den Herrn und der Herr für den Leib« – 1. Kor 6,13 ist, wie Wolfgang Schrage mit Recht bemerkt, »eine der erstaunlichsten ... Aussagen des Briefes.« Wenn Jesus sagt: »Wecket Tote auf«, gibt er sich den Jüngern zu eigen und setzt voraus, dass die Leiber seiner Ausgesendeten ihm gehören. Wir aber haben keinen Anspruch an ihn, solange wir unsere Leiber von ihm emanzipieren. [...]

Es gibt ein altirisches Gebet, Columcille zugeschrieben:

Christi Kreuz auf dieser Stirn,
Christi Kreuz auf meinen Ohren,
Christi Kreuz auf diesen Augen,
Christi Kreuz auf dieser Nase,
Christi Kreuz auf diesem Mund,
Christi Kreuz auf meinen Armen,
Christi Kreuz auf meinen Beinen,
Christi Kreuz auf meinem Leib,
Christi Kreuz auf meinem Herzen.

(Nach Paul-Werner Scheele, Du bist unser alles, 1989, 70).

Weil wir durch die Auferstehung Christi wiedergeboren sind, gehören Stirn, Ohren, Augen, Nase, Mund, Arme, Beine, gehören der ganze Leib und unser Herz dem Auferstandenen. Anders ausgedrückt: Was das altirische Gebet artikuliert, hat der Heidelberger Katechismus in Lehre gefasst, »dass ich mit Leib und Seele nicht mein, sondern meines getreuen Heilandes Jesu Christi Eigentum bin«. Ich unterstreiche »mit Leib und Seele«, unterstreiche »Eigentum«. Wir bleiben damit in der Schuld des Eigentümers.

Vielleicht nutzen wir die morgendliche Dusche zum Einüben und Einprägen ins Bewusstsein, dass der Leib nicht uns, dass er dem Auferstandenen gehört. Nehmen wir unseren Leib ins Gebet, entdecken wir, dass er in die Liturgie gehört, dass Gottes Wille auf den Gehorsam des Leibes zielt (Röm 12,1f). Umkehr zum Reich schließt in sich eine Neuentdeckung des Leibes.

Als Leibeigene des Auferstandenen tragen wir auch der Doppelbedeutung des Wortes »tot« Rechnung. Lassen wir den Befehl Jesu zur Auferweckung von physisch Toten gelten, gilt er erst recht für die Erweckung der in Sünde Toten. Erwacht in uns die Liebe, treibt sie zunächst den Verwesungsgeruch aus den Talaren, die Angst vor den Zuhörern. Die Liebe kann und will die Gemeinde nicht tot sein lassen. Sie geht mit Ezechiel auf die Ebene, die von den Totengebeinen übersäte (37) und erschrickt über all die verlorenen Söhne und Töchter, die tot sind, ohne es zu wissen, die ein neues Bewusstsein brauchen, um wieder lebendig zu werden. Auch hier sind wir als Erwecker nicht autonom, sondern abhängig von dem, dem wir gehören. Bittsteller: »Weck die tote Christenheit aus dem Schlaf der Sicherheit« (EG 263,2).

Wenn wir diese Verse nicht nur mit den Lippen singen, werden wir bei und nach der Predigt auf eine Fortsetzung der Vision Ezechiels begierig sein. Sätze gegen den Tod bleiben echolos, solange wir nichts gegen den Tod erwarten. Tote Prediger toter Gemeinden erwarten nichts von ihrer Predigt. Das aber muss spannender sein als ein Krimi, zu predigen mit der Aussicht darauf, dass ein Rauschen anhebt und Knochen zusammenrücken. Wer seine eigene Predigt ernst nimmt, lässt es nicht beim eigenen »Amen« bewenden, hält sein Ohr an die Gemeinde, ob er ihr »Amen« höre, geht auf eine Entdeckungsreise in die Gemeinde in der Neugier nach dem Neuen, das Gott durch die Predigt geschaffen hat. Wir sind ja nur »die Anschauer deiner Werke« (WA 40, III, 588) und nur als Anschauer seiner Werke sind wir selbst lebendig. Lebendig sein heißt anschauen. Die anschauen seiner Werke, nur sie vermögen die rechte Zeit zu erkennen. Und das sind Werke der Vergangenheit – unvergänglich wie Werke der Gegenwart – vielleicht noch verborgene auf Zukunft hin, aber die sollen und dürfen nicht verborgen bleiben, das Grab ist offen zu halten. Das Schwierigste einer Predigt ist ihr Nachher, dass wir die Sätze gegen den Tod auf neues Leben hin festhalten.

Das erfordert – nach einem gesunden Schlaf – eine gespannte Aufmerksamkeit auf das, was Gott mit der Predigt macht, steht sie doch unter dem Versprechen des Erhöhten. »Siehe ich mache alles neu« (Offb 21,5). Nach der Predigt fängt das Anschauen an, das Ausschauen auch nach dem, was der Hohe und Erhabene an und in seinem niederen Volk tut. Als »Anschauer deiner Werke« sitzen wir nicht in der ersten Reihe, da sammeln wir uns zum Kampf gegen alle Trugbilder im Blick auf das, was kommt, die Auferstehung der Toten eben. Vielleicht wird darum auf den Kanzeln zu viel gelabert, weil die Prediger und Predigerinnen blind sind für die Gemeinde als neues Werk des Auferstandenen.

Manuskript eines Vortrags in Kamakura, Japan, 2003

Am Grab stehen – und vor der Freude

Freuet euch in dem Herrn allezeit! (*Philipper 4,4*)

Ich sehe Frau von Friesen noch vor mir, wie sie einem in Wuppertal die Tür öffnete. Zuerst guckte sie einen Augenblick lang kritisch, dann strahlte sie und lud mit der ihr eigenen Gebärde ein, Platz zu nehmen; nun saß sie einem gegenüber aufmerksam, sachlich. Man spürte, sie war ganz da. – Auch wenn man eilig und dienstlich kam, öffnete sie einem die Türe – war immer etwas von einem großen Empfang.

Vielleicht darf ich an diesen Wesenszug anknüpfen, um das Pauluswort auszulegen, auf das wir in dieser Stunde zu hören haben. Es öffnet uns jetzt eine Tür, lässt uns nicht in der Trauer stehen, lädt uns hinein, weist uns einen Platz an: »Freuet euch in dem Herrn allezeit.«

»In dem Herrn« gibt es Raum für uns. Ob wir es spüren oder nicht, einer ist da für jeden von uns, ganz da. Seit Pfingsten ist er gegenwärtig im Geist. Auch wenn wir ihn nicht sehen, so bereitet er uns doch etwas von einem großen Empfang: »Freuet euch in dem Herrn allezeit.«

Das ist ein Befehl, ein guter Befehl, den wir, vom Tode eines Menschen Betroffene, nötig haben. Es ist ein unmöglicher Befehl, wenn wir auf uns blicken, aber er wird möglich durch den, der Freude ist und Freude gibt, die nie vergeht. »Jesu, meine Freude«. So haben wir gesungen, und so ist es wahr. Für uns, die wir Abschied nehmen und für die Verstorbene wahr: Ob wir leben oder ob wir sterben, der auferstandene Jesus Christus ist um uns. Seine Freude ist um uns. Seiner Freude gehen wir entgegen. Seine Freude kommt, und der Befehl zum Sich-Freuen weist uns an, auf seine Zukunft hin zu leben. Darum steht kurz nach unserem Befehl die Verheißung: »Der Herr ist nahe«. Wenn er einmal ganz da ist, ist auch die Freude ganz da. Wenn er einmal erscheint, erscheint die Freude; dann wird es kein Problem mehr sein, sich allezeit zu freuen. – Ich denke, dass da, wo ein Mensch im Glauben stirbt, er hinüberwechselt aus dem Leiden in die Freude. Was jetzt Befehl ist, wird selbstverständlich und geht ohne Befehl. Ewiges Leben ist ewige Freude, und ewige Freude teilt sich schon in dieser Zeit mit und teilt sich nicht zuletzt in Personen mit. Dies ist das Geheimnis eines jeden Christenlebens, dass es etwas von Gott hat und etwas für Gott ist. – Weil wir jetzt in dieser Stunde des Abschieds diesem Befehl zur Freude nachkommen möchten, erinnern wir uns dankbar daran, wer Frau von Friesen war und was wir an ihr hatten – und auch jetzt noch haben. Wir wissen dabei sehr wohl, dass nicht wir es sind, die das letzte Wort über einen Menschen sprechen. Wir müssen darum vorsichtig sein, dass wir nicht zu viel sagen. Und ich meine, dies wäre auch im Sinne der Verstorbenen: Sehe ich recht, war sie ein Mensch, der nie etwas aus sich gemacht hat. Das kann ein Zeichen sein für einen Menschen, aus dem Gott etwas macht. Und da sollte man freilich auch nicht zu wenig sagen. So bekommt der Satz wohl einen tiefen Sinn: Sie war eine wunderbare Frau.

Wo Gott etwas macht aus einem Menschen, wo er ihn wunderbar macht, lässt er ihn auch das erleben, was wir nicht verstehen, was die Leute Schicksalsschläge nennen. Ich denke an den Verlust des Gatten, an den Verlust der Heimat, an den Verlust eines Kindes. – Was ihr genommen wurde, machte sie nicht arm, sondern reich. Statt Selbstmitleid pflegte sie einen Humor, in dem sie sich selber überlegen war. Und ihr, der die Tür gewiesen wurde, war es gegeben, Türen zu öffnen. Ich denke, wir sollten all das, was uns an dieser Frau bemerkenswert und verehrungswürdig erscheint, nicht isoliert von dem sehen, der uns nahe ist; denn es ist ja auch so, dass Christus uns durch Menschen beschenkt, dass er uns in Menschen nahe ist: So wurde sie nicht einsam im Alter, war nicht allein, wie so viele Menschen heute allein sind, sondern blieb bis zuletzt liebend umgeben von den Ihren. – Es soll nicht Menschenruhm sein, sondern Ausdruck der Freude, wenn ich andeute, was sie während einem Dutzend Jahre der Kirchlichen Hochschule bedeutete: Ein Mensch, der Autorität hatte, weil er streng war mit sich selber; eine Frau, der man nichts vormachen konnte und die einem nichts vormachte. Ich denke, meine Kollegen werden einverstanden sein, wenn ich sage, dass sie uns allen überlegen war, überlegen auch darin, dass sie Freude ausströmte. Sie, die eine sichere Welt verlassen musste, gab Sicherheit; sie übte die schenkende Tugend in einer Noblesse, die nicht Dank erwartet: »Eure Lindigkeit lasset kundsein allen Menschen«, heißt es nach unserem Textwort. Das tat sie, ohne Lindigkeit mit Weichlichkeit zu verwechseln. Sie konnte auch hart sein. In ihrer Natürlichkeit bildete sie einen stillen Mittelpunkt unserer Hochschule. Vielen wurde sie eine Mutter. Wer vielen Mutter wird, muss viel Tröstliches haben, hat viel zu trösten.

Wenn ich nun das, was uns Frau von Friesen war, zusammenbinde mit unserem Text, wird auch deutlich, wie geheimnisvoll, wie verborgen Christus in einem Menschen lebt; denn nichts lag der Verstorbenen ferner, als sich selbst etwa zu einem Heiligenbild zu stilisieren. – Jesus ist uns so nahe, dass er sich hinter Menschen in unserer Nähe gleichsam versteckt. – Allerdings würde die Freude wachsen in der Christenheit, wenn wir besser aufmerken würden auf das, was uns der Auferstandene in der Nähe durch Menschen gibt und schenkt.

Ich kann mir vorstellen, dass das, was wir an ihr schätzten, was uns an ihr freute und freut, in noch viel größerem Maß die Kinder und Enkel, die Schwester und ihre Familie erfahren haben. Es ist ein unschätzbarer Wert für die Enkel, dass ihnen durch die Großmutter das Herkommen, die Tradition nahe gebracht wurde. – Mit ihrem Leben und Sterben aber weist sie auch auf die Zukunft, auf eine Heimat, der wir alle entgegengehen. Und so soll diese Stunde der Erinnerung und des Gedenkens an Frau von Friesen eine Stunde des Segens sein und bleiben: »Freuet euch in dem Herrn allezeit!«

Heiliger Gott,
Du Schöpfer aller Menschen,
Wunderbar ist das Leben, das du schenkst,
Erhältst und begleitest.
Du krönst es mit Ehre und Hoheit.
So danken wir für all das Gute,
Das du der Verstorbenen hast zukommen lassen.

Herr Jesus Christus,
Du bist uns nahe und tust uns viel Gutes
Durch die Menschen, denen du Gutes getan hast.
So danken wir für all das,
Was du durch die Verstorbene an uns getan hast.
Und wir bitten: Öffne uns die Augen,
Dass wir dich in denen erkennen,
Die in unserer Nähe an dich glauben.

Herr Jesus Christus,
Du kennst unsere Hilflosigkeit
Gegenüber dem Tod und gegenüber den Toten.
Wir können nur beerdigen;
Aber du kannst auferwecken.
Und du tust es.
Und endlich wirst du alle Trauer
In deine Freude hineinnehmen.

So mach uns stark in deinem Geist.
Stark im Glauben,
Stark in der Hoffnung,
Stark in der Freude,
Damit wir etwas seien zu deiner Ehre!

Aus: Wunder, S. 116–119

Karfreitagsfrage

*wer möchte jude sein
mit einer talmudbrille
das blut verbrannt
die wangen gegerbt
geohrfeigt königlich
jude
beim könig der juden*

Aus: Bohrungen, S. 44

»Von dem Blitze eines Gebets ...«

Zu Versen von Nelly Sachs

Israel ist der Vorbeter aller Heiden. Indem es die Psalmen betet, geht es den Christen im Gebet voran, und wir können nicht anders beten als hinter Israel her; christliche Beter bleiben Lehrlinge Israels. Beten wir Christen zu dem Gott Israels, so wartet das Beten der Juden auf das Echo der Christen, weil das auserwählte Volk seinen Messias noch nicht kennt. Indem wir Christen den Gott Israels in Jesus Christus anbeten, tun wir etwas, was Israel noch nachholen wird. Brauchen wir Israel, um beten zu können, so wird Israel einmal uns brauchen.

Schon als Israel anhob zu beten, brauchte es die Heiden. Der Psalter okkupiert altorientalische Dichtung für Jahwe. In solcher Okkupation artikuliert sich der Glaube an das Herrsein Jahwes.

Wenn Israel betete, bevor wir Heiden den wahren Gott kannten, so könnte es sein, dass wir auch heute bei Juden ein elementares Wissen über das Gebet finden! – Als Lehrlinge Israels werden wir unseren Glauben an das universale Herrsein Christi auch darin artikulieren, dass wir Dichtung, sei sie jüdischer oder heidnischer Herkunft, theologisch interpretieren und für unser Beten und Verkünden fruchtbar machen. In diesem Sinne sollen hier fünf Zeilen betrachtet werden, die den »Chor der unsichtbaren Dinge« beschließen, der sich im Zyklus »Chöre nach Mitternacht« befindet, ein Zyklus, dessen Titel adventlich Hoffnung atmet und eine Zeit ansagt, da Nacht umschlägt in Frühe, die Späte endet und der Tag dämmert[1]:

Klagemauer Nacht,
Von dem Blitze eines Gebetes kannst du zertrümmert werden
Und alle, die Gott verschlafen haben
Wachen hinter deinen stürzenden Mauern
Zu ihm auf.

I.

Die Genitivmetapher »Klagemauer Nacht« hat in der ersten Strophe des Gedichts schon Kontur erhalten. »Eingegraben« sind in ihr »die Psalmen des Schweigens«. In sie kehrten heim »die Fußspuren, die sich füllten mit Tod.« Ihr »schwarzes Moos« ist feucht von Tränen. Die »Klagemauer Nacht« mauert das Schweigen ein, den Tod und die Tränen, umschließt eine Nekropolis, ist Signum für diese Welt

---

[1] N. Sachs, Die Fahrt ins Staublose. Frankfurt 1961, 62. – Die folgenden Seitenangaben beziehen sich auf diese Gedichtsammlung.

des Todes. Sie bezeichnet den Ort des Gebets; nicht einen Altar mit Lichtern, sondern Nacht, »Gottesfinsternis« *(Martin Buber)*, Abwesenheit oder Schlimmeres vielleicht, denn »der Herr ist geworden wie ein Feind« (Klgl 2,5). Weil wir noch nicht im Schauen leben, darum stößt unser Gebet immer wieder an die Grenze, darum ist es Gebet im Namen dessen, der das »Eli, Eli, lema sabachthani« schrie. In den Betern pflanzt sich dieser Schrei fort. Der Geist selbst wird ihn aufnehmen, wenn er für uns eintritt mit unaussprechlichen Seufzern (Röm 8,26).

II.

Der »Klagemauer Nacht« steht in der zweiten Zeile eine andere Genitivmetapher gegenüber, der »Blitz eines Gebetes«. Der Blitz schlägt ein, von oben kommend, ein elementarer Einbruch des Himmels auf der Erde, unverfügbar, nicht zu manipulieren. Erscheint das Gebet als Blitz, dann feiert es offenbar Wiederkehr, dann ist es aufgestiegen, wie die Feuchtigkeit aufsteigt und die Wolken des Gewitters bildet, aus denen der Blitz zuckt. Soll das Gebet zum Blitz werden, dann muss es angenommen, emporgehoben, verwandelt worden sein. Sein Charakter ist somit nicht mehr irdisch, sondern himmlisch. Was an der »Klagemauer Nacht« aufstieg, wird zum Strahl, der zu neuer Welt durchbricht und die Ummauerung sprengt. In einem anderen Gedicht ist zwar nicht vom Blitz, aber vom Gewitter die Rede: »Israel, / Zenit der Sehnsucht, / gehäuft über deinem Haupte / ist das Wunder wie Gewitter, / entlädt sich im Schmerzgebirge deiner Zeit« (107).

»Der Blitz eines Gebetes« – so möchten wir folgern – ist das Gebet, das Gott zu seiner Sache gemacht hat, die Ohnmacht in Macht wandelnd: das erhörte Gebet. In der Erhörung bricht als Gottestat wieder in die Welt ein, was ihr entnommen wurde, und in solchem Einbruch nimmt das Gebet die Gestalt eines Blitzes an. So wurde in der zweiten Strophe angekündigt, »der Engel mit den Körben / für die unsichtbaren Dinge« sei gekommen. In diesen Körben verwandelt sich menschliches Stammeln und Klagen zum Blitz. Abgewandelt ist uns dieses Motiv schon in der Offenbarung des Johannes begegnet: Nach der Eröffnung des siebenten Siegels wirft ein »anderer Engel« das Rauchfass auf die Erde, was unter anderem Blitze entstehen lässt (8,1–6). Ein Kommentator bemerkt: »Das Feuer, das der Engel vom Altar nimmt und auf die Erde wirft, ist die Antwort Gottes auf das Gebet der Gemeinde.«[2]

Wir sind heute geneigt, das Beten als menschliches Werk sehr ernst zu nehmen. Seine Sprache und seine Gestalt sind uns wichtig geworden und werden diskutiert. Nelly Sachs aber blickt auf den »Engel mit den Körben«, auf das über dem Haupte Israels wie ein Gewitter aufgehäufte Wunder: Das Gebet gestaltet sich nicht so sehr von seinem menschlichen Woher als vielmehr von seinem Woraufhin. Die Frage des Gebets ist die, ob es den erreicht, den es anspricht, ob es Erhörung findet. »Das rechte Gebet ist das seiner Erhörung gewisse Gebet.«[3]

---

[2] W. Hadorn, Theologischer Handkommentar zum Neuen Testament, Leipzig 1928, z. St.
[3] K. Barth, Kirchliche Dogmatik III/4, Zollikon 1951, 117.

Das der Erhörung gewisse Gebet aber hat nicht nur ein Woraufhin, sondern auch ein Woher besonderer Art. Um im Bilde zu bleiben, könnte man sagen: es hat nicht nur den Blitz als Zukunft, als Wirkung der Erhörung, es ist auch in seinem Woher blitz-artig. So hat »der Blitz / das Gebäude des Glaubens« entzündet (177), und »die Eingeweihten« sind »nur vom Stimmband des Blitzes aufgeklärt« (361). Von solchem Brand und solcher Aufklärung erhellt, steigt das Gebet empor, das wiederkehrt in Kraft. So wird Blitz zum Bildwort für das Pneuma, für den Geist: »aber über deinem Haupte / der Meeresstern der Gewissheit / mit den Pfeilen der Auferstehung / leuchtet rubinrot« (317). So müsste man beten können! Betet man in der Gegenwart des Gekreuzigten und Auferstandenen und also im Geist, so reicht der Spannungsbogen des Gebets von der »Klagemauer Nacht«, von verzweifelter Gottverlassenheit, bis »unter den Meeresstern der Gewissheit mit den Pfeilen der Auferstehung«.

III.

Bestimmen wir die Gestalt des Gebets von seinem Woraufhin und von seinem außermenschlichen Woher, so könnte man das Gebet doketisch missverstehen im Übersehen des Beters und seiner Menschlichkeit. Darum müssen noch zwei Beobachtungen notiert werden: Erstens ist darauf hinzuweisen, dass im gleichen Zyklus noch einmal eine Genitivmetapher bedeutsam scheint. Im »Chor der Tröster« mahnt die Dichterin: »Nicht einschlafen lassen die Blitze der Trauer / Das Feld des Vergessens« (65). Offenbar haben beide Bilder etwas miteinander zu tun, die Blitze der Trauer und der Blitz eines Gebets: Der Engel mit den Körben sammelt »die Tränen, die dein schwarzes Moos feuchten«. So wird dem Dulder des Alten Testaments verheißen: »Hiob du hast alle Nachtwachen durchweint / aber einmal wird das Sternbild deines Blutes / alle aufgehenden Sonnen erbleichen lassen« (95). – So dann hat die von uns zitierte Strophe im »Chor der unsichtbaren Dinge« selbst eine Parallele, die jetzt nicht länger übersehen werden darf: »Im Geheimnis eines Seufzers / Kann das ungesungene Lied des Friedens keimen.« Damit wird angesagt, was die letzte Strophe auslegt. Wir haben hier – wie in den Psalmen – einen Parallelismus membrorum vor uns: Beide Male wird von einer Möglichkeit gesprochen, beide Male geht es um ein »kann«. Wird nicht vom Beten schlechthin gesprochen, sondern von dessen Blitz, so wird auch nicht vom Seufzen schlechthin geredet, vielmehr von dessen Geheimnis. Wir folgern darum: Das Gebet, das als Blitz wiederkehrt, steigt offenbar »im Geheimnis eines Seufzers« auf. Wo das Gebet zum Blitz wird, da hat offenbar eine himmlische Kraft menschliches Leid in göttliche Sprache verwandelt, so dass »das ungesungene Lied des Friedens« keimen kann.

Ich möchte das Geheimnis eines Seufzers neben einen Schrei stellen, der wie kein anderer sein Geheimnis hatte. Nelly Sachs weiß davon: »Christus nahm ab / an Feuer / Erde / Wasser / baute aus Luft / noch einen Schrei / und das / Licht / im schwarzumrätselten Laub / der einsamsten Stunde / wurde ein Auge / und sah« (274f).

Wir finden bei der Sachs eine großartige Mystik des Leidens im Horizont einer universalen Eschatologie. In einem Lied an David heißt es: »Denn von Gestalt zu Gestalt / weint sich der Engel im Menschen / tiefer in das Licht!« (105). In den Psalmen aber hat David »Nachtherbergen für die Wegwunden« gebaut (104). Die Dichterin weiß von »geistige(r) Himmelfahrt aus schneidendem Schmerz«. Dann fährt sie fort: »Aber der Atem der inneren Rede / durch die Klagemauer der Luft / haucht geheimnisentbundene Beichte / sinkt ins Asyl / der Weltenwunde / noch im Untergang / Gott abgelauscht« (319).

So fremd diese Gedanken und Vorstellungen den anmuten, der die chassidische Mystik nicht kennt, so sollte man auch hier nicht allzu hurtig an der jüdischen Dichterin vorübergehen, wenn sie sagt, dass Leiden »Versteck fürs Licht« sei (210). Wüssten wir Christen mehr von der Nachfolge Christi, würden wir hier wohl auch besser verstehen! – Dann aber erweist sich die Schwierigkeit, die wir mit dem Beten haben, als die Schwierigkeit, die wir mit dem Leiden haben. Und die Schwierigkeiten, die wir mit dem Leiden haben, sind Schwierigkeiten, die wir mit Christus und seinem Kreuz haben. »Der Verlassene aber, / wirft seine Sehnsucht in die Leere / Samen für eine neue Welt!« (113) – In der Nachfolge wird der Ort des Gebets, von dem schon eingangs die Rede war, verändert: die Leere wird zum Schauplatz einer neuen creatio ex nihilo, der Tod zur Auferstehung.

IV.

Die Dichterin spricht von könnendem Gebet; nicht von gekonntem, in Israel tradiertem und gelerntem Gebet ist die Rede, sondern von einem Gebet, das ›kann‹. Wie einst die Mauern Jerichos zu Fall gebracht wurden, so bekommt jetzt ein Gebet Macht über die »Klagemauer Nacht«. Schlägt der Blitz eines Gebets ein, so wird die Mauer um Schweigen, Tod und Trauer zerbrochen. Dann gibt es offenbar keinen Ort der Klage mehr, die Tränen trocknen, die Nacht schwindet, der Tag bricht an. So kann der Flüchtling sagen: »An Stelle von Heimat / halte ich die Verwandlungen der Welt« (262). Die positive Kehrseite der Zertrümmerung ist die Auferstehung der Toten. Heißt es im Psalter, dass auch die Widerstrebenden bei Gott wohnen werden, so wachen hier alle, die Gott verschlafen haben, zu ihm auf.

Wird das Gebet angenommen, so kehrt es zurück und wirkt die Auferstehung der Toten. Nelly Sachs schreibt hier dem Gebet eine Möglichkeit zu, die das Neue Testament in Zusammenhang bringt mit dem Enddrama der Parusie. So wird die Wiederkunft mit der Metapher »Blitz« ausgesagt: »Denn wie der Blitz vom Osten ausfährt und bis zum Westen leuchtet, so wird die Wiederkunft des Sohnes des Menschen sein« (Mt 24,27). Was das erhörte Gebet hier vermag, beschreibt Paulus als Möglichkeit des wiederkehrenden Christus, des lebendigmachenden Geistes (1. Kor 15,26).

Hat einst Karl Marx den Philosophen vorgeworfen, sie hätten die Welt nur verschieden interpretiert, es komme darauf an, diese zu verändern, so könnte man von unserem Gedicht her argumentieren, die Veränderer der Welt hätten diese nur variiert, und es komme darauf an, sie zu verwandeln. Verwandlung der Welt, Ende und Neuschöpfung wäre dann Ziel und damit auch Auftrag des Gebets. Die Exodusgemeinde aber, die als wanderndes Gottesvolk dem Kommenden entgegenzieht, hält »an Stelle von Heimat« in ihrem Hoffen und Beten »die Verwandlungen der Welt«.

Indem sie im Geist und um den Geist betet, betet sie um die Macht, die gegen das Fleisch siegt und die Neuschöpfung vollendet. In einem Pfingstlied von *Paul Gerhard* heißt es: »Wenn Gottes Geist erhebt die Hand / fällt alles übern Haufen.«

Wir können dem Gebet keine messianische Funktion zuweisen. Als evangelischer Theologe möchte man der Dichterin ins Wort fallen, sie bitten, nicht zu viel zu sagen. Aber kann man hier zu viel sagen, dem Gebet zu viel zumuten? Kann es ein rechtes Gebet geben, das einen kleineren Horizont hätte als das Zerbrechen der Klagemauer Nacht und die Auferstehung der Toten? Wenn alles Beten der Christen von den drei ersten Bitten des Herrengebets angestimmt und getragen wird, wenn wir mit den frühen Christen nach dem rufen, der kommen soll zur Auferweckung der Toten, dann hat die Erhörung unseres Betens nicht weniger zum Inhalt als das, was die Dichterin singt. Das Gebet ist aus auf den Blitz querweltein, und als erhöhtes Maranatha zündet es als apokalyptischer Blitz. Man kann nicht leicht zu viel, aber sehr leicht zu wenig sagen, wenn man über das Gebet und seine Erhörung spricht. Vielleicht darf man auch darauf hinweisen, dass in der Zertrümmerung der Klagemauer Nacht und im Aufwachen der Schlafenden zwei Themen anklingen, die ein altes Gebet auf die Formel brachte: »Es vergehe die Welt und es komme die Gnade.«

Die Verse aus dem »Chor der unsichtbaren Dinge« sind Ausdruck einer Hoffnung, deren Kraft deutlich wird vor der dunklen Folie, die der Titel ihrer ersten Veröffentlichung markiert: »In den Wohnungen des Todes«. Wer um diese Wohnungen so litt wie Nelly Sachs, der wird sich nicht auf billige Vertröstungen einlassen, dem wird das Trösten zur Frage: »Wer von uns darf trösten? / In der Tiefe des Hohlwegs / Zwischen Gestern und Morgen / Steht der Cherub / Mahlt mit seinen Flügeln die Blitze der Trauer / Seine Hände aber halten die Felsen auseinander / Von Gestern und Morgen / Wie die Ränder einer Wunde / Die offenbleiben soll / Die noch nicht heilen darf. / Nicht einschlafen lassen die Blitze der Trauer / Das Feld des Vergessens. / Wer von uns darf trösten« (65)? Später wird es heißen: »Trost wohnt weit / hinter der Narbe aus Heimweh« (192). In diesem Kontext sind unsere Verse zu lesen! – Wo Trost noch nicht möglich ist, kann Hoffnung sein, »Heimweh« und »Sehnsucht«. Diese aber sprechen in Gottes Geheimnis hinein, auf seine Zukunft und große Erhörung hin. Im Unterwegs auf Erhörung ist der Beter ein heimlicher Beweger der Geschichte auf ihr Ziel hin: »Aber der Zusammenhang / liegt eingerollt / in der Gebetskapsel eines Frommen, / dem die Scherben gekittet wurden / mit der Gnade Wundbalsam« (176). So steht der Beter – oder die Beterin – im Dienst der Versöhnung: »Die abgeschnittene Schöpfung / auf den Ladentischen / wurde in meine Welt verlegt / um das Gebet zu finden / das die verstümmelten Silben zusammenfügt / in ihre dunkle Harmonie / darin die Ideogramme sich küssen und heilen« (339). – Im Hören auf die jüdische Dichterin mag man Luthers Mahnung aus dem Großen Katechismus neu bedenken: »dass beileibe niemand sein Gebet verachten soll, sondern groß und viel davon halten«.

Aus: MPTh 54, 1965, S. 475–480

Martyrium

Jetzt freue ich mich in den Leiden für euch und fülle an seiner Statt an meinem Fleische aus, was den Trübsalen Christi noch fehlte, zugunsten seines Leibes, der die Kirche ist, deren Diener ich geworden bin nach der Veranstaltung Gottes, die mir im Blick auf euch übertragen worden ist, das Wort Gottes zur Ausführung zu bringen, [nämlich] das Geheimnis, das verborgen war, seitdem es Weltzeichen und seitdem es Geschlechter gibt – jetzt aber ist es seinen Heiligen geoffenbart worden. Ihnen wollte Gott kundtun, welches der Reichtum der Herrlichkeit dieses Geheimnisses unter den Heiden sei, welcher ist: Christus in euch, die Hoffnung auf die Herrlichkeit. *(Kolosser 1,24–27)*

Du hast deine Herrlichkeit verlassen,
bist den Menschen erschienen, sie zu erlösen.
Herr, erbarme dich unser.

Wir haben aus deinem Evangelium
eine Bequemlichkeitsreligion gemacht,
dich feige verheimlicht.
Herr, erbarme dich unser.

So kommen wir zu dir
jeder und jede aus seiner eigenen Unerlöstheit und bitten:
Herr, erbarme dich unser.
Rede zu uns und gib
jeder und jedem, was sie nötig haben,
verbinde uns mit dir und miteinander.
Herr, erbarme dich unser.

Anlässlich einer Gastvorlesung in Tokio wurde mir vor einigen Jahren die Frage gestellt: »Was sagen Sie den Studenten im Blick auf das kommende Jahrtausend.« Was ich damals sagte, weiß ich nicht mehr. Ich weiß nur, was ich hätte sagen sollen und nicht sagte: »Bereiten Sie sich auf das Martyrium vor.« Gottes Liebe schafft weiten Raum – sogar fürs Martyrium.

»Martyrium« ist ein fremdes Wort, liegt außerhalb unseres Gesichtskreises, und nun meldet sich in unserem Text einer zu Wort, der sich auf das Martyrium vorbereitet und sich erst noch im Leiden freut: »Jetzt freue ich mich in den Leiden für euch.« – Ein schweres Leiden um des Glaubens willen, einen Opfertod hinter Jesus her, nennen wir »Martyrium«, und das macht dem Apostel offenbar Freude: »Jetzt freue ich mich in den Leiden für euch.« Julius Schniewind hat über »Die Freude im Neuen Testament« geschrieben: »Immer wieder klingt das Wort von der ›vollkommenen‹ Freude nach, immer wieder klingt die Mahnung zur Freude,

›alle Wege‹, ›alle Zeit‹, ohne Unterlass«. Sich aufs Martyrium vorbereiten, heißt dann offenbar, der vollkommenen Freude entgegengehen, d.h. realisieren, dass wir durch IHN »die Erlösung haben« (1,14).

Das Symbol der Erlösung bilden die zwei Balken des Kreuzes. Wir errichten es über den Gräbern, hängen es in die Kirchen und an die Hälse; aber die zwei Balken der Kreuze, die wir errichten oder aufhängen, könnten ein Missverständnis andeuten: eine religiöse Plastikblume, die nicht einmal Wasser braucht; das wäre ein totes Gegenüber zur Welt. Religiöse Symbole eignen sich vortrefflich zum Selbstbetrug. Der Mensch bemächtigt sich mit Hilfe eines Symbols seines Gottes und dessen Wort. So kann gerade das Symbol des Kreuzes nur allzu leicht zudecken, was am Kreuz vollbracht wurde. Aus einer Geschichte, in die wir verwickelt sind, wird dann ein Gegenstand, über den wir verfügen. So täuschen wir uns darüber hinweg, was die Passion heute und hier für uns bedeutet und kommen gar nicht zur Frage, was denn wir für die Passion bedeuten.

Vielleicht bringt uns eine Zeitungsmeldung dem wahren Kreuz näher: Am 27. Juli stiegen etwa 40 junge Menschen, organisiert von »Adventure World«, zu Deutsch »Abenteuer Welt«, trotz Warnung in den Saxetenbach. Als dann ein heftiges Gewitter losbrach, fanden 21 junge Menschen einen sinnlosen Tod. Eine Flutwelle von einem Meter siebzig riss sie fort und trug sie in den nahen Brienzer See. – »Wir wollen Freude und Erlebnisse vermitteln«, erklärte der Geschäftsführer von »Adventure World« nach einer Woche – und immer noch hatte man die Toten nicht alle geborgen.

Als Gott seinen Sohn sandte, hatte er sich ins »Abenteuer Welt« eingelassen wie nie zuvor. Das ist das zutiefst Irritierende: In seiner Person bricht eine Flutwelle der Liebe über die Welt herein, in der Jesus vollkommene Freude und Erlebnisse vermittelt. – Gleichzeitig wirkt diese Flutwelle tödlich. Da kann es auch eng werden. Gott hat sich in ein gefährliches Abenteuer eingelassen, das auch für uns gefährlich werden kann. Da vermittelt er nicht nur Freude, sondern das Sterben. Wo seine Liebe kommt, zeigt die Welt, wie grausam sie reagiert. So mussten in Bethlehem und Umgebung alle Knäblein unter zwei Jahren sterben (Mt 2,16–18). Das Verführerische am Symbol des Kreuzes besteht gerade darin, dass es die Passion isoliert und alle die vergessen lässt, die seither mit Jesus gestorben sind, und das sind nicht nur Säuglinge und Kleinkinder.

Martin Kähler hat die Evangelien »Passionsgeschichten mit einer Einleitung« genannt. Alles in den Evangelien läuft auf den Tod Jesu zu, und sein Tod eröffnet die Endzeit – sozusagen ein neues Jahrtausend: »Und siehe, der Vorhang im Tempel zerriss von oben bis unten in zwei Stücke, und die Erde bebte, und die Felsen zerrissen, und die Grüfte öffneten sich, und viele Leiber der Entschlafenen wurden auferweckt ...« So steht es geschrieben in Mt 27,51f, und es ist kein Wunder, dass gerade Matthäus seine Leser in besonderer Weise auf das Martyrium vorbereitet. Etwa in der Aussendungsrede: »Siehe, ich sende euch wie Schafe mitten unter die Wölfe ... Ihr werdet um meines Namens willen von jedermann gehasst sein ... Ein Jünger ist nicht über dem Meister ... Wer nicht sein Kreuz auf sich nimmt und mir nachfolgt, ist meiner nicht wert« – und das ist doch die Nachfolge in seinen Tod hinein (10,16.22.24.38). – In den Reden über die Endzeit hat Jesus seine Jünger aufs Martyrium vorbereitet. »Dann wird man euch der

Drangsal preisgeben und euch töten« (24,9). Wollen wir vom Martyrium nichts wissen, brauchen wir so etwas wie »Adventure World«, wenn wir nicht spießbürgerlich hinter dem Ofen sitzen bleiben.

Im letzten Buch der Bibel rufen die Märtyrer, die um des Wortes Gottes und ihres Zeugnisses willen hingeschlachtet worden waren, mit lauter Stimme: »Wie lange noch?« Sie möchten offenbar, dass Gott Gericht hält. Ihnen wird gesagt, sie sollten sich noch eine kurze Zeit gedulden, bis auch ihre Mitknechte und ihre Brüder, die den Tod erleiden sollten, zur himmlischen Vollendung gekommen wären (Offb 6,9–11). Das letzte Buch der Bibel liest sich als eine Einführung ins Martyrium.

Aber nun klagt der Apostel nicht wie die unter dem Altar: »Jetzt freue ich mich in den Leiden für euch und fülle an seiner Statt an meinem Fleische aus, was den Trübsalen Christi noch fehlte, zugunsten seines Leibes, der Kirche.« Wie sehr die Freude ihn erfüllt, verrät schon seine Sprache. Wie Wasser durch Papier, so dringt die Freude durch seine Worte hindurch in einer anhaltenden Steigerung. Was sage ich, »Wasser durch Papier«? Ein Springbrunnen der Freude steigt und spritzt hier empor. »Leiden für euch«, für Kolosser nicht nur, sondern für den ganzen Christusleib. Leiden hinter Christus her, das die Erlösung realisiert ... Da gibt es nichts von Wehleidigkeit, da steigt mit der Freude ein großes Selbstbewusstsein vor uns auf wie eine Fontäne. Was da hochsteigt in ihm, ist schon Zukunft. Das Morgenrot der vollkommenen Erlösung scheint im Leiden der Christen auf. Ihr meine Brüder und meine Schwestern, die ihr leidet, ihr seid das Morgenrot einer kommenden Erde ohne Leid. Die mit ihm litten, gehen ein in sein Licht, werden mit ihm verherrlicht. So wie der Tod Jesu aller Welt zugutekam, so trägt das Leiden der Seinen konkrete Frucht, wenn nicht direkt für alle Welt, so doch indirekt, nämlich für die Gemeinde Jesu. So kann Paulus den Korinthern schreiben, dass seine Trübsal, seine Angst und sein Trost ihnen zugute kommen (2. Kor 1,6). Wenn er im Gefängnis sitzt, schreibt er den Philippern, dass seine Situation die Verbreitung des Evangeliums fördere (1,12). Trägt er Fesseln wie ein Krimineller, schreibt er, er ertrage alles standhaft um der Auserwählten willen (2. Tim 2,10). Um die Galater, die das Evangelium verloren haben, muss er »abermals Geburtsschmerzen leiden«, damit Christus in ihnen Gestalt annehme (4,19).

Der geheimnisvolle Sinn des Leidens, das mit dem Christus am Kreuz erlitten wird, öffnet sich: Leiden ist immer ein Schaden und Verlust, aber der Glaube bringt dadurch den Christus als Gewinn ins Leben. Wer leidet, ähnelt dann einer Mutter, die neues Leben zur Welt bringt. Die Liebe macht das Leiden produktiv gerade für die, die es verursachen! Eine Mutter, die unter Schmerzen ein Kind zur Welt bringt, freut sich über das neue Leben und diese Freude wird stärker sein als der gehabte Schmerz, den das Kind verursachte. Den lässt die Liebe vergessen. Das Naturgesetz, wonach neues Leben unter Wehen zur Welt kommt, gilt erst recht im Geistigen, Geistlichen: Durch das neue Gebot der Liebe macht Schmerz der Freude Platz. So bricht im öffentlichen Bezeugen und Bekennen der Christen eine neue Zeit in die Welt ein, eine Zeit, in der die Flutwelle der Liebe Gottes nicht mehr aufzuhalten ist (Mt 24,14). So schickt Jesus die Seinen in sein neues Jahrtausend: »alle missionarische Existenz gründet auf der des Märtyrers« schreibt Hans Iwand.

Vorsorglich hat der Apostel uns immer wieder gemahnt: Werdet meine Nachahmer, macht's wie ich. Er öffnet uns mit seinem Beispiel das Tor zur Freiheit, das wir ohne sein Beispiel nicht finden könnten. – Schon das ist Freiheit, dem Apostel nachzusprechen, was er vorsagt. »Jetzt freue ich mich in den Leiden für euch und fülle an seiner Statt an meinem Fleische aus, was den Trübsalen Christi noch fehlte, zugunsten seines Leibes, der Kirche.« Nachsprechen, was er vorsagt, nachsprechen für die eigene Existenz, verändert das Bewusstsein, macht die Existenz apostolisch. Hat jeder auf seinem Gleis etwas, was ihm Kummer macht, wird im Nachsprechen des apostolischen Wortes das Gleis verlegt. Ich will und kann die Menschen und Verhältnisse, die uns zusetzen, jetzt nicht aufzählen, bitte aber zu bedenken, dass Christus die Möglichkeit gibt, für die da zu sein, die gegen dich sind. Dem christlichen Normalverbraucher eröffnet der Umgang mit dem Apostel ungeahnte Möglichkeiten: Sitzt er in der Tinte wie Paulus im Gefängnis, muss das nicht sinnloses Schicksal bleiben, sondern der neuen Zeit dienen. So erinnert Calvin am 16. September 1557 die in Paris einsitzenden Hugenottinnen an die Stärke und Festigkeit der Frauen beim Sterben Jesu und weist darauf hin, »wie Gott täglich wirkt durch das Zeugnis von Frauen …, so dass es keine wirksamere Predigt gibt als die Festigkeit und Beharrlichkeit, die sie gezeigt haben im Bekenntnis des Namens Christi«. Die Frauen im Pariser Kerker waren der Welt verborgen, aber Calvin weiß: Sie wirken in die Öffentlichkeit hinein. – Wer weiß, in welchem Gefängnis du sitzst, meine Zuhörerin, mein Zuhörer. Auf alle Fälle wird deine »Festigkeit und Beharrlichkeit« dem Ganzen nützen: »alle missionarische Existenz gründet auf der des Märtyrers«.

Wir bleiben mit dem Beispiel des Apostels und dem Hinweis des Reformators nicht allein. Paulus stellt sich selbst als Diener der Gemeinde vor, der ein Geheimnis veröffentlicht und allen sagt, wo die Kraft liegt, die das Unmögliche möglich macht. Das Sterben Jesu wird uns darum an einer Flutwelle anschaulich, die mitreißt und es ermöglicht, im Schmerz, im Leid, im Elend sich zu freuen, weil Christus nicht ein Vermisster ist, der als Leiche in einem See schwimmt, weil er vielmehr auferweckt wurde von den Toten. So wird er gerade in denen leben und erfahrbar werden, die leiden: »Christus in euch, die Hoffnung auf die Herrlichkeit«. Für Paulus gibt es keinen Zweifel, die Kolosser haben »das Wort der Wahrheit« und mit diesem Wort ist der Lebendige in die Glieder der Gemeinde eingekehrt. Mit diesem Wort hat sie die Flutwelle der Liebe Gottes gepackt und mitgerissen, so dass Epaphras dem Paulus vom Glauben und von der Liebe der Kolosser berichten konnte. Ich hoffe, ihr habt heute auch etwas gehört vom Wort der Wahrheit, behaltet es, tragt Sorge dazu, dass ihrs nicht verliert, auch wenn's euch nicht so schnell eingeht. Es ist wichtig fürs nächste Jahrtausend! »Bittet, so werdet ihr empfangen, damit eure Freude vollkommen sei« (Joh 16,24b).

Gebet nach der Predigt

Herr Christus,
du lehrst uns,
dass alles Leid, das uns widerfährt,
eingeschlossen ist in den Schmerzen, die du littest.

Du lehrst uns,
dass unsere Schmerzen
deiner Frohbotschaft und denen, die ihr glauben, zugute kommen.

Du lehrst uns,
dich allein zu fürchten;
aber wir leben noch in Ängsten,
haben noch nicht gelernt, was du lehrst.

Darum bitten wir:
Schicke uns deinen Geist,
damit ER uns lehre, was wir nicht können,
und zeige, was wir nicht sehen.

Aus: Wege, 124–130

Die ungepredigte Hölle

Eine Frage an die Sytematiker

1

Nach jahrhundertelangem Missbrauch im Interesse kirchlicher Macht über die Seelen – »Tut Buße, denn die Hölle ist nahe herbeigekommen« – hat theologische Kältetechnik ihr den Kirchenaustritt besorgt; genauer: Man hat sie aus dem Tempel Gottes vertrieben. Ach, hätte man sie nur austreiben können.

Martin Luther hielt nichts von dem Ort, »in dem die verdammten Seelen jetzt sind, wie es die Maler malen und die Bauchdiener predigen«. Er wusste um die Hölle in der eigenen Brust. Für Friedrich Schleiermacher war die Vorstellung einer Hölle psychologisch unmöglich, sie passte schlecht ins Ameublement eines Biedermeierzimmers. Die Komplementarität von Himmel und Hölle war nicht mehr denkbar: »Betrachten wir nun die ewige Verdammnis in Bezug auf die ewige Seligkeit: so ist leicht zu sehen, dass diese nicht mehr bestehen kann, wenn jene besteht.«

Die großen Theologen unseres Jahrhunderts haben versucht, der Hölle die Flammen zu löschen; jeder auf seine Weise, allemal spiritualisierend: Einer schloss seine Übersicht über das neutestamentliche Szenarium mit der Frage: »Und was soll das alles?« Dann kam der Hinweis auf das Kreuz; ein anderer deklarierte sie als Mythos, und ein dritter entrümpelte sie mit dem Symbolbegriff: sie war kein Ort mehr.

War die neue theologische Sachlichkeit in diesem Punkt über das Biedermeier hinausgekommen in einer Zeit, in der die Hölle auf Erden von A bis Z (A wie Auschwitz) immer neue Ortsnamen bekam?

Nachdenkenswert: Nach dem Holocaust bewegte die Entmythologisierungsdebatte die theologischen Gemüter, und einem Schüler Karl Barths verbot die Zensur das Wort »Hölle«, jene Zensur, in der das gesellschaftlich Gültige heute noch die Wissenschaft bestimmt.

Aber nun zeigt sich: Was theologisch in der Generation unserer Väter Triumph der Gnade und Entmythologisierung heißt, meint psychologisch Verdrängung, und Kältetechnik bleibt umweltschädlich allemal. Als Verdrängte bewirkt sie Erfrierungen, beraubt sie doch die Theologie der Weisheit, die allemal mit der Gottesfurcht anfängt, und Jesu Wort bleibt unbeachtet: Wer nichts von der Hölle weiß, weiß nicht, was Himmel ist. So fragt sich, ob die Eskamotierung der Hölle nicht den Zugang zur Gotteserfahrung verbaut: »Und fürchtet euch nicht vor denen, die den Leib töten, die Seele aber nicht töten können. Fürchtet vielmehr den, der Leib und Seele verderben kann in der Hölle.« Da kommen wir kaum ohne die Bilder der Maler aus – auch wenn die Furcht Gottes alle Bilder verbrennt!

Könnte es sein, dass Eifer und Kraft evangelikaler Christen im Vergleich mit dem Frösteln landläufiger Landeskirchlichkeit daher rührt, dass Gott selbst ortlos wurde, indem er für uns seinen Gegenort verlor? Wir erinnern uns, dass im Judentum Gott auch der »Ort« heißt. – Könnte es sein, dass die Lauheit unserer

Gemeinden mit der Auskühlung der Hölle zusammenhängt, die möglicherweise auch die Furcht Gottes lähmt? – Könnte es sein, dass mit dem Pfarrerstand die Kirche Christi aus dem Ruder geraten ist, weil man nicht mehr weiß, welche Zukunft auf keinen Fall anzusteuern ist? – Könnte es sein, dass gerade die Freiheit bei den heutigen Christen verschiedener Couleur Schaden leidet, weil anstelle der Gottesfurcht, höllisch genug, Menschenfurcht Platz genommen hat? – Könnte es sein, dass man umso besser hiesige Höllen heizt, je weniger man die jenseitige fürchtet? – Sicher aber scheint mir, dass die Menschheit umso bequemer Brennstäbe für selbstfabrizierte Höllen zu produzieren vermag, als sie den, »der Leib und Seele verderben kann in der Hölle«, vergisst.

Damit stehe ich als Prediger in einem Dilemma: Nicht nur eine unbewusst wirkende Zensur, sondern auch der jahrhundertealte Missbrauch im Interesse kirchlicher Macht verbietet eine evangelikale Repristination der Rede von der Hölle. Aber was dann? Zwei Hinweise mögen diese Frage verdeutlichen.

2

Niklas Frank sieht seinen Vater, den in Nürnberg gehängten ehemaligen »Generalgouverneur« von Polen, seit Kindheitstagen in seinem Kessel in der Hölle, dem Nichts, »auf ewig garkochend im brodelnden Blut Eurer Opfer« (Der Vater. Eine Abrechnung, 1993) – und im Blick auf die Mutter drängt sich die Frage auf: »Mutter, schreist Du noch im Kessel?«

Das Blut kann auch Wasser sein; aber ohne die Hölle ginge die Abrechnung mit dem Vater nicht auf, würde sie dem Sohn den Schlaf rauben: »Ihr wart schon ein Pärchen. Ja, ruder nur wütend in der Hölle in Deinem brodelnden Wasserkessel herum, ich sehe Dein feistes Gesicht wie das eines Zombies, rote Blasen steigen platzend aus Deiner Gesichtshaut auf, Dein Gebiss ist entblößt, die gelben Zähne geben die blaurot verbrannte Zunge frei, Deine Augen haben ihre Lider verloren, rollen blutig in den Höhlen und sind kaum vom Rauskugeln abzuhalten, dazu entpresst sich Dir aus der beinernen rotverbrannten, rohfleischigen Brust ein wütendes Brummen, während Deine Arme, die Mutter einst umfingen, das kochende Wasser rühren, schlagen, der Ton des Wassers, der Ton aus Deiner wehen Brust dringen in mein Hirn, und heut Abend streck ich mich aus in meinem Bett, wohlig wie immer seit ich Dich aus mir rauslasse ...«

Ob das gelingt, scheint fraglich, wie es schwierig sein wird, mit seinem Erzeuger abzurechnen, ist man doch Fleisch von seinem Fleisch, Blut von seinem Blut. Die Rechnung geht nie auf, denn wer weiß, ob der, der abrechnet, nicht auch Geist hat vom Geist dessen, den er in der Hölle sehen muss, um sich wohlig in seinem Bett auszustrecken, wobei »wohlig« sich im Kontext des Ganzen als Euphemismus erweist. Die »Abrechnung« gerät zur Verhöhnung des Vaters – und die Erinnerung an die Mutter, die im Getto Juden für sich arbeiten ließ, gerät zur Erinnerung an ein Schreckgespenst: »Manchmal sehe ich Mutter wie eine Irre durch die Trümmer des vernichteten Warschauer Gettos irren und in Rauch und Feuerschwaden stammeln: ›Wo sind meine Korseletts?‹ ...«, während er dem Vater dessen ganze Nullität vorrechnet: »Die Briefmarken, die Du im

Generalgouvernement herausbrachtest, sind heute bei Sammlern nicht die Bohne so viel wert wie die Fälschung mit Deinem Kopf drauf, die von den Briten 1942 in Umlauf gesetzt wurde, vermutlich in der Hoffnung, Hitler würde Dir den Garaus machen, wenn ein anderer Kopf als der seine auf den Postmarken erscheinen würde. Als Fälschung, Vater, bist Du über 5000 Mark wert. Ich gratuliere.«

Frank versagt sich jeglichem Rechtfertigungsversuch des Vaters, und vielleicht ehrt die Verhöhnung des Sohnes den Vater mehr als die Zustimmung jener, die die »sogenannten Memoiren« des ehemaligen Generalgouverneurs »Im Angesicht des Galgens« priesen. Unsereiner fühlt sich hier an die erste Begegnung Barths mit dem jungen Bonhoeffer erinnert, der in seinem Seminar das Lutherwort einwarf, »dass die Flüche der Gottlosen in Gottes Ohren manchmal besser klängen als die Hallelujas der Frommen«.

Ich gestehe, dass mich noch kein Buch gleichzeitig so abgestoßen und fasziniert hat wie die Abrechnung des Niklas Frank: Heinrich Mann hatte ihn im Voraus im »Untertan« porträtiert, den Feigling als Herrenmenschen. Darüber hinaus: Eine Apokalypse des deutschen Bildungsbürgers, der noch beim Verhör in Nürnberg dem US-Untersuchungsrichter die Lektüre von Schillers »Kabale und Liebe« empfahl, der Goethes Faust zu großen Teilen auswendig hersagen konnte – an ihm hat auch der Theologe Anteil, und die Schonungslosigkeit, mit der Niklas Frank abrechnet, verweist gerade im Widerlichen auf theologisch Verdrängtes. Auch darauf: Im Erinnern der Schuld verliert das Gedächtnis seine Unschuld. Wer seinen Vater in der Hölle sieht, muss ihm nachfahren auf eigene Faust, da nützt die Höllenfahrt Christi nichts. Oder doch?

Er steht unter einem doppelten Zwang: unter dem zur Obszönität und dem zur Verhöhnung seiner Kirche: »Das Obszöne besteht in der absichtlichen Verletzung der Scham«, schrieb Karl Rosenkranz in seiner »Ästhetik des Hässlichen«, und wer mit seinem Vater Abrechnung will, der spricht wie der jüngste Noahsohn von des Vaters Blöße. Ein Zwang liegt auf ihm. So beginnt das Buch folgerichtig mit einem Hinweis auf fehlenden Orgasmus und Mangel an hohen Gefühlen der Mutter beim Zeugungsakt – sozusagen als Nachwort zur Ästhetik des Hässlichen.

Rosenkranz weiß sehr wohl, das Nackte ist nicht an sich obszön, vielleicht aber – entgegen seiner Meinung – »die uniformierte Moral, die betresste, säbeltragende Sittlichkeit«: Uniformen bilden eine getarnte aber nicht minder absichtliche Verletzung der Scham, insofern sie das Individuelle des Körpers nivellieren. Als in tausend Jahren das Volk uniformiert wurde, war der Weg frei zu einem einmaligen Massenmord in der Geschichte. Uniformen wären demnach ein Hinweis darauf, dass der Mensch aus der Geschichte nichts lernt. Einem Friedrich Gogarten war die Obszönität offenbar nicht bewusst, als er schrieb: »Wenn ein Volk, das so außer Form geraten ist wie das unsere, wieder in Form gebracht werden soll, dann muss es zunächst in Uniform gebracht werden.«

Theologisch betrachtet erweist sich das Obszöne als Versuch, den Sündenfall durch Sünde aufzuheben, und wer in die Hölle schaut, fällt selbst hinein – in die Obszönität als eine Art Vorhölle, ein Purgatorium und Reinigungsbad im Schlamm. Der Zwang zur Obszönität offenbart die verlorene Unschuld des Erinnerns. Die Scham muss verletzt werden, weil sie nie groß genug sein kann, die Aufhebung des Sündenfalls erweist sich in Nacktheit oder Uniform als Höllensturz. Wenn Gregor von Nyssa im Hohelied das »Hinreißendste, was Lust wirken kann, die Leidenschaft des Eros, als das wegweisende Gleichnis für geistige Wahrheit« darstellt, dann tritt hier an die Stelle der Lust der Ekel.

Zu ihm gehört auch die Reaktion auf das Verhalten der – in diesem Fall – katholischen Kirche. Fand der Sohn beispielsweise im Buch des Vaters keinen ehrlichen Ton, hatte doch das Buch beachtlichen kirchlichen Erfolg: »Ob das die Praemonstratenserabtei Steinshart, das Alexianerkloster in Mönchengladbach war oder das Provinzialat der Franziskaner in München: In deutschen Klöstern fanden Du und Dein ›Galgen‹ ihr Zuhause ... Immerhin warst Du mit furchtbar viel Schmalz im Nürnberger Gefängnis zum katholischen Glauben konvertiert.«

Der Sohn aber glaubt dem Glauben des Vaters nicht. Wenn er das Totenfoto des Vaters sieht, sieht er »Dein totes Gesicht, auf dem die Lügen nicht mitstarben« – und wo die Sünden nicht mitsterben, ist man in der Hölle. Der Sohn wundert sich: »Komisch, die kirchliche Schar sah Dich vom schweren Fall« – vom Galgen – »direkt in den Himmel auffahren, für die sitzest DU statt Jesus neben dem Herrn ... auf die Stirn pappt dir das verärgerte zur Seite gestellte Jesulein gerade die neu herausgekommenen Datenschutzgesetze, und es ist ein Jubilieren und Tirilieren, und ich laufe mit meiner altmodischen Vorstellung, Dich in der Hölle weichgekocht zu sehen, völlig ins Leere.«

Den Nenner, auf den der Sohn seine Abrechnung bringt, bilden die letzten Worte, die ihm Pater Sixtus zu Albany tradiert: »... ›Jesus, Barmherzigkeit‹. Ich hab es genau gehört.« War der Sohn damals »dicht dran«, dem Vater seinen »Glauben« zu glauben«, so nimmt ihm der Pater die Illusion: »Ich hatte Deinen Vater darum gebeten.‹ ›Um was?‹ ›Dass er Jesus, Barmherzigkeit sagt. Und er *hat* es gesagt.‹

Mit diesen Worten stürzte er sich durch die Falltür. Ich hab es genau gehört: ›Jesus, Barmherzigkeit‹. Da freute sich der Gottesmann ...«

Die ganze Hinrichtungsszene wirkt denn auch wie eine Illustration auf Bonhoeffers Rede von der billigen Gnade, während das Gebet aus zwei Worten in der Abrechnung des Sohnes immer wieder vorkommt – ein Nenner eben.

Kaum zufällig ist Jesus zur Kitschfigur geworden. Wenn das deutsche Volk laut Vater Frank als »Heiland der Menschheit« inthronisiert wurde, der sich als Massenschlächter erwies, geriet die Kreuzigung zur Farce. Wird Jesus zum Kitsch, ist die Hölle los.

3

Emmanuel Levinas berichtet am Schluss seiner »Vier Talmud-Lesungen« (1993) über »Rav Zera, einen kleinen Mann mit versengten Schenkeln«. Dieser fastete in seinem Leben an dreimal hundert Tagen, zuletzt »für ein Projekt des Wahns, wie es den Eumeniden nie in den Sinn gekommen wäre«, und dieses Projekt liest sich wie ein Nachwort zu Niklas Frank: »Rav Zera wollte, dass das Höllenfeuer ihm nichts mehr anhaben könne. Als er dem Ziel schon ganz nahe war, setzte er sich neben einen brennenden Ofen, ohne dass die Flammen ihn berührten. Außer am Tag, als die Talmudgelehrten, seine Kollegen, ihn betrachteten. Sobald sie ihn fixiert hatten, erhielt das Feuer wieder seine Macht über ihn und verbrannte seine Schenkel, und da er klein von Gestalt war, nannte man ihn den ›Kleinen mit den verbrannten Schenkeln‹.« Der Philosoph kommentiert: »Ich denke, dass immer, wenn Augen von Kollegen uns fixieren, das Höllenfeuer Macht über uns erhält.«

Entmythologisiert der Philosoph mit seiner Interpretation die Hölle, so erklärt er sofort komplementär: »Ich denke auch, dass die Talmudgelehrten sich allen Versuchen, die Rechte der Hölle einzuschränken, widersetzten: Denn, wie groß auch die Rechte der Barmherzigkeit seien, es muss immer und ewig ein heißer Platz für Hitler und seine Anhänger bereitstehen.« Levinas folgert: »Ohne Hölle für das Böse hätte nichts auf der Welt mehr Sinn«, und er sieht ein, »dass persönliche Vollkommenheit und persönliches Heil trotz ihrer Erhabenheit noch in den Bereich des Egoismus fallen und dass die Reinheit der Menschen, die ein Rosensaum vor dem Bösen bewahrt, nicht Zweck an sich ist.«

Von Rav Zera heißt es im Talmud: »Bösewichter lebten nahe bei Rav Zera …« Dazu Levinas: »Das waren seine Nächsten.« Und dann noch einmal der Talmud: »Er erwies ihnen Freundschaft, damit sie teschuva – Umkehr – leisten sollten. Die Rabbinen ergrimmten gegen ihn …« Darauf spielt unser Exeget an, wenn er meint: »Wir sind auf der Welt vor den anderen nicht frei und nicht bloß ihre Zeugen. Wir sind ihre Geiseln. Ein Begriff, durch den, über Freiheit hinaus, das Ich definiert wird. Rav Zera, verantwortlich für alle diejenigen, die nicht Hitler sind. Das ist etwas, was sich vielleicht nicht bei Aischylos findet.«

4

Niklas als Geisel des Kriegsverbrechers Hans Frank, seine Obszönität ein Versuch, der Geiselnahme zu entkommen? – Geisel, das Bildwort des Juden, setzt ins Bild darüber, was der Jude Jesus meinte, wenn er sagte: »Folge mir nach.« Und er sagte es jenseits der Hölle. Was man »vielleicht nicht bei Aischylos findet«, findet man sicherlich beim Messias Israels. »Der Mensch, der Geisel aller anderen ist, ist für die Menschen notwendig, denn ohne ihn begänne nirgends Moral. Das bißchen Großzügigkeit, das in der Welt vorkommt, erfordert nichts weniger. Das hat das Judentum gelehrt.« Niklas Frank aber zeigt einen Sohn als Geisel des Vaters, und darum braucht er die Hölle. Denkt man die Hölle als Zielort des Sünders, wird bedeutsam, dass im Apostolikum die Höllenfahrt vor der Himmelfahrt kommt. Vielleicht liegt das Faszinosum der Höllenfahrt in Franks Buch darin, dass es Himmelfahrt präludiert.

War schon Dietrich Bonhoeffer der Meinung, »dass unsere Kirche heute das konkrete Gebot nicht sagen kann«, so ist von Levinas zu lernen, dass das Gebot unwirksam wird, wo man den, »der Leib und Seele verderben kann in der Hölle«, nicht mehr fürchtet. Die Aporie ist vollkommen: Ich kann die Höllenpredigt der Vergangenheit nicht wieder aufwärmen, muss mich aber fragen, ob die Spiritualisierung der Hölle, wie sie unsere theologischen Väter als Erben des Neuprotestantismus lehrten, die Produktion von Höllen geradezu förderte. Hans Frank und Emmanuel Levinas aber zeigen uns, dass wir Geiseln der Macher geworden sind; denn die Produktion geht weiter. Höchste Zeit, über deren Transzendenz nachzudenken.

Aus: Christoph Bizer (Hg.), Theologisches geschenkt.
Festschrift für Manfred Josuttis, Bovenden 1996, S. 226–230

»Das ewige Leben«

Ich wollte ich könnte Ihnen den Mann zeigen, der früher oftmals an der Tür unseres Schweizer Pfarrhauses stand. Er war Besitzer von zwei wasserblauen Augen und strohblondem Haar. Beruf: Landstreicher unter besonderer Berücksichtigung von Landpfarrhäusern, ein Handwerk, das er mit Hingabe und Treue betrieb. Als ich dann nach Deutschland zog, schrieb er mir zu Weihnachten einen Brief, in dem folgender Satz stand: »Ich freue mich, dass Sie noch am ewigen Leben sind.« – Seitdem bekomme ich regelmäßig zu Weihnachten einen Brief, in dem er sich regelmäßig freut, dass ich am ewigen Leben bin. – Nachdenkenswert, da gibt es mir ein Landstreicher schriftlich, dass ich noch am ewigen Leben bin.

Und nun bin ich heute nach Mannheim gekommen, um es Ihnen allen in der Landstreicher-Sprache zu sagen: »Ich freue mich, dass Sie, alle verehrten Zuhörer, noch am ewigen Leben sind!« Nachdenkenswert, am ewigen Leben sein! Hat der Landstreicher recht, sind wir es? Oder geht es uns wie Claudio in dem Spiel von Hugo von Hofmannsthal, der dann, wenn der Tod kommt, sagen muss: »Ich habe nie gelebt.« Hofmannsthal nennt Claudio einen Toren, weil er dieses vergängliche, sterbliche Leben offenbar gar nicht lebte. Der Tod aber zeigt ihm sein ungelebtes Leben.

Es ist traurig, wenn ein Mensch in dieser Welt lebt, aber alles an sich vorübergehen lässt; es ist töricht, wenn ich ein Leben habe, mich aber dieses Lebens nicht freue, so dass ich am Schluss bekennen muss: »Ich habe nie gelebt!« Die Jahre hinbringen und sterben und nie gelebt haben, das ist unmöglich, aber das gibt es. Und vielleicht sind gar nicht wenige unter uns, die es schon oft bei sich gedacht haben: das ist kein Leben! Ein solcher Gedanke aber kann wohl nur dann gedacht werden, wenn man dem Manne gleicht, den der Dichter als »Toren« bezeichnet.

Wie aber, wenn wir »am ewigen Leben« sind und uns dieses ewigen Lebens nicht freuten! Wie aber, wenn wir ewiges Leben hätten und es nicht lebten; dann würde wohl nicht nur ein Dichter, dann würde wohl der Sprecher des Jüngsten Tages uns als Tor bezeichnen müssen. Wehe uns, wenn wir am ewigen Leben sind und am Ende einmal von diesem ewigen Leben bekennen müssten: »Ich habe es nie gelebt.«

Was aber ist Leben? Was ist das ewige Leben? Was heißt das Leben leben? Und was heißt das ewige Leben leben? Wie verhält sich dieses Leben in Vergänglichkeit zum ewigen Leben? Fragen, Fragen, nichts als Fragen.

Vielleicht ist dies gerade ein Zeichen, ein gemeinsames Zeichen des Vergänglichen und ewigen Lebens, dass wir fragen. Kinder fragen. Kranke, die genesen wollen, fragen. Liebende fragen und Arbeitende. Die Atheisten und die Heiligen fragen. Was lebt und leben will in Zeit und Ewigkeit, fragt. Nach Himmel und Erde fragen die Lebenden; nur die Toten, die nicht leben, sie fragen nicht.

Dann aber heißt leben: im Rätsel sein, im vergänglichen und ewigen, im Welträtsel und im Rätsel Gottes. Überlassen wir die Welträtsel den Dichtern und Forschern und Denkern und wenden wir uns dem Rätsel des Schöpfers zu; denn am ewigen Leben sein heißt, am Rätsel Gottes sein! Wo Rätsel ist, da ist das Verborgene, das, was noch nicht gelöst ist, aber gelöst werden wird: das Geheimnis; dann heißt am ewigen Leben sein, am Geheimnis Gottes sein. Darum lesen wir im Johannesevangelium: »Das aber ist das ewige Leben, dass sie dich, den allein wahren Gott, und den du gesandt hast, Jesus Christus, erkennen« (17,3).

So ist für den Israeliten das Allerheiligste im Tempel verschlossen, Gott hat – nach einem Wort des Königs Salomo – erklärt, »im Dunkel wohnen zu wollen«. Nur einmal im Jahr darf der Hohepriester zu ihm hinein. So ist für die Jünger Jesus immer wieder einer, den sie nicht verstehen, nicht begreifen. Wenn er seine Taten vollbringt, kann es von den Anwesenden heißen: sie entsetzten sich. Jesus war für die Seinen rätselhaft.

Wir könnten die ganze Heilige Schrift durchgehen und zeigen: die Menschen der Bibel sind alle nicht fertig mit Gott – und das eben ist ein Lebenszeichen an diesen Menschen. Sie sind nicht fertig mit dem Ewigen. Demgegenüber sind die Toten – etwa nach der Anschauung des Psalters – mit Gott offenbar fertig: »Im Tode gedenkt man deiner nicht« (Ps 6,6).

Und nun können wir die Tatsache, dass Sie hierher zur Geistlichen Woche gekommen sind, als ein Signal sehen, dass Sie alle mit Gott nicht fertig sind. Darum darf ich es mit dem Landstreicher sagen: »Ich freue mich, dass Sie noch am ewigen Leben sind.«

Das ist immer wieder neu ein Wunder, dass wir Menschen je und je vor diesem Rätsel »Gott« stehen. Das ist das Große, etwa in Russland, dass dort in einer atheistisch geschulten Jugend einzelne nach Gott fragen, und dass diese Frage sie umtreibt und nicht loslässt. Selbst ein Mann wie Chruschtschow erklärt: ich bin Atheist; aber er kann es nicht lassen, immer wieder von ihm zu reden. Wenn es Gott nicht gäbe, brauchte Chruschtschow nicht von ihm zu reden.

Aber nun müssen wir aufpassen: es gibt viele Menschen, die an Gott denken, die über die Gottesfrage reden und doch nicht »am ewigen Leben sind«. Es ist also nicht damit getan, dass ich mir ein Bild von Gott mache, wie er sei; oder gar, dass er nicht sei. Ich kann ja auch nicht sagen, ich würde in den Alpen leben, wenn ich in meiner Wohnung ein Bild von der Eigerwand hängen habe. Noch weniger kann ich sagen, ich würde in den Bergen leben, wenn ich zwar ein Bild von den Alpen bei mir hängen habe und dann bedeutungsvoll erkläre, im Grunde wisse niemand, ob es die Alpen überhaupt gebe. Ich will damit sagen: damit, dass ich nach Gott frage, bin ich noch nicht ohne weiteres am ewigen Leben. Und wenn ich am ewigen Leben bin, dann kommt ja das große Problem, dieses Leben zu leben. Wir müssen darum noch einen Schritt weitergehen und sagen: Am ewigen Leben sein, heißt an dem Gottesrätsel sein, das sich selbst löst. Und nun sagt uns die Bibel, dass Gott sein Rätsel löst durch den Heiligen Geist. Es gibt nach dem Zeugnis der Schrift eine Kraft, die den Menschen hineinnimmt in des Rätsels Lösung: diese Kraft ist Gott selber, in uns wirkend, das Geheimnis entschleiernd, der Heilige Geist. Wer Heiligen Geist hat, hat ewiges Leben, wer im Geist lebt, lebt das ewige Leben, denn: »Der Geist ist es, der lebendig macht, das Fleisch hilft nichts; die Worte, die ich zu euch geredet habe, sind Geist und sind Leben« (Joh 6,63). Die Frage, ob wir ewiges Leben haben, ist identisch mit der Frage, ob wir im Geist leben, ob der Geist in uns lebt.

Von diesem Geist sagt das Johannesevangelium, dass er ein Führer sei in die ganze Wahrheit. »Wenn aber jener kommt, der Geist der Wahrheit, wird er euch in die ganze Wahrheit leiten; denn er wird nicht von sich aus reden, sondern was er hört, wird er reden, und das Zukünftige wird er euch verkündigen« (Joh 16,13). Dieser Geist also ist ein Geist der Erkenntnis. Indem Gott aus seinem Geheimnis heraustritt und seine Ewigkeit vor uns ausbreitet, breitet er das ewige Leben vor uns aus. Indem Gott sein Leben zeigt, lässt er uns teilnehmen an seinem Leben. »Das aber ist das ewige Leben, dass sie dich, den allein wahren Gott, und den, den du gesandt hast, Jesus Christus, erkennen«, sagt Jesus im Hohenpriesterlichen Gebet (Joh 17,3).

Wir verstehen ihn besser, wenn wir bedenken, dass das Wörtlein »erkennen« in der Bibel nicht den Sinn hat wie bei uns. Erkennen meint zunächst nicht so sehr betrachten, einsehen, verstehen, begreifen, sondern begegnen, in Kontakt kommen, in Gemeinschaft kommen. Das Alte Testament braucht das Wörtlein erkennen auch dann, wenn der Mann mit der Frau ein Kind zeugt. Erkennen ist für die Bibel mehr ein soziales als ein intellektuelles Phänomen. Das heißt: Erkennen ist nicht so sehr eine Frage der Intelligenz, sondern des Standortes. Die Gott und seinen Gesandten erkennen, sind die, die der Vater dem Sohn gegeben hat, die bei Jesus sind (Joh 17,1).

Die Frage nach dem ewigen Leben ist dann eine gesellschaftliche Frage. Wie es Gesellschaft zum Tode gibt, gibt es im Geist Gesellschaft zum Leben. Reden die Sprüche Salomos von der Ehebrecherin, deren Schritte zur Unterwelt führen, so spricht Jesus vom Weg, der zum Leben führt. Auch Paulus spricht von der Gemeinschaft mit Dämonen und von der Gemeinschaft mit dem, der den Tod überwand.

Wir wollen nun darüber nachdenken, was passiert, wenn wir in der Gemeinschaft des Geistes am ewigen Leben sind und das ewige Leben leben. Erkennen wir den von Gott gesandten Jesus Christus so, dass wir mit ihm in Kontakt kommen, dann entdecken wir, dass unser Leben in seinem Leben gelebt wurde und wird, dass sein Leben in unserem Leben Gestalt annimmt. Ich möchte diesen Vorgang heute Abend unter drei Gesichtspunkten erläutern:

1. *Das ewige Leben als das Ende unseres alten Lebens,*
2. *als Heilung unseres irdischen Lebens,*
3. *als Vollendung unseres sterblichen Lebens.*

1. Das ewige Leben bedeutet das Ende unseres alten Lebens.
Damit ist schon gesagt: das ewige Leben ist nicht einfach die Verlängerung unseres irdischen Lebens ins Unendliche. Vielmehr ist das ewige Leben ein Tod in diesem Leben. Das ewige Leben kann auf dieser Erde nur gelebt werden in der Gesellschaft mit einem Leidenden und Sterbenden. Darum haben sich die ersten Christen auf den Tod Jesu taufen lassen. Dies war offenbar das Zeichen, dass ihr altes Leben zu Ende sei und ein neues anfange. So schreibt Paulus: »Wir sind also durch die Taufe auf seinen Tod mit ihm begraben worden, damit wie Christus durch die Herrlichkeit des Vaters von den Toten auferweckt worden ist, so auch wir in einem neuen Leben wandeln« (Röm 6,14). Auch hier stoßen wir auf das Wörtlein »erkennen«: Im Erkennen, dass unser alter Mensch mit Christus gekreuzigt ist, werden wir teilnehmen am neuen, ewigen Leben. Jesus als Gekreu-

zigten erkennen, heißt mit Jesus sich selbst am Kreuz erkennen. So schenkt der Geist Leben, dass es einem aufgeht: dort am Kreuz bin ich mit dabei. Dort am Kreuz hängt meine Vergangenheit. Ich lebe jetzt nicht mehr für mich, ich lebe jetzt mit dem und für den, der am Kreuz starb. Dazu schreibt Aloys Henhöfer:

»Ich will euch meine Meinung über die Stelle in einer Geschichte sagen. Da ich noch zu Meersburg im Seminar war, sollten unsere Klosterherrn in der Mitternacht in der Unterkirche bei den Toten eine Messe lesen. Nun aber grauste es ihnen, denn sie behaupteten, es habe sich in den Särgen geregt, und es wollte keiner mehr hinunter. Da übernahm es der Klosterschuster hinunterzugehen, um zu sehen, was an der Sache sei. Er fürchtete sich nicht. Er nahm also seinen Sitz, seine Ahle, seinen Hammer und Leder mit und klopfte unten rüstig drauf los. In der Mitternacht, richtig, da regt es sich in einem Sarg. Der Schuster steht auf, geht drauf zu, nimmt den eisernen Hammer und klopft auf den Sarg und sagt: ›Holla, da drin! Was tot ist, ist tot – das darf nimmer aufstehen und sich regen.‹ Seht, sagte Henhöfer, das meine ich, heißt mit Christus gestorben sein. Wenn der alte Mensch sich noch regen will, da soll der neue Mensch mit dem Hammer an seinen Sarg schlagen und sagen: ›Holla, da drin! Was tot ist durch Christum, ist tot, das darf nimmer aufstehen.‹ Das heißt, mit Christus gestorben sein und Gott leben« (Aloys Henhöfer, Wer sich kennt, Furche-Bücherei, 1939).

Diese alte Geschichte will uns anleiten zum Umgang mit unserem alten Menschen; der Sünder ist tot. »Wir sind also durch die Taufe auf seinen Tod mit ihm begraben worden.« Und nun erleben wir es, dass der alte Sünder in uns spukt – nicht nur zur Geisterstunde! Da gibt's nur eins: mit dem Schuhmacherhammer auf den Sarg klopfen und sagen: »Holla, da drin! Was tot ist, ist tot!« – »Wer gestorben ist, ist von der Herrschaft der Sünde losgesprochen«, sagt Paulus, und weiter: »So sollt ihr euch als solche ansehen, die für die Sünde tot sind.«

Nun ist es aber so, dass nicht nur ich mit Christus gekreuzigt bin. Wir alle sind in seinem Tod. Und es ist auch so, dass nicht allein unser altes Ich spukt und uns schwer zu schaffen macht. Auch das Wesen des andern macht uns zu schaffen. Das Ich des andern kann gewaltig spuken und uns Schrecken einjagen. Hier gilt es zu erkennen, dass auch die Sünde des andern im Sarg ist, auch wenn sie mir als Gespenst entgegentritt. Die Geschichte vom Bruder Schuhmacher darf uns hier den Vorgang nicht verharmlosen. Es kann sein, dass die Sünde des andern nicht aufhören will zu rumoren, dann ängstigen wir uns, vielleicht erstarren wir; der Heilige Geist aber zeigt uns, dass Jesus sich ängstet und leidet für die Sünde der andern. Wohl uns, wenn wir in dieses Leiden hineingenommen werden. Die mit Jesus Leidenden und Sterbenden, das sind die Teilnehmer an seinem ewigen Leben.

2. Das ewige Leben ist das Ende des alten Lebens, weil es der Anfang ist eines neuen Lebens und also dieses irdische Leben heiligt.
Damit ist schon gesagt: das ewige Leben ist nicht nur ein Tod in diesem Leben, sondern ein Neuanfang in diesem Leben. Die Gesellschaft mit dem, der leidet und stirbt, ist zugleich die Gesellschaft mit dem, der aus dem Grab steigt. Wir leben dieses Leben in der Gemeinschaft mit dem Auferstandenen. In dieser Gemeinschaft sind wir nicht allein, sondern verbunden mit denen, die mit uns am ewigen

Leben sind. Im Hohepriesterlichen Gebet bittet Jesus um die Einheit der Jünger, »dass sie alle eins seien wie du, Vater, in mir bist und ich in dir« (Joh 17,21). In der Vereinigung, in der Versammlung und Einheit der Jünger, da verteilt der Geist die Teilhaberschaft am Auferstandenen, da wird unser vergängliches Leben im ewigen Leben gelebt; dann aber lebe ich das ewige Leben, indem ich teilnehme am Leben der Brüder und andere teilnehmen lasse an meinem Leben.

Gestatten Sie, dass ich statt langer Erörterungen noch eine kleine Landstreicher-Episode erzähle: Kürzlich kam einer und wollte 2,50 DM Geld, um die Schuhe flicken zu lassen. Er wurde zum Abendbrot eingeladen. Nachher fragte unser Jüngster, ein Zweitklässler, ganz erregt: »Warum lässt er den Kopf so hängen? Hat er denn niemand, der ihm helfen kann? Ist er denn ganz abgeschnitten von der Gemeinde?« Dabei fuhr seine kleine Hand mit ausgerecktem Zeigefinger energisch über den Tisch hin und beschrieb einen scharfen Trennungsstrich. Vielleicht hat hier ein Zweitklässler die Lage eines Elenden viel klarer durchschaut, als wir es gemeinhin tun. Dieser Mann lässt den Kopf hängen, weil er keinen Helfer hat, er hat keinen Helfer, weil er abgeschnitten von der Gemeinde lebt, so ist sein Leben kein Leben. Und ich meine, dass hier unser Elend deutlich wird: man kann in guten Schuhen stecken und doch ohne Gemeinde leben. Die meisten Christen leben heute abgeschnitten von der Gemeinde und damit ist man zwar noch am ewigen Leben, aber man lebt es nicht.

Wenn wir fragen, woher dies komme, dann wird wohl deutlich, dass wir heute deshalb so isoliert leben, weil wir für uns allein leben wollen, statt für Gott und den Bruder. Will man nur für sich leben, dann ist man nicht bereit, für den andern in der Liebe zu leiden.

Es könnte sein, dass wir darum so wenig Gemeinschaft haben in der Kirche, weil wir nicht an der Kirche, mit der Kirche leiden wollen. Die Gemeinschaftslosigkeit in unserer Kirche mag ihren Grund darin haben, dass wir wohl gerne eine Vereinigung und Gemeinschaft mit Gleichgesinnten bejahen; aber es nicht wahr haben wollen, dass uns Jüngerschaft in die Gemeinschaft mit dem Landstreicher, mit den Geringen, Verfemten stellt. Wir träumen von kirchlicher Gemeinschaft gerne als von einem Klub. Jesus hat aber nicht einen Klub gegründet, sondern er ruft uns vielmehr zur Kirche der Sünder, wo einer für den andern lebt, wo einer für den andern leidet in der Liebe. So aber wird das zeitliche Leben vom ewigen aufgenommen, dass wir es hier verlieren, dass wir es hier einsetzen für die andern. Hier also ist der rechte Standort, um Gott Vater und Gott den Sohn zu erkennen.

Ich erinnere noch einmal daran, dass die Jünger Jesus zunächst nicht verstehen oder falsch verstehen; aber sie gehen mit ihm, sie bleiben in seiner Gesellschaft, und so bekommen sie den Geist. Viele von uns üben Kritik an der Kirche. Pfarrer üben Kritik an ihren Gemeinden, und Gemeindeglieder klagen über den Pfarrer. Sind wir eine Gesellschaft von Menschen, die einander kritisieren, dann sind wir eine Gesellschaft zum Tode. Denkt jetzt bitte an einen Christenmenschen, gegen den Ihr Kritik übt, der Euch Mühe macht. Denkt an Zustände in der Kirche, die Ihr kritisiert und denkt jetzt, dass Ihr bei Jesus steht, der nicht kritisiert, sondern leidet für Eure Kritiksucht, und für die Sünde der andern hängt er am Kreuz. So aber habt Ihr Anteil am ewigen Leben, dass Ihr Kontakt habt mit dem leidenden Christus und so ist das ewige Leben ein Tod mitten im Leben. »Das aber ist das ewige Leben, dass sie dich, den allein wahren Gott und den du gesandt hast, erkennen.«

Kritik an der Kirche bringt uns nicht zur Erkenntnis Gottes und seines Gesandten. Den Auferstandenen aber kann ich nur in der Vereinigung der Jünger erkennen; eine Vereinigung, an der ich nur im Leiden der Liebe teilnehmen kann. Darum möchte ich Euch einladen, die todbringende Kritik abzutun und das Leiden an der Kirche zu bejahen; denn die Heiligen sind die, die an der Kirche leiden.

So meine ich, werde das irdische Leben ins ewige aufgenommen, dass wir uns helfen lassen von Brüdern, dass wir leiden um die Brüder. So wird unser irdisches Leben geheiligt zum ewigen Leben. Dazu sind wir jetzt hier, damit wir in dieser Zeit ewiges Leben haben.

3. Das ewige Leben ist die zukünftige Vollendung dieses unseres Lebens.
Es wird deutlich: ewiges Leben bedeutet nicht nur das Ende des alten Lebens, es bedeutet nicht nur den Neuanfang eines Lebens mit der Gemeinde, sondern es bedeutet Zukunft für alles Leben. Das ewige Leben ist ein Leben der Zukunft. So wird es gemeinhin verstanden als ein Jenseits, über dessen Existenz wir schlechthin nichts Präzises wissen, etwa nach dem Vers von Paul Klee:

Einst werd ich liegen im Nirgend
Bei einem Engel irgend.

Das ewige Leben wäre dann ein Nirgendwo und Irgendwo, völlig unvorstellbar, aber vorsichtigerweise nicht zu leugnen.

Nun aber ist deutlich geworden: das ewige Leben ist das Ende unserer Vergangenheit im Kreuz Jesu, es ist Gegenwart der Vereinigung der Jünger mit dem Auferstandenen, und es ist Zukunft mit der Zukunft Jesu. Johannes spricht davon, dass wir ihm dann gleich sein werden, wenn wir ihn sehen, wie er ist.

»Geliebte, jetzt sind wir Kinder Gottes, und noch ist nicht offenbar geworden, was wir sein werden. Wir wissen, dass wir, wenn es offenbar geworden ist, ihm gleich sein werden; denn wir werden ihn sehen, wie er ist« (1. Joh 3,2).

Doch jetzt wird es schwierig. Bei Paulus wird in 1. Kor 15 besonders darauf hingewiesen, dass das ewige Leben gebunden ist an die Auferstehung Jesu Christi, und dessen Auferstehung eröffnet unsere Auferstehung. Es offenbart sich, dass das ewige Leben völlig aus dem Rätselhaften heraustreten und sichtbar werden wird. Mit Leidenschaft wird hier betont, dass unsere Auferstehung mit der Auferstehung Jesu Christi zusammenhängt. Paulus behauptet zunächst, er habe den Auferstandenen als letzter von allen Aposteln gesehen. Er argumentiert: ewiges Leben gibt es nur, weil Christus auferstanden ist. Würde es seine Auferstehung nicht geben, gäbe es auch für uns kein ewiges Leben (12–19). Ist aber Christus auferstanden, dann als einer, der vorangeht, als Erstling (20), durch den die Auferstehung der Toten kommt (21). Das ewige Leben ist geknüpft an Jesu Auferstehung, weil seine Auferstehung unsere Auferstehung eröffnet und umgreift.

Dieser Sachverhalt ist an einem groben Bild deutlich zu machen: Christoph Columbus ist als erster nach Amerika gefahren. Seither haben Tausende denselben Weg gemacht wie er, sind nach Amerika ausgewandert wie in ein gelobtes Land. In unserm Jahrhundert hat sich das Blatt gewendet: Amerikaner kommen nach Europa. Unsere Zukunft ist an Amerika geknüpft, ob wir »the american way of life« mögen oder nicht mögen. Unsere Zukunft ist abhängig von der Neuen Welt. Nun wissen wir, dass Christus aus der Todeswelt in den Kontinent des ewigen Lebens eingedrungen ist, und so ist unsere Zukunft an ihn gebunden, und zwar die Zukunft des ganzen Menschen. Paulus betont, dass der ganze Mensch, der ganze Leib am ewigen Leben beteiligt sei. Vom Ende her wird noch einmal deutlich, dass das irdische Leben vom ewigen Leben nicht einfach negiert, sondern vollendet wird. Der Apostel kämpft in Korinth gegen Leute, die die Leiblichkeit verachten. Er verweist auf das Wunder der Schöpfung, um das ewige Leben als Wunder der Neuschöpfung zu rühmen. Einmal wird die Leibhaftigkeit der Geschöpf-Welt gebraucht, um die Herrlichkeit der Neuschöpfung zu demonstrieren: das Korn, die Vierfüßler, die Fische, die Sonne, der Mond und die Sterne (35ff) werden aufgerufen, das schlechthin Neue der Auferstehung zu verdeutlichen. So wird die Auferstehung gesehen im Gegenüber zur Schöpfung des ersten Menschen. Der erste Mensch ist von der Erde, irdisch. Alle sterben seinen Tod. Alle sind zunächst von ihm geprägt. Diese Ausführungen gipfeln in dem Satz: »Es muss aber dieses Verwesliche anziehen Unverweslichkeit und dieses Sterbliche muss anziehen Unsterblichkeit« (35). »Dieses Sterbliche« meint den ganzen Menschen, der nackt zur Erde kommt und nackt ist in seinem Tod (Hiob 1,21), ihm wird nun Unsterblichkeit zugeeignet. Der Mensch, der ganz gestorben ist, wird neu, ganz neu. Wenn Paulus sich die Auferstehung nur leibhaftig vorstellen kann, so nicht deshalb, weil er als antiker Mensch nicht anders könnte, sondern deshalb, weil es ihm um die Ehre des Schöpfers geht! Wenn der ganze Mensch, der ganze Leib auf das ewige Leben hin geschaffen ist, dann darf ich mich in der Ganzheit der Person des ewigen Lebens freuen, dass die Gebeine frohlocken (Ps 51,10).

Wir würden also das ewige Leben radikal missverstehen, wollten wir es als etwas Seelisches oder rein Ideelles verstehen. Karl Barth sagt darum in seiner Auslegung dieses Kapitels mit Recht: »Gottes sein wollen ohne den Leib, ist Auflehnung gegen das, was Gott will.« Das heißt: wir leben in unserer Leiblichkeit, in der Ganzheit unseres Wesens auf die Auferstehung hin, leben also jetzt schon ewiges Leben.

Noch in einer anderen Beziehung setzt sich der Apostel leidenschaftlich dafür ein, dass die Auferstehung allumfassend sei. Lebt alles Menschenleben in Christus zur Neuschöpfung hin, so lebt alles Menschenleben in Christus zur Neuschöpfung hin: »Denn wie in Adam alle sterben, so werden in Christus auch alle lebendig gemacht werden« (1. Korr 15,22). Seine Leidenschaft für das »alle« betont, dass dieser Akt der Neuschöpfung nicht nur die Toten betrifft, sondern auch die Lebendigen verwandelt. Geht Christus den Christen voran in die Auferstehung, so gehen die Christen der übrigen Schöpfung voran in die Neuschöpfung. »Denn die Sehnsucht des Geschaffenen wartet auf das Offenbarwerden der Herrlichkeit der Söhne Gottes« (Röm 8,19). Also ruft ewiges Leben nach einer neuen Erde, und unsere Zukunft ist nicht zu trennen von der Zukunft der Erde. Oskar Cullmann bemerkt hierzu: »Die Verwandlung des Fleischesleibes in einen Auferstehungsleib wird erst im Augenblick eintreten, wo die ganze Schöpfung durch den Heiligen Geist neugeschaffen wird, wenn es den Tod nicht mehr geben wird ... Nicht ewige Ideen werden dann in Erscheinung treten, sondern die konkreten Gegenstände werden neu erstehen in dem unverweslichen Lebenselement des Heiligen Geistes und dazu gehört auch unser Leib. Dieser Glaube ist viel mutiger als der griechische.« Und Emil Brunner hat 1953, nach dem Verlust zweier Söhne, ein Buch geschrieben über »Das Ewige als Zukunft und Gegenwart«. Dabei kommt er zum Schluss, »dass das Evangelium keinen Trost für den einzelnen bereit hat, der nicht zugleich eine Zukunftsverheißung für die Menschheit als Ganzes bedeutet«.

Vom Ende her wird noch einmal deutlich, dass wir das ewige Leben nicht als eine Fortsetzung dieses Lebens betrachten können. So sehr Paulus auf die Schöpfung Bezug nimmt, so sehr betont er die radikale Neuschöpfung. So gewiss eine Einheit besteht zwischen dem Menschen, der stirbt, und dem, der aufersteht, so gewiss ist der Sarginhalt radikal anders als das ewige Leben eines Menschen in der Auferstehung. »Fleisch und Blut kann das Reich Gottes nicht ererben« (1. Kor 15,50).

So wird vielleicht verständlich, was die Einheit der Person beim radikalen Unterschied der Seinsweise bedeutet: Die Heiligung durch den Geist offenbart die Schönheit des Seins. Das ewige Leben ist Geistesleben, die neue Leiblichkeit ist vom Geist geschaffen.

Weil das neue Leben eine Schöpfung des Heiligen Geistes ist, darum sind die Einwände, die wir im Namen der Geschichts- oder Naturwissenschaft erheben, letztlich unzulänglich, denn wir lassen damit außer acht, dass die Auferstehung Welt und Zeit durchbricht. Will man etwa die Unzahl der Menschen anführen, für die dann die Erde zu klein wäre, oder den Geschichtsverlauf, der die angesagte Wiederkunft Christi widerlege, so denkt man bei solcher Mathematik den Gedanken des Paulus nicht zu Ende. Weil das ewige Leben das Leben Gottes ist, darum werden unsere Beschreibungen und Vorstellungen nie ausreichen. Wir kommen nicht weiter, wenn wir in psychologischen und biologischen Maßstäben denken.

Für Paulus ist im Geist der kommende Christus schon gegenwärtig und darum gibt es dort Gegenwärtigkeit des ewigen Lebens, wo gepredigt, geglaubt und getauft wird. Damit ist er nahe bei Johannes und dem Wort aus seinem Evangelium, wonach das ewige Leben im Erkennen des Vaters und des Sohnes besteht. Er sagt uns, dass es eine Zukunft gibt, da wir nicht mehr in rätselhafter Gestalt, wie in einem Spiegel erkennen, sondern vollkommen, von Angesicht zu Angesicht. Was wir jetzt im Glauben erkennen, werden wir einmal im Schauen erkennen. Dann aber wird die Freude am ewigen Leben nie aufhören; dann wird das ewige Leben nicht mehr Geheimnis sein und rätselhaft, sondern ganz Freude. Nicht mehr Leiden, sondern Lust, die tiefe, tiefe Ewigkeit will und hat.

Ich habe versucht, etwas vom ewigen Leben im Blick auf die Vergangenheit, Gegenwart und Zukunft unseres Lebens zu sagen. Damit habe ich versucht, etwas vom Geheimnis Christi zu sagen, dass er, der Gekreuzigte, Auferstandene und Wiederkommende in Ihnen wohnt im Geist.

Und darum möchte ich Ihnen noch einmal mit dem blauäugigen Landstreicher zurufen: »Ich freue mich, dass Sie noch am ewigen Leben sind.« Und ich bitte: hören Sie nicht auf, in dieser Zeit nach Gott und seinem Sohn zu fragen, damit Sie nicht einmal sagen müssen: »Ich habe nie gelebt.«

Aus: Geistliche Woche Mannheim 1963, Mannheim 1963, S. 41–46

Erwarten und Beschleunigen (zu 2. Petrus 3,11)*

Prolog

Der Dramatiker Joseph Bernhart wies eine Kinderbuchautorin, die sich über die Schwierigkeiten seiner Schreibweise beklagte, darauf hin, dass über »Zeit und Ewigkeit« kein Autor »flott und einfach« schreiben könne.

Um Zeit und Ewigkeit geht es auch in unserem Thema: »Wie hat sich Augustinus allemal, wenn er an dieses Problem geriet, mit der Sprache herumgeschlagen [...] Man kann Eisenbahn fahren, ohne Bescheid zu wissen, wie eine Lokomotive gebaut ist, man kann auch das Credo beten, ohne Theologe zu sein. Aber lässt man sich auf die denkerische Rechenschaft von den letzten Fragen ein, so erlaubten die Schwierigkeiten keine leichte Sprache. Und könnte sie glücken – wär's denn gut? Dann erweckte sie nur den trügerischen Anschein, als seien die letzten Verhältnisse selber leicht zu fassen«[1].

Als Theologen müssen wir uns »denkerischer Rechenschaft« über den Kommenden stellen, müssen wissen, wie die Lokomotive gebaut ist, wenn ich so sagen darf. Da niemand das Credo recht beten kann, ohne Theologe zu werden, kann auch die Gemeinde sich nicht um »die denkerische Rechenschaft« herumdrücken. Auch die Gemeinde braucht ein Wachstum an Erkenntnis. »Das Wort Gottes hat allen Grund von allen verstanden zu werden«, heißt es im gleichen Brief. Darum darf die Trennung von Theologen bzw. Priestern und Laien nicht gelten: Wer glaubt, wird, indem er glaubt, Theologe und trägt an den Schwierigkeiten der Theologie. Ich sehe den Dramatiker als Frage: Warum hat unsere Sprache zu wenig Gewicht? Und müsste sie nicht vom Ewigen her gleichzeitig leicht und licht werden? Warum glückt es kaum, den Gekreuzigten als Kommenden und den Kommenden als frohmachend anzusagen?

»Sie wissen, der letzte Tag wird uns überraschen, eh' wir's verstanden haben. [...] Wer mit der Zahnradbahn sich heben lässt, links und rechts die wachsende Aussicht genießt und dazwischen Pralinen futtert, der hat den Berg nicht bestiegen und die Erhabenheit nicht verdient. Ich aber will Bergführer sein, wie meine Frau sich ausdrückt, muss selber klimmen und kann den Mitsteigenden den Gebrauch ihrer Glieder nicht ersparen. Anders, mit Augustin gesagt: ich kann dem andern mit der Hand Weg und Ziel weisen, aber gehen und sehen muss er selber. [...] Sie nehmen's nicht übel und plagen sich weiter mit Ihrem selber geplagten, im Dunkel tappenden Joseph Bernhart«.

---

* Jürgenbeim, Dem Freund seit Wuppertaler Tagen – ein Thema, das mir heute am Herzen liegt.
1 Dies und die folgenden Zitate nach: Joseph Bernhart (1881–1969), ein bedeutender Repräsentant katholischen Geisteslebens im 20. Jahrhundert, hg. v. Manfred Weitlauff, Augsburg 2000 (Akademie-Publikation 96), 46f.

»Der letzte Tag wird uns überraschen [...]. Ich aber will Bergführer sein.« Dieser Aussage eignet eine ähnliche Struktur und Spannung wie meinem Thema. Allerdings kann ich Erwarten und Beschleunigen nicht wie die Metaphern Zahnradbahn – Bergbesteigung als Alternative, sondern nur als Komplementarität verstehen. Mein Text zieht eine Folgerung aus der Überraschung des letzten Tages und ist als Dual vielleicht noch schwerer vorstellbar und sagbar als ein Weltuntergang:

I. Ein ungepredigter und ungeliebter Vers der Bibel

»Wenn sich das alles in dieser Weise auflöst: wie heilig und fromm müsst ihr dann leben, den Tag Gottes erwarten und seine Ankunft beschleunigen« (2. Petr 3,11, Einheitsübersetzung). Luther hatte in der Septemberbibel (1522) übersetzt, »das [= dass, R.B.] yhr warttet und eylet zu der zukunfft des tages des herrn«. Diese Übersetzung hat die Bedeutung der Gemeinde für die Zukunft des Christus abgeschwächt, wenn nicht gar eliminiert. Sie hat offensichtlich dem Text den Zahn gezogen. Darum müssen wir – so schwer es uns fällt – umdenken. Da hilft schon der erste Vers des Briefes, der sich »an alle richtet, die durch die Gerechtigkeit Gottes und des Retters Jesus Christus den gleichen kostbaren Glauben erlangt haben wie wir«.

Der Briefschreiber geht davon aus, dass der Glaube *einer* ist: »ein Herr, ein Glaube, eine Taufe« (Eph 4,5). Und dieser eine Glaube wird »erlangt«. Luther übersetzte in der Septemberbibel »ubirkommen«, d.h. der Glaube wird geschenkt, zugeteilt – wie auch einem Judas das Apostelamt (Apg 1,17). Wir haben ihn nur »durch die Gerechtigkeit Gottes und des Retters Jesus Christus«, nicht aus dem »selber klimmen«. Im Brief hebt einer die Adressaten auf sein Niveau, spricht ihnen den Rang zu, den er für sich selbst beansprucht, nimmt sie mit zur Fahrt auf die Zahnradbahn zu einer Höhe, die in keinem Prospekt der Bergbahnen angegeben ist: »an alle, die den gleichen kostbaren Glauben erlangt haben«.

Den apostolischen Glauben sehen wir an Taten, die ihn als »kostbar« ausweisen. Solange die Taten fehlen, sollten wir uns nicht zu schnell einbilden, wir hätten diesen Glauben. Vielleicht ist uns der im Dunkeln tappende Bernhart näher als ein Petrus, der Silber und Gold nicht besitzt, aber zu einem Gelähmten sagen kann: »stehe auf« und zu einer Verstorbenen das gleiche mit gleicher Wirkung. Ist's dann richtig, wenn wir zum Gelähmten sagen: Wir haben Silber und Gold, bleib ruhig liegen, und wer tot ist, soll's bleiben? Geht es da nicht doch um ein Klimmen, bis wir die Höhe erreichen, auf die uns der Brief hebt?

Wer glaubt, kommt auf die Höhe. Aber da ist es höchst schwierig zu erklären, wie die Maschine funktioniert, weil Gott selbst keine Maschine ist und weil Bilder unser Denken verführen, auch wenn das Denken erst in Bildern konkret wird.

Wer glaubt, hat Zukunft: »Kostbar« ist der apostolische Glaube, weil ihm »Lob, Herrlichkeit und Ehre« zuteil werden soll »bei der Offenbarung Jesu Christi« (I, 1,7). »Lob, Herrlichkeit und Ehre ...«, das ist die Sprache der Doxologie, die jetzt auf die Wiedergeborenen übertragen wird. Im Gericht wird die Doxologie umgedreht. So kostbar ist der Glaube. Wer glaubt, hat Gegenwart: »Ihn habt ihr nicht gesehen, und dennoch liebt ihr ihn; ihr seht ihn auch jetzt nicht, aber ihr glaubt an ihn und jubelt in unsagbarer, von himmlischer Herrlichkeit verklärter Freude« (I, 1,8). Warum muss da ein Joseph Bernhart im Dunkeln tappen, noch von keiner himmlischen Herrlichkeit verklärt? Ich weiß es nicht, weiß nur, dass ich selbst ein Erniedrigter bin, ein durch gesetzliche Predigt Erniedrigter wie vielleicht auch er. Gesetzliche Predigt lähmt, das Evangelium aber bewegt und macht uns zu Bewegern.

Ach, dass man jeden Sonntag auf jeder Kanzel predigen könnte wie ein Helmut Gollwitzer über Joh 11,32 predigte. Er las: »Und ich, wenn ich erhöht werde von der Erde, so will ich sie alle zu mir ziehen«, um dann zu beginnen: »Uns auch, liebe Gemeinde, wir gehören auch dazu, auch uns will er zu sich ziehen. Auch heute und hier ist er am Werke dieses Ziehens auch in diesem Gottesdienst«[2]. Nur Erhöhte werden stark genug, den Erhöhten zu erwarten; und nur Erwartende werden erhöht und lassen sich nach oben ziehen.

»Sie wissen, der letzte Tag wird uns überraschen, eh' wir's verstanden haben […]« Und es wird ein Tag sein des wahren Menschen und des wahren Gottes. Die apokalyptischen Aussagen über die Zukunft Jesu erklären sich – johanneisch gesprochen – damit, dass der Logos Fleisch geworden ist (1,14), dass er nicht als Idee wiederkommt, sondern höchst persönlich und keineswegs allein, sondern »in großer Macht und Herrlichkeit« (Mt 24,30).

II. Erwarten

Unser Brief macht den Weltuntergang anschaulich: »Der Tag des Herrn wird aber kommen wie ein Dieb. Dann wird der Himmel prasselnd vergehen, die Elemente werden verbrannt und aufgelöst, die Erde und alles, was auf ihr ist, werden (nicht mehr) gefunden« (3,10). Es ist vernünftig, an das Ende der Welt zu denken, wie es vernünftig ist, sich das eigene Ende bewusst zu machen – auch wenn wir uns beides nur schlecht vorstellen können. So ist's einfach nicht ganz einfach!

»Sie wissen, der letzte Tag wird uns überraschen, eh' wir's verstanden haben.« In Grindelwald habe ich Untergang sozusagen in homöopathischen Dosen vor Augen: Immer mehr Wiesenland wird für Chaletbauten verkauft, die Klimaerwärmung lässt die beiden Gletscher zurückgehen, und der Rückgang des Permafrosts lässt die Berge bröckeln. Die Apokalyptik, die wir vor Augen haben, lässt sich charakterisieren durch das Stichwort ›langsam‹, und Menschen setzen sie in Szene, während die Apokalyptik, die uns die Schrift vor Augen stellt, durch das Stichwort ›plötzlich‹ charakterisiert wird, und ist ein Tag des Herrn.

Ich liebe den Himmel über meinem Tal, liebe die Wiesen mit ihren Gräsern und Blumen und den Garten vor dem Haus, den ich bebaue. Da habe ich keinen Beruf, den langsamen Untergang zu beschleunigen. Trotzdem ist es vernünftig, an den letzten Tag der Welt zu denken, denn unsere Welt gleicht einem Patienten,

---

2 Helmut Gollwitzer, Zuspruch und Anspruch, München 1954, 279.

der, gebrechlich geworden, bei der Menschheit in schlechter Pflege ist. Die Ärzte haben ihn aufgegeben und verabreichen Placebos. »Für ihn war der Tod eine Erlösung«, heißt es dann in der Todesanzeige. Ich weiß jeweils nicht, ob das wahr oder eine Lüge ist, aber das weiß ich, dass unsere Welt um der Erlösung willen einem letzten Tag entgegendämmert. Wer teilnimmt am unsäglichen Schmerz der Menschen, Tiere und Pflanzen, der kann nur noch rufen: »Mach End, o Herr, mach Ende mit aller unserer Not«, und muss wissen, das Leid der Welt geht erst mit der Welt selbst zu Ende.

»Darum erwarten wir, seiner Verheißung gemäß, *einen neuen Himmel* und *eine neue Erde*, in denen Gerechtigkeit wohnt« (3,13). Eine Erde ohne Tod und Tränen, die Erde soll ein Haus sein der reinen Freude, ein Haus ohne Leiche im Keller, in dem das Leid Hausverbot hat; dieses Haus haben wir nicht nur zu erwarten und im Erwarten zu beschleunigen.

Achten wir auf die Reihenfolge: Das Erwarten ist das Primäre, das Beschleunigen das Sekundäre. Der Tag Gottes ist zuerst zu erwarten, ist er doch *sein* und nicht unser Tag, wir führen im Drama des Endes nicht Regie; aber wir sind auch nicht unbeteiligte Zuschauer, wir werden mit unserem ganzen Sein hineingenommen als Diener und Wegknechte seiner Zukunft. Der natürliche Mensch wird immer versucht sein, die Spannung zwischen Erwarten und Beschleunigen aufzulösen, indem er entweder resigniert in einem dumpfen Schicksalsglauben oder in falschem Eifer Gott die Zukunft aus der Hand reißen möchte.

Beachten wir ferner: Das Erwarten und Beschleunigen ist nicht ein privates Hobby, sondern die Lebensform eines gleichen wertvollen Glaubens und qualifiziert diesen Glauben. Wir haben vielleicht eschatologisch ein falsches Bewusstsein, indem wir das Erwarten und Beschleunigen sofort als mein Erwarten und Beschleunigen verstehen. Da kann ich dann in der Zahnradbahn sitzen, Pralinen futtern und die Aussicht bewundern. Aber so geht's nicht, und in diesem Bezug kann ich nun die Metaphorik von Joseph Bernhart aufnehmen. Wir müssen schon eine Seilschaft bilden, einander stützen, die Hand geben und ziehen, damit wir nicht müde werden, müssen wir aus der Privatheit ausbrechen und zu einer Gemeinschaft zusammenfinden.

III. Beschleunigen

Wie aber soll das praktisch werden? Die Lehrer Israels haben das Kommen des Messias als Folge der Umkehr des Gottesvolkes erwartet. So lehrte der Rabbi Acha: »Wenn die Israeliten nur Einen Tag Buße täten, sofort würde der Ben David (Messias) kommen«. Und der Rabbi Levi: »Wenn die Israeliten Einen Sabbat halten würden, wie es sich gehört, sofort würde der Ben David kommen«[3]. Die Rabbinen wussten offenbar etwas vom Geheimnis des Bundes und banden das messianische Zeitalter an das Verhalten Israels. Der nichtgehaltene Sabbat und die fehlende Buße erklären das Nichterscheinen des Messias. Sie wird vorwegge-

---

3 Bill. I, 164.

nommen durch eine Aussage des Petrus nach der Heilung des Lahmgeborenen: »So tut nun Buße und bekehret euch, damit eure Sünden beseitigt werden, auf dass Zeiten der Erquickung vom Angesicht des Herrn kommen und er den euch bestimmten Christus Jesus senden möge« (Apg 3,19f).

Wo der Zweite Petrusbrief von »heiligem Wandel und Frömmigkeit« spricht, betont die Petrusrede parallel Buße, Bekehrung und Sündenvergebung; beidemal zeitigt das Verhalten, zu dem aufgerufen wird, die Zeit, wobei der apokalyptische Hintergrund wechselt. Ernst Haenchen bemerkt zur Stelle: »Die Umkehr beschleunigt die Parusie« und verweist, wie auch Hans Conzelmann, auf 2. Petr 3,12. Conzelmann weiß, was Lukas meint, »dass die Parusie durch die Bekehrung sachgemäß *vorbereitet* (nicht *bewirkt*!) wird« – offensichtlich eine dogmatische Korrektur des Exegeten. Rudolf Pesch differenziert: Während die ursprüngliche Umkehrpredigt des Apostels die Ankunft der Heilszeit von der Buße und Umkehr Israels abhängig macht, so hängt es für Lukas an der Umkehr, ob die Parusie für Israel die Heilszeit bringt. Pesch verweist auf Röm 9–11, wonach Paulus das Evangelium zu allen Völkern bringen muss, um Israel zu retten. Somit steht offenbar hinter der paulinischen Mission das Beschleunigen: Wenn Israel seinen Messias annimmt, werden die Toten auferstehen. Wir sehen, die Rede vom Erwarten und Beschleunigen des Gottestages ist kein Sonderkerygma von 2. Petr 3,11f.

Diese Spannung zwischen Erwarten und Beschleunigen beherrscht auch Jesu Rede über die Endzeit nach Matthäus 24. Da scheint das Beschleunigen vor dem Erwarten zu kommen, wenn Jesus sagt: »Und dieses Evangelium vom Reich wird auf dem ganzen Erdkreis gepredigt werden, und dann wird das Ende [telos heißt auch das Ziel] kommen« (24,14). Da macht Jesus das Ziel der Geschichte abhängig vom Verkündigen des Evangeliums. Wer eine Kirche, wer eine Kanzel betritt, tut das als Beschleuniger oder als Hemmschuh für Gottes Zukunft, und jeder Werktag beschleunigt oder verdrängt den letzten Tag. Und wer Gott fürchtet, lässt sich auch von Jesus sagen, dass er über jenen Tag nichts weiß (24,36).

Darum sind wir nicht ans Berechnen, sondern ans Bitten gewiesen, und das ist ein verborgenes Werk. »Dein Reich komme« (6,10a). Vielfach wissen wir nicht, was wir tun, wenn wir ums Reich bitten, dass das kommende Reich das Ende aller unserer kleinen, aber vielleicht protzigen Reiche bedeutet, aber in seinem Kommen durch ihn aus *seinem* Reich auch zu unserem Reich wird! Da wird noch einmal deutlich: Wir sind nicht die Macher. Kommt das Reich, kommt der Gipfel zu uns, dann sind wir oben. Indem Jesus den Jüngern die Bitte um das Reich in den Mund legt, übergibt er ihnen seine Zukunft zu treuen Händen, er macht damit das Reich und damit seinen letzten Tag abrufbar. Höher kann er die Seinen nicht heben als so, dass er ihnen seinen Namen, sein Reich, seinen Willen anvertraut, dass sie seinen Namen, Reich und Willen zu ihrer Sache machen. Nicht Bergsteigen oder Bergbahn fahren ist die Alternative, sondern nach oben kommen und aussteigen oder sitzen bleiben.

Epilog

»Wenn sich das alles in dieser Weise auflöst: wie heilig und fromm müsst ihr dann leben, den Tag Gottes erwarten und seine Ankunft beschleunigen!«

Als ich meinen Vortrag bis hierher ausgearbeitet hatte, kam die Schreckensmeldung aus Amerika, die deutlich macht, dass für den Westen ›die schönen Tage in Aranjuez‹ jetzt wohl zu Ende gehen oder schon zu Ende sind.

Am andern Morgen las ich eine Ballade von Theodor Kramer, auch einem Österreicher, quasi als Kommentar zum Tagesgeschehen. Er hatte in der Nacht ein böses Erwachen und fragte zwei Strophen lang, ob niemand da sei, der mit ihm trinken, mit ihm schlafen wolle – zweimal »vorm Nahn des Lichts«. In der dritten Strophe dann der Refrain[4]:

»Ist niemand da, der mithören will
die Stimme des Gerichts?
ich trommle laut, ich trommle still
den schwarzen Marsch ins Nichts«

Milo Dor beeilt sich als Interpret zu versichern: »Die Stimme des Gerichts, von der das Gedicht spricht, gibt es nicht«[5]. Aber sie spricht, auch wenn Milo Dor und mit ihm viele Zeitgenossen sie nicht hören oder nicht hören wollen. Sie spricht »vorm Nahn des Lichts«. Wer sie nicht hört, bleibt wahrscheinlich blind für das nahende Licht des letzten Tages: »O dass ihr heute auf seine Stimme hörtet!« (Ps 95,7).

Wir haben keinen Grund, Milo Dor recht zu geben. Darum wende ich mich an Johann Christoph Blumhardt. Er hat als biedermeierlicher Prophet still getrommelt und sah sein Trommeln eben »vorm Nahn des Lichts«. Er musste nicht selber klimmen und nicht im Dunkeln tappen, indem er einen Kampf geführt hatte, in dem er Jesus als den Sieger erfuhr. Vielleicht lässt sich von ihm her die Frage aufnehmen, warum wir Schwierigkeiten haben, das Frohmachende der Zukunft Christi auszudrücken. Er hat – Luther folgend – einen kleinen Traktat über 2. Petr 3,11 geschrieben über ›Warten und Eilen‹[6]. Aber er hat – Dank seiner tiefen biblischen Einsicht – sehr wohl um das Beschleunigen gewusst. Was die »Predigtlehre« als »theonome Reziprozität« erklärt, wird für seine Eschatologie wegleitend: »Im Reiche Gottes geht nichts von selbst?«[7]

In seiner ›Kurzen Besprechung des Vaterunser oder Reichsgebets‹ meint Blumhardt, der Sieg Christi über seine Feinde »kann keinen Fortgang haben,

---

4 Zit. nach Marcel Reich-Ranicki, Hundert Gedichte des Jahrhunderts, Frankfurt a.M. u.a. 2000, 191.
5 Ebd. 194.
6 In: Johann Christoph Blumhardt. Ausgewählte Schriften, hg. v. Otto Bruder. Bd. 1: Schriftauslegung, Zürich 1947, 139–152.
7 Johann Christoph Blumhardt, Er sandte sein Wort. Tägliche Andachten, hg. v. Anneliese Böhringer u. Gerhard Weber, Neuendettelsau, 557.

wenn nicht auf Erden die Jünger Jesu oder die Gläubigen und Auserwählten Ihm gleichsam an die Hand gehen [...]«. Im Vaterunser aber gehen ihm die Beter »gleichsam an die Hand«: »Ohne Menschen, die mit sehnsüchtigem Bitten und Flehen dabei sind, kann es nicht vorwärts gehen zum Ziele«[8].

So sagt er in einer Predigt über Offb 22: »Wenn in vielen Herzen ›komm!‹ gerufen wird, da geht das Rad immer rascher und rascher, und dreht sich so rasche, dass schnell die Sachen sich erfüllen. Jedes schreiende ›Komm!‹ bringt das Rad in stärkere Bewegung [...]«[9]. Deutlicher kann man das Beschleunigen nicht auslegen. Der Gedanke findet sich öfters bei ihm, dass das Ende dann rasch kommen könne und bleibt ein Gedanke »lebendiger Hoffnung«: Die Gemeinde wird in die Zeit hineinverwoben, sie qualifiziert ihr Tempo.

Im Anschluss an Joh 19,30 sagt er folgerichtig[10]: »Sein Sieg mit seinem Sterben ist so vollständig, dass es gleichsam nur noch eines Aufräumens auf dem Schlachtfelde, das ich so sage, bedarf. Möglicherweise hätte das *in ganz kurzer Zeit* geschehen können. Zur Aufräumung aber gehört die Benutzung des Sieges auf Seiten der Christen [...] Die Herrschaft der Finsternis konnte ganz niedergeschlagen werden mit den Kräften, die Jesus darbot. Aber es erforderte einer steten unausgesetzten Benützung des Sieges Christi durch Herbeiziehen der Kräfte, die der Herr verheißen hatte, um in ganz kurzer Zeit alle noch vorhandenen Bollwerke der Finsternis fallen zu sehen. Kann doch Paulus den Römern schreiben (16,20), der Gott des Friedens werde Satan in kurzem unter ihren Füßen zertreten.«

Indem die Christenheit den Sieg offenbar nicht nutzte, wurde aus der Nähe Ferne. Damit hat Blumhardt das Problem der Parusieverzögerung erklärt, eine Erklärung, die auch die neue Übersetzung von 2. Petr 3,12 hier einsichtig macht. In einer Predigt über Mt 25,14–30 sagt er: »Jedes Zeitalter hat seine Knechte, und wenn in irgend einem Zeitalter einmal alle diese Knechte, die aufgestellt sind, ihre Schuldigkeit tun, dann geht es schnell und wickelt sich eins ums andere ab.«[11]

Nehmen wir den Propheten aus Bad Boll als Ausleger für das Beschleunigen, dann zeigt sich die Praxis des Beschleunigens als eine die ganze Existenz umfassende, die im Gebet wurzelt, da die Knechte »ihre Schuldigkeit tun«. Johann Christoph Blumhardt dachte von der Zukunft im Modus der Pneumatologie, dafür sprechen die angeführten Zitate. Vom Apostolikum her denken wir die Zukunft primär im Modus der Christologie »von dannen er kommen wird zu richten die Lebendigen und die Toten«. Das hören wir dann in der Regel als Gesetz, erwarten den Richter und sehen nicht die evangelische Umkehrung im Gericht. Wenn es im Liede heißt »Gott loben, das ist unser Amt«, so dreht die Zukunft Christi das Amt des Lobens um. »Dann wird jeder sein Lob von Gott

---

8 Blumhardt (wie Anm. 6), 276.
9 Johann Christoph Blumhardt. Ausgewählte Schriften, hg. v. Otto Bruder. Bd. 2: Die Verkündigung, Zürich 1948, 288.
10 Ebd. Bd. 1, 124, Kursivierung vom Verf.
11 Ebd. Bd. 2, 192.

erhalten« (1. Kor 4,5b). Und der Erste Petrusbrief trommelt unisono mit Paulus: Eurem Glauben »wird Lob, Herrlichkeit, Ehre zuteil bei der Offenbarung Jesu Christi« (1,7b).

Wie hieß es doch im Brief an die Kinderbuchautorin: »Das Wort Gottes hat allen Grund, von allen verstanden zu werden.« Ich denke, der ältere Blumhardt hilft uns, das Erwarten und Beschleunigen als ein Wort des lebendigen Gottes zu verstehen, als erschreckendes und frohmachendes Evangelium. Und wenn wir schon nicht selber zu klimmen brauchen: benutzen wir seinen Sieg durch Herbeiziehen der verheißenen Kräfte!

»Wenn sich alles in dieser Weise auflöst: wie heilig und fromm müsst ihr dann leben, den Tag Gottes erwarten und seine Ankunft beschleunigen.«

Aus: Katja Kriener u.a. (Hg.), »Die Gemeinde als Ort von Theologie«.
FS Jürgen Seim, Bonn 2002, S. 305-313

Gebet: Du dreimal Heiliger

*Du dreimal Heiliger,
du von allen Engeln und Erzengeln Umgebener,
du unsichtbar Wirklicher und Wirkender,
wir stehen vor dir und beten dich an:*

*Der du überfließest aus lauter Liebe
und uns entgegenkommst in deinem Erbarmen,
lass uns Acht haben auf deine Boten,
dass wir sie erkennen und willkommen heißen.
Wir bitten dich, erhöre uns.*

*Sieh an unser Volk, sieh an den braunen Wahnsinn,
der unter uns ausgebrochen ist.
Zieh' zu dir alle, die Angst haben.
Erbarme dich über die Jungen,
in denen die Sünde der Väter aufsteht.
Wir bitten dich, erhöre uns.*

*Lass uns teilnehmen an deinem Schmerz
um deine zerrissene Christenheit.
Lass uns Leid tragen um ihre Trümmer.
Und schaue an dein Volk Israel, das durch unsere Schuld
seinen Messias nicht erkennt.
Wir bitten dich, erhöre uns.*

*Schaue an, Vater, deine Erde,
erbarme dich über deine Geschöpfe,
über Pflanzen und Tiere, die wir sinnlos ausrotten.
Vergib uns die Schuld, die die Atmosphäre erwärmt.
Wir bitten dich, erhöre uns.*

*Du hast uns zugesagt, Herr Christus,
dass du kommen wirst mit deinen Engeln.
Aber wir halten auf deinen Advent.
Vergib uns unsere Schuld.
Wir bitten dich, erhöre uns.*

Von dir Vater und von dir Sohn
wird ausgegossen dein Geist
durch alle Zeiten und Länder.
Öffne uns, dass wir ihn nicht betrüben.
Wir bitten dich, erhöre uns.

Du dreimal Heiliger,
du von allen Engeln und Erzengeln Umgebener,
du unsichtbar Wirklicher, komm,
wirke sichtbar, werde sichtbar, komm.
Wir bitten dich, erhöre uns.

Damit wir dich loben heute und morgen
übermorgen und in alle Ewigkeit.

Aus: Wege, S. 190–191

Quellennachweis

folgen	Dem Wort folgen. Predigt und Gemeinde, ST 133, München / Hamburg 1969.
Geist	Vom Heiligen Geist. Fünf Betrachtungen, KT 57, München 1981.
Gericht	Geist und Gericht. Arbeiten zur praktischen Theologie, Neukirchen 1979.
Konflikte	Konflikte und ihr Ende, Zürich / Stuttgart 1964.
Geheimnis	Geheimnis der Gegenwart, Zürich / Stuttgart 1965.
Unser Vater	Das Unser Vater – heute, Zürich / Stuttgart 1967.
Seligpreisungen	Seligpreisungen der Bibel, Neukirchen 1969, 3. Aufl. 1986.
Prophet	Prophet in dürftiger Zeit. Auslegung von Jesaja 56–66, Neukirchen 1969, 2. Aufl. 1986.
Wunder	Wiedergeburt des Wunders, Neukirchen 1972.
Trost	Trost, Neukirchen 1981.
Ungeist	Wider den Ungeist, München 1989.
Wege	Wege in die Freude, Waltrop 2003.
Bohrungen	Bohrungen, Wuppertal 1967.
heimatkunst	heimatkunst, KT.NF 12, München 1987.
weiterbeten	texte zum weiterbeten, Freiburg i.Br. / Basel / Wien 1988.
berge	berge weinberge, Grindelwald 2004.
beten	Beten mit Paulus und Calvin, Göttingen 2008.
Orte	Orte, Schweizer Literaturzeitschrift 24, 116, 2000.

Einzeltitel aus Sammelbänden werden vollständig bibliographiert am Ende des abgedruckten Textes.

Rudolf Bohren wurde am 22. März 1920 in Grindelwald geboren. Er studierte Theologie in Bern und Basel; Oscar Cullmann im Neuen Testament, Karl Barth in Systematischer und vor allem Eduard Thurneysen in Praktischer Theologie waren seine Lehrer.

Bohren promovierte im Neuen Testament und war zwölf Jahre lang Gemeindepfarrer in den aargauischen Gemeinden Holderbank und Möriken, seit 1956 in Arlesheim bei Basel. 1958 wurde er Professor für Praktische Theologie an der Kirchlichen Hochschule Wuppertal, 1972 bis 1974 an der Kirchlichen Hochschule in Berlin, 1974 an der Universität Heidelberg.

Neben seiner berühmten Predigtlehre (1. Aufl. 1971, 7. Aufl. als Nachdruck 2011) veröffentlichte er zahlreiche bedeutende theologische Bücher, darunter eine Theologische Ästhethik: *Daß Gott schön werde* (1975) und eine Biographie seines Lehrers Eduard Thurneysen: *Prophetie und Seelsorge* (1982), zehn Predigtbände und Lyrik. In der edition bohren wurden (2003–2007) seine wichtigsten Heidelberger Vorlesungen sorgfältig ediert.

Rudolf Bohren starb am 1. Februar 2010 in seinem Haus in Dossenheim.

Der Herausgeber Rudolf Landau, geboren 1946 in Siegen, studierte Theologie in Wuppertal, Marburg, Göttingen und Heidelberg, war von 1974 bis 1978 Wissenschaftlicher Assistent bei Rudolf Bohren in Heidelberg, dort Bohrens erster Promovend. Er war Pfarrer in Sexau im Breisgau, wo er 1981 den Sexauer Gemeindepreis für Theologie gründete, und in den nordbadischen Gemeinden Schillingstadt, Schwabhausen und Windischbuch; 2011 wurde er in den Ruhestand verabschiedet. Im Calwer Verlag ist er Autor und Herausgeber vieler Predigtbände und Aufsatzbände, u.a. von Klaus Engelhardt, Manfred Seitz und Claus Westermann.